suhrkamp taschenbuch
wissenschaft 1135

Figurationen sozialer Macht plädiert für eine Revision der herkömmlichen Machttheorie. Macht wird nicht als sicherer Besitz, als fungibel einsetzbare Ressource verstanden, mit der jemand fremden Widerstand brechen oder auflösen kann, sondern als ein komplexes Beziehungsgefüge zwischen einer Mehrzahl von sozialen Instanzen.
Untersucht wird die Struktur und Dynamik von drei Figurationen: Autorität, Stellvertretung und Koalition. Wer sich zu einem Bündnis vereinigt, handelt miteinander gegen andere. Wer andere mit der Vertretung seiner selbst beauftragt, läßt jene für sich handeln. Und wer jemanden als Autorität anerkennt, stellt ihn über sich und die anderen. Übereinander, Füreinander und Gegeneinander sind elementare Formen des Sozialen. Die Studie analysiert nicht nur die universalen Strukturen und typischen Variationen, sondern auch die Entstehung, die Reproduktion und den Zerfall dieser Machtfigurationen.
Ergänzt wird die Argumentation, die sich an sozialphänomenologischen, interaktions- und organisationstheoretischen Überlegungen orientiert, durch mikrosoziologische Fallstudien aus verschiedenen Organisationsfeldern. In »dichten Beschreibungen« werden u. a. Versuche des partizipativen Machtausgleichs in einem Metallbetrieb analysiert, das Koalitionsgerangel in einer öffentlichen Verwaltung und die informellen Machtprozesse in einem Alternativbetrieb. Diese Fallstudien zeigen, wie Macht bis in die Verästelungen der Interaktion hineinragt und dort in vielfältiger Weise zur Wirkung gelangt. Sie verdeutlichen nicht nur die theoretische Argumentation, sondern machen auch Allgemeines im Besonderen sichtbar.
Wolfgang Sofsky, geb. 1952, Privatdozent für Soziologie an der Universität Göttingen. Buchveröffentlichungen: *Die Ordnung sozialer Situationen*, 1983; *Macht, Arbeit und Humanität*, 1986 (mit R. Löffler); *Die Ordnung des Terrors: Das Konzentrationslager*, 1993. Beiträge für Zeitschriften und Rundfunk. Arbeitsgebiete: Soziologische Theorie, Mikrosoziologie, Kultursoziologie, Soziologie kollektiver Gewalt.
Rainer Paris, geb. 1948, Privatdozent für Soziologie an der Freien Universität Berlin. Buchveröffentlichungen: *Soziologie und Linguistik*, 1973 (mit F. Hager und H. Haberland); *Klassenbewußtsein und Intersubjektivität*, 1984. Zahlreiche Aufsätze und Zeitschriftenartikel. Arbeitsgebiete: Macht- und Konfliktforschung, Mikrosoziologie, Jugend und Subkultur, soziale Bewegungen.

Wolfgang Sofsky
Rainer Paris

Figurationen sozialer Macht

Autorität
Stellvertretung
Koalition

Suhrkamp

Eine frühere Ausgabe erschien im
Verlag Leske + Budrich, Opladen 1991.

Die Deutsche Bibliothek – CIP-Einheitsaufnahme
Sofsky, Wolfgang:
Figurationen sozialer Macht :
Autorität, Stellvertretung, Koalition /
Wolfgang Sofsky ; Rainer Paris. –
Frankfurt am Main :
Suhrkamp, 1994
(Suhrkamp-Taschenbuch Wissenschaft ; 1135)
ISBN 3-518-28735-4
NE: Paris, Rainer: ; GT

suhrkamp taschenbuch wissenschaft 1135
Erste Auflage 1994

Satz und Druck: Wagner GmbH, Nördlingen
Printed in Germany
Umschlag nach Entwürfen von
Willy Fleckhaus und Rolf Staudt

1 2 3 4 5 6 – 99 98 97 96 95 94

Inhalt

Vorbemerkung

Die vorliegende Studie beruht auf einer Forschungsarbeit, die von der Deutschen Forschungsgemeinschaft gefördert und am Soziologischen Seminar der Universität Göttingen durchgeführt wurde. Beiden Institutionen danken wir für die Unterstützung. Dank schulden wir auch allen Informanten im Feld, die uns bereitwillig Auskunft gegeben oder unabsichtlich ihre Machtspiele vorgeführt haben.

Besonders dankbar sind wir Walter Girschner, der frühere Fassungen des Manuskripts kritisch kommentiert hat. Seine Projektleitung zeichnete sich durch die Abwesenheit jeglicher Macht und immer hilfreiche Unterstützung aus. Angelika Mauterodt-Schnell war an der Erhebung und Interpretation der empirischen Daten beteiligt.

Das Kapitel II wurde von Rainer Paris, die Kapitel III und IV von Wolfgang Sofsky geschrieben, der auch das gesamte Vorhaben konzipiert hat. Diese Arbeitsteilung berührt nicht unsere gemeinsame Verantwortung für die gesamte Studie.

Göttingen/Berlin, im Juli 1990

Wolfgang Sofsky
Rainer Paris

Vorwort zur Taschenbuchausgabe

Die hier vorgelegte Neuausgabe weicht von der (vergriffenen) Erstveröffentlichung nur geringfügig ab. Der Text wurde leicht überarbeitet und stellenweise gekürzt, gleichzeitig jedoch um eine weitere, zuvor separat publizierte Fallstudie und ein Register ergänzt. Wir freuen uns, daß die Arbeit so einem weiteren Leserkreis zugänglich wird.

W. S./R. P.

1. Einleitung: Macht und Organisation

Niemand hat Macht für sich allein. Macht entsteht, wenn Menschen aufeinander treffen und zusammen handeln, und sie verschwindet, sobald sie sich wieder zerstreuen. Die sicherste Methode, Macht zu verhindern, ist die Auflösung der Gesellschaft. Denn Macht ist stets ein soziales Verhältnis. Der Wille des einen ist das Tun des anderen. Jemand hat Macht, weil er Macht über andere hat, weil er ihnen seinen Willen aufzwingen kann. Die einzige Bedingung, die für die Entstehung von Macht unerläßlich ist, ist die Existenz eines sozialen Zusammenhangs. Macht gibt es nur, wo Menschen sich zueinander verhalten, wo sie gemeinsam arbeiten, miteinander sprechen oder einander bekämpfen. Umgekehrt gilt freilich ebenso: Wo immer Menschen sich zueinander verhalten, kann sich Macht herausbilden. Allezeit ist Macht eine menschliche Möglichkeit. Wer Macht sagt, sagt auch Gesellschaft, doch wer Gesellschaft sagt, sagt immer auch Macht. Der Grund dafür ist einfach. Solange Menschen handeln und nicht zu Marionetten fremder Mächte verkümmern, überschreiten sie sich selbst und stoßen dabei immerzu auf andere, die sich ihnen entgegenstellen können. Eine Gesellschaft ohne Macht wäre eine Gesellschaft von Jasagern. Wer sie abschaffen wollte, müßte alle der Fähigkeit berauben, Nein sagen zu können. Denn das Handeln des einen endet am Widerstand des anderen, seiner unhintergehbaren Selbständigkeit und Freiheit, etwas anderes zu tun, als von ihm erwartet wird. Dagegen geht die Macht vor. Sie erweitert die Freiheit des einen gegen den anderen, indem sie sein Nein bricht, seine Freiheit negiert. Macht ist Freiheit zur Vernichtung von Freiheit. Aber umgekehrt verteidigt Macht auch die Freiheit, schützt sie vor fremden Übergriffen und bewahrt die eigene Selbständigkeit. Sie bedroht die Freiheit und pariert die Bedrohung. Soziale Pluralität erzeugt Macht und begrenzt sie zugleich.

Indem Menschen sich zueinander verhalten, ordnen sie ihre Verhältnisse. In ihrem Handeln verhandeln sie darüber, welche Stellung jedem zukommt, wer etwas zu sagen und wer zu schweigen hat. Sie sortieren die Themen, über die sie sprechen wollen, und legen fest, was zu tun und zu lassen ist. Sie umgrenzen Bezirke ihres Handelns und beschließen, wer zusammengehört und wer ausgeschlossen wird. Soziales Handeln erzeugt, verändert oder zerstört Beziehungen, es organisiert dauerhafte Strukturen, in die sich die Menschen einzuordnen haben. So schaffen sie selbst die Bedingungen ihres Handelns. Kaum in die Welt gesetzt, gewinnen die Verhältnisse ein Eigenleben, das denen, die sie hervorgebracht haben und in ihrem Handeln immerfort wiederholen, auferlegt ist. Die Organisation, die als Verkettung wechselseitiger Aktionen begann, wird zu einem stabilen Geflecht, an das die Handlungen angekettet sind. Schon durch die Organisation ihres Zusammenhangs erzeugen die Menschen die Macht, die sie beherrscht.

Macht wird gemacht. Der eine lockt den anderen mit reizvollen Angeboten, um sein Widerstreben aufzulösen. Er droht mit Nachteilen und Strafen, manipuliert gezielt Informationen, erklärt und rechtfertigt seine Privilegien. Im Machtspiel sozialer Konflikte ziehen die Kontrahenten allerlei Trümpfe, um den Gegner auszustechen und ihn davon zu überzeugen, daß er zu Recht im Hintertreffen liegt. Anweisungen und Befehle, Drohungen und Strafen, Anreize und Legitimationen, in all diesen Aktivitäten tritt Macht offen zutage. Ihr Gesicht ist nur zu offensichtlich. Weit weniger augenfällig geschehen dagegen jene Prozesse sozialer Macht, in denen gar kein Widerstreben in Erscheinung tritt. Bevor irgendein Konflikt ausbricht und die Karten ausgespielt werden, sind längst die Trümpfe vergeben und Regeln fixiert worden, die den Ablauf des Spiels steuern. Menschen haben oftmals gar keine Gelegenheit, ihren Widerspruch zu artikulieren. Sie bestimmen weder die Spielregeln oder die Tagesordnung, noch nehmen sie an der Sitzung teil, auf der über ihr Schicksal entschieden wird. Und mitunter fehlt ihnen sogar jedes Bewußtsein ihrer Benachteiligung oder Unterdrückung. Nicht erst der offene Einsatz der Mittel bezeugt die Wirkung der Macht. Sie wirkt schon, bevor sie ausgeübt wird. Die Macht ist immer schon da.[1]

1 Schon Weber rechnet in seiner noch dyadisch angelegten Machtdefinition mit dieser Latenz: »Macht bedeutet jede Chance, innerhalb einer sozialen Beziehung den eigenen Willen auch gegen Widerstreben durchzusetzen, gleichviel worauf diese Chance beruht« (Weber 1972, S. 28). Dabei kommt es auf das »auch« an: Das Widerstreben muß keineswegs offen artikuliert werden, es reicht vollkommen aus, daß es überwunden werden kann. Auch Bachrachs und Baratz' (1977) Konzept des »non-

Indem die Menschen ihre Verhältnisse ordnen, verteilen sie zugleich Macht untereinander. Und indem sie Macht verteilen, bringen sie Gesellschaft hervor. Macht ist eine zentrale Form der Vergesellschaftung. Wie in den Regeln des sozialen Verkehrs Macht inkorporiert ist, so folgt umgekehrt der Machtprozeß den Regeln des Sozialen. Die vorliegenden Studien handeln daher von etwas sehr Einfachem: Sie untersuchen die Grammatik sozialer Machtprozesse, die Menschen hervorbringen und denen sie unterliegen, wenn sie ihr Handeln organisieren. Ihr Thema ist die Organisation der Macht und die Macht sozialer Organisation.
Diese Sichtweise ist nicht eben üblich. Der Alltagsverstand, der die Soziologie der Macht ebenso durchdringt wie die Soziologie der Organisation, neigt dazu, Vorgänge zu Gegenständen zu verdinglichen. Allzu oft verbindet sich mit dem Begriff der Macht die Vorstellung, Macht sei ein Besitz, ein Vermögen an Ressourcen, das von Zeit zu Zeit eingesetzt wird, um fremden Widerstand zu brechen. Jeder ist, was er hat. Und was er hat, ist das Kapital, das er gehortet hat. Des einen Reichtum ist das Wissen, das er angesammelt hat, andere halten Geldreserven für Macht, wieder andere stützen sich auf ihre Ämter, als seien sie ihr unveräußerliches Eigentum.[2] So hockt jeder auf seinen Machtmitteln und ist baß erstaunt, wenn er plötzlich von einer kleinen, aber wohlorganisierten Gruppe, die kaum materielle Besitztümer ihr eigen nennt, entmachtet wird. Wie das Kapital in Wahrheit ein soziales Verhältnis ist, so ist auch die Macht ein fortwährender sozialer Prozeß

decision-making«, Bouldings (1989) »integrative power«, Bourdieus (1977) »pouvoir symbolique«, Foucaults (1976) »Disziplinarmacht« oder Lukes (1974) »third view of power« beziehen sich in jeweils unterschiedlicher Weise auf das Problem, wie Macht ohne offenen Konflikt operiert, indem sie die Entscheidungsgelegenheiten, Interessen, Wünsche, Haltungen oder Motive steuert. Vgl. dazu jetzt auch Baumanns (1993) Konzept der »Motivationsmacht«.

2 Machttypologien (vgl. z. B. French/Raven 1959; Etzioni 1968, S. 257ff.) setzen häufig an den verschiedenen Arten von Ressourcen an. Sie verstehen »Macht« lediglich als Dispositionsprädikat und verkürzen damit bereits kategorial die Untersuchung organisierter Machtprozesse. Ressourcenbeschaffung, Aktivierung und Einsatz sind drei Ebenen der Machtakkumulation, die sowohl getrennt als auch in ihrem – oft prekären – Zusammenspiel analysiert werden müssen. Zum Stufenkonzept potentieller, latenter und manifester Macht vgl. auch Hradil 1980.

zwischen einer Vielzahl von Instanzen. Daß sie unverrückbare Stabilität zu gewinnen, zum immobilen Besitz zu gerinnen scheint, dazu tragen die Unterworfenen ebenso bei wie die Übergeordneten, aus Überzeugung oder Angst, aus Trägheit oder Gewohnheit.

Kaum weniger verzerrt ist das Bild, das man sich oftmals von sozialen Organisationen macht. Organisationen scheinen stabile Gebilde zu sein, mit klarer Arbeitsteilung, starren Hierarchien, unerbittlichen Normen und Regeln, ein Gehäuse der Unterordnung, in dem Macht ein für allemal den einzelnen Positionen zugeordnet ist. Niemand wird ernstlich bestreiten wollen, daß es auch solche Organisationen gibt. Aber Systeme dieses Typs markieren nur den Endpunkt einer Skala. Davor rangieren all jene, deren Elemente nur locker miteinander verknüpft sind, deren Formalisierungsgrad gering und deren Außengrenzen relativ durchlässig sind. Entscheidend jedoch ist ein anderer Sachverhalt: Jedes organisatorische Gefüge, wie starr es uns auch immer erscheinen mag, ist das Ergebnis sozialen Handelns. Was den Menschen als objektive und fremde Wirklichkeit entgegentritt, gründet letztlich auf ihrem eigenen Handeln. Wie Macht so ist auch Organisation ein fortwährender Vorgang, ein Prozeß des Organisierens, der beginnt, wenn Menschen aufeinander treffen, und der noch lange nicht beendet ist, wenn die Struktur errichtet ist.

Die Verdinglichung verkürzt die analytische Perspektive. Meistens betrachtet man lediglich die Macht in der Organisation. Gegeben ist ein konstantes System, in dem Stockwerke von Ämtern übereinander gebaut sind. Die Informationen laufen über Treppen auf- oder abwärts, sammeln sich mitunter auf einer Etage in einem Nebenraum, wo ein Stab sein Domizil hat. Hier und dort findet sich ein Hinterzimmer, eine Zone der Ungewißheit, zu der kaum jemand Zutritt hat, oder ein Fenster zur Umwelt, eine Außenstelle, wo jemand die Verbindungen nach außen besetzt hält. Sind diese Machtorte im Haus lokalisiert und die entsprechenden Positionen markiert, scheint die Lage klar. Macht haben dann jene, die im Entscheidungszentrum sitzen, Ungewißheiten bewältigen, unentbehrliche Arbeiten verrichten oder in der Ämterhierarchie über anderen rangieren. Wie allerdings Entscheidungszentren zustande kommen, wenn Menschen andere für sich entscheiden lassen, wie Menschen miteinander gegen andere agieren und weshalb sie sich überhaupt jenen unterwerfen, die anscheinend mehr können und wissen als sie selbst, solcherlei Fragen kommen der konventionellen Sichtweise erst gar nicht in den Blick.

Die vorliegenden Studien schlagen einen anderen Weg ein. Sie betrachten weniger die Macht in Organisationen, als vielmehr die *Organisation der Macht*. Sie suchen keine Machtorte im Fertighaus, sondern beobachten den Auf- und Umbau sozialer Macht, die Bestandsreparaturen und den Zerfall. Ihr Augenmerk gilt der Bildung, der Reproduktion und dem Verlust der Macht. Anstatt Organisationen nach ihrer Machtverteilung zu befragen, widmen sie sich der Struktur und Dynamik von drei elementaren Machtfigurationen: Autorität, Stellvertretung und Koalition. Sie sind Bausteine der sozialen Welt, Grundmuster für die Ordnung sozialer Beziehungen und für den Aufbau mancher formaler Organisationen. Wer sich zu einem Bündnis vereinigt, handelt miteinander gegen andere. Wer andere mit der Vertretung seiner selbst beauftragt, läßt jene für sich handeln. Und wer jemanden als Autorität anerkennt, stellt ihn über sich und die anderen. Übereinander, Füreinander und Gegeneinander, diese universalen Formen der sozialen Ordnung lassen sich zwischen Individuen ebenso finden wie zwischen Gruppen. Sie entwickeln sich vor und jenseits der formalen Organisation und stellen sich oft quer zur wohlvertrauten Hierarchie der Positionen.

Der Wechsel von einer speziellen Machtsoziologie der Organisation zur allgemeinen Organisationssoziologie der Macht, wie er hier in den Blick genommen wird, bedarf einiger Vorbereitung. Ihr Gegenstandsbereich umfaßt keine Dinge und Eigenschaften, sondern Formen, Beziehungen und Prozesse. Sie rekonstruiert Typen, Dilemmata, Abläufe und Transformationen, keine Gebilde oder festgefügten Systeme. Sie beschreibt Netze, Konstellationen und Handlungsweisen, und was sie als Struktur ermittelt, ist eine Grammatik, die den Aktivitäten zugrunde liegt. Im einzelnen nehmen die Studien ihren Ausgang von folgenden Leitideen:

(1) Das soziale Feld, in dem Macht erworben, gesichert oder eingebüßt wird, umfaßt in der Regel mehr als zwei Instanzen. Es gibt nicht nur den Mächtigen, den Mindermächtigen oder Ohnmächtigen, sondern auch Dritte und Vierte, die am Machtspiel beteiligt sind. Sie dienen der Macht als Gehilfen oder Stabstruppe, verbünden sich mit dem Ersten oder Zweiten zu Koalitionen, verhandeln mit den Bevollmächtigten oder betrachten das Geschehen als mehr oder minder interessierte Zuschauer. Eine *Machtfiguration*

ist ein komplexes Geflecht asymmetrischer und wechselseitiger Beziehungen, in dem mehrere Personen, Gruppen oder Parteien miteinander verknüpft sind und in dem Veränderungen einer Relation auch die anderen Relationen verändern. Autorität ist in Wahrheit keine persönliche Eigenschaft, sondern eine Zuschreibung anderer, die häufig durch Zwischenautoritäten vermittelt und vom Autoritätsglauben Dritter bestärkt wird. Stellvertretung ist offenkundig eine triadische Figur: Eine Gruppe entsendet ihren Repräsentanten, der sie gegenüber Dritten und Vierten zu vertreten hat. Bei Koalitionen verbünden sich mindestens zwei Parteien gegen eine dritte, die selbst wiederum nach Alliierten Ausschau hält, um der Gegenseite Paroli bieten zu können.[3]
Das Konzept der Machtfiguration erlaubt eine genuin soziologische Analyse. Es rekonstruiert die Dynamik von Machtprozessen nicht aus der Art der Machtinstrumente, sondern aus dem sozialen Verhältnis selbst. Im Vordergrund stehen deshalb nicht die Mittel der Macht, sei es Geld, Körperkraft, Information oder die Sanktionsgewalt eines Amtes, sondern das strukturelle Arrangement der Macht. Fragt man nach Machtmitteln, so studiert man die Trümpfe des Machtspiels, mit denen Konflikte ausgefochten, Widerstand geleistet oder gebrochen wird. Betrachtet man hingegen die Figuration, so analysiert man die Machtquellen, die den Akteuren allererst ihre Trümpfe an die Hand geben.[4] Der Besitz verdankt sich der sozialen Struktur. Was einer hat und einsetzen kann, ergibt sich aus der Stellung, in der er zu den anderen steht.

(2) Die soziale Organisation ist eine Dauerleistung der Menschen, die sich durch Macht in einen *politischen Prozeß* verwan-

3 Der hier verwendete Begriff der Machtfiguration greift Grundgedanken von Simmel und Elias auf. Von Simmel die Idee der Triade, der mehrstelligen Struktur des Sozialen; von Elias die Einsicht, daß Machtfelder durch ein interdependentes Geflecht mehrerer Gruppen gekennzeichnet sind und daß die sich ständig verschiebenden Relationen aus den Perspektiven aller Beteiligten rekonstruiert werden müssen. Der Akzent liegt jedoch auf der Analyse der sozialen Formen und nicht auf der Vorstellung von Elias (1970, S. 139 ff.), durch den Begriff der Figuration ließe sich der Dualismus von Individuum und Gesellschaft überwinden.

4 Zur Unterscheidung von Machtmitteln und Machtquellen, die den Zugang zu Machtmitteln erst eröffnen vgl. Bacharach/Lawler 1980, S. 34 f. Sachlich ist gemeint, was bereits bei Geiger (1964, S. 341) als Differenz von primären und sekundären Machtfaktoren entwickelt ist.

delt. Daß jedes soziale Handeln politisch sei, diese allgemeine und daher häufig bestrittene Behauptung hat einen präzisen Sinn. Politik ist keineswegs reserviert für ein besonderes Handlungsfeld, den Streit um öffentliche Angelegenheiten. Nicht die Themen, sondern die Methoden des Handelns kennzeichnen das Feld des Politischen. Wo zwangloses Einverständnis herrscht, wo man sich innig liebt oder gemeinsam an einer Sache arbeitet, die man sich selbst vorgenommen hat, dort ist vorerst keine Macht im Spiel. Solche Verhältnisse sind in einem strengen Sinne unpolitisch. Sobald jedoch strategisches Handeln einsetzt, sobald Einverständnis nicht durch Überzeugung, sondern durch Überredung erreicht wird, sobald Liebe sich in einseitige Abhängigkeit verwandelt oder Arbeitssituationen von fremder Hand vordefiniert, gesteuert und kontrolliert werden, in allen diesen Fällen findet Politik statt.

Als reine Sozialform tritt Macht nur selten zutage. Der pure Machtkonflikt, bei dem es um nichts sonst geht als um den Gewinn oder Verlust der Macht, ist die Ausnahme. Zumeist bedeutet es eine einschneidende Zäsur in der Geschichte einer Beziehung, wenn sich plötzlich die Aufmerksamkeit vom Mit-, Zu- oder Nebeneinander auf das Übereinander und Gegeneinander verschiebt. Macht mischt sich in die Zusammenarbeit, in persönliche Verbindungen oder in das serielle Nebeneinander ein, aber umgekehrt benutzt sie auch diese Sozialformen für ihre Zwecke. Autorität spekuliert auf personale Anerkennung, Stellvertretung schafft ein serielles Publikum, Koalitionen gewinnen Macht durch Kooperation. Machtprozesse sickern nicht nur in unpolitische Verhältnisse ein, sie verwenden diese Muster auch, beuten sie gewissermaßen aus. Obgleich im folgenden Machtfigurationen als reine, gleichsam destillierte Sozialformen betrachtet werden, so heißt dies mitnichten, andere Modi des Sozialen fänden keine Beachtung. Wie die Soziologie der Organisation nicht restlos in politische Machtsoziologie überführt werden kann, so kommt umgekehrt auch eine Theorie der Machtfiguration keineswegs ohne die Analyse kooperativer, interpersonaler oder serieller Strukturen aus.

(3) Wirksam wird soziale Macht in den Erfahrungen und Handlungen der Menschen. Das Zerrbild einer stabilen Machtordnung rührt nicht zuletzt daher, daß es die Theorie der sozialen Organisation weitgehend versäumt hat, den *Mikrokosmos sozialer Situationen* zu betrachten, in denen Macht hergestellt und erlitten

wird. Obwohl auf Dauer angelegt, zielt Macht letztlich auf die Situationen, in denen sich die Menschen bewegen. Hier will sie Widerstand brechen und Gehorsam erzwingen, hier widerfährt sie den Menschen als »objektive«, auferlegte Tatsache, nach der sie sich richten sollen. Bevor sie mit dem Handeln beginnen, sind die Rollen meist schon verteilt, die Spielregeln fixiert, die Trümpfe vergeben. Die Asymmetrie der Situation schlägt bis in die Feinstruktur der Interaktion durch, bis in die Verteilung der Sprecherrollen und Redeweisen, die Besetzung der Themen und in die dramaturgischen Scripts, die die Macht zur Aufführung bringt. In der Situation erfahren die Menschen soziale Macht als Widerfahrnis, als Beschränkung ihrer Freiheiten.
Umgekehrt sind die Situationen jedoch auch die Orte, wo Macht gemacht wird und wo sich der kleine soziale Wandel vollzieht. In ihnen erzeugen, wiederholen, bestätigen oder verändern die Menschen ihre Beziehungen und verleihen ihren Verhältnissen Struktur. Hier widersprechen sie einander oder bewundern ihre Autoritäten, hier bevollmächtigen sie ihre Stellvertreter und horchen auf seine Darstellungen, hier schließen sie sich zu Bündnissen zusammen, verteilen ihre Beute und gehen wieder auseinander. Wie die vermeintlich kristallisierte, unabänderliche Organisation letztlich nur im regelmäßigen oder regelgemäßen Handeln der Menschen existiert, so werden auch Machtfigurationen fortwährend in sozialen Situationen reproduziert und verwandelt. Will man die Dynamik der politischen Prozesse studieren, so kommt man nicht umhin, die Interaktionen zu betrachten, in denen Macht erworben, erhalten, dargestellt, verloren oder transformiert wird.
(4) In den Machtfigurationen sind die Menschen alles andere als frei. Sie unterliegen nicht nur den Bedingungen, die ihnen Organisation und Situation setzen, sondern auch der Grammatik der Macht selbst. Soziale Macht hat ihre eigenen Gesetze, ihre Ablaufschemata und Zugzwänge. Autorität ist ein personales Verhältnis der Unterordnung, das auf Anerkennung beruht und das nur dann Objektivität erlangt, wenn eine gewisse soziale Distanz nicht unterschritten wird und die Werte, die die Autorität verkörpert, nicht desavouiert werden. Stellvertretung überbrückt separate Handlungszonen, weist spezifische Verpflichtungen und Dramaturgien auf und verstrickt die Menschen zwangsläufig in einen Prozeß der politischen Entfremdung. Koalitionen schließlich ge-

horchen besonderen Regeln der strategischen Zusammenarbeit und Zusammengehörigkeit. Die Grammatik einer Machtfiguration umfaßt die *Muster* und Prinzipien, die für die Funktionsweise einer Machtform konstitutiv sind. Daran haben sich Autoritäten, Delegierte oder Alliierte zu halten. Ihnen unterliegen sie, und zwar unabhängig davon, in welcher Situation sie jeweils agieren und mit welchen Gegnern sie es zu tun haben. Die Muster steuern die Aktivitäten. Dies heißt freilich nicht, einem simplen Determinismus das Wort zu reden. Wie man weiß, zeichnet sich jede Grammatik, sei es die einer Sprache oder einer reinen Sozialform, dadurch aus, daß aus einer endlichen Menge von Regeln eine unendliche Anzahl von Variationen und Aktionen erzeugt werden kann.

Es liegt auf der Hand, daß die Analyse reiner Sozialformen anders verfährt als die empirische Machtanalyse einzelner Organisationen und Situationen. Ihrem Status nach argumentiert sie eher rekonstruktiv als explanativ. Sie testet keine Hypothesen über hinreichende Ursachen von Ereignissen, sondern analysiert notwendige Zusammenhänge. Ihre Operationen orientieren sich eher an der verstehenden Konstruktion typischer Prozesse als an der deduktiven Überprüfung allgemeiner Aussagen. Dabei muß das Typische keineswegs das Häufige oder Repräsentative sein. Wenn die Annahme korrekt ist, daß eine endliche Menge von Prinzipien eine unendliche Menge von Aktionen ermöglicht, dann folgt daraus: Selbst eine große Zahl empirischer Kausalitäten kann keinen Aufschluß über einen notwendigen Konnex geben. Notwendigkeit ist schließlich keine Frage empirischer Allgemeingeltung. Umgekehrt erlaubt jedoch bereits jeder empirische Einzelfall den Nachweis von Grundmustern. Die hier vorgestellte Theorie ist daher keineswegs bar der Erfahrung. Im Gegenteil: Sie entnimmt ihre Beispiele und Einsichten sowohl aus der alltäglichen Anschauung und der geschichtlichen Erfahrung als auch aus einigen explorativen Fallstudien.

Um das Spektrum der theoretischen Befunde zu erweitern, wurden *empirische Feldanalysen* in drei verschiedenen Typen von Arbeitsorganisationen durchgeführt. Die Untersuchungseinheiten wurden nach Machtprozessen ausgewählt, die eindeutig neben oder jenseits der formalen Hierarchie zu lokalisieren waren. So wurde zunächst die Abteilung Maschinenbau eines mittelständischen Metallbetriebs in Süddeutschland mit insgesamt 67 Beschäftigten untersucht. Hier war im Rahmen einer Organisationsentwicklung ein weitreichendes Beteiligungsmodell erprobt worden, das die Führungsstrukturen grundlegend verändern sollte. In einer Post-festum-Analyse stellte sich daher die Frage, inwieweit sich die Entscheidungsstrukturen tatsächlich gewandelt hatten und welche betrieblichen Interessen, Konflikt- und Bündnislinien einen Ausgleich der Macht begünstigt oder blockiert hatten. Zudem erlaubte dieses Feld interessante Einblicke in die Phänomenologie autoritärer Kontrolle, die strukturellen Ambivalenzen einer radikalen Interessenvertretung sowie den Zusammenhang von diskriminierender Führungspraxis und Sachautorität.

Das zweite Untersuchungsfeld, eine norddeutsche Alternativdruckerei, bot Gelegenheit, Macht- und Arbeitsbeziehungen zu analysieren, bei denen hierarchische Strukturen unter einem strikten ideologischen Gruppentabu standen. Der Kleinbetrieb war nach ökonomischen Bestandsproblemen von einem Teil der Belegschaft übernommen worden und wurde seitdem, zusammen mit einigen neu rekrutierten Mitgliedern, in Selbstverwaltung weitergeführt. Zum Zeitpunkt der Erhebung betrug die Gruppenstärke neun Mitglieder. Bei der Analyse der Autoritätsverhältnisse zeigte sich, daß der Verzicht auf eine formale Hierarchie eine Personalisierung der Koordination nach sich gezogen hatte und an die Stelle der Amtsmacht ein Amalgam aus Sachautorität, Unersetzbarkeit und persönlichem Charisma getreten war. Turbulente Umwelt, fehlende organisatorische Puffer sowie die Fixierung an zwanglose Umgangsformen begünstigten eine Autorität, die sich auf individuelle Organisationstalente stützte, ein Vorgang, der sich bis in die Mikroprozesse der Interaktionssteuerung verfolgen ließ. Aufschlußreich waren ferner spontane Bündnisprozesse in der Gruppe, die das übliche Bild kalkulierter Koalitionsbildung wesentlich revidieren.

In dem dritten Feld, einer westdeutschen Kommunalverwaltung, wurde ein mehrjähriger Entscheidungsprozeß zur Einführung einer computergestützten Sachbearbeitung im Sozialamt rekonstruiert. Hier galt das Interesse der langwierigen Bildung und Revision einer organisatorischen Allparteienkoalition. In immer neuen Verhandlungs- und Abstimmungsrunden, die von Propagandaaktionen, Putschversuchen und Verzögerungsmanövern begleitet wurden, setzten die Verwaltungs- und die lokale Amtspitze gegen die abwehrende Skepsis der meisten Sachbearbeiter und ihrer Interessenvertreter schließlich einen Reformplan durch, dessen Ausführung jedoch wegen des hinhaltenden Widerstands der zuständigen Organisationsabteilung weitgehend im Sande verlief. Einmal mehr zeigte sich, daß natürliche Entscheidungsprozesse keineswegs nach einem linearen Schema ablaufen. Koalitionsprozesse weisen Rückschläge, Pausen und Beschleunigungsphasen auf und werden dabei von den eingefahrenen Machtspielen in der Organisation überformt.

Methodisch wurde für den sozialen Prozeß der Datenerhebung eine offene und mobile Strategie der teilnehmenden Beobachtung gewählt. Dies hatte den Zweck, sich möglichst flexibel an die wechselnden Feldbedingungen anpassen und Vorkommnisse direkt verfolgen zu können. Die Figurativität sozialer Machtprozesse verlangt, die Sichtweisen und Deutungsmuster möglichst vieler beteiligter Personen oder Instanzen zu erfassen. Daher wurden neben der Beobachtung von Arbeits- und Führungssituationen zahlreiche Gespräche direkt am Arbeitsplatz geführt und zu einzelnen Schlüsselinformanten intensivere Kontakte aufgebaut. Um die heterogenen Bewertungen einzufangen, wurden zudem narrative Interviews über einzelne Abschnitte der Organisations- und Konfliktgeschichten geführt. Auf diese Weise war es möglich, dieselben Themen und Ereignisse aus wechselnden Perspektiven einzukreisen und Plazierungseffekte zu vermeiden. Der anschließende Vergleich der Zeugenaussagen erlaubte Rückschlüsse auf die wechselseitigen Situations- und Beziehungsdefinitionen. Um das Mosaik der Machttopographie einer Organisation zu vervollständigen, wurden ferner Arbeitsbesprechungen aufgezeichnet, Dokumente und Akten analysiert sowie abschließende Gruppendiskussionen veranstaltet, in denen die sozialen Probleme des jeweiligen Feldes nochmals ausführlich zur Sprache kamen. Insgesamt bedienten sich die Feldstudien einer variablen Kombination von Verfahren, die sowohl in der qualitativen Sozialforschung als auch in der Ethnologie geläufig sind. Durch diesen *Methodenmix* konnte nicht nur eine hohe Validität der Daten, sondern auch eine Sensitivität und Reflexivität der Forschungskommunikation erzielt werden, wie sie mit standardisierten Erhebungsmethoden kaum zu erreichen sein dürfte.

In der theoretischen Argumentationsfolge nehmen die Fallstudien eine eigentümliche Zwischenstellung ein. Einerseits sind sie in das Gebäude der Theorie eingefügt und sollen die analytische Konstruktion an wichtigen Punkten verdeutlichen. Andererseits haben sie jedoch die Tendenz, über das, was theoretisch gezeigt werden soll, empirisch »hinauszuragen« und den Komplexitätsgrad der Darstellung zu erhöhen. Die Empirie zeigt stets mehr als das, was sie illustrieren soll. Sie ufert gewissermaßen aus und demonstriert neben dem Realitätsgehalt der theoretischen Konzepte gleichzeitig deren Begrenzung. Trotz aller Komplexität der Theorie ist die soziale Wirklichkeit immer mannigfaltiger als die Theorie, die sie beschreibt.

Dennoch unternimmt die hier vorgestellte Studie den Versuch, die Vielfalt sozialer Machtprozesse so zu kondensieren, daß ihre Grundmuster sichtbar werden. Die Argumentation in den drei Kapiteln über Autorität, Stellvertretung und Koalition folgt einem einfachen Raster. Zuerst wird die allgemeine Basisstruktur der jeweiligen Sozialform analysiert, das figurative Arrangement der Macht, in dem sich die Menschen bewegen. Sodann geht es im nächsten Schritt um die Typen und Variationen dieser Grundstruktur. Und schließlich werden die politischen Prozesse betrachtet, die Entstehung, Stabilisierung und der Zerfall der Machtfiguration. Mit Absicht verzichtet die Studie weitgehend darauf, die bekannten Theorien der Macht nochmals zu diskutieren. Statt dessen widmet sie sich direkt der Sache selbst. Denn wichtiger als das Universum der theoretischen Exegese ist für die Soziologie allemal die gesellschaftliche Praxis der Macht, also das, was Menschen tun, wenn sie sich anderer bemächtigen, und was sie anstellen, um die Zwänge sozialer Macht wieder loszuwerden.

II. Autorität

Autorität überall. Wo immer sich Menschen dauerhaft miteinander verbinden und soziale Ordnung stiften, erkennen sie einander nicht nur als verschiedene Gleiche, sondern auch als Ungleiche an. Reziprozität schließt Asymmetrie keineswegs aus. Das Bedürfnis, Ränge und Rangordnungen zu konstruieren, scheint universell. Denn der Rang des anderen markiert zugleich den eigenen Standort und den eigenen Wert. Im sozialen Vergleich wird nicht nur zwischen Mächtigen und Unterworfenen unterschieden, es werden auch Autoritäten ausgezeichnet, die die anderen überragen und ein besonderes Prestige genießen. Wo es Macht gibt, gibt es immer auch Autorität. Aber nicht jedem Machthaber wird gleichzeitig Autorität attestiert. Mancher ruiniert seine Autorität, weil er sich nur noch mit »bloßer Macht« durchzusetzen vermag; zuweilen verliert er seine Autorität aber auch dadurch, daß er von der Macht, die ihm zur Verfügung steht, keinen entschlossenen Gebrauch macht. Autorität ist anerkannte, geachtete Macht, die zugleich bewundert *und* gefürchtet wird.

In Machtanalysen von Organisationen spielt die Dimension der persönlichen Autorität meist nur eine untergeordnete Rolle. Die Untersuchungen konzentrieren sich auf die ungleiche Ressourcenverteilung und die funktionale Differenzierung organisatorischer Machtquellen, die den Positionsinhabern gewisse Machtmittel an die Hand geben, von denen sie in unterschiedlicher Weise Gebrauch machen. Aber die hierarchisch gestaffelte Positionsmacht ist nur das formale Korsett der organisatorischen Machtbeziehungen. Die Stärke und Elastizität dieses Gerüsts hängt nicht nur davon ab, inwieweit die Untergebenen die bürokratischen Regeln respektieren, die dem Vorgesetzten als primäre Machtquelle dienen, sondern auch davon, was sie von ihm als Person halten. Führungsstil und Gehorsamsmotive variieren mit der Zubilligung oder Aberkennung von Autorität. Der Autoritätsgläubige fügt sich anders als der, der sich nur der Sanktionsmacht des anderen beugt, und jener übt seine Herrschaft anders aus, wenn er um die Anerkennung des anderen weiß. Autoritätsglauben schließt Konflikte zwar keineswegs aus, sondern kann sie auf lange Sicht sogar intensivieren; trotzdem macht er den Mächtigen zunächst gegen unmittelbare Anfechtungen immun. Autoritätsbeziehungen unterliegen einer besonderen Dynamik, die die Chancen im Machtspiel neu ordnet, die Trümpfe umverteilt und die Relevanzen der Beteiligten verschiebt. Im folgenden werden deshalb die allgemeinen Strukturen von Autorität herausgearbeitet, verschiedene Autoritätsformen in Organisationen diskutiert und jene Prozesse und Methoden erörtert, die Autorität aufbauen, reproduzieren und schließlich zerfallen lassen.

1. Die Struktur der Autorität

(1) Autorität wird *zugeschrieben*. Jemand »hat« oder »ist« nur dann Autorität, wenn andere sie ihm zuerkennen. Autoritäten sind Autoritäten durch andere. Eine Autorität, die dies nur in ihrer eigenen Einbildung und für niemanden sonst ist, ist eine komische, vielleicht tragische Figur. Umgekehrt löst mitunter jemand Autoritätswirkungen aus, von denen er selbst nichts weiß: auch dann bleibt er Autorität. Entscheidend ist das Fremdbild der anderen. Gewiß wird es leichter sein, sich als Autorität zu etablieren, wenn man sich auch selbst als Autorität sieht, von seinem Rang überzeugt ist: Ohne entsprechendes Selbstbewußtsein und Ambitioniertheit wird kaum jemand Autorität. Aber erst, wenn die anderen einem Autorität zuschreiben, kann man darüber »verfügen«, Autorität einsetzen. Die Autoritätsgeltung des einen ist der Autoritätsglaube der anderen, diese ist ohne jenen nicht denkbar.
Die Zuschreibung von Autorität verschafft ihrem Nutznießer eine Ressource besonderer Art. Wer weiß, daß die anderen ihn als Autorität anerkennen, braucht sich um ihre grundsätzliche Gehorsamsbereitschaft nicht zu sorgen. Ihr Autoritätsglaube ist gewissermaßen ein »symbolisches Kapital«, das er ausnutzen und mit dem er wuchern, unter Umständen aber auch verspielen kann. Die Zuschreibung stellt für ihn einen Fundus potentieller Machtausübung, eine eigenständige Machtressource dar, die allerdings, wie andere Ressourcen auch, keineswegs beliebig und fungibel eingesetzt werden kann. Chancen und Schwierigkeiten der Aktivierung wechseln je nach sozialer Situation. Außerdem ist auch sie nicht vor überraschenden Kursstürzen und Wertverlusten gefeit: Achtung und Anerkennung sind oft fragil und bleiben für allerlei

Zweifel anfällig. Und anders als materielle Ressourcen können sie gerade nicht planmäßig aufgestockt, sondern allenfalls »gepflegt« oder manipuliert werden.
(2) Die Zuschreibung von Autorität ist, auch wenn es sich um eine Dyade handelt, stets eine *figurative Konstruktion*. Autoritäten überragen mehrere. Autorität ist jemand dann, wenn er nicht nur mir selbst, sondern, in meinem Verständnis, auch anderen gegenüber überlegen erscheint. Wo ich einen als Autorität heraushebe, bestimme ich zugleich andere: sie sind für mich *keine* Autorität, eher meinesgleichen. Die Autorität gilt für mich auch im Verhältnis zu Dritten und Vierten, und zwar unabhängig davon, ob diese sie ihrerseits als Autorität einstufen oder nicht. Wesentlich ist mein Bild der Relationen, nicht ihre Beziehungsdefinition. Die Figurativität der Autoritätszuschreibung impliziert eine komplexe Selbstverortung: Indem ich den einen als Autorität anerkenne und dadurch die anderen nicht, definiere ich nicht nur eine, sondern ein ganzes Geflecht von Beziehungen. Im Konstrukt der Autorität sind die Dritten und Vierten immer schon mitgegeben.
Dieser figurative Aufbau der Autoritätszuschreibung darf nicht verwechselt werden mit jenen Prozessen, die daraus resultieren, daß die meisten Autoritätsbeziehungen auch empirisch in eine *soziale Figuration*, in vielfältige Gruppenstrukturen, organisatorische oder interpersonelle Netzwerke eingebettet sind. Hier sind die Dritten und Vierten konkrete signifikante Andere, und die Tatsache ihrer Autoritätszuschreibungen ist für meine eigenen Präferenzen unmittelbar relevant. Anders als in dyadischen Beziehungen, in denen sich das Autoritätsverhältnis gleichsam unter Ausschluß der Öffentlichkeit entwickelt, bedeutet die Anerkennung oder Ablehnung einer Autorität stets eine direkte Stellungnahme innerhalb der Gruppe. Wer sich dem Sog der Anerkennung entzieht, riskiert Ächtung und Isolation. Nicht selten konturiert sich über die Anerkennung einer Autorität die Rangordnung der Gruppe, wie umgekehrt die Stabilität der Hierarchie die Verbindlichkeit der kollektiven Autoritätszuschreibung erheischt. Entwicklung und Fortbestand des Autoritätsglaubens werden daher oftmals durch *Zwischenautoritäten* vermittelt und sichergestellt: mindere Autoritäten, deren Autoritätszuschreibungen selbst Autoritätsgeltung erlangen. Wir finden das gut, was diejenigen gut finden, die wir gut finden. Durch eine solche Autoritätsstaffelung

können die Situationswahrnehmungen und Wertorientierungen der Gruppenmitglieder in gewohnte oder erwünschte Bahnen gelenkt werden, können neue Autoritäten etabliert oder alte konserviert werden.

(3) Autorität beruht auf *Anerkennung*. Eine Autorität ist jemand dann, wenn andere ihn als Autorität anerkennen, ihm aus freien Stücken Autorität zubilligen. Die Anerkennung wird der Autorität entgegengebracht; wo sie abgefordert oder gar erzwungen werden muß, ist der Autoritätsglaube bereits brüchig. Aufgenötigte Anerkennung ist keine. Die Autoritätszuschreibung gründet in der Anerkennung einer fremden Überlegenheit, einer Überlegenheit freilich, die aus der Sicht des Autoritätsgläubigen gerade nicht in der bloßen Asymmetrie von Ressourcen und Machtmitteln aufgeht. Die Überlegenheit des anderen ist nicht einfach seine positionale Stärke oder individuelle Potenz, mit der er sich über jeden Widerstand hinwegsetzen kann; sie erscheint vielmehr als eine quasi-moralische Qualität, eine Kraft, die Gehorsam findet, ohne ihn einklagen zu müssen. Die Macht der Autorität ist gewissermaßen eine »waffenlose Macht«: Weil sie durch Anerkennung konstituiert wird, kann derjenige, der Autorität genießt, auf den Einsatz grober Machtmittel, Drohungen oder Sanktionen, normalerweise verzichten (vgl. Popitz 1986, S. 12).

Die Machtausübung der Autorität gilt als *legitim*, aber nicht jede Form legitimierter Herrschaft stellt eine Autoritätsbeziehung dar.[1] Das Handeln der Autorität wird fraglos akzeptiert, Zweifel

1 Eine solche Gleichsetzung ist in der Organisationssoziologie, soweit sie sich von der Weberschen Bürokratietheorie herleitet, allerdings sehr verbreitet. Schon Weber selbst verwendet die Begriffe »Herrschaft« und »Autorität« oft synonym (vgl. etwa Weber 1972, S. 122) – eine konzeptionelle Verschleifung, die sich in der amerikanischen Weber-Rezeption, wie sie vor allem durch Parsons (1947) vermittelt wurde, dadurch weiter verfestigte, daß »Herrschaft« dort generell mit »authority« übersetzt wurde. In der Rückübersetzung der amerikanischen Arbeiten wurde dann die Webersche Herrschaftstypologie nicht selten als »Autoritätstypologie« reimportiert (vgl. z. B. Etzioni 1967, S. 85 f.). In einer solchen Begriffsstrategie erscheint Autorität als allgemeines Merkmal hierarchischer Organisationen, sie umschreibt die Legitimitätsgrundlage organisatorischer Herrschaft. Die Besonderheit von Autoritätsbeziehungen, ihre spezifische personale und situative Dynamik, kann auf diese Weise unseres Erachtens gerade nicht eingeholt werden. Zur Problematisierung der Weberschen Begriffsbildung und den daraus resultieren-

an seiner Berechtigung kommen gar nicht erst auf. Autorität erzeugt Legitimität. Die Autorität setzt selbst die Legitimitätsstandards, an denen sie gemessen wird. Natürlich können sich Autoritäten oft auf etablierte Normen, Tradition oder gesatzte Verfahren stützen, doch auch der offenkundige Bruch mit der Legalität, die Transformation von Stigmatisierung in charismatische Selbstüberhöhung, kann Autorität begründen (vgl. Lipp 1985). Illegalität und Devianz, also gerade die Suspendierung überkommener Legitimitäten, können so zu einer neuen Legitimitätsquelle werden, die sich in der Person der Autorität offenbart.

Der Legitimierung der Autorität durch die Anerkennung ihrer Überlegenheit entspricht die Selbsteinschätzung eigener Unterlegenheit. Diese Unterlegenheit kann, muß aber nicht als persönlicher Mangel empfunden werden, doch auch dann, wenn die Autorität »neidlos« anerkannt wird, unterstellt der Autoritätsgläubige, daß er, wie andere auch, an die Autorität nicht heranreicht. Er legt einen Abstand zwischen sich und die Autorität und definiert eine *soziale Distanz*. Seine Wahrnehmung operiert stets mit Kategorien des sozialen Vergleichs. Dabei kann der Konstruktion des Gefälles sowohl die polare Vorstellung von Führer und Masse als auch das Bild der abgestuften Pyramide zugrunde liegen. Während im Führermodell die Anerkennung der vielen die Einzigartigkeit des einen begründet und die Kluft unüberbrückbar erscheint, interpretiert das Stufenkonzept die Autorität auf der Kontrastfolie einer Rangordnung, die mehr oder weniger fließende Übergänge, größere oder geringere Abstände aufweisen kann. Die Zuschreibung von Autorität kann hier gewissermaßen »dosiert« werden; und sie bekommt einen stärkeren institutionellen Akzent: Denn durch Zuweisung *eines* Rangs werden gleichzeitig auch die anderen Ränge fixiert und die Geltung der Rangordnung insgesamt bestätigt (vgl. Siebel 1962, S. 243).

Doch unabhängig davon, ob die oberste Autorität die Spitze einer Hierarchie oder ein einsamer Führer ist, in jedem Fall gewinnt sie durch den ihr zugewiesenen Rang selbst rangverleihende Kompetenz. Ihre Stellung als Autorität gibt ihr, im Bewußtsein der Autoritätsgläubigen, die Macht, selbst Ränge zu verteilen. Die

den definitorischen Inkonsistenzen in der Organisationssoziologie vgl. Ziegler 1970, S. 16f.; ähnlich auch Wagner 1978, S. 74f.

Selbsteinschätzung der Unterlegenen variiert mit der Anerkennung oder Zurückweisung durch die Autorität. Ein zentrales Motiv der Autoritätanerkennung liegt daher in dem Bestreben, *auch von ihr selbst anerkannt zu werden*: »Wir wollen von denen, die wir besonders anerkennen, besonders anerkannt werden.« (Popitz 1986, S. 19) Der Autoritätsgläubige hofft auf Anerkennung, auf Auszeichnung durch die Autorität, und er bindet seine Selbstanerkennung daran. Er möchte die zunächst einseitige Anerkennung der Autorität in ein zwar asymmetrisches, aber reziprokes Anerkennungsverhältnis verwandeln.[2]

Die Anerkennungsströme verlaufen also nicht nur von unten nach oben, sondern auch von oben nach unten. Sie sind in der Gegenrichtung freilich wesentlich spärlicher und können zeitweilig ganz versiegen. Während der Autoritätsgläubige nach Anerkennung lechzt, fließt sie der Autorität immer schon zu. Und während dieser seine Selbstanerkennung von der Anerkennung des anderen abhängig macht, scheint jener von der Anerkennung des anderen unabhängig. Das Selbstbewußtsein der Autorität scheint ganz und gar ein Bewußtsein eigenen Könnens und eigener Fähigkeiten zu sein, und ein Bewußtsein davon, daß dieses Können das der anderen übersteigt. Um Autorität zu sein, muß auch sie eine soziale Distanz unterstellen. Sie muß sich auch selbst als Autorität anerkennen, wenn andere sie als Autorität anerkennen sollen.

(4) Die Anerkennung der Autorität ist die Anerkennung der *Werte*, die sie repräsentiert. Autoritäten »verkörpern« Werte. Konservative Autoritäten berufen sich auf bestehende Werte, sie »leben« gewissermaßen die Tradition; innovative Autoritäten hingegen schaffen selbst erst die Werte, die sie vertreten, oft im Bruch mit der Tradition.[3] Erst durch diesen Wertakzent avancieren Autoritäten zu Vorbildern (vgl. Scheler 1957, S. 262), Autoritäts- und Wertgeltung werden in der »Wertschätzung« der Autorität

2 Die Beibehaltung der Asymmetrie ist sogar die unerläßliche Voraussetzung für diesen reziproken Anerkennungsprozeß: Die – faktische oder auch nur vorgestellte – Anerkennung durch die Autorität zählt nur, wenn ihre Überlegenheit außer Frage steht und der soziale Abstand erhalten bleibt.

3 Empirisch ist der Unterschied zwischen konservativen und innovativen Autoritäten mitunter fließend: Auch Protestautoritäten, die den Bruch mit den etablierten Verhältnissen propagieren, tun dies zumeist im Rückgriff auf »eherne Werte«, die die herrschende Praxis verraten habe.

miteinander verschweißt. Die Autorität ist zugleich Repräsentant einer bestimmten Gruppenmoral: Wer sich der Autorität fügt, weiß sich im Einklang mit den moralischen Normen und Ansprüchen der Gruppe, er versichert sich des Wertbezugs des eigenen Handelns. Hierin liegt der Grund für die »bejahte Abhängigkeit« (Horkheimer 1968, S. 301) von der Autorität, die Freiwilligkeit des Gehorsams. Der Autoritätsgläubige respektiert in der Autorität diejenigen Werte, die er selbst anerkennt und denen er zustrebt.[4]

Als Verkörperung von Werten nimmt die Autorität selbst Bewertungen vor. Alles, was dem Unterlegenen durch die Autorität widerfährt, erscheint ihm als wohlwollende oder ablehnende Bewertung seines Verhaltens, seiner Persönlichkeit. Der Autoritätsgläubige paßt sich innerlich den Einstellungen der Autorität an, er erklärt die Kriterien und Relevanzen der Autorität zu seinen eigenen. Nur deshalb kann er seine Selbstanerkennung an die Anerkennung des anderen binden. Er sieht sich gleichsam mit den Augen der Autorität, macht sich von ihrem Urteil abhängig, indem er ihre Maßstäbe übernimmt. Dabei ersehnt *und* fürchtet er das Urteil der Autorität: Wird er belobigt, so erhöht dies sein Selbstwertgefühl weit mehr als jede anderweitige Anerkennung oder Gratifikation; wird er zurechtgewiesen, so schlägt die Enttäuschung in Selbsterniedrigung und Selbstverdammung um. Im Urteil der Autorität fühlt sich der Autoritätsgläubige verurteilt oder gar abgeurteilt. Weil er die Werte der Autorität als seine eigenen anerkennt, bedeutet jeder Tadel eine Selbstentwertung der eigenen Person.

Aufgrund der Verkoppelung des Selbstbildes mit dem – oftmals nur antizipierten – Urteil des anderen nehmen Autoritätsbeziehungen häufig den Charakter psychischer Verstrickungen an, die von den Beteiligten kaum zu entwirren sind. In Autoritätskonflikten stehen unabhängig vom sachlichen Fokus immer auch Identitätsentwürfe zur Disposition. Der Kampf mit der Autorität ist ein Kampf um die Anerkennung, und er ist ein Kampf um die

4 Natürlich impliziert der konstitutive Wertbezug der Autorität keineswegs eine ausschließliche Favorisierung »moralischer« oder gar universalistischer Werte. Nur dort, wo solche Werte hoch im Kurs stehen und das Selbstverständnis der Gruppe prägen, müssen die Autoritäten in diesem engeren Sinne moralisch sein.

Möglichkeit von Identität jenseits der Anerkennung. Noch in der Ablehnung und Aggression gegen die Autorität kann die Fixierung an sie intensiviert werden, kann die Behauptung von Selbstwert eine Funktion ihrer Reaktionen sein (vgl. Sennett 1985, S. 34 ff.). Auch wenn die Werturteile der Autorität offensiv negiert werden, ist damit keineswegs gesagt, daß sie ihre Prägekraft bereits eingebüßt hätten. Erst die psychische Entdramatisierung und Trivialisierung des Urteils verweist auf einen gelingenden Ablösungsprozeß.

(5) Ein wesentliches Merkmal von Autoritätsbeziehungen ist die *Personalität* der Autoritätszuschreibung. Autoritäten sind Persönlichkeiten. Die Anerkennung der Autorität ist die Wertschätzung persönlicher Eigenschaften und Fähigkeiten, die sie vor anderen auszeichnen. Autorität beruht zuerst auf persönlicher Ausstrahlung, auf einem spontanen Eindruck von Kompetenz und Selbstsicherheit, der sich bis zum Gefühl der »Außeralltäglichkeit« (Weber) steigern kann: Die höchste Autorität ist der charismatische Führer. Gewiß gibt es auch eine »Autorität« von Institutionen (der Kirche, des Staates), aber diese verdankt sich, wo sie die normative Kraft des Faktischen übersteigt, entweder der Autorität ihrer glaubwürdigen Repräsentanten[5] oder dem fahlen Abglanz der Gründungsautoritäten. Ohne die personale Autorität der Positionsinhaber wird die Organisation zur »Niemandsherrschaft« abstrakter Regeln und bürokratischer Zwänge (vgl. Arendt 1970, S. 39). Je anonymer eine Institution erfahren wird, um so weniger wird ihr als solcher »Autorität« zugeschrieben.

Gleichwohl ist die Aura der Autorität mehr als die Wirkung einer Person. Die Autorität ist für ihre Anhänger nicht nur eine angesehene und geachtete Persönlichkeit, sondern erlangt darüber hinaus den Nimbus einer *objektiven Instanz*: Sie »hat eine Prärogative und axiomatische Zuverlässigkeit für ihre Entscheidungen ge-

5 So war im antiken Rom die *auctoritas senatus* letztlich an die individuelle Autorität der Senatsmitglieder gebunden: »*Auctoritas* gibt es nur in bezug auf bestimmte Personen. Der Grund für die Autorität liegt darum in ihnen. Er kann verschiedenster Art sein, kann sich auf das Sozialprestige einer Person beziehen, auf ein bestimmtes Fachwissen, auf eine einzelne große Leistung, aber immer steht hinter ihm eine konkrete Person; fehlt sie, ist *auctoritas* ein leeres Wort.« (Bleicken 1985, S. 137) Vgl. auch Eschenburg 1965, S. 15.

wonnen, die über den immer variablen, relativen, der Kritik unterworfenen Wert einer subjektiven Persönlichkeit mindestens um einen Teilstrich hinausragt. Indem ein Mensch ›autoritativ‹ wirkt, ist die Quantität seiner Bedeutung in eine neue Qualität umgeschlagen, hat für sein Milieu gleichsam den Aggregatzustand der Objektivität angenommen.« (Simmel 1968, S. 102 f.) Dem Urteil der Autorität kommt gewissermaßen eine überpersönliche Qualität, eine Dignität jenseits aller persönlichen Kontingenz zu. Es ist ein Urteil, das selbst nicht beurteilt wird, sondern fraglose Geltung beansprucht.

Die »Objektivität« der Autorität hat mehrere Aspekte. Zum einen kommt in ihr die Unerreichbarkeit und Unangreifbarkeit zum Ausdruck, die Übermacht der Autorität und das Ausmaß des sozialen Gefälles. Die Autorität ist »objektiv«, weil ihre Überlegenheit als unverrückbares Faktum erscheint, und weil sie selbst Fakten setzt: Die Realitätsdefinitionen der Autorität sind für ihre Anhänger allemal verbindlich. Zum anderen gründet die Objektivitätskonstruktion in der vorgestellten Verkörperung anerkannter und dauerhafter Werte: Die Autorität personifiziert Werte, die auch unabhängig von ihr Bestand haben (sollen), und ihr Handeln exekutiert diese Werte. Eine Autorität ist erst dann Autorität, wenn ihre persönlichen Maximen und Wertsetzungen den Charakter sozialer Normen annehmen. Es ist die traditionsbildende oder -bewahrende Kraft der Autorität, die ihr Urteil in den Augen ihrer Anhänger unangreifbar macht und die Autoritätspersönlichkeit in eine überpersönliche, quasi-objektive Instanz verwandelt.[6]

Verstärkt und untermauert wird der Objektivierungseffekt durch eine große Zahl von Anhängern. Je massenhafter die Autoritätszuschreibung, je allgemeiner die Werte, die sie repräsentiert, um so unangreifbarer, entrückter ist die Autorität. Wenn auch die Dritten und Vierten sie als Garanten einer akzeptierten – beste-

6 Ähnlich argumentiert Simmel (1968, S. 103), wenn er die andere Möglichkeit der Etablierung einer Autorität darin sieht, daß jemand nicht durch persönliche Leistung, sondern durch die feierliche Einsetzung in ein hohes Amt zur Autoritätsgestalt avanciert, wenn also die Würde und das Ansehen eines Amtes auf eine Einzelperson übertragen werden. In diesem Fall resultiert die Objektivität der Autorität direkt aus der »überindividuellen Potenz« gesellschaftlicher Traditionen und Institutionen.

henden oder wünschenswerten – Ordnung, als Personifizierung intersubjektiv geteilter Werte und verbindlicher Normen anerkennen, so steigert dies meine Bereitschaft, es ihnen gleichzutun. Die Anerkennung der anderen motiviert selbst zur Anerkennung und erhöht die Objektivität des Anerkannten. Jede Kritik an der Autorität, die sie auf eine bloße Persönlichkeit zurückstuft, riskiert Konflikte und soziale Stigmatisierung: Wer die Autorität angreift, gefährdet die Ordnung, die sie stiftet. Und er bezweifelt die Geltung der Werte, die die Gemeinschaft konstituieren.
(6) Das Bild einer Autorität bezieht sich grundsätzlich auf die ganze Person. Autorität im emphatischen Sinne kann nur derjenige sein, der mir letztlich in *allen* Belangen überlegen erscheint. Der Zuschreibung wohnt eine *Generalisierungstendenz* inne, die den Autoritätsgläubigen dazu bringt, die Anerkennung einer Überlegenheit auch auf andere Persönlichkeitsaspekte zu übertragen. Die Autoritätskonstruktion schließt ein wechselseitiges Aufrechnen, ein ausgleichendes Bilanzieren von Über- und Unterlegenheiten prinzipiell aus. Der andere hat mehr, kann mehr, weiß mehr, ja er *ist* mehr, und dieses Mehr-Sein ist mehr als die Summe des Mehr-Habens, Mehr-Könnens und Mehr-Wissens (vgl. Popitz 1986, S. 14). Indem die Autorität gleichsam einer anderen Seinsregion zugeordnet wird, wird ihr überragendes Prestige und ihre Unangreifbarkeit ein für allemal festgeschrieben; sie läßt dem Autoritätsgläubigen nur die Alternative, sie zu lieben oder zu fürchten. Um die Anerkennung der Autorität zu erlangen oder ihrem Bann zu entgehen, nimmt er eine affektive Selbstangleichung vor, versucht er, der Autorität ähnlich zu werden und ihr nachzueifern, ohne sie je erreichen zu können. Das Vorbild der Autorität wird zur Vorlage des Selbst. Obwohl die Distanz zu ihr ganz unüberbrückbar scheint, entwickelt sie einen imitativen Sog, dem er sich nicht entziehen kann.
Andererseits gibt es freilich auch *limitierte Autoritäten*. Die Anerkennung der Überlegenheit erstreckt sich hier lediglich »auf ein bestimmtes Gebiet«, auf einen Teilbereich von Handlungen und Kompetenzen, in dem sich der Unterlegene dem anderen fraglos fügt und unterwirft. Die Machtfülle der Autorität wird damit begrenzt, die affektive Aufladung der Beziehung kognitiv neutralisiert. Die Wahrnehmung des anderen ist zentriert auf das, was er kann und ihn zur Autorität macht; gleichzeitig aber wird die Legitimität seines Autoritätsanspruchs auf diesen Aspekt einge-

schränkt, ohne daß diese Beschränkung jedoch thematisch würde. Die Autorität ist Autorität in einem gegebenen, klar definierten Rahmen, sie ist nicht primär Autoritätspersönlichkeit, kein umfassendes Vor- und Leitbild, das das eigene Ich-Ideal verkörpert. Limitierte Autoritäten werden eher »respektiert« als bewundert oder gar geliebt.

Trotzdem müssen auch limitierte Autoritäten die zugeschriebene Überlegenheit als Person integrieren. Auch sie müssen eine gewisse Statur, ein persönliches Profil haben, das die partielle Autoritätsgeltung glaubhaft macht. Ganz ohne persönliche Stärke gibt es auch keine begrenzte Autorität. Dennoch entschärft die Limitierung der Autoritätszuschreibung die personale Beziehungsdynamik: Konflikte mit limitierten Autoritäten können leichter als Sachstreit ausgetragen werden; Negativurteile der Autorität lassen sich eher verschmerzen, weil sie den Unterlegenen nicht in seiner ganzen Persönlichkeit treffen. Jede Limitierung der Autorität ist daher auch eine Limitierung der Abhängigkeit: Schon die bloße Tatsache, daß *keine* Generalisierung stattfindet, dokumentiert ein Stück Unabhängigkeit und Selbständigkeit. Oft ist das selbstbewußte Markieren der Grenzen des Autoritätseinflusses ein bedeutsamer Schritt zur Ablösung von der Autorität überhaupt.

(7) Autorität wird »von unten« zugeschrieben, ob und wie die Autorität darauf reagiert, scheint zunächst unerheblich. Auch wenn sie erst einmal gar nicht reagiert, kann dies ihre herausgehobene Stellung sogar noch unterstreichen, die Zuschreibung intensivieren. Dennoch sieht sich die Autorität über kurz oder lang einem Handlungs- und Erwartungsdruck ausgesetzt, dem sie sich nicht entziehen kann. Trotz der Einseitigkeit der Autoritätszuschreibung und der grundsätzlichen Asymmetrie des Verhältnisses bleibt die Autoritätsbeziehung stets ein *reziprokes Geschehen*. Mit der Selbstunterordnung unter die Autorität verbindet der Autoritätsgläubige auch *Forderungen und Anforderungen* an die Autorität, die sie nicht dauerhaft enttäuschen darf. Er interpretiert die Beziehung durchaus in Kategorien des sozialen Austauschs.

Die Erwartungen an die Autorität sind überaus vielfältig. Sie beziehen sich nicht nur auf bestimmte Persönlichkeitsmerkmale und Handlungsqualitäten, sondern vor allem auch auf den Umgang mit der Autoritätszuschreibung selber. Die erste und allgemeinste Erwartung an die Autorität ist die, daß sie die Macht, die ihr durch die Anerkennung der Unterlegenen zuwächst, nicht mißbraucht. Autoritäten dürfen ihre Stärke und Überlegenheit und die ihnen zuhandenen Machtmittel nicht zum puren Eigennutz einsetzen, sie müssen *verantwortlich* auch denen gegenüber handeln, die ihnen vertrauen und sich ihnen anvertrauen. Sie müssen ihre Anerkennung in der Weise »honorieren«, daß sie auch ihren Interessen Rechnung tragen. Die Wertschätzung des einen ist die Verpflichtung des anderen, sich dieser Wertschätzung würdig zu erweisen.

Konkrete Gestalt gewinnt dieses Grundmotiv der Verantwortlichkeit zumeist in Erwartungen von *Obhut* und *Förderung*: Schutz vor Übergriffen Dritter, Gefahrenabwehr, Entwicklung normativer Orientierungen, Erziehung und Formung der Persönlichkeit.[7] Trotz dieses *pädagogischen bias,* der schon in der Doppelbedeutung von »auctor« (= Schöpfer und Förderer) zum Ausdruck kommt, müssen die Autoritäten freilich keineswegs immer pädagogisch sein. So kann in limitierten Autoritätsbeziehungen, etwa zu einem Experten, die Tendenz einer inneren Selbstangleichung sehr schwach sein oder ganz entfallen. Man vertraut seinem Rat, weil er etwas kann, was man selbst nicht kann, aber auch nicht anstrebt. Und auch bei ausgeprägteren Autoritätspersönlichkeiten, mit denen man sich identifiziert, müssen die Perspektiven von Schutz und Förderung nicht notwendig zusamenfallen: Es kann ja unter Umständen gerade pädagogisch sinnvoll sein, den Schützling gewissen Risiken auszusetzen, also die Obhutfunktion zu-

7 Fast alle Autoren betonen den Ursprung der Autoritätsvorstellungen in der familialen Sozialisation. Psychoanalytisch werden sie zumeist in den Prozessen der Über-Ich-Bildung im Ausgang der ödipalen Konfliktsituation verortet (vgl. Fromm 1980, S. 145 ff.). Auch Popitz (1981, S. 82 f.) argumentiert sozialisationstheoretisch, wenn er seine These, daß der Anerkennung der Autorität ein Basisstreben nach Selbstanerkennung zugrunde liege, durch ein Entwicklungsmodell der Selbstanerkennung des Kindes untermauert. Nach Sennett (1985) sind die elterlichen Autoritäten gewissermaßen die Vorlage für alle anderen Autoritätskonstruktionen, ja er erweitert diesen Gedanken sogar in der Richtung, daß er in den psychischen Prozessen einer gelungenen Elternablösung gleichzeitig ein allgemeines Konzept möglicher Transformationen von Autoritätsbildern erblickt, die es gestatten, sich von Autoritäten in der Weise zu emanzipieren, daß ihre wirklichen Stärken und Erfahrungsvorsprünge anerkannt bleiben, die Abhängigkeit von ihnen aber nach und nach aufgelöst werden kann (vgl. Sennett 1985, S. 196).

rückzunehmen. Außerdem gibt es sicherlich auch das Bild einer schützenden Autorität ohne jeden pädagogischen Impetus. Oft macht sich die Autoritätszuschreibung an Leistungen und Eigenschaften fest, die innerhalb der Autoritätsbeziehung gar keine Rolle spielen: so z. B., wenn das Ansehen eines militärischen Vorgesetzten im Krieg sich seinem besonderen Mut verdankt. Aber auch dann muß sein Handeln der Verantwortlichkeitsnorm genügen: Ein mutiger Offizier, der seine Leute »verheizt«, ist keine Autorität, sondern ein Schurke.

Grundsätzlich schließt die Übernahme von Verantwortung ein autoritäres Verhalten der Autorität keineswegs aus. Es kann im Gegenteil aus erzieherischen oder normativen Gründen sogar geboten sein. Nicht selten wird von Autoritäten erwartet, daß sie, auch gegen den Autoritätsgläubigen selber, unnachgiebig und *streng* sind: Sie müssen die Werte und Normen, die sie repräsentieren, auch dann durchsetzen, wenn sie dadurch die gewohnte Harmonie der Beziehung stören, Konflikte provozieren und sich vielleicht selbst in die Schußlinie bringen. Denn die Geltung der Werte ist die Quelle ihrer Macht, jede Erosion mindert ihren Autoritätsanspruch. Gewiß braucht die Autorität sich normalerweise nicht autoritär zu gebärden, um sich Respekt zu verschaffen; ein autoritäres Auftreten ist gerade dort häufig, wo es an Autorität mangelt (vgl. Bahrdt 1984, S. 169). Auch suspendiert die direkte Drohung oder Sanktion kurzzeitig die Freiwilligkeit des Gehorsams, sie setzt Einsicht und Anerkennung als Gehorsamsmotive außer Kraft und baut auf Furcht und Abschreckung. Dabei gilt die Furcht vordergründig der Strafe, die die Autorität ankündigt oder verhängt; weil es aber die Autorität ist, die als Sanktionsinstanz auftritt, steht die Legitimität der Bestrafung außer Zweifel. Die Angst vor der Autorität nimmt um so dramatischere Züge an, je mehr die Strafe zugleich als äußere Disziplinierung und inneres moralisches Versagen, als Wirkung eigener Schuld, interpretiert wird. Gelingt es der Autorität, ihr Durchgreifen als Ausfluß ihrer normativen Wächterfunktion, als unausweichliche Konsequenz der ihr auferlegten Verantwortung darzustellen (oder wird dies fraglos unterstellt), so befestigt sie damit den Autoritätsglauben. Autorität ist, wer *im Prinzip* auf den Gebrauch autoritärer Machtmittel verzichten kann; aber Autorität ist auch, wer, wenn die Situation es erfordert, nicht davor zurückscheut, solche Mittel rigoros und entschlossen einzusetzen (vgl.

Popitz 1981, S. 81). Nicht derjenige gilt als Autorität, den alle mögen, sondern der, der nicht davor zurückschreckt, sich unbeliebt oder gar Feinde zu machen, wenn die Geltung der Werte auf dem Spiel steht.

Ob die Autorität ein Fehlverhalten unnachsichtig bestraft oder, in gewissen Grenzen, »gnädig« übersieht[8], wird von Situation zu Situation sehr verschieden sein. Vor allem die Anwesenheit Dritter spielt hier eine wichtige Rolle, weil dadurch die Risiken, aber auch die möglichen Autoritätsgewinne beträchtlich erhöht werden. In jedem Fall muß die Autorität die Situation »im Griff behalten«: sie muß eine gewisse *Souveränität*, eine innere Festigkeit und Selbstsicherheit ausstrahlen, die es ihr erlaubt, auch in brenzligen Situationen klare Markierungen zu setzen und plötzlich auftretende Schwierigkeiten zu meistern. Ob sie wirklich souverän ist, ist dabei nicht entscheidend, sondern nur, daß sie den anderen das Gefühl gibt, sie sei es. Der Autoritätsgläubige erwartet, daß die Autorität, anders als er selbst und seinesgleichen, die Situation *überblickt*: Jemanden auf einen Sockel zu stellen heißt auch, von ihm zu verlangen, daß er mehr und weiter sieht als man selbst. Autoritäten müssen Diffusität reduzieren, Vagheiten und Wahrnehmungsinkonsistenzen auflösen und eindeutige Orientierungen vorgeben. Sie müssen Perspektiven eröffnen, die sowohl situationsadäquat als auch normativ handlungsleitend sind, also den Handlungsdruck der Situation in der Weise auffangen, daß der gewiesene Weg zugleich als Bestätigung und Bestärkung intersubjektiv geteilter Werte erscheint. Egal ob die Autorität bestehende Werte konserviert oder selbst neue Normen setzt, stets muß sie die »Werthaltigkeit« ihrer Strukturierung der Situation deutlich machen. Die der Autorität zuerkannte Definitionsmacht bezieht sich auf beides: die angemessene Deutung der Situation *und* die situative Applikation und Fixierung der Gruppennormen.

Um diesen Ansprüchen zu genügen, muß die Autorität *Entscheidungen* treffen. Sie muß frühzeitig Entscheidungs- und Führungsbedarf erkennen und darf nicht zögern, ihm nachzukom-

8 Nichts unterstreicht die Machtfülle der Autorität so sehr wie die Möglichkeit der *Gnade*. Indem sie sich die Option offenhält, von der Bestrafung im Einzelfall abzusehen, erhält ihre Machtausübung ein zusätzliches Moment von Unwägbarkeit, Willkür und Selektion, das die Furcht vor der Autorität, das Gefühl des Ausgeliefertseins, noch verstärkt. Vgl. Canetti 1985, S. 343.

men. Keine Entscheidung zu treffen, ist für sie meist ruinöser als eine falsche Entscheidung. Von der Autorität wird erwartet, daß sie zugleich überlegt und entschlußfreudig ist, daß sie, eben weil sie den Überblick hat, ruhig abwarten kann und doch rechtzeitig eingreift. Autoritäten müssen ein Gespür für das *timing* von Entscheidungen haben: sie dürfen nicht übereilt reagieren, die Dinge aber auch nicht laufen lassen. Autorität verträgt weder Hektik noch Lethargie.

Schließlich werden von der Autorität nicht nur Entscheidungen, sondern auch *Urteile* erwartet. Wer sich vom Urteil eines anderen abhängig macht, unterstellt ihm nicht nur Urteilsfähigkeit, er will auch, daß tatsächlich geurteilt, Bewertungen vorgenommen werden. Der immer schon mitgedachte Wertbezug erlaubt der Autorität keine normative Zurückhaltung: Als Personifikation anerkannter Werte muß sie deren Geltung überwachen, Konformität honorieren und darf Abweichungen, auch gegenüber dem Autoritätsgläubigen selber, nur in engen Grenzen tolerieren. Unter der Ägide der Autorität darf es keine Grauzonen geben, gut und böse, richtig und falsch, akzeptabel und verwerflich müssen strikt voneinander geschieden sein. Ebenso müssen die Abstände der Ränge deutlich markiert werden. Vor allem aber muß die Autorität von ihrem eigenen Rang und der Legitimität ihrer Maßstäbe auch selbst überzeugt sein und unbeirrt an sich glauben: Es ist gerade ihre Überzeugtheit in die eigenen Überzeugungen, die andere überzeugt (vgl. Galbraith 1987, S. 61 f.). Eine zaudernde Autorität, die Urteile und Zensuren scheut, dementiert sich selbst. Allenfalls kann sie ein Urteil zurückhalten, Bewährungsvorbehalte machen, Öffentlichkeit vermeiden und soziale Folgekosten verringern, wenn ihr dies pädagogisch sinnvoll erscheint. Denn auch der Zwang, Urteile zu fällen, entlastet sie nicht von ihrer Verantwortung: Das Urteil muß, für alle Beteiligten nachvollziehbar, angemessen und *gerecht* sein; es muß allgemein akzeptierte Normen durchsetzen und das Vertrauen in die Geltung der Werte bestätigen.

(8) Das Autoritätsverhältnis setzt, wie jede Beziehung, den wechselseitigen Austausch von Erwartungen und Erwartungserwartungen voraus. Die reziproke Übernahme der Perspektiven gelingt nur, wenn die jeweiligen Selbst- und Fremdbilder dem anderen verdeutlicht, dargestellt werden. Von oben wie von unten muß die Autoritätsbeziehung auch als solche inszeniert werden, sie be-

darf einer *Dramaturgie* der Zuschreibungen und Handlungen, ohne die eine stabile Beziehungsdefinition gar nicht aufgebaut werden kann.

Die *Selbstinszenierung des Unterlegenen* beginnt damit, dem anderen zu zeigen, daß man ihn für überlegen hält und diese Überlegenheit ausdrücklich anerkennt. Der Autoritätsgläubige signalisiert die Bereitschaft, sich unterzuordnen, er stellt dar, daß ihm die Herrschaft des anderen grundsätzlich legitim erscheint, er sie auch nach seinen eigenen Wertmaßstäben bejaht. Hierzu greift er auf all jene Gesten und Haltungen zurück, die *Achtung* und *Ehrfurcht* bezeugen. Die Verbeugung vor den Insignien der Macht, die Bescheidenheit des Auftretens, das Absenken des Blicks und der Stimme, all dies hat den Sinn, der Autorität zu demonstrieren, daß sie als solche geachtet wird. Die Achtung der Autorität ist die Anerkennung ihres sozialen Prestiges und ihres Rangs, zugleich die Respektierung der Werte, die sie repräsentiert und die man selbst teilt. Doch indem man dies darstellt, betont man auch seine eigene Zugehörigkeit zur Wertgemeinschaft, stellt sich auch selbst als jemand dar, der seinerseits Achtung verdient. Wer einem anderen Achtung zollt, drückt damit auch eine gewisse Selbständigkeit, ein Selbstbewußtsein aus, das jener nicht ignorieren kann. Er artikuliert trotz aller Anerkennung der sozialen Distanz auch einen Anspruch *gegenseitiger* Achtung und Wertschätzung.

Demgegenüber liegt den Attitüden der Ehrfurcht und Demut ein anderer Modus der Wechselseitigkeit zugrunde. Während Achtung auch unter Ungleichen eine – im engeren Sinne – reziproke Beziehung ist, d.h. ein beidseitiges Ergänzungsverhältnis von Rechten und Pflichten anzeigt, interpretieren Ehrfurcht und Demut die Beziehung komplementär, also so, daß das Recht des einen die Pflicht des anderen ist.[9] Sie legen den Akzent nicht auf die Anerkennung, sondern auf die Unterwerfung. Indem der Demütige sich klein macht, erhöht er den anderen. Wenn er vor ihm kniet oder sich ihm zu Füßen legt, liefert er sich aus (vgl. Canetti 1985, S. 453). Der Ehrfürchtige zeigt der Autorität, daß er sie ehrt *und* fürchtet: er erkennt nicht nur ihr überragendes Prestige an, sondern verdeutlicht auch, daß und wie sehr er sich von ihrem Urteil abhängig macht. Die Furcht vor der Autorität gilt der to-

9 Vgl. hierzu die begrifflichen Unterscheidungen bei Gouldner 1984, S. 91 ff.

talen Definitionsmacht, die der Autoritätsgläubige dem anderen einräumt. Und sie gilt natürlich den Strafen, die die Autorität verhängen kann. Gleichwohl ist auch diese Inszenierung eigener Unterlegenheit und Abhängigkeit nicht ganz so uneigenützig, wie es zunächst den Anschein hat: Die Selbstunterwerfung soll die Autorität *gütig*, vielleicht sogar gnädig stimmen, sie dazu veranlassen, sich ihrer Obhutfunktion zu erinnern und davon leiten zu lassen.

Anderen dramaturgischen Zwängen folgt die *Selbstdarstellung der Autorität.* Sie steht vor der heiklen Aufgabe, die ihr entgegengebrachte Wertschätzung einerseits selbst anerkennen zu müssen, andererseits aber den Eindruck zu vermeiden, daß sie von der Anerkennung des anderen abhängig sei. Die Autorität muß vor allem *Unabhängigkeit* und *Selbständigkeit* demonstrieren, eine Autonomie des eigenen Urteils, das nicht auf die Zustimmung und den Beifall der Betroffenen spekuliert. Sie erreicht die Anerkennung ihrer Anhänger gerade dadurch, daß sie sie spüren läßt, auf diese Anerkennung nicht angewiesen zu sein. Es ist vor allem diese Asymmetrie der Abhängigkeit, die das Autoritätsverhältnis auszeichnet und die die Autorität inszenieren muß: selbst unabhängig zu sein von denjenigen, die von ihr abhängig sind.

Um ihre herausgehobene Stellung zu unterstreichen, sendet sie *Zeichen sozialer Distanz*. Hierzu gehören Gesten der Herablassung, eine bestimmte Zurückhaltung und Gemessenheit des Ausdrucks, Signale normativer Entrücktheit. Weil die Autorität einer anderen Seinsregion zugeordnet wird, verstärkt oft schon das bloße Nichtstun den Eindruck von Unnahbarkeit, die auratische Ausstrahlung. Nichts ist hörbarer als das Schweigen einer Autorität. Ja manchmal inszeniert die Autorität sogar ihr eigenes Verschwinden, sie zieht sich zurück in den Hintergrund, wo sie als »graue Eminenz« die Fäden zieht. Die Unsichtbarkeit läßt sie unerreichbar erscheinen und vergrößert die Vorstellung der Omnipotenz. Andererseits muß die Autorität aber auch selbst die Distanz überspringen, die Situation »in die Hand nehmen«, Orientierungen vorgeben. Sie muß den Abstand verringern ohne ihn zu verringern. Überdies ist eine allzu deutliche Akzentuierung der Rangunterschiede auch für die Autorität nicht immer ohne Risiko: sie unterhöhlt mitunter die Selbstverständlichkeit des Gefälles, auf der die Stabilität des Autoritätsglaubens beruht.

Obwohl die Autorität routinemäßig mit einem breiten Legitimitätseinverständnis und freiwilligem Gehorsam rechnen kann, ist es für sie dennoch nicht unzweckmäßig, von Zeit zu Zeit einfach nur ihre Macht zu demonstrieren, die Unterlegenen durch direkte *Übergriffe* zu überwältigen und einzuschüchtern, unerwartet Angst und Schrecken zu verbreiten. Denn die plötzliche Inszenierung der Macht bestärkt das Gefühl der Ohnmacht und erneuert die Bereitschaft, sich der Autorität anzudienen. Da die Autorität den Überfall verübt, steht die Legitimität der Aktion nicht zur Debatte: sie ist Normsetzer und Normdurchsetzer in einem. Darüber hinaus untermauert ein solches Vorgehen den Eindruck von *Entschlußkraft*, von Entscheidungs- und Risikobereitschaft, also jener Qualifikationen, die die Autorität auch für die alltägliche Strukturierung der Situation benötigt.

Unterhalb der Akzentuierung der eigenen Macht darf die Autorität aber auch die Routineerwartungen nicht enttäuschen, die die Autoritätsgläubigen an sie richten. Die Übernahme von Verantwortung, das Treffen rechtzeitiger Entscheidungen, die Vorgabe klarer Bewertungsmaßstäbe, all dies verlangt von der Autorität, ihr Handeln als *definitives*, sozusagen »überentschiedenes« Handeln darzustellen, das Vagheiten auflöst und von beschwerlicher Unsicherheit befreit (vgl. Popitz 1986, S. 27). Die Autorität muß von der ihr zugewiesenen Definitionsmacht auch entschlossen Gebrauch machen, sie muß Situationen, Handlungen und Ereignisse klar definieren und normativ klassifizieren. Sie hat nicht nur Urteile und Entscheidungen zu treffen, sondern auch zu demonstrieren, *daß* sie Entscheidungen trifft und daß es *ihre* Entscheidungen sind, die den weiteren Gang der Geschichte bestimmen.

(9) Am Erfolg oder Mißerfolg der Inszenierung der Autorität bemißt sich schließlich auch die Erfüllung der *Ordnungsfunktionen*, die sie in sozialen Beziehungen, Gruppen und Organisationen übernimmt. Autorität schafft Ordnung, und Autoritätsbedarf entsteht vorzugsweise dort, wo relative Unordnung herrscht. Je unstrukturierter und diffuser die Situation, desto größer die Nachfrage nach Autorität. Die Autorität verspricht Orientierung, bündelt »ausfransende« Realitätsinterpretationen, gibt Halt und aktuelle Sicherheit. Sie *entlastet* den Autoritätsgläubigen von eigener Verantwortung und kommt seiner Bequemlichkeit entgegen. Darüber hinaus erlaubt sie eine Selbstvergewisserung des Wertbezugs des eigenen Handelns. Die Autorität »verkörpert« die eige-

nen Wertpräferenzen und ist die verbindliche Instanz ihrer Interpretation. Sich an sie anzulehnen, heißt daher, sich selbst ein Bewußtsein unbefragter Legitimität zu verschaffen und bohrende Zweifel stillzustellen. Der Autorität zu folgen, *kann* nicht falsch sein, eben weil sie Autorität ist.

Die Selbstunterwerfung unter die Autorität gibt dem eigenen Handeln nicht nur Perspektive und Sicherheit, sondern definiert gleichzeitig das Verhältnis zu Dritten und Vierten. Im figurativen Aufbau der Autoritätszuschreibung weist der Autoritätsgläubige auch den anderen ihren Platz im sozialen Beziehungsgefüge zu: Indem er den einen als Autorität auszeichnet, spricht er den anderen diese Qualität ab, gesteht ihnen allenfalls einen mittleren, in jedem Fall minderen Rang zu. Auch wenn er mit gestaffelten Autoritäts- und Nichtautoritätszuschreibungen operiert, erhebt er das allgemeine Prinzip von Über- und Unterordnung zur primären Relevanz der gesamten Sozialordnung. Im Verhältnis zur Autorität kann es nur verschiedene Stufen der Unterordnung, ein größeres oder geringeres Gefälle geben. Der Autoritätsglaube ordnet den sozialen Raum nach unterschiedlichen Graden der Unterordnung, er typisiert andere nach ihrer relativen Nähe oder Ferne zur Autorität.

Die Ordnung, die die Autorität stiftet, erscheint von oben wie von unten als eine Ordnung von Unterordnungen. Autorität schafft Ordnung durch Unterordnung. Sowohl die normativen Gruppenprozesse als auch die Herausbildung einer inneren Struktur werden auf diese Weise reguliert. Als Personifizierung der Werte ist die Autorität notwendiger Katalysator der *emotionalen Homogenisierung* der Gruppe. Sie definiert und *fixiert* die Gruppenmoral, wacht über deren Einhaltung. Unabhängig davon, ob die Autorität konservativ oder innovativ ist, ob sie bestehende Werte akzentuiert oder selbst neue Werte setzt, stets ist die gemeinsame Anerkennung einer Autorität ein zentraler Fokus der Gemeinschaftsbildung: Die Gruppe konstituiert sich über die Autorität und spiegelt sich in ihr. Nur weil es die Autorität gibt, gibt es eine Gemeinschaft der Autoritätsgläubigen, die sich selbst wiederum nach Intensitätsgraden des Autoritätsglaubens strukturiert.

Die *interne Stratifizierung* der Gruppe folgt direkt aus der rangverleihenden Kompetenz der Autorität. Status und Ansehen der Mittelränge variieren mit der Anerkennung, die ihnen von oben zuteil wird. Sie werden als *Zwischenautoritäten* eingesetzt, die, in

gewissen Grenzen, selbst Ränge verleihen können und die Ströme der Anerkennung kanalisieren. Die Autorität verschafft sich damit die Möglichkeit, eigene »Intra-Machtkonflikte« (vgl. Schneider 1978, S. 55) zu entschärfen, etwa indem sie sich selbst auf eher unproblematische Funktionen von Obhut und Förderung beschränkt, unangenehme oder riskante Strafaktionen hingegen an Zwischenautoritäten delegiert. Darüber hinaus steuert ein solches System gestaffelter Autoritäten die Dynamik gruppeninterner Konflikte: Interessendivergenzen, sachliche oder persönliche Streitigkeiten unter den Anhängern werden tendenziell in Rivalitäten um Anerkennung transformiert. Die Auseinandersetzungen, sofern sie überhaupt zum Ausbruch kommen, gelten nun stets der inneren Verteilung der Autorität, ein Prozeß, den die oberste Autorität, solange sie unangefochten ist, leicht unter Kontrolle halten kann. Indem die Autorität Ordnung garantiert, zähmt und bändigt sie die Konflikte. Die Herrschaft der Autorität ist die Befriedung der Gruppe.
Vor diesem Hintergrund erweist sich die Ordnungsfunktion der Autorität als das Strukturmerkmal, in dem die Motive der Selbstunterwerfung des Unterlegenen am deutlichsten zum Ausdruck kommen: Autorität wird zugeschrieben und anerkannt, weil sie eine Wertordnung setzt und als soziale Ordnung durchsetzt, in der sich der Autoritätsgläubige wiedererkennt und einrichten kann. Und es erklärt zugleich, warum die Autoritätsgeltung eines Machthabers ein vorzügliches Mittel seiner Machterhaltung ist: Ein Herrscher, der Autorität genießt, kann seine Herrschaft durch das *Geben und Nehmen von Anerkennung* regulieren (vgl. Popitz 1981, S. 80), er kann auf Zustimmung und Legitimitätseinverständnis bauen, obwohl andere Machtmittel wie materielle Anreize oder Sanktionen dadurch sicher nicht überflüssig werden. Die Zuschreibung von Autorität stellt für ihn eine zentrale Machtquelle dar, sie stockt seine Machtmittel auf oder verhilft ihm überhaupt erst zur Macht, zu einer Position, die ihm den Zugang zu anderen Machtmitteln eröffnet. Außerdem schmeichelt die Anerkennung als Autorität seinem Selbstbewußtsein und Selbstwertgefühl: Die Achtung, die er erfährt, wird ihm scheinbar aus freien Stücken entgegengebracht; zwar ist der andere ihm unterlegen, aber es ist trotzdem nicht die erzwungene, aufgenötigte Anerkennung des Knechts gegenüber dem Herrn. Die Zuschreibung von Autorität *ehrt* den Mächtigen, sie hebt ihn hinaus über

die »bloße Macht«. Als Autorität ist der Herr nicht nur Herrscher, der jeden Widerstand brechen kann, sondern geachtete Persönlichkeit, Personifizierung allgemein anerkannter Werte und Prinzipien. Weil die anderen ihn als Autorität anerkennen, erkennt auch er selbst sich als Autorität an.

Wichtig ist freilich, daß der Rang einer Autorität durchaus nicht notwendig mit ihrer Stellung in der Hierarchie zusammenfallen muß. Nicht jeder Machthaber genießt auch Autorität. Den Inhabern mittlerer oder gar unterer Positionen wird gelegentlich mehr Autorität zugebilligt als der hierarchischen Spitze. Und dennoch prädestiniert eine superiore Stellung denjenigen, der sie einnimmt, in der Regel auch für die Zuschreibung von Autorität: Wer die Macht hat, ist schon deshalb ein vorrangiger Kandidat für Autorität, *weil* er die Macht hat. Den Mächtigen als Autorität anzuerkennen, bedeutet nämlich, seine Machtausübung als legitime Konsequenz persönlicher Überlegenheit und angemessener sozialer Privilegierung zu begreifen. Die Macht des anderen verdankt sich scheinbar nur seinen besonderen Qualitäten, jenen Eigenschaften, die ihn aus der Masse herausheben und auch mir selbst gegenüber auszeichnen. Die Zuschreibung von Autorität enthüllt sich damit als vortreffliche *Methode der Interpretation sozialer Macht*: Es ist ihre Funktion, »Macht in Bilder von Stärke zu verwandeln« (Sennett 1985, S. 201) und der eigenen Unterordnung einen Sinn zu verleihen.

Die übliche Legierung von Herrschaft und Autorität ist also keineswegs zufällig, sie resultiert aus der Interpretationsbedürftigkeit der Machtbeziehung selber. Den Unterlegenen entlastet die Zuschreibung von Autorität von der kränkenden Vorstellung, mit der Unterwerfung unter einen fremden Willen zugleich seine Freiheit aufzugeben. Die Deutung der Macht als Autorität erlaubt ihm im Gegenteil, seinen Gehorsam als Freiheit zu interpretieren: Wer etwas freiwillig tut, kann niemals ein Sklave sein; und wer einer Person dient, die ein Prinzip verkörpert, das man auch selbst bejaht, unterwirft sich weniger der Person als diesem Prinzip. Die Zuschreibung von Autorität wirkt so als eine Rationalisierung von Macht und Gehorsam, sie leistet eine soziale und psychische Selbstangleichung an bestehende Machtverhältnisse. Denn ebenso wie es sinnvoll ist, denjenigen, von dem man emotional abhängig ist, zu lieben, so ist es auch sinnvoll, den, dem man unterworfen und ausgeliefert ist, als Autorität anzuerkennen und zu achten.

Mit der allgemeinen Charakterisierung der Autorität als Interpretationsfolie sozialer Macht wird das Entziffern von Autoritätskonstruktionen ein zentrales Element jeder Machtanalyse. Im zweiten Schritt sollen nun der symbolische Aufbau und die unterschiedlichen Stärkebilder untersucht werden, die verschiedenen Typen von Autorität in organisatorischen Handlungsfeldern zugrunde liegen.

2. Autoritätstypen in Organisationen

Bezieht man die Strukturbestimmungen der Autorität auf das Machtgefüge von Organisationen, so ergibt sich sogleich eine eigentümliche Verschiebung des Blickwinkels: In der Bürokratie erscheint Autorität einerseits institutionalisiert, andererseits überflüssig. Für charismatische Führer, Autoritäten im emphatischen Sinne, ist in formalen Organisationen nur wenig Platz, sie stehen eher außerhalb, oft »über« der Organisation. Die Ordnungs- und Orientierungsleistungen der Autorität übernehmen in Organisationen die konstitutiven und regulativen Regeln, denen alle Mitglieder unterworfen sind. An die Stelle persönlicher Autoritäten tritt die »Autorität« institutionalisierter Arbeitsabläufe und Verfahren, die Geltung von Normen, die freilich von Personen gesetzt und durchgesetzt werden. In der Organisationssoziologie wird daher die Autoritätsproblematik vorrangig als Frage nach den »Autoritätsgrundlagen« des Vorgesetzten verhandelt; sie wird gleichgesetzt mit der Analyse der Legitimitätsquellen seiner Führungsfunktion. Die Herrschaftsausübung des Vorgesetzten wird dabei zumeist nach formaler und personaler Autorität unterschieden: Während sich in der »formalen Autorität« die offiziellen Befugnisse seiner Position (Amtsautorität) mit den sachlich-technischen Notwendigkeiten der Produktion (operationelle Autorität/Funktionsautorität) verschränken, erstreckt sich die »personale Autorität« auf den Einsatz seines Fachwissens (Sachautorität), seine koordinativ-organisatorischen Fähigkeiten (Organisationsautorität) und sein im engeren Sinne persönliches Charisma.[10] Die Autorität des Vorgesetzten ist gewissermaßen das

10 Wir orientieren uns hier an den Klassifikationen von Ziegler 1970, S. 30ff. und Zündorf/Grunt 1980, S. 126ff.; bei Ziegler (S. 37ff.) vgl.

»Zusammenspiel« dieser Einzelautoritäten, was unterschiedliche Gewichtungen bei den Positionsinhabern und disproportionale Verteilungen innerhalb der Gesamtorganisation natürlich nicht ausschließt. Die Spannungen zwischen Amts- und Sachautorität, wie sie sich etwa in Konflikten zwischen Linie und Stab ausdrükken, gehören vielmehr zum bevorzugten Untersuchungsgegenstand der Organisationssoziologie.

Der funktionalistische Grundzug einer solchen Frageperspektive ist unübersehbar. Autorität wird aufgefaßt als notwendiges Funktionselement hierarchischer Organisationen, als individuelle oder strukturelle Voraussetzung der Reproduktion organisatorischer Herrschaft. Die Klassifikation der Autoritätstypen zielt normativ auf die Bestimmung eines optimalen Autoritätsprofils, das Reibungsverluste minimiert und Konflikte in engen Grenzen hält. Die Autorität des Vorgesetzten ist gleichsam das »Ferment« eines problemlosen Organisationsablaufs. Sie erscheint zudem als institutionelle oder persönliche Konstante und nicht als eine dynamische und damit variable *Beziehung* zwischen den Organisationsmitgliedern, als Machtprozeß, in dem die Asymmetrie der Anerkennung interaktiv hergestellt und stets erneut ausgehandelt wird. Auf die Frage, wer wem warum in welcher Situation Autorität zuschreibt und wie dies das wechselseitige Verhalten bestimmt, geben die meisten, eher mesosoziologisch ausgerichteten Organisationsstudien nur recht allgemeine Antworten. Im folgenden sollen daher die verschiedenen Autoritätstypen im Lichte der eingeführten Strukturmerkmale reformuliert und mikrosoziologisch durchleuchtet werden.

2.1. Amtsautorität

Amtsautorität ist die Autorität eines Amtes, nicht einer Person.[11] Jemand hat Amtsautorität, *weil* er das Amt hat, und er hat sie nur, solange er das Amt hat. Die Untergebenen gehorchen dem *Amts*inhaber, nicht dem Amts*inhaber* als Person (vgl. Ziegler 1970,

auch die Auseinandersetzung mit den älteren Autoritätstypologien von Peabody (1964) und Presthus (1962).

11 Insofern handelt es sich zweifellos um einen Grenzfall des von uns vorgeschlagenen, an personalen Zuschreibungen festgemachten Auto-

S. 31). Ihre Fügsamkeitsmotive referieren auf die Anerkennung der institutionellen Ordnung, und zwar unabhängig davon, wer die sozialen Positionen gerade besetzt. In der Konstruktion der Amtsautorität ist die Trennung von Amt und Person immer schon vorausgesetzt; erst diese kognitive Differenzierung erlaubt es, die Person an den Anforderungen des Amtes zu messen, d. h. zwischen der allgemeinen Autorität des Amtes, das exemplarisch für die gesamte Institution steht, und der – möglicherweise sehr viel geringeren – persönlichen Autorität eines Amtsinhabers zu unterscheiden.

Das erste und wichtigste Charakteristikum, das es ermöglicht, einem Amt Autorität zuzuschreiben, besteht darin, daß es auch unabhängig vom jeweiligen Positionsinhaber existiert. Die Amtsträger kommen und gehen, das Amt bleibt. Der *Kontinuität* des Amtes entspricht die Fluktuation der Inhaber, und jeder Wechsel im Amt bestätigt diese Kontinuität. Als Amtsinhaber ist jeder ersetzbar. Gewiß werden auch Ämter mitunter abgeschafft oder neu eingerichtet, etwa im Zuge einer Strukturreform der Institution oder einer Veränderung der organisatorischen Steuerung; das Grundprinzip der Unabhängigkeit der Position von der Person bleibt davon jedoch unberührt.[12] Die Autorität eines Amtes wächst mit der Dauer seines Bestehens und dem Ausmaß, in dem es für unersetzbar gehalten wird. Sie ist dann am größten, wenn die Abschaffung des Amtes schier unvorstellbar ist.

Die Dauerhaftigkeit des Amtes ist aber nur ein Aspekt seiner *Objektivität*. Ämter sind – freilich von Menschen geschaffene – objektive soziale Tatsachen, und sie haben, wie viele andere soziale Tatsachen auch, einen unmittelbar *dinglichen Charakter* (vgl. Durkheim 1961, S. 127). Das Amt ist nicht nur die Position in der Institution, sondern auch das Gebäude, in dem der Amtsträger residiert. Ämter sind in Büros untergebracht, für deren Ausstattung es in bürokratischen Organisationen klare Vorschriften gibt. Je höher und angesehener das Amt, um so opulenter die Einrichtung. Aura und Ambiente gehören zusammen. Das Gewicht eines

ritätsbegriffs. Im Typus der Amtsautorität erscheint die Autorität zunächst grundsätzlich entpersonalisiert, obwohl es letztlich doch wieder Personen sind, die als Amtsinhaber Autorität gebrauchen.

12 Manchmal werden freilich auch Ämter für Personen geschaffen, die man anders nicht loswerden kann. Die Autorität solcher Ämter ist jedoch meist gering.

Amtes hat immer auch diese sachliche Komponente; seine Autorität drückt sich nicht zuletzt darin aus, inwieweit es als materielle Realität etabliert ist. Als steingewordenes Faktum verkörpert das Amt die Tradition der Institution, die Unantastbarkeit der dahinterstehenden Werte. Es ist sichtbarer Garant einer »ehernen Ordnung«, auf die man sich verlassen kann.

Ein weiterer Objektivierungseffekt ergibt sich aus der *Figuration der Ämter*. Ämter sind in Organisationen funktionell mit anderen Ämtern verknüpft und auf sie bezogen. Die Objektivität eines Amtes resultiert auch aus der Objektivität der anderen Ämter und der zwischen ihnen bestehenden Relationen. Die Institution erscheint als ein systematisch aufgebautes Netzwerk von Ämtern, die sich wechselseitig ergänzen und stützen. Nur aus diesem Grunde kann die Respektierung oder Mißachtung eines Amtes als generelle Stellungnahme zur Institution insgesamt gedeutet werden. Dennoch werden verschiedene Ämter innerhalb einer Institution natürlich unterschiedlich bewertet: Wichtige Ämter sind gleichsam »Stützpfeiler« im Gerüst der Organisation; werden sie eingerissen, so stürzt auch das Ganze: Die Autorität eines Amtes ist um so größer, je zentraler seine Funktion für die Gesamtorganisation ist, je folgenreicher also eine Verschiebung auch für die anderen Ämter und das gesamte Gefüge wäre. Das Ansehen eines Amtes variiert mit seiner zentralen oder peripheren Stellung in der Ämterfiguration.

Gemeinhin sind die höchsten Ämter auch die zentralsten: Die Spitze der Hierarchie ist die Schaltstelle der Macht. Wenn es richtig ist, daß die Ausübung von Macht für die Zuschreibung von Autorität prädestiniert, so folgt daraus auch, daß die mächtigsten Ämter in der Regel die größte Autorität haben. Die Autorität steigt mit der Höhe des Amtes und der Ausdehnung des ihm zugeordneten Machtbereichs. Je weitreichender und umfassender die Entscheidungskompetenzen, je größer die Anzahl der Untergebenen, je aufwendiger auch die personelle Ausstattung des Amtes durch Stäbe und angelagerte Dienststellen, kurz: je *mächtiger* und bedeutender das Amt in der Organisation, um so größer ist auch der Respekt und die Achtung, die dem Amt und dem Amtsträger entgegengebracht werden. Der Amtsinhaber hat die Macht, weil er das Amt hat, und weil es das Amt ist, das ihm die Macht gibt, gilt die Zuschreibung von Autorität auch zuerst seinem Amt und erst dann der Person.

Objektivität und Macht sind jedoch nicht die einzigen Quellen, aus denen sich die Autorität eines Amtes speist. Eine weitere ist seine *Geschichte*, vorzugsweise die seiner Gründung. Obwohl Ämter unabhängig von Personen bestehen, so wurden sie doch von Personen geschaffen und sie waren auch, außer vielleicht in kurzen Zeiten der Vakanz, stets von Personen besetzt. Die Tradition eines Amtes ist nichts anderes als die Geschichte seiner Entstehung und eine mehr oder weniger lange Kette von Amtsinhaberschaften. Es waren Personen, die das Amt »geprägt« haben und an denen der jetzige Amtsträger gemessen wird. Das *Amtscharisma* entsteht aus der institutionellen Umwandlung und »Versachlichung« der charismatischen Wirkung desjenigen, der das Amt ursprünglich begründet hat (vgl. Weber 1972, S. 674). Zwar stehen Amtscharisma und persönliches Charisma eher im Gegensatz zueinander: das erstere »bändigt« das Gefühl der Außeralltäglichkeit, von dem das letztere lebt. Und doch legt sich ein Abglanz der charismatischen Gründerpersönlichkeit auch auf das Amt, das diese überdauert. Ohne Petrus kein Papsttum. Am Beginn von Traditionen stehen immer Persönlichkeiten, deren Autorität in der Institution nachwirkt und die Maßstäbe vorgibt. Die Autorität der Institution zehrt von der Strahlkraft der Gründungsautoritäten und erneuert sich in der Autorität ihrer glaubwürdigen Repräsentanten.

Trotz ihrer Unabhängigkeit von der Person werden Ämter also durchaus in *Persönlichkeitsprofilen* gedacht und wahrgenommen. Ohne die Individuen, die die Ämter »bekleiden«, sind sie leere Hüllen oder papierne Stellenbeschreibungen. Amtsinhaber werden zumeist weniger an abstrakten Qualifikationsnormen gemessen, sondern vor allem mit ihren Vorgängern verglichen. Die »Anforderungen des Amtes« gewinnen Kontur auf der Kontrastfolie anderer Amtsinhaberschaften. Zwar werden mit Ämtern oft auch allgemeinere Vorstellungen einer »Idealbesetzung« assoziiert, doch auch diese beziehen sich, vor allem bei hohen Ämtern, keineswegs nur auf die fachliche Eignung, sondern ebenso auf Aspekte der persönlichen *Statur*. Ämter verlangen Persönlichkeiten, die sie »ausfüllen«, die den Erfordernissen des Amtes genügen. Mit der Höhe des Amtes steigen auch die Erwartungen an die persönlichen Qualitäten des Amtsinhabers.[13]

13 In dem untersuchten Metallbetrieb legten die Arbeiter bei der Ein-

Der Amtsinhaber erlebt die normativen Vorgaben eines Amtes als Situation der Bewährung. Oft leidet er unter der »Bürde« des Amtes, fühlt sich den Anforderungen nicht gewachsen. Andererseits gibt es auch den Fall, daß jemand »mit dem Amt wächst«, daß er im Amt eine persönliche Statur entwickelt, die ihm vorher kaum einer zugetraut hätte. Auch die aktuelle Amtsführung wird stets daraufhin beurteilt, ob die geforderte Relation von Amt und Persönlichkeit im Lot ist oder nicht. Wie einer das Amt führt, verändert mitunter auch die Interpretation des Amtes. Sicher gibt es eine »normale« Bandbreite, in der das Handeln des Amtsinhabers einfach nur als mehr oder minder korrekte Amtsführung eingeschätzt wird. Ist der Amtsinhaber jedoch eine starke, gar überragende Persönlichkeit, eben eine Autorität, so kann er auch das Amt aufwerten. Wenn die persönliche Autorität des Inhabers die des Amtes übersteigt, so erhöht er das Ansehen des Amtes. Umgekehrt kann ein besonders unfähiger Amtsinhaber auch ein Amt »ruinieren«, er muß dann sofort abgelöst werden.

Amt und Person werden also zusammengesehen. Der Würde des Amtes muß ein *Bild* der Person entsprechen, das die Zuschreibung bestätigt. Dabei macht sich die Bewertung des Amtsinhabers vor allem bei repräsentativen Ämtern keineswegs nur an seiner »objektiven« Amtsführung, sondern oft auch an Merkmalen seiner äußeren Erscheinung fest: Helden müssen aussehen wie Helden (vgl. Trilling 1980, S. 84), in den höchsten Ämtern ist die Gunst des Publikums nicht selten von der Physiognomie abhängig.[14] Jede Kluft zwischen Amt und Person wird stets der Person angelastet. Wird jemandem, ob zu Recht oder nicht, unterstellt, daß er den Persönlichkeitsanforderungen des Amtes nicht genüge, so werden dadurch auch seine Chancen, bei der Durchsetzung seines Willens auf die Autorität des Amtes zurückzugreifen, er-

schätzung ihrer Vorgesetzten eine klare »Normalproportion« zwischen der Höhe des Amtes und der Persönlichkeit des Amtsinhabers zugrunde: »Also der Bartscher, der ist einfach nicht geeignet, so als Bereichsleiter, persönlich meine ich. So als Meister, das ginge vielleicht noch so eben, aber als Bereichsleiter, da ist der einfach ne Nummer zu klein, als Mensch meine ich.« Auch die Meister wurden gerade unter dem Aspekt kritisiert, daß sie trotz ihrer Sachautorität persönlich zu feige seien, sich gegenüber dem Bereichsleiter zu behaupten.

14 Man denke hier etwa an Lion Feuchtwangers »Die häßliche Herzogin Margarete Maultasch«.

heblich reduziert. Die Berufung auf seine offiziellen Befugnisse wird ihm dann gerade als Mangel an persönlicher Autorität, als Kompensation eines Persönlichkeitsdefizits angekreidet. Dies ist der Grund dafür, weshalb der Rückzug auf die »nackte« Amtsautorität, die Entpersönlichung des Umgangs und des Anweisungsstils, von vielen Untergebenen als das genaue Gegenteil eines korrekten Vorgesetztenverhaltens, als persönliche Willkür und Demütigung erfahren werden.

Dennoch kann auch derjenige Vorgesetzte, der sich einfach nur auf seine Amtsmacht stützt, im Normalfall mit einer breiten »Indifferenzzone« fraglosen Gehorsams rechnen (vgl. Schluchter 1972, S. 148). Die Fügsamkeit des Untergebenen ist selbstverständlich, weil dieser die *formalen Regeln* akzeptiert, die der Organisation zugrunde liegen. Die Anerkennung der Regeln ist die Anerkennung der Macht, die die Regeln dem Amtsinhaber an die Hand geben. Mit Vorgesetztenpositionen sind neben sachlichen Entscheidungskompetenzen und Verantwortlichkeiten immer auch klar festgelegte Kontroll- und Sanktionsrechte verbunden, denen sich der Untergebene bereits qua Übernahme der Mitgliedschaftsrolle unterworfen hat (vgl. Luhmann 1976, S. 47 f.). Dabei steigen die verfügbaren Sanktionsmittel naturgemäß mit der Höhe des Amtes, ebenso der Fundus zur Verteilung materieller oder symbolischer Gratifikationen. Der Kern der Amtsautorität ist die formale Macht, mit der ein Amt ausgestattet ist. Und die Legitimation dieser Macht steht und fällt mit den Regeln der Organisation.

Die Positionsmacht des Amtsinhabers gründet also in der »Autorität« der Regeln, ist aber mit ihr nicht identisch.[15] Die Unangreifbarkeit der Regeln beruht nämlich im Prinzip darauf, daß sie für *alle* Organisationsmitglieder verbindlich sind. Die Regeln setzen Legitimitätsstandards, an denen auch das Verhalten der Vorgesetzten gemessen und überprüft werden kann. Sie sind nicht nur eine Machtquelle der Vorgesetzten, sondern auch derjenigen, die ihnen unterstellt sind. Übergriffe können als Regelverstöße zurückgewiesen und, vermittelt über den Appell an übergeordnete Instanzen oder Vertretungsorgane, auch offiziell sanktio-

15 Vgl. hierzu die von Peabody (1964, S. 118 ff.) getroffene Unterscheidung zwischen einer »authority of position« und einer »authority of legitimacy«.

niert werden. Die Amtsmacht des Vorgesetzten wird durch die Geltung der Regeln zugleich konstituiert und begrenzt. Weil sie legal ist, ist sie auch *limitiert*. Indem der Amtsinhaber die Regeln durchsetzt, denen er seine Macht verdankt, unterwirft er sich auch den Beschränkungen, die die Vorschriften ihm auferlegen. Die Restriktionen sind offensichtlich um so stärker, je mehr der eingesetzte Vorgesetzte die Regeln bloß exekutiert. Je niedriger sein Rang in der Hierarchie, um so geringer die Chance, die Regeln zur Disposition zu stellen, sie extensiv auszulegen oder gar zu verändern. Sogar der Souverän auf dem Thron der Organisation präsentiert sich oft als deren »erster Diener« und definiert sich, nicht zuletzt um der Autorität des Amtes willen, eher als Regeldurchsetzer denn als Regelsetzer.

Die Verzahnung der Ämter mit den formalen Regeln der Organisation ist ein konstitutives Merkmal der bürokratischen *Ordnung*. Die Regeln definieren die Ämter, legen Amtspflichten und -rechte eindeutig fest. Sich auf den Vorgesetzten als Amtsinhaber zu beziehen, heißt daher zugleich, die fraglose Geltung der Regeln zu erneuern, die die sozialen Beziehungen ordnen. Die Organisation funktioniert als formal geregelte Ordnung von Ämtern, die reziprok aufeinander bezogen sind. Die Vorgesetztenrolle des einen ist die Untergebenenrolle des anderen. Auch der Untergebene agiert als Positionsinhaber: Die legitime Machtausübung des Vorgesetzten erstreckt sich nur auf denjenigen Handlungsbereich, in dem ihm der andere aufgrund seiner Position Gehorsam schuldet. Der Respekt vor der Stellung der Vorgesetzten verlangt von diesem, auch die des Untergebenen zu respektieren. Und indem beide sich in ihrem alltäglichen Umgang der gegenseitigen Achtung der Ämter versichern, reproduzieren sie gleichzeitig die Normalität der institutionellen Ordnung, die die Ämter verbindet.

Der indifferenten Anerkennung der Amtsautorität entspricht die *Selbstverständlichkeit des Gehorsams*. Man fügt sich dem anderen, weil er ein Amt hat, das ihm die Macht dazu gibt, Befehle zu erteilen und Anordnungen zu treffen. Weder das Amt noch die Amtsinhaberschaft werden in Frage gestellt, ebensowenig die eigene Stellung als Untergebener. Den Anweisungen des Vorgesetzten ist widerspruchslos Folge zu leisten, eben weil er der Vorgesetzte ist. Insofern braucht die Amtsautorität normalerweise nicht besonders *inszeniert* zu werden: sie ist zu selbstverständlich, zu

sehr unbefragte Voraussetzung des Organisationshandelns, als daß sie noch eigens bekräftigt werden müßte. Zwar gibt es für den Vorgesetzten zahllose Möglichkeiten, in seinem unmittelbaren Führungsverhalten den Aspekt der Amtspflichten in den Vordergrund zu schieben, sich hinter anonymen Regeln zu verschanzen und im übrigen nie einen Zweifel daran zu lassen, daß er der Vorgesetzte ist. Ebenso kann der Untergebene seine Anerkennung der Amtsautorität indirekt dadurch signalisieren, daß auch er die formalen Relevanzen der Positionsinhaberschaft betont, mit dem Vorgesetzten gleichsam von Amt zu Amt verkehrt. Aber alle diese Methoden müssen sich im Rahmen der selbstverständlichen Normalität, der Alltagsroutinen der Organisation bewegen. Der Amtsinhaber braucht die gesatzten Beziehungsmuster lediglich zu reproduzieren, um fest im Sattel zu bleiben. Er macht keine Experimente und fällt allenfalls durch seine »überdurchschnittliche Durchschnittlichkeit« auf (vgl. Kirsch/Mackscheidt 1985, S. 85). Wesentlich für die Amtsautorität ist, daß sie in der Regel *kein* Thema ist. Muß sie besonders hervorgekehrt werden, so ist dies ein Indiz dafür, daß sie bereits brüchig ist.
Gleichwohl gibt es oberhalb der Alltagsebene der Organisation spezielle Prozeduren und Veranstaltungen, die den Sinn haben, die Autorität des Amtes ausdrücklich zu erneuern. Sie betreffen vor allem die *Rituale der Amtseinsetzung* und des Ausscheidens aus dem Amt. Mit der feierlichen Übergabe des Amtes werden nicht nur die jeweiligen Amtsrechte und -pflichten übertragen, es wird auch die Unabhängigkeit des Amtes von der Person demonstriert. Das Weiterreichen der Amtskette signalisiert die Dauerhaftigkeit des Amtes im Gegensatz zur Vergänglichkeit der Amtsinhaberschaften. Der neue Amtsinhaber erhält das Amt »mit Brief und Siegel«; er wird offiziell in die neue Organisationsrolle eingeführt und verpflichtet sich, den Anforderungen des Amtes und der Tradition zu genügen. Indem er das Amt übernimmt, stellt er sich, vor den Augen aller, in den Dienst der Organisation. Er bekräftigt die Geltung der Regeln, denen er fortan unterliegt.
Ist er einmal bestallt, so hat er bei seinen Entscheidungen die Autorität des Amtes im Rücken. Weil er selbst die Regeln der Organisation als selbstverständlich anerkennt, erwartet er solche Selbstverständlichkeit auch von den anderen. Der Gebrauch der Amtsautorität ist undramatisch, weil normal. Der Vorgesetzte braucht, solange er in seiner Position akzeptiert wird, seine An-

weisungen nicht eigens zu begründen. Sein Amt *ist* seine Legitimation. Ob er jedoch in seiner Vorgesetztenfunktion auf Dauer unangefochten bleibt, hängt nicht nur davon ab, in welchem Ausmaß die formalen Kompetenzen seines Amtes fraglos respektiert werden. Hierfür ist unter anderem entscheidend, inwieweit er in den Augen seiner Untergebenen auch die fachlichen Qualifikationen mitbringt, die seine Arbeitsrolle erfordert.

2.2. Sachautorität

Die Zuschreibung von Sachautorität[16] bezieht sich auf Kompetenzen der Person, nicht der Position. Jemand »hat« Sachautorität, weil andere ihm ein überlegenes Fachwissen attestieren, das für die Aufrechterhaltung des normalen Arbeitsablaufs unerläßlich ist. Der Vorgesetzte kann seine beiden Hauptfunktionen, die Motivierung und Kontrolle der Untergebenen und das Meistern von Feuerwehrsituationen (vgl. Zündorf 1982, S. 173), nur erfüllen, wenn er persönlich das hierfür erforderliche Fachwissen mitbringt, das sich in diffizilen Problemlösungen bewährt. Das Wissen, das der Sachautorität zugrunde liegt, ist ein durch Ausbildung und/oder langjährige Betriebszugehörigkeit erworbener »persönlicher Besitz« (vgl. Schluchter 1972, S. 150f.). Die Zu- oder Aberkennung von Sachautorität ist somit stets auf individuelle Vorgesetzte bezogen.
Trotzdem werden die Fähigkeiten der Person laufend an den Erfordernissen der Position gemessen. Stärker noch als bei der unterstellten »Normalproportion« zwischen der Höhe des Amtes und der persönlichen Statur des Amtsinhabers wird die fachliche Qualifikation eines Vorgesetzten immer schon mit den sachlichen Anforderungen seiner Arbeitsrolle und seiner hierarchischen Position in Beziehung gesetzt. Er wird zuallererst danach beurteilt, inwieweit er seinen Aufgaben fachlich gewachsen ist, ob er entsprechend qualifiziert ist. Formale Position und fachliches Kön-

16 Wir verwenden die Begriffe »Sachautorität« und »Fachautorität« im folgenden synonym. Sachlich ist gemeint, was Hartmann (1964) als »funktionale Autorität« eingeführt hat. Den Begriff der »Funktionsautorität« möchten wir demgegenüber für jene Zuschreibungen reservieren, die sich aus dem Zusammenspiel von Vorgesetztenfunktionen und technisch-organisatorischer Steuerung ergeben.

nen werden normativ zusammengedacht, Diskrepanzen aufmerksam registriert. Ein unfähiger Meister ist kein »Meister«, sondern einer, der sich eine Meisterstelle erschlichen hat. Er mag aufgrund seiner Amtsautorität im Normalfall Gehorsam finden, aber seine Anweisungen werden nur als Befehle und nicht als kompetente Anleitungen akzeptiert. Man fügt sich seiner puren Amtsmacht, nicht einer Autorität. Wo Amts- und Sachautorität auseinanderklaffen, schwindet generell die Bereitschaft, Machtunterschiede als Autoritätsbeziehungen zu definieren.

Die fachliche Einschätzung eines Vorgesetzten erfolgt darüber hinaus im Kontrast zu anderen Positionsinhabern. Die Figurativität der Autoritätszuschreibung lenkt auch hier die Wahrnehmungsprozesse: Nichts mindert die Sachautorität eines Vorgesetzten mehr als die gleichzeitige Präsenz anderer, ihm formal gleichgestellter Vorgesetzter, die ihm fachlich überlegen sind. Die höhere Qualifikation der anderen setzt einen Autoritätsstandard, an dem auch er gemessen wird und dessen Unterschreiten von den Untergebenen um so schärfer akzentuiert wird.

Die Anerkennung von Sachautorität variiert so mit der sozialen Figuration und den unterschiedlichen Folien des Vergleichs. Dabei können freilich nicht nur organisationsinterne Qualifikationsnormen, sondern auch übergreifende Kriterien der Fachgemeinschaft eine Rolle spielen. Diese schlagen jedoch zumeist nur indirekt durch. Ob jemand fachlich kompetent ist, wird im Binnenraum einer Organisation oftmals nach sehr anderen Maßstäben beurteilt als von außen: Während hier vor allem die erfolgreiche Problemlösung zählt, gilt dort das Wissen als solches. Organisation und Fachgemeinschaft haben unterschiedliche Relevanzsysteme der Achtung und Wertschätzung von Sachverständigkeit.[17] Da die Anerkennung, die dem Experten von seinen externen Fachkollegen zuteil wird, durch keinerlei institutionelle Kompromisse und Arrangements tangiert wird, ist sie als fachliches Urteil am wertvollsten. Andererseits hilft ihm äußere Reputation für die Aufrechterhaltung von Sachautorität in der Organisation wenig, wenn er bei konkreten Problemlösungen versagt.

17 Der Differenz der Bewertungskriterien und der mit ihnen verbundenen unterschiedlichen Quellen der Anerkennung entspricht auch die Zweiteilung von »lokal« und »kosmopolitisch« orientierten Experten. Vgl. Gouldner/Newcomb 1968.

Dennoch sind die abstrakten Standards der Fachgemeinschaft für die internen Staffelungsprozesse der Sachautorität keineswegs unwichtig. Schon bei der Rekrutierung der Positionsinhaber spielen formale Qualifikationsnachweise in Form von Zeugnissen und Zertifikaten eine entscheidende Rolle. Je formalisierter die Organisation, um so unerläßlicher die formale Beglaubigung der Sachverständigkeit. Gewiß zeigt sich, was einer wirklich kann, dann erst bei der Arbeit selbst, aber auch in die Wahrnehmung dieses Könnens fließt das Hintergrundwissen um seine extern nachgewiesenen Qualifikationen ein. Ein Meister, der keinen Meisterbrief hat, muß seine fachliche Kompetenz stärker unter Beweis stellen als sein Meisterkollege mit Brief. Weil er in seinen überbetrieblichen Mobilitätschancen eingeschränkt ist, ist seine Stellung auch im internen Machtspiel geschwächt. Er muß gewärtig sein, daß ihm selbst bei überragender Sachverständigkeit im Konfliktfall der fehlende Meisterbrief immer wieder vorgehalten wird. Daß jemand gelegentlich, wo die Einstellungs- und Besetzungsmodalitäten dies erlauben, auch ohne den formalen Ausbildungsabschluß eine Vorgesetztenposition einnehmen kann, verweist auf die Priorität *praktischer* Kompetenznachweise als Grundlage der Zuschreibung von Sachautorität. Der »eingefuchste« Vorarbeiter, dem eine Meisterstelle angeboten wird, hat seine fachliche Qualifikation in langen Jahren der Zusammenarbeit längst demonstriert. Ihm macht keiner was vor, bei ihm weiß man, woran man ist. Vor allem bringt er neben dem erforderlichen technischen *Fachwissen* auch schon das organisationsspezifische *Dienstwissen* mit, verfügt also über eine gleichsam habitualisierte Kenntnis der normalen betrieblichen Verfahrensabläufe und Beziehungsmuster.[18] Lange Phasen der Einarbeitung werden damit überflüssig. Es ist gerade diese Kumulation von Fach- und Dienstwissen, die ihn für den Posten prädestiniert.

18 In der Weberschen Bürokratietheorie wird die Unterscheidung von Fach- und Dienstwissen formal an den externen oder internen Zugangschancen der Wissensbestände festgemacht (vgl. Weber 1972, S. 855). Als Dienstwissen gilt dasjenige Wissen, das dem Beamten qua Zugehörigkeit zur Behörde verfügbar ist und ihm gegenüber Klienten und anderen Externen einen spezifischen Informationsvorsprung verschafft. Insofern weicht unser, sozusagen informell aufgeladener Begriff des Dienstwissens von der traditionellen Bedeutung dieses Begriffs etwas ab.

Obwohl die beiden Wissensarten in den alltäglichen Handlungsvollzügen und Führungsinteraktionen meist vermischt sind, kann die Zuschreibung von Sachautorität doch stärker in der einen oder anderen Richtung akzentuiert werden. Hierfür gelten dann unterschiedliche Mechanismen der Wahrnehmung und Bestätigung. Während das Dienstwissen innerhalb der Organisation weniger exklusiv ist und durch dauerhafte Mitgliedschaft routinemäßig angeeignet werden kann, erscheinen Rangunterschiede des Fachwissens, das in externen Ausbildungsinstitutionen erworben wurde, kaum überbrückbar. Erfahrungsvorsprünge lassen sich leichter wettmachen als inhaltliche Wissensdefizite. Sofern die Anerkennung der Sachautorität sich lediglich auf ein überlegenes Dienstwissen bezieht, bleibt die Intensität der Autoritätszuschreibung relativ schwach; erst in der Amalgamierung mit größerem Fachwissen, angereichert eventuell mit persönlichem Charisma, bekommt das Dienstwissen im Gesamtprofil der Autorität einen höheren Stellenwert.

Einen interessanten Zwischenstatus in der Konstruktion der Sachverständigkeit nimmt jenes *technische Erfahrungswissen* ein, das weder als durch Schulung erworbenes Fachwissen noch als betriebliches Dienstwissen charakterisiert werden kann. In Industriebetrieben stellt das in langjähriger Arbeitsroutine erworbene informelle Produktionswissen der Arbeiter, das *feeling* im Umgang mit Maschinen und Materialien, einen wichtigen und zugleich kaum kalkulierbaren Produktivitätsfaktor dar, dessen Entzug den Arbeitern in Konfliktsituationen wirksame Sanktionschancen eröffnet (vgl. Hoffmann 1979, S. 249). Da dieses informelle Rezeptwissen nach oben hin möglichst abgeschirmt wird, erfährt es von dort auch keine offizielle Anerkennung. Und doch kann die inoffizielle Wertschätzung dieses Wissens mitunter dazu führen, daß einzelnen Facharbeitern von oben wie von unten letztendlich eine höhere Sachautorität attestiert wird als ihren vorgesetzten Meistern und Ingenieuren.

Gegenüber solchen Arbeitern haben Vorgesetzte oft einen schweren Stand. Auch wenn ihr allgemeines Fachwissen das ihrer Untergebenen übersteigt, so haben diese aufgrund ihres arbeitsplatzspezifischen Routinewissens doch stets diverse Möglichkeiten, sie gelegentlich »auflaufen« zu lassen. In die Selbstinszenierung der Sachverständigkeit des Vorgesetzten wird daher oftmals ein mehr oder minder deutlicher Respekt vor diesem Erfahrungswissen einfließen. Sie ist meist um so erfolgreicher, je mehr es ihm gelingt, sein Fachwissen *komplementär* zum Routinewissen des anderen herauszustreichen. Damit seine eigene Kompetenz anerkannt wird, muß er die Kompetenz des anderen anerkennen. Statt eines Gefälles wird hier also zunächst nur eine Differenz der Sachverständigkeit konstruiert, funktioniert die sachliche Kooperation als wechselseitige Anerkennung verschiedener Wissensformen.

Für die Begründung von Sach*autorität* reicht ein solches Agreement freilich nicht aus. Hierfür ist die Zuschreibung einer fachlichen Überlegenheit maßgebend und die Selbstzuschreibung eigener Unterlegenheit. Der Vorgesetzte muß, um als Sachautorität respektiert zu werden, tatsächlich *mehr* wissen und können als seine Untergebenen, und er muß dieses Können unter Beweis stellen. Dem Konstrukt der Sachautorität wohnt so eine eigentümliche *Labilität* inne: Was einer wirklich kann, zeigt sich ja letztlich erst in Situationen, in denen dies Können gefordert ist, in denen sachliche Probleme gelöst werden oder nicht. Die Zuschreibung fachlicher Überlegenheit steht grundsätzlich unter dem Vorbehalt der *Bewährung*. Sachautorität wird immer nur auf Kredit gewährt (vgl. Hartmann 1964, S. 59); solange der empirische Test aussteht, ist sie lediglich eine mehr oder minder begründete Vermutung, die stets der erneuten Verifizierung bedarf.

Trotzdem wird der Vorgesetzte im Normalfall keineswegs ständig beargwöhnt und belauert. Die vorgängige Unterstellung, daß er das, was er können muß, auch wirklich kann, wird bis zum Beweis des Gegenteils erst einmal aufrechterhalten. Kann er beeindruckende Anfangserfolge vorweisen, so stärkt dies die Bereitschaft zur Generalisierung. Ist der Virus des Zweifels jedoch eingedrungen, so verbreitet er sich rasch. Auch vergangene Meriten, so sie denn vorhanden sind, zählen dann plötzlich wenig. Da der Aufbau und die Reproduktion von Sachautorität auf »einer Art Überzeugungsbildung von Fall zu Fall« beruht (Schluchter 1972, S. 148), ist jede Unterbrechung der Bewährungskette riskant. Andererseits ist das, was im Einzelfall als »Mißerfolg« anzusehen ist, innerhalb gewisser Grenzen selbst wiederum eine Frage von Definitions- und Aushandlungsprozessen. Sicher gibt es für erfolgreiche Problemlösungen oft klare objektive Kriterien, die sich aus der Sache selbst ergeben: so z. B., wenn eine zuvor ausgefallene Maschine nun wieder funktioniert oder wenn die Abmessungen eines Werkstücks genau innerhalb der festgelegten Toleranzen liegen. Doch jenseits dieses offensichtlichen Erfolgs können technische »Schwierigkeiten« in der Regel mit einem ganzen Bündel personeller oder sachlicher Ursachen in Verbindung gebracht werden, und die unbefragte Sachautorität eines Vorgesetzten erweist sich nicht zuletzt darin, in welchem Ausmaß die von ihm vorgeschlagenen Diagnosen auch von den Untergebenen einfach übernommen und akzeptiert werden. Jemandem Sachautorität zuzuschreiben, bedeutet auch, ihm eine größere Definitionsmacht von »Sachproblemen« einzuräumen und sich *seinen* Sachinterpretationen und Erklärungen zu unterwerfen.

Wer Sachautorität genießt, hat allemal einen größeren Spielraum, die Kriterien erfolgreicher Problemlösung zu bestimmen. Er kann unter Umständen eine *Remodulation* der Problemdefinition vornehmen, in der eigene Inkompetenz als mögliche Ursache des Mißerfolgs von vornherein ausscheidet. Dabei braucht er sich im Normalfall keineswegs umständlich zu legitimieren. Um der Verdächtigung vorzubeugen, er habe sich fachlich nicht bewährt, muß er sich als einer darstellen, der es gar nicht nötig habe, sich zu bewähren. Durch die offensive *Betonung von Sachlichkeit* tritt die bohrende Frage nach Kenntnissen oder Fähigkeiten in den Hintergrund. Qualifikationen werden *vorausgesetzt* und nicht eigens demonstriert. Es geht um die Lösung inhaltlicher Probleme, sonst nichts.

Für die Aufrechterhaltung von Sachautorität ist es also sinnvoll, einen situativen Deutungsrahmen herzustellen, in dem Erfolge dem Vorgesetzten gutgeschrieben, Mißerfolge ihm aber nicht angelastet werden. Er wird dadurch in gewisser Weise *unangreifbar*. Andererseits konfligiert eine solche Selbstbehauptungsstrategie mit einem anderen Element der Autoritätszuschreibung, nämlich der Erwartung, die Autorität müsse ihre Führungskraft zuallererst dadurch beweisen, daß sie klare Anweisungen gibt und hierfür auch die Verantwortung übernimmt. Zu welchen ambivalenten Zuschreibungen und Affekten eine Verquickung von fachlicher Überlegenheit und Verantwortungsscheu führt, soll im folgenden am Beispiel des speziellen Anweisungsstil eines Meisters in dem untersuchten süddeutschen Metallbetrieb demonstriert werden.

Fallstudie: Anweisungen ohne Anweisung

Die Sachautorität des Montagemeisters ist in der Abteilung unbestritten. Keiner der ihm unterstellten Arbeiter äußert Zweifel an seiner Qualifikation, im Gegenteil: Bei aller Kritik, ja manchmal sogar erbitterten Ablehnung wird sein fachliches Können immer wieder hervorgehoben (»Also fachlich macht dem keiner was vor . . .«). Seine Sachautorität beruht auf einer fast dreißigjährigen Betriebserfahrung; der Bereichsleiter, der früher selbst Montagemeister war, hatte ihn seinerzeit als seinen Nachfolger ausgewählt und auf den Meisterlehrgang geschickt. Mit dem Meisterbrief im Rücken, seinem umfassenden technischen Erfahrungswissen kombiniert mit betrieblichem Dienstwissen, ist seine Stellung in seinem engeren Aufgabenbereich der mechanischen Vor- und Endmontage fachlich nahezu unangreifbar. Geschmälert ist seine Sachautorität lediglich am Übergang zur Elektromontage: Dort hat eher der – ihm formell unterstellte – Elektromeister im Verein mit seinen »gefuchsten« Elektronikern das Sagen, fällt das Fachwissen des Montagemeisters etwas ab.

Auch im Selbstbild des Meisters ist die überlegene technische Kompetenz unverzichtbares Element seiner Meisterautorität. Ohne sachliche Souveränität stünde er im alltäglichen Selbstbehauptungskampf auf verlorenem Posten: »Also wenn man das Fachliche nicht bringt, kann man sich nicht halten. (. . .) Wenn Sie einem mal was sagen sollen, anleiten, und der Mann merkt, daß sie von Tuten und Blasen keine Ahnung haben, ham' se verloren, ham' se verloren.« Gewiß könne ein Meister, räumt er gegenüber den Interviewern ein, unter günstigen Bedingungen auch »das Menschliche« in den Vordergrund stellen, aber nur, wenn er eben die Zeit dafür habe und »wenn er noch einen hat, der es ihm fachlich macht«. Bei ihm vor Ort sei das praktisch unmöglich, schon wegen des Termindrucks und der sachlichen Verantwortung. Auch die angedeutete Möglichkeit, die fachliche Kompetenz des Meisters könne unter Umständen durch einen Untergebenen substituiert werden, wird im weiteren Verlauf des Interviews für die eigene Situation zurückgenommen, wenn er die Frage, ob es denn mitunter vorkomme, daß der Lösungsvorschlag eines Arbeiters fachlich besser sei als sein eigener, folgendermaßen beantwortet: »Also eigentlich nicht. Vielleicht im Detail, wissen

Sie, machmal. So im Großen nicht, aber im Detail kann sein, ob ich jetzt den Handgriff so ansetze oder so. Weil es ist einfach sehr sehr schwierig, das Gesamte zu sehen, und das ist der springende Punkt. Wenn man's Gesamte nicht sieht, dann verrennt man sich in eine Sache. Dazu braucht man den Überblick, und den hat der Mitarbeiter in der Regel nicht. Der geht hier von seinem fachlichen Standpunkt aus und da denkt er, ha ja, mit diesen Winkelzügen komm ich hin, ja, und der Meister sieht das ganz anders, auf ner ganz anderen Basis zum Beispiel. Theoretisch vielleicht, von der theoretischen Überlegung umgesetzt in die Praxis, so mach ich's immer. Denn das praktische Basteln ist doch bloß mehr oder weniger die Ausführung, aber die Theorie, die dahinter steht, das ist das Wichtigste. Dann haut es nämlich auch hin.«

Die symbolische Konstruktion der Sachverständigkeit operiert deutlich mit Kategorien des sozialen Vergleichs: Hier der »Theoretiker«, der den »Überblick« hat und das Ganze sieht, dort der »bastelnde« Arbeiter, dessen Detailvorschläge allenfalls auf der Ebene praktischer Arbeitsroutinen (»Handgriff ansetzen«) überlegen sein können, der sich aber oft »verrennt« und fachlich auf seine Arbeitsplatzperspektive beschränkt ist. Um seine eigene Überlegenheit, seinen Meisteranspruch herauszustreichen, wertet der Meister die fachlichen Kompetenzen der Arbeiter ab und *neutralisiert* sie dadurch (vgl. Weltz 1964, S. 58 f.). Die richtige Praxis sei die bloße »Ausführung« der richtigen Theorie, die der Meister mitbringe; auch der letztendlich praktische Erfolg (»Dann haut es nämlich auch hin«) gilt als Beweis der Richtigkeit der vorgegebenen Theorie.[19]

19 Daß der Montagemeister sich offensiv als »Theoretiker« definiert, ist vor dem Hintergrund seiner beruflichen Entwicklung als aufgestiegener Facharbeiter einigermaßen überraschend. Bricht doch ein solches Selbstverständnis mit einer gerade für Arbeiter typischen klassenkulturellen Norm, nämlich der Vorstellung, daß das einzige Wissen, das wirklich zähle, jene »praktische Intelligenz« sei, die sich in unmittelbaren Problemlösungen bewähre, wogegen alle »abstrakte Theorie« letztlich bloßes Bücherwissen sei, das in konkreten Situationen versage (vgl. Willis 1979, S. 91 f.). Der kulturellen Abwertung von »Theorie« entspricht in der Konstruktion der Sachverständigkeit bei Arbeitern und oft auch bei Meistern die starke Betonung von *feeling* und handwerklich-technischer Cleverness im Umgang mit Maschinen und Material, eine Einstellung, die in der untersuchten Abteilung in geradezu

Die Selbststilisierung als »Theoretiker« immunisiert den Meister gegen praktische Kritik: Der technische Erfolg bestätigt die Theorie, der Mißerfolg hingegen verweist auf Mängel der »Ausführung«. Sofern die Lösungsvorschläge auf der Ebene »theoretischer« Hinweise verbleiben, die der praktischen Umsetzung bedürfen, hält sich der Meister heraus. Indem er die eigene Sachverständigkeit und die der Arbeiter von vornherein auf unterschiedlichen Wissensebenen situiert, verewigt er die Distanz und macht sich gleichzeitig unangreifbar.
Freilich ist sich der Meister des »objektiven« strategischen Sinns und des (selbst-)legitimatorischen Charakters einer solchen Dichotomie keineswegs offen bewußt. Er sieht im Gegenteil gerade in der Vermeidung definitiver Anweisungen zugunsten einer »theoretischen« Behandlung schwieriger Sachprobleme eine vorzügliche Methode und Gelegenheit, die Arbeiter fachlich zu fördern und zu motivieren. Auf die Frage nach »Tricks« für die Stimulierung und Motivierung der Arbeiter hält er einen regelrechten pädagogischen Kurzvortrag: »Vom Psychologischen her ist ja die Frage, wie, sagen wir mal, wie man den Mann kommen läßt, und, ja, man kann ihm das ja in den Mund legen gewissermaßen, und daß er selber sagt, ja das will er so machen oder so. Und dann ist er natürlich Feuer und Flamme, wenn's von ihm kommt, ist immer so. Seine Idee ist die beste Idee und dann ist's Wasser auf die Mühle und wenn Sie was kritisieren, wird das nie was. Das ist natürlich der richtige Weg. (...) Sagen wir, die Fälle treten ja auf, das ist für mich so neu wie für den Mitarbeiter. Und jetzt stehen

prototypischer Weise vom Meister der Kontrolle artikuliert wurde: »Die Theoretiker (er bezieht sich hier zugleich auf die Ingenieure der Arbeitsvorbereitung und den Montagemeister, mit dem er im Streit liegt) wollen alles immer ganz genau und das ist praktisch unmöglich und der Praktiker weiß das. Es kommt ja darauf an, daß die Maschine funktioniert und läuft und das verstehen die Theoretiker nicht. Die denken in idealen Maßen und das gibt's gar nicht. Die sehen immer nur die Zeichnung und wir sollen das dann machen, aber das geht eben nicht, was auf dem Papier geht, das geht nicht in der Praxis. (...) Ich sage immer: Ein guter Pfuscher ist besser als ein schlechter Arbeiter. Er muß die Macken ausgleichen können, auch mit Pfuschen. Das ist immer auch so eine Gefühlssache.« – Durch sein Selbstbild als »Theoretiker« ist der Montagemeister nicht nur gegenüber den Arbeitern, sondern auch unter seinen Meisterkollegen sozial isoliert.

wir vor dem Problem. Ich mein, ich hab nen Konzept, aber ich geh oftmals den Weg, ich sage zu ihm, so oder jetzt so, ohne ihm jetzt so was zu sagen, jetzt überlegst Dir's mal bis morgen und dann sprechen wir noch mal drüber und morgen sagst mir dann, was Du Dir überlegt hast. Und ich hab's selber parat (Zwischenfrage: Immer schon?), ha also in der Regel auf jeden Fall, bis zum nächsten Tag auf jeden Fall. Ja und dann kommt er da, entweder hat er was oder er hat nichts, ha ja, da sagen wir, gut man ist der Meister, okay, und da sagen wir, hier okay, da soll er's so machen, gut, oder ich hätt auch noch ne andere Möglichkeit, wie wär's denn, wenn man's so macht. Und der: Ha ja, so könnt man's machen! (Lachen) Also ich würd sagen, er hat seine Fähigkeit gezeigt und die andere Möglichkeit ist vielleicht um hundert Prozent besser, wenn er also ehrlich ist, muß er sagen, ha, der Meister hat doch recht, net? (...) Okay, also das ist das eigentlich hier: er soll das Ding bringen und dann diskutiert man's. Neue Probleme, wo ich unter Umständen auch nen bissl überlegen muß, die handelt man gern so ab. Und ich muß sagen: Das ist, weil der Mann, der macht sich auch seine Gedanken, der möcht ja auch, also nicht jeder, aber ein Großteil der Leute, die wollen auch a bissl mitdenken also, und das fördert man so. Also ich würd sagen, das funktioniert gut, auf die Art.«

Das »Kommen-Lassen« des anderen hat für den Meister einen klaren interaktiven Sinn: Er gibt dem Arbeiter Gelegenheit, seine geringere Sachkompetenz zu demonstrieren. Da die fachliche Überlegenheit seines eigenen Vorschlags für den Meister selbst außer Frage steht (»um hundert Prozent besser«), bedeutet das Kooperationsangebot faktisch nur die Aufforderung zu einer Scheinbeteiligung, die dem anderen das *Gefühl* vermitteln soll, er werde fachlich ernstgenommen. In Wirklichkeit geht es dem Meister vor allem darum, seine eigene Sachverständigkeit zu inszenieren, sich als Sachautorität zu profilieren. Allerdings entsteht hier für ihn ein praktisches Dilemma, das sich – in der Interviewpassage als unaufgelöster Widerspruch erkennbar – aus der Parallelität von Motivierungs- und Selbstdarstellungsabsicht ergibt: Während es ihm »psychologisch« sinnvoll erscheint, den Meistervorschlag dem Arbeiter »in den Mund zu legen« und ihm gewissermaßen als seine eigene Lösung unterzuschieben, muß er von der Logik der Selbstdarstellung her gerade umgekehrt verfahren, also *seinen* Vorschlag als den unstreitig besseren präsentieren und

den anderen verblüffen. Für die Selbstinszenierung der Sachautorität darf der andere nur soweit »mitdenken«, wie es nötig ist, um den Vorschlag des Meisters angemessen würdigen zu können.
Ein wesentliches Element der »Pädagogik« des Meisters ist die Vagheit und *Unentschiedenheit* seiner Anweisungen. Wenn der Arbeiter zu ihm kommt, sagt er ihm, »so oder jetzt so, ohne ihm jetzt so was zu sagen«. Obwohl er nach eigenem Bekunden eine technische Lösung meist schnell parat hat, hält er den Arbeiter erst einmal hin und gibt ihm Bedenkzeit. Gewiß steckt hierin auch ein fachlicher Vertrauensvorschuß gegenüber dem Arbeiter, ein Angebot, sich entlastet von unmittelbarem Erfolgszwang mit dem Problem auseinanderzusetzen. Gleichzeitig aber läßt ihn der Meister im ungewissen darüber, welcher Lösungsweg ihm, dem Meister, schon jetzt als erfolgversprechend erscheint. Indem der Meister an die Selbständigkeit des Arbeiters appelliert, verweigert er ihm eine aktuelle Hilfestellung, hindert ihn also gerade nicht daran, sich zu »verrennen«. Um später als der Überlegene dazustehen, beläßt er ihn in seiner Unsicherheit.
Kontrastiert man nun die Selbstdarstellung des Meisters mit den Zuschreibungen und Erzählungen der Arbeiter, so zeigt sich, daß dieses Moment des Verzögerns und Hinhaltens, das Vermeiden definitiver Lösungsvorschläge, offenbar nicht nur den Anweisungsstil des Meisters bei kniffligen und außergewöhnlichen Schwierigkeiten prägt, sondern auch bei alltäglichen Arbeitsproblemen gang und gäbe ist. Mehrere Arbeiter beklagen sich darüber, daß der Montagemeister ihnen, wenn sie mit einem technischen Problem zu ihm kommen, oftmals das Gefühl gibt, er wolle nicht behelligt werden, habe ohnehin keine Zeit und erwarte von ihnen gefälligst so viel Sachverstand, daß sie damit auch alleine zu Rande kämen. Schon daß es das Problem überhaupt gibt, lastet er ihnen als Unfähigkeit an. Wenn er sich dann aber doch widerwillig auf eine Diskussion einläßt, haben seine technischen Hinweise häufig den Charakter von *Erwägungen*, man könne das Problem »theoretisch« in der einen oder vielleicht in der anderen Richtung angehen, wobei er selbst eine eindeutige Festlegung umgeht.
Wir beobachteten einmal folgende Interaktion: Ein älterer Facharbeiter, der sich nach ca. drei Monaten im Betrieb noch in der Einarbeitungsphase befand (die nach Auskunft des Meisters manchmal bis zu zwei Jahren dauert), geriet bei der Montage einer Standardmaschine immer mehr in Hektik und kam dann ins Stok-

ken. Nachdem er mit dem elektronischen Meßgerät eine bestimmte Toleranz mehrmals nachgemessen hatte, blickte er eine Weile unschlüssig herum und entschied sich nach einigem Zögern, seinen Arbeitsplatz zu verlassen und die Meisterkabine anzusteuern. Da die Standardmontage im Blickfeld der Meisterkabine liegt, hatte er gesehen, daß der Montagemeister gerade in seiner Kabine war und dort mit einem anderen Arbeiter redete. Der Monteur trat in die Kabine ein und stellte sich dort zunächst in einigem Abstand auf, bis sein Vorgänger abgefertigt war und der Meister sich ihm zuwenden konnte. Nach einigen, von etwas fahrigen Gesten begleiteten Erläuterungen gelang es ihm schließlich, den Meister dazu zu bringen, von seinem Tisch aufzustehen und ihm aus der Meisterkabine an seinen Arbeitsplatz zu folgen. Haltung und Mimik des Meisters verrieten Überdruß und Gereiztheit. An der Maschine angekommen, erklärte der Arbeiter sein Problem. Der Meister, die Hände tief in den Taschen seines Kittels vergraben und ungeduldig auf den Schuhsohlen wippend, hörte kurz zu, nahm dann die Hände heraus, stützte sich vornübergebeugt auf der Maschine ab und redete längere Zeit auf den Arbeiter ein. Der stand etwas hilflos dabei, wie ein Schuljunge etwa, sein Gesichtsausdruck war eine Mischung aus respektvoller Aufmerksamkeit, Furcht und Unverständnis. Zwei halbherzige Versuche, den Meister in seinem Wortschwall zu unterbrechen, scheiterten kläglich; erst nachdem der Meister geendet hatte, konnte er noch eine kurze Nachfrage anbringen, die ebenso knapp beantwortet wurde. Der Meister beendete nun den Kontakt einfach dadurch, daß er sich abrupt umdrehte und zu seiner Meisterkabine zurückging. Der Arbeiter, jetzt wieder allein, machte sich erneut an seiner Maschine zu schaffen. Doch schon nach kurzer Zeit hielt er inne, wischte sich den Schweiß von der Stirn, blickte ratlos und hilfesuchend herum. Dann verließ er ein zweites Mal seinen Arbeitsplatz und sprach einen der »alten Hasen«, der altgedienten Facharbeiter in der benachbarten Endmontage an, der sich schließlich erweichen ließ, mit ihm mitzukommen und ihn dann an seiner Maschine entsprechend instruierte. Kommentar des »alten Hasens« gegenüber den Beobachtern: »Der war völlig fertig, wußte nicht mehr vor und zurück. Der Wassmann, der hat dem nen Vortrag gehalten, da hat der vorne und hinten nichts verstanden, und dann ist er einfach weggelaufen und der steht wie der Ochs vorm Berg.«

Die grundsätzliche Asymmetrie der Interaktion zeigt sich in mehrfacher Hinsicht. Schon die *Zugänglichkeit* des Meisters stellt für den Arbeiter ein diffiziles Handlungsproblem dar: Er muß nicht nur eine räumliche, sondern auch eine soziale Distanz überwinden und sich in dessen Arbeitssequenzen einfädeln. Da er selbst davon ausgeht, daß sein technisches Problem nur an seinem eigenen Arbeitsplatz, an der Maschine gelöst werden kann, muß er den Meister bewegen, einen Ortswechsel vorzunehmen und dadurch möglicherweise für andere Arbeiter nicht mehr erreichbar zu sein. Die Fahrigkeit seiner Gesten in der Meisterkabine weist darauf hin, daß er sich dieses Handlungsdilemmas des Meisters durchaus bewußt ist oder daß umgekehrt der Meister ihn diese Schwierigkeit spüren läßt. Um die Sachverständigkeit des Meisters für sich aktivieren zu können, muß sich der Arbeiter selbst als inkompetent darstellen und riskiert damit zugleich fachlichen Tadel. Er bekommt die Hilfe des Meisters nur, wenn er selbst hilflos ist und dies dem anderen zeigt. Um aber die fachliche Selbstabwertung in Grenzen zu halten, muß er das Arbeitsproblem primär als eine Schwierigkeit der Sache, als *Sachproblem* präsentieren, das eben mit Worten nur unzulänglich beschrieben und nur an der Maschine selbst demonstriert werden kann.
Die zögernde und mürrische Reaktion des Meisters zeigt an, daß er den sachlichen Rechtfertigungen des Arbeiters mißtraut. Als dieser ihm an der Maschine das Problem erklärt, verraten Gestik und Mimik des Meisters gleichzeitig Ungeduld und Selbstherrlichkeit. Er inszeniert seine Sachautorität, indem er dem anderen zeigt, daß er an der Maschine sofort »alles im Blick hat«, daß er alles weiß, worauf es hier ankommt und die Erläuterungen des Arbeiters gar nicht braucht. Schon nach kurzer Zeit unterbricht er ihn, baut sich selbstsicher vor ihm auf und entwirft seine eigene Sichtweise des Problems. Er reißt die Gesprächsinitiative an sich und oktroyiert dem anderen im weiteren *seinen* sachlichen Diskurs, und zwar ohne Rücksicht darauf, ob dessen Konstruktion des Arbeitsproblems mit den Ausführungen kompatibel ist oder nicht. Der »Vortrag« des Meisters ist gerade keine persönliche Instruktion, sondern eine Sachbeschreibung, die einerseits fachliche Überlegenheit und Unangreifbarkeit demonstriert, und andererseits dadurch, daß sie die Relevanzen des anderen ignoriert, dessen fachliche Kompetenz in Bausch und Bogen bestreitet. Ohne daß dies dem Meister bewußt sein müßte oder gar strate-

gisch beabsichtigt wäre, wirkt seine »theoretische« Definition und Erörterung des Arbeitsproblems als eine objektive fachliche Demütigung des Arbeiters: Indem er zu ihm so redet, daß dieser nichts versteht, gibt er ihm gleichzeitig zu verstehen, daß er auch von der Sache nichts verstünde. Und umgekehrt geht der Arbeiter davon aus, daß er, wenn er den Meister nicht versteht, von der Sache zu wenig verstehe, um die Instruktionen des Meisters verstehen zu können.
Noch verschärft wird die prekäre Situation des Arbeiters dadurch, daß der Meister, nachdem er einmal das Heft des Gesprächs und die soziale Initiative in die Hand genommen hat, seine Definitionsmacht im folgenden rigoros durchsetzt und die Sequenzen der Interaktion kontrolliert. Zwei zaghafte Versuche des Arbeiters, sich wieder in die Kommunikation einzuklinken, bügelt er einfach ab, bemerkt sie vielleicht nicht einmal; auch der letzte Anlauf des anderen, doch noch eine klare Anweisung zu bekommen, geht offenbar ins Leere: Der Meister gibt das Problem zurück, hat das letzte Wort und geht einfach weg. Er beansprucht auch darüber, was eine brauchbare Anleitung sei, das uneingeschränkte Definitionsmonopol. Nicht nur im Sach-, auch im Personenbezug seines Führungsstils gesteht er dem anderen kaum Aushandlungsspielräume zu.
Zweifellos widerspricht die beschriebene Interaktion den »pädagogischen« Ansprüchen und Selbstzuschreibungen des Meisters diametral, zumal auch nicht beobachtet wurde, daß er später von sich aus den Arbeiter noch einmal kontaktiert und sich nach dem Fortgang der Arbeit erkundigt hätte. Auch dies scheint für ihn allerdings typisch zu sein. So berichten mehrere Arbeiter übereinstimmend, daß der Montagemeister, wenn er einmal konsultiert worden sei, im weiteren stillschweigend davon ausgehe, daß das Sachproblem, auf welche Weise auch immer, nun gelöst werde und es keine weiteren Friktionen oder Verzögerungen mehr gebe: »Für den zählt nur das Ergebnis, wie wir das schaffen, das ist dem egal.« »Dem kommt es nur darauf an, daß die Maschinen fertig werden und daß keine Fehler gemacht werden. Und wenn da was fehlt und erst nachgearbeitet werden muß oder das Werkzeug mangelhaft ist, das interessiert den nicht, da läßt der keine Entschuldigung gelten.« Oftmals kontrolliert der Montagemeister noch nach Feierabend die Werkstücke an den einzelnen Arbeitsplätzen und hinterläßt seine Monita auf Karteikarten: »Am näch-

sten Morgen findest du dann die Karte in deinem Schraubstock eingeklemmt und die anderen machen dich natürlich runter und spotten. Ein Gespräch mit dem Wassmann gibt's dann nicht, für Diskussionen und so hat der sowieso keine Zeit. Der will nur, daß die Fehler abgestellt sind.«

Vor dem Hintergrund dieser strikten *Ergebnisorientierung* des Meisters und seiner geringen Bereitschaft, sich auf »Diskussionen« überhaupt einzulassen, bekommt das zuvor herausgearbeitete Element der Vagheit und Unentschiedenheit seiner Anweisungen, das Sich-nicht-Festlegen auf klare Lösungsperspektiven, eine neue Qualität: Indem er dem Arbeiter lediglich mögliche Handlungs*alternativen* offeriert und ihm die Entscheidung überläßt, welchen Weg er einschlagen will, bürdet er ihm gleichzeitig auch die Verantwortung für alle negativen Folgen dieser Entscheidung auf. Versagt die Lösung des Arbeiters, so trägt er und nur er dafür die Schuld: Der Meister hatte ja auch noch andere Möglichkeiten erwogen. Hat der Arbeiter dagegen Erfolg, so kann der Meister ihn zugleich für sich selber verbuchen, hatte er doch dem anderen zumindest *auch* diese Alternative nahegelegt. Kurzum: Weil er sich nicht definitiv festlegt, behält er immer recht. Indem er die Entscheidung auf den anderen abwälzt, belastet er ihn mit einer Verantwortung, die er eigentlich selbst tragen müßte – und zieht ihn im Falle des Mißerfolgs unnachgiebig zur Rechenschaft. Und da es innerhalb der eingespielten Beziehungsstruktur für eine kommunikative Verflüssigung oder gar Reflexion dieser Mechanik kaum situative oder organisatorische Möglichkeiten gibt, befestigt der Führungsstil des Meisters stets aufs Neue die negativen Zuschreibungen, die die Arbeiter ihm als Person entgegenbringen. Obwohl sie seine fachliche Kompetenz ausdrücklich anerkennen, fühlen sie sich »menschlich« von ihm gedemütigt und im Stich gelassen, korrespondiert seine Anerkennung als Sachautorität gerade nicht mit persönlicher Wertschätzung. Er wird als Amtsinhaber respektiert und als Sachautorität gefürchtet, gleichzeitig aber als Person diskreditiert und manchmal sogar wegen seiner Katzbuckelei nach oben offen verachtet. Er ist, trotz Sachautorität, keine Autorität.

Die »Pädagogik« des Meisters entpuppt sich bei näherem Hinsehen als Strategie der Selbstimmunisierung gegen zurechenbare Fehler. Sie ist eine Methode der Herstellung von Unfehlbarkeit. Und trotzdem wäre es falsch, die zitierten Äußerungen einfach als bloße Ideologie oder Schönfärberei gegenüber Außenstehenden abzutun. Wir hatten statt dessen den Eindruck, daß der Meister sich gerade in diesen Passagen des Gesprächs auf die Fragestellung »einließ« und uns hier gewissermaßen sein normatives berufliches Selbstbild entwickelte, das einzulösen ihm aber aufgrund der restriktiven Bedingungen, des ständigen Termindrucks und seiner Verantwortung und Haftbarkeit für das Produktionsergebnis kaum möglich sei. Und dieser seiner Verantwortung für den reibungslosen Fortgang der Produktion müsse er eben immer zuerst nachkommen, alles andere sei letztlich sekundär. Es ist paradoxerweise gerade seine Konstruktion von »Verantwortung«, die ihn dazu bringt, das Risiko definitiver Anweisungen zu scheuen und an die Arbeiter zu delegieren. Es ist seine eigene, ihm von oben auferlegte und zugleich verinnerlichte Hierarchie der Relevanzen, die ihn daran hindert, seine pädagogischen Intentionen auch zu verwirklichen.

*

Für die *Selbstinszenierung der Sachautorität* lassen sich grundsätzlich zwei Strategien unterscheiden, die freilich vor allem in »Wechselbad«-Kombinationen erfolgversprechend sind. Die erste Alternative besteht darin, das eigene Fachwissen so hervorzukehren, daß dem anderen gerade sein Nichtwissen um so deutlicher vor Augen geführt wird, daß also die Kompetenz des einen die Inkompetenz des anderen ist. Die andere, sozusagen »fördernde« Variante ist die, den anderen zwar die eigene Überlegenheit spüren zu lassen, ihn aber gleichzeitig auch in *seinem* – geringeren – fachlichen Können zu respektieren, also lediglich einen Kompetenzunterschied zu akzentuieren und die Beziehung als reziprokes Anerkennungsverhältnis zu entwerfen. Während die erste Strategie darauf abzielt, den anderen in Furcht und Schrecken zu versetzen, weil die Sachautorität alles und er selbst nichts weiß, weil sie, sosehr er sich auch Mühe geben mag, ihm in allen Belangen immer schon fachlich überlegen scheint, baut die zweite Methode auf das Motiv der Selbstanerkennung des Unterlegenen als Grundlage der Autoritätszuschreibung. Die Sachautorität wird in diesem Fall gerade deshalb anerkannt, weil sie sich selbst nicht verabsolutiert und weil sie, im Bewußtsein des noch verbleibenden Abstands, es sich leisten kann, die Distanz situativ zu verringern. Denn hierin liegt ja stets ein Grundproblem der Inszenierung fachlicher Überlegenheit: daß derjenige, der ein Wissen und Können demonstriert, das der andere nicht hat, damit gleichzeitig Gefahr läuft, eben dieses Wissen aus der Hand zu geben, sich also seiner Machtquelle zu berauben. Wo Macht auf Wissen und Wissensvorsprüngen beruht, bedeutet jeder Einsatz von Wissen, das dem anderen bisher vorenthalten war, auch die Chance des Aufholens dieser Vorsprünge und der Verringerung der Macht. Das spezifische Dilemma der Sachautorität ist, daß sie sich nur beweisen kann, indem sie sich tendenziell aufhebt.

Eine ähnliche Zweigleisigkeit läßt sich auch für die Inszenierung der Anerkennung von Sachautorität *von unten nach oben* feststellen. Die Selbstdarstellung eigener Unterlegenheit kann sowohl als Präsentation von Unwissen, als Hilfsappell oder Signalisieren von Führungsbedarf erfolgen; sie kann aber auch als selbstbewußtes Vorzeigen eigener, wenngleich minderer Kompetenz funktionieren, das die Autoritätsanerkennung des anderen mit dem Wunsch nach Selbstanerkennung durch die Autorität verbindet. Ein typisches Beispiel dieser zweiten Variante ist die *kluge Frage*: Indem der Fragende den anderen fragt, gibt er ihm zu verstehen, daß dieser, seiner Meinung nach, etwas weiß, was er selbst nicht weiß. Indem er aber so fragt, daß er dabei gleichzeitig sein eigenes Wissen demonstriert, setzt er auch selbst einen Wissensstandard, den der andere respektieren und anerkennen soll.

Doch wie immer der Kampf um die Anerkennung situativ ausgehen mag, anders als in interpersonell definierten Autoritätsbeziehungen ist der Aufbau und der Fortbestand von Sachautorität in letzter Instanz eine Frage erfolgreicher Problemlösungen, d. h. sie relativiert sich trotz aller Asymmetrie der Definitionsmacht am Ende doch wieder an einem externen Dritten, nämlich der Sache selbst. Wenn *alle* offerierten Alternativen des Meisters versagen, kann keine so geschickte Remodulation der Problemdefinition seine Sachautorität retten. Eine Maschine, die nicht funktioniert, funktioniert nicht. Es gibt allerdings jenseits des unmittelbaren technischen Könnens, das sich bei diffizilen Sachproblemen bewährt, auch noch andere produktionsrelevante Kompetenzen und Fähigkeiten, an denen sich die Autoritätszuschreibung von Vorgesetzten festmachen kann. Hierzu gehört insbesondere das Talent des Organisierens.

2.3. Organisationsautorität

Im Aufgabenspektrum von Meistern und Vorgesetzten nehmen koordinative Tätigkeiten, Prozeduren des Abstimmens und Organisierens, oft einen zentralen Stellenwert ein. Der Vorgesetzte ist nicht nur für die Ergebnisse seiner Abteilung verantwortlich, sondern auch dafür, daß die Arbeit »klappt«. Je nachdem, ob es ihm gelingt, die Arbeiten seiner Untergebenen und die sachlich-technischen Arbeitsabläufe insgesamt erfolgreich zu koordinieren, wird die Autoritätszuschreibung größer oder geringer sein. Die Fähigkeit des *Organisierens* spielt sowohl im Selbstbild von Vorgesetzten als auch in den Erwartungen von unten nicht selten eine entscheidende Rolle. Ihre Bedeutung im Gesamtprofil der Autorität kann kaum unterschätzt werden.[20]

Freilich variiert der Koordinationsbedarf mit den Formen der organisatorischen Steuerung. Ist der Arbeitsablauf als serielles Nebeneinander gleichartiger Tätigkeiten organisiert, so ergeben sich andere Koordinationsprobleme als im Falle eines sequentiellen Aufbaus verschiedener, aber isoliert ausgeführter Arbeiten oder einer direkten Kooperation der Arbeiter untereinander. Der Vorgesetzte muß gleichsam die »Lücken« schließen, die die organisatorische Steuerung offenläßt, er muß das organisieren, was noch nicht vororganisiert ist oder gar nicht vororganisiert werden kann. Und er muß eingreifen, wenn die Vororganisation versagt, wenn die Vorauskoordination der Arbeitsplaner bei plötzlichen Friktio-

20 Der Aspekt der Koordination als Autoritätsgrundlage wurde zuerst von Landwehrmann (1965, S. 39ff.) hervorgehoben und taucht seitdem in den organisationssoziologischen Autoritätstypologien regelmäßig auf. Die koordinative Autorität (bei uns: Organisationsautorität) wird dort allerdings meist nur als eine Sonderform der Sachautorität bzw. funktionalen Autorität behandelt (vgl. z. B. Bosetzky/Heinrich 1985, S. 135), eine kategoriale Verschleifung, die unseres Erachtens weder dem besonderen Stellenwert des Organisierens im symbolischen Aufbau der Autoritätsprofile noch der phänomenologischen Differenz der Wissens- und Wahrnehmungsformen gerecht wird. Gewiß kann nur derjenige effektiv organisieren, der auch über ein entsprechendes Fachwissen verfügt und von der Sache genügend versteht. Aber die fachliche Kompetenz allein reicht dafür nicht aus. Sachverständigkeit ist nur eine notwendige, aber nicht hinreichende Bedingung erfolgreichen Koordinierens.

nen durch die Korrekturkoordination des Vorgesetzten vor Ort ersetzt werden muß.[21] Je höher die Varianzen im Arbeitsablauf, um so größer der Organisationsbedarf, um so autoritätsträchtiger auch die Position desjenigen, der die Turbulenzen aufzufangen vermag und den anderen stabile Arbeitsroutinen ermöglicht.[22] Erfolgreiches Organisieren prädestiniert für die Zuschreibung von Autorität, weil es den situativen Führungsbedarf der Unterlegenen unmittelbar auffängt. Der Koordinator *entlastet* die anderen, indem er ihnen klare kognitive Orientierungen vorgibt, zeitliche Zäsuren setzt und sachliche Erfolgskriterien formuliert, gleichzeitig aber auch einen gewissen Spielraum für individuelle Arbeitseinteilung und kooperative Selbstabstimmung läßt. Er nimmt die Situation in die Hand und befreit die anderen von beschwerlicher Unsicherheit, stellt aber auch Forderungen an sie. Die Entlastungsfunktion des Organisierens schließt ein kalkuliertes Belasten derjenigen, deren Arbeit koordiniert wird, keineswegs aus, nur muß diese Belastung eben dosiert und interaktiv so aufgefangen werden, daß im Verzahnen der individuellen Arbeitsleistungen das gesteckt Ziel tatsächlich erreicht wird. Nicht derjenige organisiert erfolgreich, der alles bis ins Detail vorschreibt und kontrolliert, sondern derjenige, der, weil er selbst die Hauptverantwortung übernimmt, behutsam Verantwortung delegieren kann und es versteht, die verschiedenen separat ausgeführten Arbeiten nach Maßgabe sachlicher Erfordernisse zusammenzuführen, auf ein Resultat hin *zu lenken*.[23] Organisieren ist Führen durch Zusammenführen, Anleitung durch Lenkung.

21 Zur Unterscheidung der Koordinationstypen vgl. Kieser/Kubicek 1983, S. 109 f.

22 Wir sprechen hier von Organisierungsleistungen *innerhalb* einer vorgegebenen Struktur der Arbeitsorganisation, also nicht vom Sonderfall eines extern eingesetzten Organisators, dessen Aufgabe es ist, eine neue organisatorische Steuerung einzuführen oder die bestehende zu reformieren. Die Autorität eines solchen Koordinators ist zunächst die Amtsautorität, die ihm die einsetzende Instanz verliehen hat; er kann freilich im Verlauf seiner Arbeit dann auch Organisationsautorität erwerben. Zur Ambivalenz einer solchen Koordinatorenrolle im Spannungsfeld von internen und externen Machtquellen vgl. Löffler/Sofsky 1986, S. 91 ff.

23 Vgl. Weick 1985, S. 11: »Organisieren heißt, fortlaufende unabhängige Handlungen zu vernünftigen Folgen zusammenzufügen, so daß vernünftige Ergebnisse erzielt werden.«

Der Inhalt des Organisierens ist die sachliche und soziale Koordinierung von Handlungen und Arbeitsabläufen in den Dimensionen von Raum und Zeit. Der Organisator strukturiert die unstrukturierte Situation und entspannt sie dadurch, er entwirft einen *Plan* für das schrittweise Erreichen des Produktionsziels, definiert Prioritäten und Dringlichkeitsstufen, verteilt Aufgaben und kombiniert Motivationen. Indem er die Komplexität des Handlungsfeldes für die anderen reduziert, vermittelt er ihnen ein Gefühl von Erfolgsgewißheit und Zuversicht. Wenn sie nur ihren Teil der Gesamtaufgabe erfüllen, scheint das Ergebnis sichergestellt. Der »Überblick« des Organisators ermöglicht es ihnen, sich ganz auf ihre Einzelarbeit und die unmittelbar angelagerten Kooperationen zu konzentrieren, und weil er darüber hinaus dafür sorgt, daß die eigenen Arbeitsleistungen und die der anderen systematisch ineinandergreifen und sichtbar kumulieren, wird die Erfüllung der Teilaufgabe nicht mehr als fremdauferlegter Produktivitätszwang, sondern als Realisierung eigener Effektivitätsbedürfnisse erlebt. Das Ansehen des erfolgreichen Organisierers speist sich auch daraus, daß er einem die Sinnfälligkeit der eigenen Leistung vor Augen führt.

Der Organisator kann die Komplexität der Situation für die anderen nur reduzieren, weil er sich selber nicht irritieren läßt. Er muß Turbulenzen und Unwägbarkeiten antizipieren, rechtzeitig erkennen, wann und wo er intervenieren muß, auch seine eigene Planung flexibel handhaben und gegebenenfalls revidieren können. Er darf sich von Überraschungen nicht überraschen lassen, muß sie im Gegenteil als etwas Normales ansehen, das in lösbare Arbeitsaufgaben übersetzt werden kann. Es ist seine spezifische Leistung, das Unnormale gleichsam in die betriebliche Normalität einzugemeinden. Dabei sind sachliche und soziale Aspekte des Koordinierens stets miteinander verschränkt: Jede sachbezogene Verteilung von Aufgaben, jedes technische Synchronisieren verschiedener Arbeitsschritte muß immer schon zugleich mit einer Vielzahl von Interessen und Motivationslagen, unterschiedlichen Fähigkeiten und Belastbarkeiten, interpersonellen Animositäten, Gruppenspannungen usw. rechnen, d.h. jedes Organisieren ist auch ein Organisieren von Gruppenprozessen, ein *soziales* Arrangieren der Handlungen von Individuen nach Maßgabe eines sachlich definierten Organisationsziels. Insofern ist der erfolgreiche Organisierer sachkompetenter Arbeitsplaner und Gruppendynamiker in einem, seine Autorität verdankt sich gerade der persönlichen Integration fachlicher und interpersoneller Führungsqualitäten. Wie ambivalent und vielschichtig sich das Ausbalancieren von Inhalts- und Beziehungsaspekten, die Wahrnehmung sachlicher Führungsaufgaben bei gleichzeitigem Anschluß an kollektive Gruppennormen gestalten kann, zeigt das Beispiel des Geschäftsführers in der untersuchten Alternativdruckerei.

Fallstudie: Alternative Geschäftsführung

Die Rolle des Geschäftsführers in einem Alternativbetrieb ist notgedrungen eine prekäre und widersprüchliche Angelegenheit. Handelt es sich doch um eine hierarchische Position in einer Gruppe mit dezidiert anti-hierarchischem Selbstverständnis, eine Organisation, deren Mitglieder ein ausgeprägtes Mißtrauen gegenüber allen asymmetrischen Entscheidungsstrukturen mitbringen. Führung im Alternativbetrieb ist etwas, das es »eigentlich« nicht geben dürfte, von dessen Notwendigkeit aber alle gleichwohl überzeugt sind.[24] Von einem bestimmten Grad arbeitsteiliger Spezialisierung an geraten die egalitären Kooperationsideale der Gruppe in ein Spannungsverhältnis mit den Erfordernissen eines effektiv organisierten Betriebsablaufs und erzeugen eine Situation, die auf Dauer nur über eine interne Staffelung von Kompetenzen und Verantwortlichkeiten aufgefangen werden kann. Je stärker der ökonomische Druck, um so unausweichlicher die Zwänge der Professionalisierung und der Minimierung von Reibungsverlusten, wie sie etwa bei einem strikt durchgehaltenen Rotationsprinzip unvermeidlich sind (vgl. Berger u. a. 1985, S. 104 ff.). Gerade weil das Gerüst der formalen Hierarchie im Alternativbetrieb fehlt, entsteht fortlaufend ein Koordinations- und Führungsbedarf, der nicht nur ad hoc befriedigt werden kann. Die Funktionsmechanismen und Integrationsleistungen, die in »normalen« Organisationen von der Hierarchie übernom-

24 Vgl. Horx 1985, S. 53 ff. Seit einigen Jahren mehren sich allerdings die Anzeichen dafür, daß es den Gruppen gelingt, das Problem ideologisch zu enttabuisieren und sich auf pragmatische Lösungsmodelle zu verständigen. Vgl. z. B. Hartmann 1987.

men werden, werden im Alternativbetrieb substituiert durch Autorität.
Welcher Typus von Autorität dabei im Vordergrund steht, variiert mit den inneren Gruppenstrukturen und den Bestandsproblemen der Organisation. So wird bei ausufernden interpersonellen Konflikten vielleicht persönliches Charisma, bei einem starken Qualifikationsgefälle Sachautorität gefordert sein. Je nach dem Charakter der Arbeit, den Schwachstellen der Ablauforganisation und dem sozialen Binnenklima können ganz unterschiedliche Eigenschaften und Fähigkeiten autoritätsträchtig sein. Autorität erlangt schließlich der, der Ordnung schafft, dem es gelingt, im verwirrenden Geflecht von normativen Selbstansprüchen, Produktivitätserfordernissen und Entlastungsbedürfnissen eine verbindliche Situationsdefinition durchzusetzen, die sowohl den kollektiven Zielen und Normvorstellungen als auch den individuellen Befindlichkeiten gerecht wird. Autorität im Alternativbetrieb heißt: Bestimmung von Selbstbestimmung, Organisation von Selbstorganisation.
Die systematische *Ambivalenz* der Beziehungen ist damit vorgezeichnet. Die Autorität muß führen ohne zu führen, sie muß Macht ausüben und dies zugleich dementieren. Und ebenso müssen die Machtunterworfenen sich selbst und untereinander glaubhaft versichern, daß ihre Fügsamkeit kein simpler Gehorsam, keine illegitime Aufgabe eigener Autonomieansprüche sei. Die Autorität kann sich daher immer nur als eine relativ distanzlose, als eine Art *Primus-inter-pares-Autorität* profilieren, obwohl sie andererseits, um überhaupt Autorität zu sein, stets auch Distanz schaffen muß, die ihr dann wiederum übelgenommen wird. Von oben wie von unten wird die Beziehung von einer Vielzahl unaufgelöster Widersprüche und Selbsttäuschungen durchwirkt, und sie hat nur Bestand, wenn diese Paradoxien weithin in der Schwebe gehalten werden.
In der erhobenen norddeutschen Alternativdruckerei liegt das zentrale betriebliche Strukturproblem darin, daß die kaum beeinflußbaren Turbulenzen des Marktes (diskontinuierlicher Auftragseingang, eilig dazwischengeschobene Aufträge, relativ kurze Termine usw.) unmittelbar auf die interne Arbeitsorganisation durchschlagen und diese zeitweilig zu paralysieren drohen. Der Betrieb verfügt weder über zeitliche noch organisatorische Puffer, um die abrupt wechselnden Umweltimperative aufzufangen und

in stabile Produktionsroutinen zu überführen. Vor allem am Übergang von der – personell unterbesetzten – Repro-Montage zu den Offset- und Buchdruckern kommt es in zugespitzten Situationen immer wieder zu Reibungen, die zusätzliche Koordinationen erfordern. Um die Friktionen in Grenzen zu halten, muß die Vorauskoordination einerseits sehr gründlich, zugleich aber auch variabel sein. Schon die normale Arbeitsplanung kann immer nur unter dem Vorbehalt spontaner Änderungen und Umdispositionen erfolgen. In dieser Konstellation ist es nicht überraschend, daß sich die Autorität des Geschäftsführers vorrangig an seinem besonderen Geschick des Organisierens festmacht.

Allerdings ist die Zuschreibung von Organisationsautorität keineswegs die einzige Machtquelle des Geschäftsführers, ja er kann nur deshalb so erfolgreich organisieren, weil er gleichzeitig über eine unbestrittene Sachautorität und vor allem über Informationsvorsprünge verfügt, die ihm aus der Zentralität seiner Arbeitsrolle und der Monopolisierung der wichtigsten Außenkontakte zuwachsen. Demgegenüber spielt im Gesamtprofil seiner Macht die formale Bestallung als Geschäftsführer nur eine untergeordnete Rolle: Alle betonen, daß die aus betriebsrechtlichen Gründen unumgängliche Wahl eines Geschäftsführers lediglich eine Formsache gewesen sei, die im Alltag so gut wie gar nicht durchschlage; außerdem könne die Gesellschafterversammlung, der alle Organisationsmitglieder gleichberechtigt angehören, ihn ja jederzeit abwählen und ersetzen. Weil das *Amt* des Geschäftsführers im Alternativbetrieb nur als ein notwendiges Übel, als von außen auferlegter Fremdkörper betrachtet wird, ist Amtsinhaberschaft keine Quelle für Achtung und Anerkennung. Sie wird eher ironisiert und als »Formalkram« abqualifiziert, als daß sie Respekt einflößt. Würde der Geschäftsführer bei der Durchsetzung seines Willens auf seine formalen Befugnisse pochen, hätte er längst verloren. Die Amtsautorität des Geschäftsführers ist also für sich genommen sehr gering; er scheint umgekehrt vor allem deshalb in dieses Amt gewählt worden zu sein, um ihn auf diese Weise persönlich noch stärker an den Betrieb zu binden und seine fachlichen und organisatorischen Fähigkeiten für die Arbeitsgruppe zu sichern.

Aufschlußreich ist bereits die Geschichte seiner *Rekrutierung*. Er wurde nämlich vor ca. zweieinhalb Jahren gezielt aus einer Großdruckerei abgeworben, in der er auch Betriebsrat gewesen war;

der Kontakt zu ihm hatte sich über politische Verbindungen aus der Gewerkschaftsarbeit ergeben. Es war diese Mischung von »linkem« Habitus und seinen besonderen fachlichen Qualifikationen, die ihn für den Alternativbetrieb (und diesen für ihn) attraktiv machte. Als hervorragender Druckformhersteller, der zugleich aber auch voll ausgebildeter Drucker war, also über eine wertvolle *Doppelqualifikation* verfügte, sollte er vor allem die Repro-Montage auf Vordermann bringen, eine wesentliche Voraussetzung, um die Produktqualität insgesamt zu steigern. Nachdem er, unter anderem wegen des Wunsches nach geringerer Arbeitszeit (was sich allerdings recht bald als Illusion herausstellte), in den Alternativbetrieb übergewechselt war, erwarb er sich dort rasch den Ruf eines »Vollprofis«, der nicht nur in seinem engeren Arbeitsbereich der Repro-Montage, sondern auch in allen Fragen des Druckens und der Fertigmacherei als Sachautorität anerkannt wurde. Vor allem die Tatsache, daß ihm gleichsam unter der Hand die *Definition der Qualitätsnormen* zufiel, belegt die Sonderstellung, die er auch schon als Facharbeiter in der Figuration einnahm. Ohne dieses Image des Vollprofis könnte er seine heutige Organisatorenrolle nicht ausfüllen.

Einen wichtigen Einschnitt in der Organisationsgeschichte markierte die Situation, als ein früherer Meister und sein Vize, die im ersten Jahr der Weiterführung der Druckerei als Alternativbetrieb alle ökonomischen Kalkulationen und Büroarbeiten übernommen hatten, den Betrieb abrupt verließen und der Konkurs unausweichlich schien. In dieser dramatischen Lage entschlossen sich der heutige Geschäftsführer und sein befreundeter Kollege aus der Repro-Abteilung, der ihn auch angeworben hatte, »nach oben« in das ein Stockwerk höher gelegene Büro zu wechseln und sich dort in die für sie völlig neue betriebswirtschaftliche Materie einzuarbeiten. Daß er sich dieser Herausforderung stellte und trotz des unsicheren Ausgangs entschlossen Verantwortung übernahm, taucht als zentrales Motiv der Autoritätszuschreibung immer wieder auf. Die gelungene Rettung des Betriebes, das selbstbewußte Heraussteuern aus einer scheinbar ausweglosen Situation, ist bis heute ein symbolisches Kapital, das seinen Handlungen und Organisationsvorschlägen autoritatives Gewicht verleiht.

Seit seinem Wechsel »nach oben« erfüllt der Geschäftsführer ein ganzes Bündel von Organisationsfunktionen, die ihm teils zugeschoben, teils aber auch von ihm selbst an sich gezogen wurden.

Sein *Aufgabenset* reicht von der Annahme bzw. dem Einholen von Kundenaufträgen und Kostenkalkulation über die detaillierte Planung der Produktionsschritte in den Abteilungen bis hin zu »weichen« Formen der Überwachung und Kontrolle. Hinzu kommt die Übernahme besonders schwieriger Einzelarbeiten in der Repro-Montage oder beim Drucken sowie, vor allem bei wichtigen Großaufträgen, die fallweise Neukoordination der Arbeitsgänge vor Ort. Er organisiert also sowohl den normalen Arbeitsablauf als auch die Überwindung der »normalen« Friktionen und Engpässe. Er ist Kaufmann, Arbeitsplaner, Vorarbeiter-Meister und qualifizierter Springer in einem, ein *Macher* als »Mädchen für alles«, wie er selbst scherzhaft sagt.
Eine seiner wichtigsten Machtquellen ist das Monopol der Kundenbetreuung, die *Kontaktstelle* nach außen. Wenn er Aufträge entgegennimmt oder bei Großkunden einholt, Kostenvoranschläge erstellt und Preisverhandlungen führt, so akkumuliert er damit ein Marktwissen, von dem die anderen abgeschnitten sind. Zwar ist dieses Wissensmonopol nicht vollständig: gelegentlich werden auch sein Vize oder die Drucker an den Verhandlungen beteiligt oder liefern die Aufträge aus, aber bei allen größeren Projekten laufen die ökonomisch relevanten Kundenkontakte fast ausschließlich über ihn: »Die Kunden wollen das so. Die wollen einfach einen haben, den sie kennen, den sie ansprechen und an den sie sich wenden können, wenn irgendwas ist oder so. Wir haben das schon mal versucht, das ein bißchen zu verteilen, daß auch mal andere das machen, aber das klappt nicht, am Ende bleibt das doch wieder an mir hängen, wenn die Kunden mich verlangen am Telefon.« Obwohl die Drucker monieren, daß der Versuch der Streuung der Kundenkontakte nicht allzu energisch betrieben worden sei, so wird doch das Argument, die Kunden suchten immer einen persönlichen Ansprechpartner, von ihnen ausdrücklich bestätigt. Wichtig ist dabei besonders der gute »Draht« des Geschäftsführers zu einem Großkunden, der allein fast die Hälfte des gesamten Auftragsvolumens ausmacht. Freilich ist gerade diese Geschäftsverbindung oft auch ein Gegenstand unterschwelliger Querelen und Nörgeleien: Wenngleich unstrittig ist, daß niemand den Geschäftsführer als Verhandlungspartner bei diesem Kunden ersetzen kann, so wird ihm doch gleichzeitig auf dem Hintergrund der schlechten Ertragslage immer wieder vorgeworfen, bei den Preisen zu weich zu verhandeln und sich zu sehr

unter Druck setzen zu lassen. Der Geschäftsführer droht, im Bewußtsein seiner Unersetzbarkeit, bei solcher Kritik regelmäßig mit Rückzug: Sollen doch die anderen sich lieber mit den Kunden herumschlagen und nachher den Ärger einhandeln. Generell ergibt sich der Eindruck, daß der Geschäftsführer zwar einerseits darüber klagt, daß die ständigen Kundenkontakte ihn von der »eigentlichen« Arbeit abhalten würden, andererseits aber keine Gelegenheit ausläßt, den anderen sein Geschick im Umgang mit Kunden und Auftraggebern zu demonstrieren, etwa wenn er bei Anrufen während der Arbeitsbesprechung energisch mit ihnen verhandelt oder genüßlich ein Schwätzchen hält.

Das nur geringfügig durchlöcherte Kontaktmonopol nach außen sichert dem Geschäftsführer nicht nur wichtige Informationsvorsprünge, sondern verschafft ihm vor allem ein Reservoir relativ unangreifbarer *Legitimierungen*, mit denen er seine Organisatorenrolle auch nach innen durchsetzen kann. Weil die speziellen Wünsche und Präferenzen der Kunden für die anderen Organisationsmitglieder eine Ungewißheitszone darstellen, hat er jederzeit die Möglichkeit, seine Definitionen der Situation, z. B. die Vorgabe von Dringlichkeitsstufen oder das Anmahnen von Qualitätsnormen, mit dem Hinweis auf die externen Zwänge und Marktnotwendigkeiten zu rechtfertigen. Weil die Auftrags- und Preisverhandlungen ja stets auch die Lieferfristen betreffen, setzt er einen zeitlichen Rahmen, in den sich die Handlungen aller Beteiligten fortan einpassen müssen, dessen Flexibilität und mögliche Revidierbarkeit aber nur von ihm eingeschätzt werden kann. Zwar führt auch hier der ständige Termindruck nicht selten dazu, daß seine Begründungen angezweifelt oder als vorgeschoben verdächtigt werden; da er jedoch die Außenwahrnehmung weitgehend filtern und kontrollieren kann, haben solche Mosereien kaum eine Chance sich durchzusetzen.

Ist der Auftrag erteilt, so arbeitet der Geschäftsführer die konkrete *Arbeitsplanung* aus. Er wird dabei unterstützt von seinem Vize, der aber wesentlich stärker als er aus dem Büro herausstrebt und sich nach wie vor hauptsächlich als Repro-Monteur und Drucker versteht. Vor allem bei größeren und komplexeren Aufträgen liegt die sachliche und zeitliche Vorauskoordination eindeutig beim Geschäftsführer. Dieser präsentiert die vorgesehene Abfolge der Produktionsschritte in der Arbeitsbesprechung, dem

zentralen Koordinationsgremium des Betriebs.[25] Zumeist strukturiert er selbst die Diskussion, appliziert die betriebliche Planung auf die individuellen Arbeitsplätze und demonstriert beiläufig Sachautorität. Mitunter zieht er sich aber auch etwas zurück und wartet die Meinungsbildung ab. In jedem Fall drängt an am Schluß auf definitive Festlegungen, läßt möglichst wenig »im Raum stehen«. Gewiß offeriert er seine Vorgaben rhetorisch stets so, als handele es sich zunächst nur um Vorschläge, die durchaus noch revidierbar seien; gleichzeitig aber steht die Diskussion von vornherein unter dem Diktum, daß derjenige, der die angesonnene Planung ablehnt, eine bessere Alternative parat haben muß. Und dies ist ad hoc schon aufgrund der asymmetrischen Informationsverteilung nur in den seltensten Fällen möglich.
Hinzu kommt, daß die Vorauskoordination des Geschäftsführers ja selbst schon eine *Vorleistung* ist und von ihm auch so herausgestrichen wird. Jeder Versuch des Umwerfens der Gesamplanung, alles, was über bloße Detailänderungen hinausgeht, setzt sich daher sofort dem Vorwurf der Vernichtung von Produktionskapazität aus, steht also unter hohem Legitimationsdruck. Sich gegen seine Vorgaben sperren, bedeutet nicht nur, bereits geleistete Arbeit zu entwerten, sondern darüber hinaus neuen Koordinationsbedarf zu schaffen, eine zusätzliche Belastung, an der unter den gegebenen Bedingungen niemand interessiert sein kann.
Die Arbeitsplanung des Geschäftsführers ist zugleich restriktiv und flexibel. Sie setzt einerseits klare Erfolgskriterien, Zeitmargen und Zwischenziele, läßt aber andererseits auch Spielräume für individuelle Einteilungen und kooperative Selbstabstimmung. Um zu gewährleisten, daß die Vorgaben eingehalten werden, verfügt der Geschäftsführer nur über relativ geringe Sanktionsmöglichkeiten. Sicher kann er Fehler und Normverstöße tadeln und spontan sein Mißfallen ausdrücken; barsche Zurechtweisungen sind ihm aber allemal verwehrt. Bei gravierenden Konflikten muß er stets die Gruppe mobilisieren. Das Selbstverständnis der Organisation als Alternativbetrieb schließt jede direkte personale Sanktionsmacht aus. Andererseits liegt es freilich im Interesse aller, wenn der Geschäftsführer durch »weiche« Formen der Überwachung und *Kontrolle* dafür sorgt, daß vom vorkonzipierten Produktionsablauf nicht allzu sehr abgewichen wird, daß aufwendige

25 Zur Situationsanalyse der Arbeitsbesprechung vgl. unten, S. 114 ff.

Nacharbeiten vermieden und Verzögerungen in Grenzen gehalten werden: so zum Beispiel, wenn er sich bei den Druckern nach dem »Stand der Dinge« erkundigt und nebenbei die Druckqualität überprüft oder eine Materialanfrage wegen eines bestimmten Papiers beiläufig mit der Rückfrage nach einem Liefertermin verbindet. Mit solchen undramatischen Formen der Arbeitskontrolle verschafft er sich einen Überblick über den Produktionsstand, kann seine weitere Planung an den vorhandenen Kapazitäten ausrichten und hat zugleich die Möglichkeit, zusätzlichen Koordinationsbedarf frühzeitig zu erkennen und aufzufangen.

Erleichtert werden solche Inspektionen vor Ort auch dadurch, daß der Geschäftsführer seine Organisatorenrolle mit anderen Arbeitsrollen verschleift. Er vermag gerade deshalb so erfolgreich zu organisieren, weil er nicht nur organisiert, sondern eben auch *mitarbeitet*. Wenn er besonders knifflige Repro-Arbeiten oder eine schwierige Einrichtung der Offset-Maschine selbst übernimmt und sich von vornherein dafür einplant, so gibt ihm das einerseits Gelegenheit, Sachautorität zu erneuern und seinen Ruf als »Vollprofi« immer mal wieder aufzupolieren; vor allem aber will er damit den anderen zeigen, wie sehr er sich nach wie vor als Praktiker definiert und eine abgehobene Koordinatorenfunktion seinem Selbstbild als qualifiziertem Facharbeiter widerspricht. Er inszeniert sich hier sozusagen als *Geschäftsführer wider Willen*, als einer, dem daran gelegen ist, dem »unproduktiven Papierkram« des Büros wenigstens von Zeit zu Zeit zu entkommen. Obwohl diese Distanzierungssignale von anderen Organisationsmitgliedern oftmals als etwas gespielt empfunden werden, erfüllen sie doch eine wichtige sozialintegrative Funktion: Indem der Geschäftsführer sowohl in der flexiblen Definition seiner Arbeitsrolle als auch in seinem antibürokratischen Habitus die Grenze zwischen »unten« und »oben«, Werkstatt und Büro, praktisch-symbolisch verwischt, kommt er den normativen Egalitätsvorstellungen und dem ideologischen Selbstbild der Gruppe entgegen. Er inszeniert sich als eine Autorität, die, obschon Autorität, die Distanz zu den Unterlegenen auch selbst zu verringern sucht, die Unterschiede eher herunterspielt, anstatt sie zu akzentuieren. Das Selbstverständnis der Organisation als Alternativbetrieb erlaubt Ungleichheit nur als ungleiche Gleichheit. Jede vertikale Differenzierung ist nur soweit akzeptabel, als das Grundideal horizontaler Kooperation nicht generell gefährdet scheint.

Ohne diesen Anschluß an die *ideologischen Orientierungen* und Überzeugungen der Gruppe wäre der Organisationserfolg des Geschäftsführers nicht möglich. Er kann die Arbeit nur dann effektiv organisieren, wenn es ihm gelingt, die sachbezogene Koordination der Arbeitshandlungen stets auf gemeinsame Gruppenwerte zurückzubeziehen, wenn er sachliche Vorgaben und normative Appelle miteinander verbindet. Jedes erfolgreiche Organisieren ist auch ein Motivieren und Mobilisieren der Gruppe, zugleich ein Austarieren latenter oder manifester Gruppenkonflikte und persönlicher Spannungen. Anders als sein Vize profiliert sich der Geschäftsführer dabei aber nicht als Gruppendynamiker. Während jener versucht, aufbrechende Konflikte und Reibereien dadurch aufzufangen, daß sie in der Gruppe selbstreflexiv thematisiert und ausdiskutiert werden, setzt der Geschäftsführer eher auf die neutralisierende Wirkung definitiver Entscheidungen und die Vorgabe sachlicher Alternativen. Anstatt persönlich vermitteln oder versöhnen zu wollen, spricht er lieber ein Machtwort, das den Zwist beendet, indem es ihn einfach abbricht. Er erhält seine Autorität gerade dadurch, daß er *nicht* zu schlichten versucht: er stellt sich von vornherein über die streitenden Parteien, gibt keiner Seite recht, versachlicht das Problem und mahnt den nächsten Termin an. Er entschärft den Konflikt, indem er zur Arbeit und zur Ordnung ruft. Und hat sich dann bei ihm selber einiger Ärger und Unmut aufgestaut, so verfaßt er von Zeit zu Zeit gesonderte Rundbriefe, in denen er die organisatorischen Schwachstellen auflistet, an die Moral und die Ideologie der Gruppe appelliert und gelegentlich auch damit droht, »den Kram hinzuschmeißen«.
Die Reaktion auf diese Rundbriefe ist eigentümlich ambivalent. Sie werden einerseits als Aufforderung zu Grundsatzdiskussionen verstanden, als Signal, »daß es so auf die Dauer nicht weitergeht«, andererseits aber auch als individuelle Beschwerden, als periodisches »Dampfablassen« des Geschäftsführers interpretiert. Daß auch ihm die Probleme manchmal über den Kopf wachsen, wird mit Besorgnis, aber auch mit einem Anflug von Genugtuung registriert. Wenngleich nämlich allgemein anerkannt wird, daß er aufgrund seiner fachlichen Qualifikationen und seines Organisationstalents in der derzeitigen Lage des Betriebes wohl unersetzbar ist, so wird doch andererseits die generelle Bereitschaft, sich seinen Vorgaben und Arbeitsplanungen zu fügen, oftmals von einer Vielzahl von Nachverbrennungen, einem spezifischen Mau-

len und *Meckern* begleitet, das die immer wieder auftretenden Friktionen und Engpässe letztlich auch ihm anlastet. So erfolgreich er organisieren mag, sowenig kann er verhindern, für die unmittelbar durchschlagenden Turbulenzen des Marktes indirekt haftbar gemacht zu werden. Seine Organisationsautorität wird zugleich anerkannt und bezweifelt, sie wird praktisch respektiert und verbal despektiert. Auch hier wird die grundlegende Ambivalenz der Organisationsbeziehungen noch einmal deutlich: Der Alternativbetrieb ist immer zugleich *Alternativ*betrieb und Alternativ*betrieb*. Weil die Funktionen der formalen Hierarchie durch Autorität substituiert werden, werden externe und interne Zwänge tendenziell in Autoritätskonflikte transformiert. Gerade als Autorität bietet sich der Geschäftsführer als jemand an, dem man sowohl die Verantwortung übertragen als auch die Schuld geben kann.

*

Im erfolgreichen Organisieren wird die Ordnungsfunktion der Autorität sinnlich evident. Der Organisator »verspricht« nicht nur Ordnung, sondern schafft sie tatsächlich. Der Entlastungseffekt ist unmittelbar erfahrbar und steigert die persönliche Anerkennung, unterwirft die Organisationsautorität im Vergleich zu anderen Autoritätstypen aber auch einem härteren Realitätstest. Anders als die Sachautorität kann sich die Organisationsautorität bei einem Mißerfolg nicht auf die externe Wertschätzung der Fachgemeinschaft oder beglaubigte Fähigkeitsnachweise zurückziehen, sie steht und fällt mit dem direkten Organisationserfolg. Wenn die anvisierte Organisation nicht klappt, schlägt dies sofort auf den Organisator zurück. Ja mehr noch: Weil er seine Autorität dadurch erwirbt, daß er die Situation offensiv »in die Hand nimmt« und nach seinen Plänen strukturiert, läuft er auf der anderen Seite Gefahr, nun für *jede* unvorhergesehene Störung im Arbeitsablauf verantwortlich gemacht zu werden. Alles, was als zusätzliche Belastung oder erhöhter Arbeitsdruck erlebt wird, wird sogleich als mangelhafte Organisation diagnostiziert und ihm als individuelles Versagen angelastet. Die Organisationsautorität ist daher nicht nur von ihren eigenen Mißerfolgen bedroht. Sie bietet sich für die Autoritätsgläubigen auch als Projektionsfläche selbstverschuldeter Fehler und Kooperationsschwierigkeiten an und ist nicht zuletzt ein Blitzableiter von Gruppenspannungen.

Weil Organisatorenrollen eine hohe Arbeitsmotivation voraussetzen und nur beschränkt routinisierbar sind, ist die Bereitschaft zu organisieren in Bürokratien nicht sehr verbreitet. Geeignete und einsatzbereite Organisatoren sind nicht leicht zu finden, es ist häufig nur ein kleiner Kreis von Personen, der dafür überhaupt in Frage kommt. Wenn der Organisator sich des Mangels an personellen Alternativen bewußt und im Grunde *unersetzbar* ist, hat er bei Anfechtungen meist leichtes Spiel: Er kann einfach damit drohen, die Organisatorenrolle abzugeben, und darauf vertrauen, daß niemand zur Nachfolge bereit ist. Der Grund dieser Abstinenz liegt primär in den Belastungen, die den neuen Organisator erwarten würden, der Aufgabe der Entlastungseffekte, die mit der Selbstbeschränkung auf eine Teilaufgabe verbunden sind. Organisieren wird mit »Stress« gleichgesetzt, den man sich selbst gern ersparen möchte und der oftmals gerade mit der antizipierten Ventil- und Blitzableiterfunktion in Verbindung gebracht wird: Man läßt den eigenen Ärger am Organisator aus und scheut zugleich vor der Organisatorenrolle zurück, weil man sich dann ja ständig mit allem und jedem herumärgern müßte.[26]

Das Ausweichen vor der Organisatorenrolle gründet in der Furcht vor der Überraschung. Oft ist es daher die *Erfahrung* des Organisators, an der sich die Autoritätszuschreibung festmacht. Man vertraut sich ihm an, weil er Neuem und Unvorhergesehenem gegenüber so reagiert, als sei es normal. Er baut auf seine Erfahrung im Umgang mit schwierigen Situationen und läßt sich gleichzeitig von Ereignissen, die seiner Erfahrung widersprechen, nicht aus der Ruhe bringen. Er glaubt an seine Erfahrung und mißtraut ihr zugleich. Es ist gerade diese Balance, die Mischung von Gewißheit und Zweifel, die es ihm erlaubt, dem Neuen erfahren zu begegnen und neue Erfahrungen zu machen (vgl. Weick 1985, S. 322 ff.). Um die Mehrdeutigkeit von Handlungen und Ereignissen zu reduzieren, greift der Organisator auf *Rezepte* zurück, die sich bewährt haben und bestimmte Ergebnisse wahrscheinlich machen; und dennoch bleibt er sich bewußt, daß seine Rezepte immer nur begrenzt tragfähig sind, daß er sie stets verfeinern, modifizieren oder umwerfen muß.

26 Dies war zum Beispiel in dem untersuchten Metallbetrieb die explizite Begründung zweier hochqualifizierter Facharbeiter für ihre Ablehnung des Angebots, zum Vize des Montagemeisters aufzusteigen.

Organisatorisches Geschick ist neben technischer Versiertheit vor allem eine soziale Kompetenz. Der Organisator koordiniert Handlungen, Absichten und Perspektiven anderer und verknüpft sie im Hinblick auf antizipierbare Arbeitsergebnisse. Er prägt seine Relevanzstaffelung den anderen nicht einfach auf, sondern sucht auch selbst den Anschluß an die Relevanzen der anderen, dies freilich nach Maßgabe der sachlichen Erfordernisse des Ziels. Erfolgreiches Organisieren setzt so ein besonderes Maß an *Empathie* voraus und verlangt gleichzeitig die Fähigkeit, diese Empathie strategisch zu relativieren und den anderen entschieden zu steuern. Der Organisator entlastet die anderen, aber er fordert sie auch, allerdings so, daß sie nicht überfordert werden. Es geht ihm darum, eine Situationsdefinition und ein Gruppenklima zu schaffen, in dem alle »an einem Strang ziehen«. Freilich erweist sich die Autorität des Organisators letztlich auch daran, inwieweit es ihm gelingt, seinen Organisations- und Ordnungsentwurf durchzusetzen und Widerstreben zu sanktionieren. Wer sich gegen ihn sperrt, macht sich zum Störenfried oder wird dazu erklärt. Der Organisator entlastet die anderen nur, wenn sie ihm auch *gehorchen* und sich seinen Vorgaben fügen. Trotzdem dürfen die Unterlegenen ihre Fügsamkeit nicht als bloße Unterwerfung interpretieren; dies würde auf mittlere Sicht nur böses Blut schaffen und Aversionen schüren. Organisieren bedeutet auch, die »sozialen Friktionen« möglichst niedrig zu halten. Der Organisator braucht ein bestimmtes Gespür, einen »Riecher« für latente Gruppenspannungen und -konflikte, die das angestrebte Ergebnis gefährden könnten. Sosehr gutes Organisieren auch die kooperative Selbstabstimmung der Untergebenen fördert und hierfür einen entsprechenden Spielraum gewährt, sowenig darf der Organisator zögern, rechtzeitig einzugreifen, wenn sachlicher oder interpersoneller Streit ausufert und den normalen Arbeitsablauf zu blockieren droht.
Daß derjenige, der erfolgreich organisiert, Autorität erwirbt, liegt daher nicht zuletzt an seinem entschlossenen Verhältnis zur Wirklichkeit, seiner Bereitschaft, Herausforderungen anzunehmen und sich dem Ungewissen zu stellen. Diese Haltung bezeugt *Selbstbewußtsein*, sie drückt ein fundamentales Vertrauen in eigene Kompetenzen und Fähigkeiten aus. Weil er selbst zuversichtlich ist und sich etwas zutraut, flößt er auch anderen Zutrauen ein. Deshalb sind Organisatoren häufig auch starke Persönlichkeiten, liegen

Organisationsautorität und Charisma dicht beieinander. Und da darüber hinaus im Normalfall Organisations- und Sachautorität miteinander liiert sind, *kumuliert* der Organisator in der Regel mehrere Eigenschaften, die generell autoritätsträchtig sind.

2.4. Funktionsautorität

Der Begriff der Organisationsautorität referiert so, wie wir ihn eingeführt haben, auf die Autorität desjenigen, der erfolgreich organisiert. In einer weiteren, auch in unserer Begriffsverwendung immer schon mitschwingenden Bedeutung könnte er sich freilich auch auf die »Autorität« der Organisation insgesamt, auf die Respektierung der institutionellen Ordnung beziehen, in der sich die Organisationsmitglieder verorten und deren Normalität ja letztlich durch das Organisieren gesichert oder wiederhergestellt werden soll. Indem der Organisator das Unnormale normalisiert, erneuert er auch das Vertrauen in die bestehende Normalität, die habituelle Unterstellung der Sinnfälligkeit der etablierten Ordnung. Autorität wird nicht nur dort zugeschrieben, wo Unorganisiertes organisiert wird, sondern auch, wo Organisiertes sich einfach nur immer wieder bewährt, kurz: wo die Organisation *funktioniert*.

Die Funktionsordnung der Organisation umfaßt sowohl das Gerüst der formalen Regeln und Vorschriften, die die Beziehungen zwischen Positionsinhabern regulieren, als auch die auf unbedingte Effizienz abgestellten technisch-organisatorischen Verfahren und Arbeitsvollzüge, in denen sich die sachliche Rationalität des Betriebsablaufs manifestiert. Während die Zuschreibungen, die sich auf den ersteren institutionellen Aspekt beziehen, unter den Typus der Amtsautorität fallen, wird die Anerkennung derjenigen Imperative, die aus der »Logik« der technisch-arbeitsteiligen Produktion heraus resultieren, gemeinhin als »operationelle Autorität« bezeichnet (vgl. Zündorf/Grunt 1980, S. 126), ein Typus, den wir im folgenden als *Funktionsautorität* diskutieren.[27] Ähnlich wie bei der Amtsautorität handelt es sich hier zunächst

27 Ausschlaggebend für unsere abweichende Begriffswahl ist vor allem die Bedeutungsaffinität, die den Begriff des Funktionierens mit der Vorstellung einer »Automatik« von Organisationsabläufen verbindet.

um entpersonalisierte, von der konkreten Person des Vorgesetzten abstrahierende Zuschreibungen; die Autoritätsanerkennung gilt primär der Funktionsrolle des Vorgesetzten und nicht seiner Person. Dennoch kommt sie, sofern er diese Rolle erfolgreich ausfüllt, auch seiner herausgehobenen Stellung insgesamt zugute und ergänzt die personalen Zuschreibungen. Funktionsautorität ist diejenige Autorität, die jemand dann und insofern genießt, wie er in seinen Anweisungen die sachlichen, insbesondere technischen Funktionszwänge der Organisation exekutiert, also die Mechanik der vorprogrammierten Arbeitsabläufe gewissermaßen im Rükken hat.

Grundlage dieser Funktionsautorität ist die »Autorität« der funktionierenden Technik selbst, die faktisch ja nichts anderes als die materielle Seite der organisatorischen Steuerung ist. Im Gegensatz zur Organisationsautorität, die gerade die Lücken der organisatorischen Steuerung ausfüllen oder bei Friktionen einspringen muß, bewährt sich die Funktionsautorität in der alltäglichen *Reproduktion* der Steuerungsmechanismen. Das Führungshandeln des Vorgesetzten erscheint als Durchsetzung von »Sachzwängen«, zu denen es unter den gegebenen Bedingungen keine Alternative gibt. Während die Organisationsautorität davon lebt, daß etwas organisiert werden muß, bezieht sich die Funktionsautorität darauf, daß etwas so, wie es bereits organisiert ist, auch weiterhin abläuft. Und je *zentraler* eine Funktion für den gesamten Betriebsprozeß, je wichtiger sie im Gesamtgefüge der organisatorischen Steuerung ist, um so größer ist auch die Autorität dessen, der das Funktionieren garantiert.

Ein wichtiges Moment der »Autorität« der Technik liegt in ihrer simplen dinglich-materiellen Existenz, ihrer *Objektivität*. Sobald eine Produktionstechnik einmal installiert ist, sind die »normalen« Arbeitsabläufe standardisiert und die sachlichen Kooperationszwänge zumindest auf mittlere Sicht irreversibel festgelegt. Die bloße Faktizität der Maschinen konstituiert für die Arbeiter im Medium der gegebenen organisatorischen Steuerung eine Wirklichkeit, in die sie sich einpassen und an die sie sich anpassen müssen. Die Technik begegnet ihnen als ein von ihnen unabhängiges, fremdbestimmtes Handlungsprogramm, als *indirekte Macht*. In der Arbeit mit und an der Technik werden die Freiheitsgrade des Handelns auf diejenigen Handlungsvollzüge eingeschränkt, die durch die Konstruktion der Maschine bereits vorgezeichnet sind. Die Einspurigkeit der Technik setzt sich in der Arbeit fort, sie prägt dem Arbeiter einen bestimmten zeitlichen Duktus und räumliche Mobilitätsgrenzen auf, diktiert spezifische Bewegungsabläufe und Körperhaltungen und schließt andere aus, restringiert Aufmerksamkeiten und legt Konzentrationsniveaus fest. Indem die Technik die Arbeit determiniert, wirkt sie zugleich als auferlegte Relevanz, die durch ihre pure gegenständliche Wirklichkeit unausweichlich ist.

Auch der technischen Determinierung der Arbeit liegt eine soziale Beziehung zugrunde.[28] Obwohl Entwicklung und Konstruktion der Maschine und die konkrete Arbeit an ihr in völlig separierten, arbeitsteilig abgeschotteten Lebenswelten erfolgen, so macht es dennoch Sinn, das ausschließlich über das dingliche Objekt der Maschine vermittelte Verhältnis zwischen dem Ingenieur und dem Arbeiter als eine spezifische Sozialbeziehung, als *Macht*beziehung zu charakterisieren, die freilich realiter nur dadurch zustande kommt, daß das Management als figurative Zwischeninstanz über die Implementation einer bestimmten Technik entscheidet. Diese Beziehung »in Gestalt der Technik« zeigt sich darin, daß der Konstrukteur einer Maschine sich stets in die Perspektive des Bedieners oder Anwenders hineinversetzen muß, wenn er den Funktionsplan entwirft. Der Ingenieur muß jedes technische Detail auch unter Gesichtspunkten der Handhabbarkeit, der ergonomischen Belastung usw. betrachten, er operiert mit der Vorstellung eines »idealen Arbeiters«, der später an dieser Maschine arbeiten wird. Die indirekte Macht, die dem Arbeiter in Form der Technik begegnet, ist somit zunächst nichts anderes als die Macht des Technikers oder Ingenieurs[29], der die Maschine entwickelt hat. Indem die technische Konstruktion eine bestimmte Bedienung vorschreibt und damit die Arbeitssituation *standardisiert*, läßt der Techniker dem Arbeiter keine Wahl: Der wirkliche Arbeiter ist

28 Vgl. hierzu auch im folgenden von Borries 1980, S. 78 ff.

29 Man könnte freilich die figurative Verkettung der indirekten Macht über den Ingenieur auch auf den Wissenschaftler ausdehnen, der die theoretischen Grundlagen für die Konstruktion der Maschine bereitstellt: »Die Wissenschaft, die die unbelebten Glieder der Maschinerie zwingt, durch ihre Konstruktion zweckgemäß als Automat zu wirken, existiert nicht im Bewußtsein des Arbeiters, sondern wirkt durch die Maschine als fremde Macht auf ihn, als Macht der Maschine selbst.« (Marx 1953, S. 584)

gezwungen, sich dem idealen Arbeiter des Ingenieurs zu unterwerfen und sich ihm anzugleichen.

Natürlich konstruiert der Ingenieur die Maschine vorrangig unter Prämissen der Effektivitäts- und Produktivitätssteigerung, nur dadurch wird der Einsatz einer neuen Technik für den Unternehmer ja erst profitabel und interessant. Die unmittelbaren Motive von Kapitaleigentümern und Management richten sich primär auf die Erhöhung von Umsatz und Output, die weitere Intensivierung der Arbeit und die Optimierung der Leistungskontrolle. Die Rationalisierung der Produktion eröffnet in vielen Fällen zugleich größere Chancen einer »automatischen« Überwachung der Arbeit, sie löst die direkte Kontrolle des Arbeitshandelns durch Vorgesetzte durch entpersonalisierte, quasi-objektive Kontrollmechanismen ab, die auch dadurch, daß sie oft situativ externalisiert sind, bei vielen Beschäftigten ein diffuses Gefühl von abstrakter Bedrohung und Dauerbespitzelung auslösen (vgl. Jürgens 1984, S. 77). Es ist diese Mischung von Produktivitäts- und Kontrollsteigerung, durch die technische Innovationsvorhaben, auch wenn sie mit dem Versprechen von Entlastungen verbunden werden, für die Betroffenen stets so ambivalent und suspekt erscheinen. Die Übergänge zwischen staunender Bewunderung der Technik und unbestimmter Furcht sind oft fließend.

Die indirekte Macht der Technik unterwirft den Arbeiter also nicht nur dem Willen des Ingenieurs, sondern vor allem den Imperativen des Kapitals. Gleichzeitig aber erscheint die kapitalistische Herrschaft, sofern sie dem Arbeiter in Form der Technik begegnet, nicht länger als ein Verhältnis personaler Fremdbestimmung, sondern als sachlich vermittelte Konditionierung, als »Autorität« eines anonymen, rational durchorganisierten Produktionsablaufs. Man unterwirft sich nicht länger dem Willen eines Machthabers, sondern fügt sich unabänderlichen technischen Notwendigkeiten, ja man fügt sich *ein* in einen übergreifenden Funktionszusammenhang, den man zwar nicht selbst bestimmt, dem aber auch alle anderen, einschließlich der Vorgesetzten, ebensosehr unterworfen scheinen wie man selbst. Vor den »Sachzwängen« der Technik sind scheinbar alle gleich. Wie überhaupt das Referenzsystem des *Funktionierens* die hierarchischen Unterschiede zwar nicht nivelliert, aber doch relativiert: Gewiß gibt es weiterhin unterschiedliche Entscheidungsspielräume, Kompetenzen und Verantwortlichkeiten, aber wenn jeder an *seinem* Platz *seine* Funktion erfüllt, so leistet auch der Kleinste einen unverzichtbaren Beitrag zum Funktionieren des Ganzen.[30] Die Deutung der Organisation als Funktionssystem verwandelt Machtbeziehungen zwischen Positionsinhabern in komplementäre Funktionsrollen. Macht wird in »funktionale Macht« transformiert und dadurch legitimiert.

Der Vorgesetzte, der in seinen Anweisungen die Relevanzen des Funktionierens, das Telos der Reibungslosigkeit, mobilisiert, ist kaum angreifbar. Er exekutiert nur das, was technisch ohnehin notwendig ist, was sich aus der »Logik« des Produktionsablaufs sowieso zwingend ergibt. Er setzt *technische Normen* als soziale Normen durch, wobei er freilich für seine Interpretation der technischen Normen im Konfliktfall allemal über die größere Definitionsmacht verfügt. Darüber hinaus kann er versuchen, umgekehrt soziale Normen als quasi-technische Normen, als technisch »geforderte« Normen auszugeben und zu legitimieren, d. h. auch dort »Sachzwänge« zu konstruieren, wo von den Erfordernissen der Sache her durchaus unterschiedliche Handlungsalternativen möglich wären. So sehr ein solches Verschleifen von sozialen und technischen Normen alltägliche Betriebspraxis ist, so ist es dennoch auch für den Vorgesetzten nicht ohne Risiko: Wenn er nämlich versucht, für seine Interpretation der Organisationsnormen den gleichen Evidenzgrad zu reklamieren, wie ihn technische Funktionszwänge haben, so verwischt er damit die Differenz zwischen einem Gehorsam, der auf positionalem Respekt oder persönlicher Anerkennung beruht, und einer Unterordnung unter Verhältnisse, die aufgrund ihrer bloßen materiellen Existenz bestimmte Anpassungen erfordern. Weil er Unausweichlichkeit vorspiegelt, nimmt er dem anderen die Möglichkeit zu freier Anerkennung. Grundlegend für die Funktionsautorität ist ja gerade die *Selbstverständlichkeit*, mit der die Anweisungen des Vorgesetzten als einfache Verlängerung der technischen Funktionsnotwendigkeiten wahrgenommen werden, und eben diese unbefragte Identifizierung wird brüchig, wenn er versucht, seine Macht durch die Macht der Tatsachen zu kaschieren.

Außerdem muß sich die Funktionsautorität keineswegs immer auf Vorgesetzte beziehen. Oftmals ist es auch der Untergebene, der

30 Zur Unterlegenheitslegende der funktionalen Gleichheit vgl. Popitz 1968, S. 34.

sich gegenüber Einmischungen und Direktiven von oben mit dem Verweis aufs Funktionieren zur Wehr setzt, der die Reibungslosigkeit des Produktionsablaufs als Qualitätsbeweis seiner Arbeit reklamiert und sich auf technische Normen beruft. Weil der größere technische Sachverstand nicht selten auf den unteren Ebenen der Organisation angesiedelt ist, also entweder bei erfahrenen, »eingefuchsten« Facharbeitern oder bei eigens für Wartung und Reparatur zuständigen Spezialisten liegt, kann die Funktionsautorität auch eine Machtquelle der Mindermächtigen sein. Wer die Maschine in- und auswendig kennt, weil er täglich daran arbeitet und weiß, wie sie »wirklich« funktioniert, dem eröffnen sich dadurch allerlei Möglichkeiten, den Vorgesetzten bei passender Gelegenheit bloßzustellen und ihn »auflaufen« zu lassen. Wenn die Technik für den Vorgesetzten eine Ungewißheitszone darstellt, nützt ihr Funktionieren denen, die diese Ungewißheitszone kontrollieren.

Weitere Differenzierungen ergeben sich aus den Besonderheiten der organisatorischen Steuerung. Art und Ausmaß der Funktionsautorität variieren je nach dem Charakter der technischen Kooperation. Dabei können grundsätzlich zwei Formen der Zusammenarbeit unterschieden werden (vgl. von Borries 1980, S. 88 f.): Wenn in der Beziehung zwischen den Kooperationspartnern der technische Vorgang lediglich den gemeinsamen sachlichen Fokus der Interaktion markiert, die Verständigung also »neben der Technik« auf dem Wege natürlicher Kommunikation erfolgt, so beschränkt sich die Aktualisierung von Funktionsautorität auf den Versuch, die Anweisung gewissermaßen in den technischen Prozeß »einzuklinken«. Realisiert und reguliert sich die Beziehung jedoch selbst schon über ein zwischengeschaltetes produktionstechnisches Medium, findet also die Kooperation »mittels der Technik« statt, so erhalten die sachlichen Vorgaben direkt den Charakter von Funktionsimperativen, die der Arbeiter nur noch zu exekutieren hat. In diesem Fall ist der Vorgesetzte situativ gar nicht mehr präsent, er »verschwindet« gleichsam in der Technik, durch die er seine Befehle gibt.

In der Entpersönlichung und Externalisierung von Anweisung und Kontrolle liegt neben dem Ziel der Produktivitätssteigerung oftmals ein Hauptmotiv des Managements für die Einführung einer neuen Technologie (vgl. Braverman 1977, S. 152 f.). Sie führt über die weitere Standardisierung der Arbeit hinaus zu einer strikten Versachlichung, ja – in einem wörtlichen Sinne – *Verdinglichung* der Beziehungen, zu einer Ausweitung mediatisierter Interaktionsformen zu Lasten von face-to-face-Beziehungen. Und je mehr das Funktionieren der Organisation als »Automatismus« erlebt wird, je vollständiger das Aufgabenset der Arbeitsrollen technisch vordefiniert ist, um so geringer ist die Chance, sich dem Diktat der Dinge zu entziehen und ihre Rationalität in Frage zu stellen.

Trotzdem wird die Technik keineswegs nur als übermächtiger Zwang erfahren. Maschinen und ganze Anlagen werden nicht nur »bedient«, sondern »gefahren«. Die Arbeit an und mit der Technik kann auch als *Beherrschung* der Technik definiert werden, als Potenzierung eigenen Könnens durch die technische Apparatur. Daß die Anlage funktioniert, muß nicht unbedingt bedeuten, daß der, der an ihr arbeitet, sich nur als Rädchen im Getriebe begreift; er kann, auch wenn er nicht an der Schaltstelle steht, das reibungslose Funktionieren des Ganzen durchaus als Realisierung eigener Effektivitätsbedürfnisse erleben. Wenn jemand »funktioniert«, kann ihn das sehr wohl mit Stolz erfüllen. Und wenn das, was er tut, qua Technik weitreichende Folgen hat, so ist es keineswegs unwahrscheinlich, daß er sich mit seiner Funktionsrolle positiv identifiziert. Das Telos der Reibungslosigkeit kann auch als Erfolgskriterium der eigenen Arbeit definiert werden. Die »Autorität« der Technik gründet auch darauf, daß sie Möglichkeiten der Selbstanerkennung bereitstellt.

Die Unterordnung unter die Funktionszwänge der Technik zeigt zumeist eine eigentümliche Ambivalenz. Sie werden anerkannt, weil sie unausweichlich, unabänderbar sind, und sie werden aus den gleichen Gründen verdammt. Die Technik wird geschätzt oder verflucht, solange sie funktioniert; wenn sie aber nicht mehr funktioniert, wird sie nur noch verflucht.[31] Erst der *Störfall* offenbart den Wert des Funktionierens. Je störanfälliger die Technik, je weniger »Verlaß« auf sie ist, um so geringer ihre »Autorität« und die Autorität desjenigen, der sich auf ihr Funktionieren stützen

31 Gewiß kann der Ausfall einer Maschine dem Arbeiter durch die Pause, die er dadurch hat, sehr willkommen sein und er kann sich diese Pause durch gezielte Sabotage auch bewußt verschaffen. Bedeutet die Unterbrechung für ihn jedoch Mehrarbeit oder ein schlechteres Akkordergebnis, so wird die Verwünschung der Technik um so härter ausfallen.

will. Wo etwas nicht funktioniert, gibt es auch keine Funktionsautorität mehr, ist statt dessen Sach- und Organisationsautorität gefordert.

Einen interessanten Zwischenzustand im Verhältnis der Autoritätstypen nimmt die *Implementationsphase* einer neuen Technik ein. Solange sie noch nicht störungsfrei läuft, wird die Qualität der neuen Technik stets auf der Kontrastfolie der »bewährten« alten Technik beurteilt. Sie mag leistungsfähiger sein, ist dafür aber auch anfälliger. Für die erfolgreiche Implementation kommt daher alles darauf an, die Umstellung so zu organisieren, daß die neue Anlage möglichst rasch möglichst reibungslos funktioniert. Das Erfolgskriterium der Organisationsautorität ist es, die Funktionsautorität zu installieren. Weil die alte Funktionsautorität entwertet ist, bietet die Umstellungsphase eine vorzügliche Möglichkeit, über die Einrichtung und Programmierung der neuen Technik Kompetenzen zu erwerben, die innerhalb der Organisation noch nicht verbreitet sind. Wer jetzt entschlossen auf die neue Technik setzt und bereit ist, gewohnte Arbeitsroutinen zur Disposition zu stellen, hat gute Chancen, ein relativ exklusives Funktionswissen zu akkumulieren, das ihn auch später, wenn die eingeführte Technik längst Routine geworden ist, bei Friktionen als Sach- oder Organisationsautorität empfiehlt. In Implementationsphasen wird das, was als normales Funktionieren des Betriebsablaufs gilt, neu definiert und ausgehandelt. Wem es gelingt, die neue Normalität als Resultat seines Engagements, als seine Leistung darzustellen, hat die Anerkennung des Funktionierens der Organisation fortan auch als Person im Rücken.

2.5. Charisma

In den organisationssoziologischen Autoritätstypologien taucht das Charisma nur am Rande auf. Zwar wird die grundsätzliche Bedeutung der persönlichen Ausstrahlung und Statur etwa für die erfolgreiche Wahrnehmung von Führungsfunktionen oder die Herstellung von Gruppenkohärenz stets hervorgehoben; dennoch erscheint diese persönliche Autorität im engeren Sinne zumeist als eine Residualkategorie, die allenfalls im Zusammenhang mit der interpersonellen Dimension des Vorgesetztenverhaltens näher ins Blickfeld gerät (vgl. Zündorf/Grunt 1980, S. 127). Daß es auch in Organisationen eine Vielzahl sozialer Beziehungen gibt, die, freilich vermischt mit anderen Beziehungsdefinitionen und Zuschreibungen, primär durch *persönliche Gefolgschaftsverhältnisse* charakterisiert sind, ist in der Organisationssoziologie bislang kaum systematisch berücksichtigt worden.

Der Grund für die Vernachlässigung der Identifikationsmacht liegt neben der Dominanz eines entsubjektivierten Funktionsverständnisses von Organisationen sicherlich auch im Begriff des Charisma selbst. Allzusehr fallen jene Attribute, die Weber (1972, S. 140 ff.) idealtypisch als Strukturmerkmale genuin charismatischer Herrschaft anführt, aus dem *mainstream* der Organisationsforschung heraus und widersprechen der landläufigen Vorstellung von Organisation. Anti-Institutionalismus, Anti-Rationalismus, spezifische Wirtschaftsfremdheit, Außeralltäglichkeit, Legitimität *nur* durch Persönlichkeit – all das konfligiert mit dem Bild der effizienten, rational durchorganisierten, durch entpersonalisierte, gesatzte Verfahren zusammengehaltenen Organisation so sehr, daß die Berührungspunkte zwischen beiden Frageperspektiven minimal erscheinen. Das Charisma ist der Feind der Bürokratie, wie könnte seine Erforschung zur Aufhellung der Funktionsweise bürokratischer Organisationen beitragen?

Nun steht der *absolute charismatische Führer* tatsächlich außerhalb der Organisation. Sein Charisma geht auf in seiner Persönlichkeit und in seinen Taten. Man gehorcht ihm nicht, sondern ist ihm *ergeben*. Die Anhängerschaft wird als unbedingte persönliche Abhängigkeit definiert, als Treueschwur gegenüber einer Person, die freilich selbst für eine überpersönliche Sache, eine gottgewollte Entwicklung steht. Die göttliche Gnadengabe verwandelt den charismatischen Führer oder Propheten in ein »Werkzeug« Gottes, in ihm scheint die Vorsehung selbst auf. In seinem Zungenreden spricht »es« durch ihn. Und auch er selbst begreift sich als ein solches Werkzeug, ist zutiefst davon überzeugt, daß er – und nur er – dazu ausersehen sei, das vorgezeichnete Schicksal zu vollenden. Es ist vor allem diese Intensität des Glaubens an sich selbst und an seine Berufung, die andere an ihn glauben macht und die sich, indem sie an ihn glauben, auch auf sie überträgt: Das überragende Charisma des Führers reflektiert sich in gemilderter Form auch in seinen Anhängern; jeder von ihnen kann sich fortan den »Ungläubigen« gegenüber einzigartig und berufen fühlen.

So abhängig sich die Geführten von ihrem Führer machen, so

unabhängig macht er sich von ihnen. Die Allgegenwart des Führers für seine Anhänger korrespondiert in eigentümlicher Weise mit einer strikt instrumentellen Einstellung, ja insgeheimen Verachtung, mit der er ihnen begegnet. Der Charismatiker ist dies gerade dadurch, daß er sich von der emotionalen Zuwendung und Zustimmung der anderen *nicht* abhängig macht. Das Charisma erscheint als eine schier unangreifbare Macht, weil es ostentativ auf Anerkennung verzichtet, dem Anerkennenden trotz aller Unbedingtheit des Glaubens das Gefühl gibt, daß dem anderen die Anerkennung letztlich gleichgültig sei. Charisma ist potenzierte Unabhängigkeit und geballte Präsenz. Der Charismatiker ist sich selbst genug, er braucht anscheinend niemanden. Er ruht in sich und demonstriert vor allem seine hohe Meinung von sich selbst (vgl. Trilling 1980, S. 84).

Im Kern ist die Wirkung des Charisma die Erfahrung einer unüberwindlichen *Distanz*. Die charismatische Autorität umgibt eine Aura, in die niemand einzudringen vermag. So sehr man sich ihr auch zu nähern versucht, sie behält stets ein Moment des Rätselhaften, Geheimnisvollen, etwas, das gerade nicht erklärt werden kann (vgl. Moscovici 1984, S. 364).[32] Daher die *Einsamkeit* des Führers. Er fällt seine Entscheidungen allein. Und er fällt sie so, daß sie für die anderen trotz aller vorheriger Konsultationen unberechenbar bleiben: Abruptheit und Überraschung bestärken die Zuschreibung von Einzigartigkeit, das Bild des Außergewöhnlichen. Nichts widerspricht dem charismatischen Entscheidungsverhalten mehr als die bürokratische Standardisierung und Rechenhaftigkeit: Wo die Organisation eine nachvollziehbare, verfahrensgeregelte »Entscheidungsautomatik« verlangt, steht hier der letztlich kontingente, persönliche Entschluß.

Auch das vororganisatorische Charisma des absoluten Führers braucht freilich, von einer gewissen Größe der Gefolgschaft an, einen organisatorischen Unterbau. So sehr er das Amt verachtet, so wenig kann er auf die rituelle Inszenierung und Institutionalisierung seiner Führerrolle verzichten. Vor allem bedarf er einer Hilfstruppe unbedingt ergebener *Zwischenführer*, die ihn von alltäglichen Führungsaufgaben entlasten und ihm so den Nimbus

32 Entsprechend staffelt sich das Charisma innerhalb der Anhängerschaft je nach dem Grad des »Eingeweihtseins« in die (letztlich unzugänglichen) Geheimnisse des Führers.

der Außeralltäglichkeit sichern. Die Routine der Gefolgsleute ist die Bedingung für die Erhaltung des Charisma. Die von Weber (1972, S. 661 ff.) vorgezeichnete Entwicklung der Routinisierung und Versachlichung des Charisma, seine allmähliche Ersetzung durch eine bürokratisch-institutionelle Struktur, die von den Sonderinteressen des Verwaltungsstabes ihren Ausgang nimmt, ist schon in einer frühen Phase des Prozesses als *Gleichzeitigkeit* von antiinstitutionellem Charisma und profaner organisatorischer Substruktur feststellbar. Auch das Jenseits der Organisation muß allemal organisiert werden.

Vom charismatischen Führer »über« der Organisation ist der *Führer der Organisation* zu unterscheiden. Sein Charisma ist ein Mischprodukt. Er vereinigt die Autorität des höchsten Amtes mit dem überragenden Ansehen seiner Person. Einerseits geht das Charisma der »ehrwürdigen« Institution über auf seine Person, andererseits verhilft sein persönliches Charisma dem Amt zu neuem Glanz. Manchmal wird er erst durch die Amtseinsetzung als Charismatiker »entdeckt«, entwickeln sich erst im nachhinein persönliche Gefolgschaftsverhältnisse. Meist aber ist es umgekehrt: Jemand profiliert sich als charismatischer Führer und wird von seinen Anhängern nach erbitterten Kämpfen inthronisiert.

Als geeignetes Feld solcher Profilierung bieten sich Konflikte um die Ziele und Regeln der Organisation an. Oft beginnen die späteren Führer als *Rebellen* gegen die Organisation. Sie brechen dezidiert die überkommenen Normen und Traditionen, nehmen Sanktionen in Kauf und fordern die bisherigen Machthaber heraus. Charismatiker sind zumeist früher Stigmatisierte und Außenseiter, es sind Personen, denen es gelingt, erlittene Stigmatisierungen und Ausgrenzungen für sich und andere in eine tief verwurzelte Grundgewißheit eigener Einzigartigkeit, ja Auserwähltheit zu transformieren und sich davon leiten zu lassen (vgl. Lipp 1985, S. 11 f.). Sie verletzen die »falschen« Regeln, um die richtigen durchzusetzen und sich selbst zum Regelsetzer aufzuschwingen.

Allerdings ist der Bruch mit der Tradition, den der Charismatiker vollzieht, keineswegs so absolut, wie es machmal scheint. Auch wenn er als Neuerer und Prophet auftritt (»Es steht geschrieben, ich aber sage euch ...«), so zieht er die Unerschütterlichkeit seiner Überzeugung und die Wirkung, die er auf seine Anhänger ausübt, doch oftmals gerade daraus, daß er sich selbst und seine Innovation in den Dienst einer noch älteren, archaischen Tradition stellt, daß sich in ihm eine »natürliche Bestimmung« erfülle. Er greift die bestehende Institution frontal an und verspricht gleichzeitig, sie grundlegend zu erneuern. Es ist diese charakteristische Mischung von Umbruch und Traditionsgebundenheit, von »kühnem Entwurf« und »ehernem Gesetz«, die ihn dafür prädestiniert, zur Projektionsfläche der verdrängten Wünsche und Hoffnungen der Abhängigen zu werden.

Ist der Rebell als Führer inthronisiert, so muß er sein Charisma zivilisieren. Als Souverän an der Spitze der Organisation hat er zuallererst ihren Bestand zu sichern. Die Regeln der Organisation müssen fortan unangreifbar sein. Auch wenn er de facto Regelsetzer ist, so tritt er doch vorrangig als oberster Regel*durch*setzer auf. Er ist Herr und »erster Diener« der Organisation zugleich. Ein Teil seines persönlichen Charisma geht über auf die Regeln, die er setzt, es versachlicht sich in den organisatorischen Strukturen, die er geschaffen hat. Gleichzeitig bleibt jedoch schon aufgrund des maximalen Entscheidungsspielraums das Persönlichkeitscharisma des Organisationsführers allemal wichtig. Außerdem variieren die Chancen der Formalisierung und Versachlichung je nach dem Charakter der Organisation: Vor allem in ideologisch aufgeladenen, gleichsam »wertgetränkten« Organisationen, die insgesamt missionarische Ziele verfolgen, bleibt die Dynamik des vororganisatorischen Charisma bis hinein in die mittlere Führungsebene und die informellen Netzwerke der Organisation weithin erhalten. Je direkter eine Organisation auf ein weltanschauliches Ziel und einen absoluten charismatischen Führer ausgerichtet ist, um so mehr sind auch die innerorganisatorischen Beziehungen durch persönliche Gefolgschaftsverhältnisse strukturiert oder werden durch sie überformt.

Demgegenüber ist in »profanen« Organisationen die Tendenz der Versachlichung stärker. Doch auch hier bleibt das persönliche Charisma ein notwendiges Element der Wahrnehmung von Führungsfunktionen, das sich keineswegs auf die Spitze der Hierarchie beschränkt. Auch der eingesetzte Vorgesetzte, also der *untergebene Führer* auf einer Mittelposition, kann, wenn er als Person, als Persönlichkeit anerkannt und geachtet wird, die Gehorsamsbereitschaft seiner Untergebenen oftmals weit über denjenigen Bereich ausdehnen, den er qua Amt beanspruchen darf (vgl. Ziegler 1970, S. 33). Gewiß ist sein Charisma durch die positionelle Einbindung ins Gesamtgefüge der Organisation von vornherein

»gebändigt«: Die konstitutiven Regeln der Organisation liegen ohnehin außerhalb seiner Disposition, und auch die regulativen Regeln muß er im Normalfall exekutieren. Trotzdem verfügt er gestaffelt nach der Höhe der Position stets über einen größeren oder geringeren Spielraum der Regelapplikation, eine *Eigenmächtigkeitszone*, die auch im bürokratischen Korsett der Organisationsbeziehungen die Herausbildung persönlicher Anhängerschaften begünstigt. Wo es Ermessen gibt, gibt es auch Willkür und persönliche Abhängigkeit. Und es gibt das Bestreben, erzwungene Unterwerfung in Anerkennung von Überlegenheit zu verwandeln.

Je größer die Entscheidungsautonomie, um so wichtiger die individuelle Führungskompetenz, die persönliche Stärke des Positionsinhabers. Führung ist immer persönliche Führung, und damit auch Führung durch Persönlichkeit. Sicher sind die aufs Absolute abzielenden Bestimmungen des »reinen« Charisma auf diese Art limitierter Gefolgschaftsbeziehung nicht anwendbar, aber es lassen sich Spurenelemente davon auch hier wiederfinden. So wird zum Beispiel auch in Bürokratien gerade der Vorgesetzte oftmals als Persönlichkeit respektiert, der sich nicht scheut, die Regeln der Organisation im Einzelfall auch *zu brechen*, wenn die Sache oder die Situation es erfordern. Er nimmt das Risiko von Sanktionen und Degradierungen auf sich, um der Sache zum Erfolg zu verhelfen. Anstatt sich den vorgegebenen Normierungen zu fügen, macht er sich selbstbewußt zum Herrn über die Norm. Er gibt die Richtung vor und übernimmt entschlossen Verantwortung, auch wenn er dadurch vielleicht selbst in die Schußlinie gerät. Es ist dieser Typus des Vorgesetzten, der Untergebene in Feuerwehrsituationen zusätzlich motivieren und *mobilisieren* kann, der, weil er selbst etwas wagt, die anderen dazu bringt, »mitzuziehen« und den Karren aus dem Dreck zu reißen.

Um so agieren zu können, muß der Vorgesetzte vor allem über ein gewisses Maß an Unabhängigkeit und Selbständigkeit verfügen, er darf sich in dem, was er will und tut, weder von oben noch von unten unter Druck setzen lassen. Seine Stärke ist sein *Eigensinn*, auch eine gewisse Sturheit, mit der er sich im Rollenkonflikt, wie er für hierarchische Mittelpositionen typisch ist, nach beiden Seiten behauptet. Besonders Rückgrat nach oben ist gefragt: Nur wer, bei aller Gehorsamspflicht, auch den höheren Vorgesetzten gegenüber auf der Einhaltung von Basisnormen der Achtung und des Respekts besteht, sich also auch von diesen »nichts gefallen läßt«, kann darauf rechnen, von unten als Persönlichkeit akzeptiert zu werden. Und ebenso darf er nicht davor zurückschrecken, sich bei seinen Untergebenen unbeliebt zu machen, wenn die Situation es verlangt. Charisma hat nur der, der zu sich und seinen Handlungen steht und bereit ist, die Konsequenzen zu tragen.

Natürlich gibt es jenseits all dieser persönlichkeitsdominierten Beziehungen auch den *normalen Vorgesetzten* ohne besonderes Charisma. Für ihn ist die einfache Legierung von Amts- und Sachautorität als Grundlage seines Führungshandelns voll ausreichend. Seine Anweisungen werden routinemäßig befolgt, nicht weil er eine überlegene Person, sondern einfach, weil er der Vorgesetzte ist. Trotzdem gilt auch für ihn die Erwartung einer bestimmten »Normalproportion« zwischen der Höhe des Amtes und der persönlichen Statur des Amtsinhabers. Wer diese Relation unterschreitet, hat einen schweren Stand. Oft sind ja auch Untergebene starke Persönlichkeiten, mit denen sich der Vorgesetzte arrangieren muß. So sehr er sich in seiner Machtausübung auf die »Autorität« der formalen Regeln und Vorschriften berufen kann, sowenig kann er von ihrer Person abstrahieren. Auch auf dieser Ebene des Organisationsalltags ist der latente Konflikt zwischen dem versachlichten Amtscharisma und dem persönlichen Charisma einzelner keineswegs stillgestellt.

Grundlegend für die charismatische Autorität ist der Mechanismus der Projektion. Das Charisma ist nur vordergründig die Eigenschaft einer bestimmten Person. Es ist primär eine Wirkung, die selbst wiederum ein Produkt der Hoffnungen derjenigen ist, die einen Führer, einen Erlöser *brauchen*. Von daher steht es, zumindest in seinen stärkeren Ausprägungen, stets unter dem Vorbehalt der *Bewährung* (vgl. Weber 1972, S. 656). Weil der Charismatiker in seiner Person die Wünsche und Heilserwartungen seiner Anhänger bündelt, wird auch das Ausbleiben der Erlösung ihm und nur ihm angelastet. Er ist mehr als jeder andere zum Erfolg verurteilt. Gewiß kann es ihm gelingen, zeitweilige Rückschläge und Enttäuschungen als Feuerprobe und »Prüfungen« zu interpretieren, aber der endgültige Mißerfolg führt unweigerlich zur Verdammung. Je strahlender sein früheres Charisma, um so tiefer der Fall. Der Verlust des Charisma ist total. Oft wissen die früheren Anhänger im nachhinein selbst nicht mehr, warum er sie einstmals so faszinieren konnte.

Schon aufgrund der Intensität der affektiven Prozesse können Organisationen meist nur ein dosiertes Maß an Charisma vertragen. Es ist ja der Sinn der formalen Regeln und Vorschriften, die interpersonelle Dynamik im Zaum zu halten und Konflikte zu versachlichen. Die bürokratischen Abläufe gestatten es, mit durchschnittlichen Menschen und durchschnittlichen Leistungen berechenbare Ziele zu verwirklichen (vgl. Scott 1986, S. 97f.). Das Charisma hingegen sprengt die Routine, es konstituiert einen Rahmen des Außergewöhnlichen, in dem kurzzeitig Höchstleistungen erbracht werden können, die aber nicht auf Dauer zu stellen sind. Arbeit kann man nicht immerzu als Kampf definieren. Nur wo es in der Organisation, sei's aufgrund von Turbulenzen der Umwelt oder innerer Organisationsdefizite, zu ständigen Feuerwehrsituationen und kaum kalkulierbaren Ereignisketten kommt, ist ein größeres Quantum Charisma funktional. Andererseits ist auch in »funktionierenden« Organisationen die Kontingenz keineswegs ausgeschaltet. Nichts funktioniert immer, das Chaos lauert überall. Und solange es in der Bürokratie Chaos gibt, ja die Bürokratie selbst oftmals das Chaos produziert, gibt es auch einen Bedarf an Charisma, um das Chaos wieder zu bändigen.

Unter den diskutierten Formen der Autorität ist das Charisma diejenige, die die stärkste Sogwirkung auf die Autoritätsgläubigen ausübt. Dennoch ist in normalen Organisationen auch die charismatische Autorität darauf angewiesen, daß sie durch andere Autoritätsquellen ergänzt und gestützt wird. Die einzelnen Typen der Autorität sind für sich genommen gewissermaßen nur das »Rohmaterial«, die Bausteine, aus denen Autoritäten zusammengesetzt sind. Die Autorität kumuliert und verzahnt in der Regel mehrere Typen, wobei die Dominanz einer Autoritätsquelle freilich eine gewisse Nachrangigkeit der anderen bedingt. Darüber hinaus stehen die Autoritätstypen ja auch in einem eigentümlichen Spannungsverhältnis zueinander und schließen sich teilweise aus: Die Autorität des Organisierers ist gefragt, wenn die Funktionsautorität versagt; wer Gefolgschaft durch persönliches Charisma erlangt und manchmal selber die Regeln bricht, kann schwerlich zugleich auf die formalen Regeln, auf offizielle Rechte und Pflichten von Amtsinhaberschaften pochen. Vor allem aber, und hierin liegt der personale Kern aller Autoritätszuschreibungen, darf die Autorität die verschiedenen Quellen, aus denen sie sich speist, nicht nur additiv auf sich vereinigen, sondern muß sie als Persönlichkeit *integrieren*. Autoritäten müssen vor allem ein unverwechselbares *Profil* haben, es ist diese »Ganzheitlichkeit« der Autorität, die sie letztlich zur Autorität macht. Wenngleich auch den einzelnen Typen eine bestimmte Generalisierungstendenz innewohnt, also die Anerkennung einer Überlegenheit zugleich die anderer Überlegenheiten nahelegt, so sind sie dennoch für sich genommen nur verschiedenartige Elemente, aus denen die volle Autorität empirisch erst komponiert wird. Meisterkoch ist, wer meisterlich kocht, und nicht schon, wer über Zutaten und Rezepte verfügt.

3. Autoritätsprozesse

Autoritäten fallen nicht vom Himmel: sie *entstehen*, schälen sich langsam heraus oder werden plötzlich gekürt. Autorität ist eine soziale Beziehung, sie entwickelt sich in einem dynamischen Prozeß ineinandergreifender Handlungen und reziproker Beziehungsdefinitionen. Autorität wird »aufgebaut«; wo sie beansprucht wird, muß sie zuerst erworben werden und sich beständig erneuern. Und sie wird *gemacht*: von denen, die einen anderen zur Autorität erheben, und dem, der sich selbst zur Autorität aufschwingt. Im folgenden ist deshalb zu rekonstruieren, in welchen typischen Konstellationen Autoritäten entstehen, mit welchen Praktiken und Machttechniken sie sich halten können und wie sie schließlich gestürzt werden.

3.1. Aufbau und Reproduktion

Allgemein gilt: Autoritäten werden dort auf den Schild gehoben, wo eine ungewisse, als bedrohlich empfundene Situation nicht mehr bewältigt werden kann, wo eine *Krise* Autoritätsbedarf schafft. Der Ruf nach der Autorität wird laut, wenn sich das Grundgefühl ausbreitet, daß die Lösungskapazitäten der bestehenden Ordnung für die Überwindung der Krise nicht ausreichen. Die alte Normalität erscheint unerträglich und eine neue ist nicht in Sicht. Das Leben wird vom Alltag aufgefressen, es gibt nichts, wofür es sich lohnte, sich noch zu engagieren. Es ist diese

Diffusität der krisenhaft erfahrenen Situation, das Gefühl, sich trotz vielleicht halbwegs gesicherter materieller Reproduktion[33] in einem Wertvakuum zu bewegen, das die Entstehung von Autoritäten begünstigt.

Erklärungsbedürftig ist freilich, warum personalistische Auswege aus der Krise gesucht werden. Die Anlehnung an eine Autorität, die zum Zweck dieser Anlehnung geschaffen wird, ist ja nur eine Möglichkeit von Krisenbewältigung; man könnte die unstrukturierte Situation zum Beispiel auch durch die Einführung neuer Regeln oder Verfahren, durch Formalisierung und Standardisierung, in den Griff zu bekommen versuchen. Wenn solche Methoden verworfen werden, so deshalb, weil sie die *Anonymität* der sozialen Beziehungen steigern. Das Bedürfnis nach Autorität entsteht dort, wo man sich selbst nur noch als Rädchen in einem gigantischen, undurchschaubaren Getriebe erlebt, als bloßes Objekt abstrakter Gesetzmäßigkeiten und Zwänge. Neue und bessere Regeln können Abläufe optimieren und Funktionsdefizite beheben, aber sie schaffen keine Werte: »es gibt keine administrative Erzeugung von Sinn« (Habermas 1973, S. 99). Autoritäten jedoch setzen oder bekräftigen Werte, die die Krisenerfahrung transzendieren, sie bieten Gewißheiten an, die sie als Person verkörpern. Die Zuschreibung von Autorität verwandelt das Gefühl des Ausgeliefertseins an fremde Mächte in die freiwillige Anerkennung persönlicher Führerschaft. Indem sie die Situationswahrnehmung von Grund auf neu strukturiert, erscheint die Krise plötzlich weniger bedrohlich und überwindbar. Man braucht sich nur noch der Autorität anzuvertrauen und die Wende zum Besseren scheint gesichert.

Ein weiterer Faktor ist die Existenz eines starken *Machtgefälles*. Die Entwicklung von Autoritätsbeziehungen ist um so wahrscheinlicher, je größer die soziale Distanz zwischen Mächtigen und Mindermächtigen ist, je ungleicher die Ressourcen und

33 Tocqueville (1969, S. 152 ff.) hat in seiner Analyse der französischen Revolution hervorgehoben, daß der Wille und die Bereitschaft zum Umsturz sich gerade in einer Phase zunehmenden Wohlstands ausgebreitet hat. Revolutionen werden seiner Auffassung nach weniger von Verzweifelten als von Halbzufriedenen gemacht, die sich in einer exponierten Situation mit den Verzweifelten verbünden. Vielleicht könnte man auch von einer verzweifelten Halbzufriedenheit sprechen, die die neue Ordnung herbeisehnt.

Machtmittel verteilt sind. Autoritäten entstehen, wo Unterlegene glauben, keinerlei Chancen zu haben. Überdeutliche Unterlegenheit prädestiniert für die Zuschreibung außerordentlicher Überlegenheit. Wenn die Konstruktion von Autorität eine zentrale Methode der selbstlegitimierenden Interpretation sozialer Macht ist, so folgt daraus auch, daß die Zunahme von Machtunterschieden tendenziell den Autoritätsbedarf erhöht.

Fragt man nun im einzelnen nach der Genese von Autorität in Organisationen, so lassen sich folgende Krisenkonstellationen unterscheiden: (1) Krisen der Ressourcenmobilisierung, (2) Krisen der sozialen Integration und (3) Ziel-, Wert- und Sinnkrisen der Organisation.

(1) Organisationen haben, um sich dauerhaft reproduzieren und ihre Ziele realisieren zu können, einen ständigen Bedarf an Ressourcen, die extern oder intern beschafft und bereitgestellt werden müssen. Hierzu gehören nicht nur ökonomische und technisch-materielle Ressourcen (Kapital, Produktionsmittel), sondern ebenso soziale und individuelle Mittel (Wissen, Informationen, Motivation), ohne die keine Organisation funktionieren kann. Freilich variiert die optimale Ressourcenmischung je nach Charakter und Typ der Organisation, und auch die *Entwicklung* der Organisation kann weitreichende Neu- und Umstrukturierungen der Ressourcenmobilisierung verlangen, die bestehende Organisationsroutinen sprengen (vgl. Scott 1986, S. 218 ff.).

Autorität kann Defizite an Ressourcen substituieren. Wenn technisches Know-how fehlt, wird derjenige, der das erforderliche Fachwissen mitbringt, rasch als Sachautorität etabliert werden; wo eine als kontingent erlebte Umwelt Informationsmängel anzeigt, kann jemand, der über die entsprechenden Informationen verfügt oder Kanäle zu ihrer Beschaffung eröffnet, sich alsbald als vertrauenswürdige Autorität anbieten, die den »Überblick« hat und den richtigen Weg weist. Versagen die Mechanismen der organisatorischen Steuerung, werden die Regeln diffus oder überkomplex, so daß sie sich gegenseitig blockieren und permanenten Entscheidungsbedarf schaffen, so gewinnt derjenige Autorität, der den gordischen Knoten durchschlägt und neue Regeln setzt. Er stoppt die Selbstparalysierung der Organisation, errichtet neue Strukturen und Ämter und verleiht ihnen Macht und Gewicht.

Vor allem kann die wichtigste Ressource der Organisation, die menschliche Arbeitskraft, durch Autorität neu stimuliert werden.

Wenn der Leistungswille erlahmt, die Kooperationsbereitschaft abnimmt und die Arbeitsroutinen jede Innovation ersticken, vermag eine entschlossen auftretende Autorität neue Perspektiven zu eröffnen und dadurch einen *Motivationsschub* auszulösen, der vorher kaum denkbar erschien. Plötzlich bekommt die Arbeit wieder Sinn, man weiß, was man tun soll und wofür man es tut. Und es gibt eine Instanz, die den Wert der eigenen Arbeit zuverlässig beurteilt. Autoritätsbedürfnisse gedeihen vorzugsweise dort, wo das Selbstbewußtsein und Selbstwertgefühl brüchig, die Maßstäbe eigenen Könnens fragil geworden sind. Die Anerkennung durch die fördernde Autorität, ja bereits: die Hoffnung auf solche Anerkennung, verscheucht die quälenden Selbstzweifel und setzt neue Energien frei. Die größte Autorität erlangt schließlich der, der einen dazu bringt, mehr aus sich herauszuholen, als man selber für möglich gehalten hätte (vgl. Sennett 1985, S. 45). Besonders wenn andere Methoden der Motivationsbeschaffung, etwa zusätzliche materielle Anreize, durch knappe Geldmittel versperrt und institutionelle Lösungsversuche fehlgeschlagen sind, kann eine Autorität die Motivationsgrundlagen verschieben und die Ressourcenstruktur der Organisation nachhaltig verändern.

Darüber hinaus leistet die Autorität einen wichtigen Beitrag zur *Restituierung der Macht*. Sie kann unscharf gewordene Über- und Unterordnungsverhältnisse neu konturieren, Führungsdiffusionen, wie sie etwa durch Kompetenzüberschneidungen oder überlegene Untergebene entstehen, entschlossen auflösen und in klare Autoritätsstaffelungen verwandeln. Auch der *Gehorsam* ist eine zentrale Ressource der Organisation, die immer wieder neu mobilisiert werden muß. Wo es an selbstverständlicher Fügsamkeit mangelt und die Bereitschaft nachläßt, die übertragenen Aufgaben ohne Umschweife zu erfüllen, ist der Niedergang der Organisation nicht weit. Wenn die Mäuse auf den Tischen tanzen, arbeiten sie nicht. Nur die unnachsichtig strafende Autorität sichert den Gehorsam oder stellt ihn wieder her. Sie verbreitet Furcht und Schrecken und zwingt zur Anerkennung fremder Überlegenheit, des fremden Willens. Es ist gerade dieses Doppelgesicht der Autorität, einerseits Motivation durch Förderung zu beschaffen und andererseits rigoros Macht durchzusetzen, das sie dafür prädestiniert, einen Ausweg aus der Organisationskrise zu weisen.

(2) Von Defiziten und Mängeln der Ressourcenmobilisierung sind

solche Krisen zu unterscheiden, die die *soziale Integration* der Organisation betreffen. Als natürliche Systeme (vgl. Scott 1986, S. 119 ff.) sind Organisationen durch eine Vielzahl interdependenter Handlungs- und Beziehungsmuster, durch formelle und informelle Gruppenbildungen, rationale und irrationale Abhängigkeiten, soziale Verträglichkeiten oder Animositäten gekennzeichnet, die im Alltag ausbalanciert werden müssen. Organisationen sind heterogene soziale Gebilde, die bis zu einem gewissen Grad homogenisiert werden müssen. Dabei ist die *Lockerheit* der Verbindungen, die Koexistenz widerstreitender Elemente und Interessen oftmals keineswegs ein Zeichen beginnender Paralysierung, sondern im Gegenteil ein Indiz für Stabilität. Wenn alle glauben, einer Organisation anzugehören, obwohl sie faktisch in ganz verschiedenen Organisationswelten leben, so reicht das für das Funktionieren der Organisation im Normalfall völlig aus.
Trotzdem kommt es vor, daß die Einheitsfiktion zerbricht. Wenn desintegrative Tendenzen, Rivalitäten und Dauerquerelen zwischen Abteilungen oder Personen überhandnehmen und, etwa nach einem spektakulären Eklat, nicht länger geleugnet werden können, entsteht häufig eine Situation, in der die früher fraglos akzeptierte Heterogenität plötzlich als *die* entscheidende Ursache der allgemeinen Misere erscheint. Hat der *Konfliktpegel* eine bestimmte Marke überschritten, so wird der Ruf nach einer Autorität, die über den Parteien steht, immer lauter. Der ausufernde Streit färbt auch die Wahrnehmung der Vergangenheit neu ein und beschwört die Vorstellung eines sich selbst blockierenden Chaos herauf. Zunehmend werden bislang neutrale Dritte und Vierte in den Konflikt mit hineingezogen, die Frontlinien überkreuzen sich, Verrat und Korruption scheinen allgegenwärtig. Vor allem wenn sich diverse Machtgruppen über längere Zeit in einem Patt wechselseitig neutralisieren, also weder gewinnen noch verlieren können, schlagen Ekel und Überdruß am Konflikt in die Sehnsucht nach dem starken Mann um, der den Hader beendet, die Streithähne in die Wüste schickt und neue Ordnung schafft.
Freilich kann die Integration der Gruppe nicht nur von innen, sondern auch von außen gefährdet sein. Schlagen Umweltturbulenzen oder akute äußere Gefahren unmittelbar aufs Binnenklima der Gruppe durch und drohen sie zu atomisieren, so wird derjenige, der in dieser Situation die Initiative an sich reißt und die Gruppe zusammenhält, sofort als Autorität anerkannt. Schon weil

er etwas *tut*, während die anderen noch wie gebannt auf die Gefahr starren, bietet er sich spontan als Führerfigur an. Er mindert ihre Angst, indem er die Situation definiert, die Relevanzen staffelt. Er sagt, was zu tun ist und gibt ihnen dadurch zu tun. Er übersetzt Furcht in Handeln. Je mehr eine übermächtige Bedrohung archaische *Schutzbedürfnisse* mobilisiert, um so stärker der Wunsch nach einer Autorität, die relative Sicherheit verspricht und die Serialisierung der Gruppe aufhält.

Die Autorität stiftet neue soziale Einheit und tilgt die Zerrissenheit. Aber auch umgekehrt: Indem die Gruppe eine Autorität kürt, erschafft sie sich selbst neu, verdichtet ihren Gruppierungsgrad und erzeugt gemeinschaftliche Verbundenheit. Der Aufstieg der Autorität ist die Selbstkonstituierung der Gruppe. In der gemeinsamen Anerkennung der Autorität versichern sich die Anhänger ihrer Gemeinsamkeit, synchronisieren ihre Situationswahrnehmungen und Gefühle. Durch die Einsetzung der Autorität setzen sich alle in ein Boot. Die Autorität *nivelliert* die heterogene Gruppenstruktur oder relativiert sie zumindest: so verschieden die Anhänger sein mögen, so sehr eint sie nun ihre Anhängerschaft.

Die Figurativität der Autoritätszuschreibung vermittelt die Illusion einer Gleichheit der Anhänger, die freilich von Anfang an Fiktion ist. Schon die Frage, wer denn als Autorität in Frage kommt, ist meistens keine Angelegenheit der ganzen Gruppe, sondern Gegenstand individueller Profilierungsbemühungen und heftiger Diadochenkämpfe. Es sind die »natürlichen Autoritäten« der Gruppe, diejenigen, die sich schon vorher als *opinionleader* hervorgetan haben, deren Autoritätszuschreibungen selbst Autoritätsgeltung erlangen und die sich auf diese Weise der neuen Autorität als Zwischenautorität anbieten. Oft ist die soziale Desintegration ja gerade die Folge eines zunächst schleichenden, dann galoppierenden Niedergangs der alten Autorität, die nicht nur ein Ordnungs- und Wertvakuum, sondern auch arbeitslose Zwischenautoritäten hinterläßt. Und so ist es nur natürlich, wenn eine mittlere Charge versucht, die allgemeine Krise zu nutzen, um sich selbst zu verbessern: Sie springt rechtzeitig ab, stürzt ihren eigenen Ziehvater und dient sich der neuen Autorität als Steigbügelhalter an, um im Erfolgsfall zum Vize befördert zu werden.[34]

34 Das Risiko einer solchen Karrierestrategie liegt freilich darin, daß die

(3) Ob Organisationen Ziele haben, ist umstritten; unstrittig ist, daß sie sich einbilden müssen, welche zu haben. Sie müssen über einen Modus verfügen, durch den disparate, oft widerstreitende Organisations- und Individualziele systematisch miteinander verzahnt werden können, in dem gemeinsame *und* unterschiedliche Interessen der Mitglieder sinnhaft integriert und »aufgehoben« werden. Mißlingt diese Sinnverflechtung und weitet sich der Dissens zu einer dauerhaften *Ziel- und Wertkrise* der Organisation aus, so wird auch hier die Entstehung von Autorität wahrscheinlich.

Allerdings sind die Prozesse der Sinndiffusion alles andere als linear. Oftmals ist es weniger die zunehmende Verschwommenheit des überkommenen Zielkonsens, als vielmehr eine spezifische *Gleichzeitigkeit von Abstraktheit und Konkretismus* der Zieldefinitionen, die die Bereitschaft von Autoritätszuschreibungen fördert. Es ist keineswegs so, daß es nichts gäbe, an dem man sich orientieren kann, aber die bestehenden Sinnangebote scheinen schal, weil zu allgemein oder profan, zu wenig oder zu sehr greifbar. Autoritäten gedeihen, wenn sich eine Schere verschiedener Handlungsziele öffnet, die ehedem parallel und gemeinsam verfolgt werden konnten und die nun, isoliert voneinander, kaum mehr attraktiv und erstrebenswert erscheinen. Autoritäten sind *Zielbrücken*, die der Sinnzersplitterung des Handelns Einhalt gebieten.

Manchmal entstehen Autoritäten einfach aus Langeweile. Die alte Ordnung ist zu festgefügt, *zu* sicher, als daß man noch in ihr leben möchte. Gewiß, auch sie repräsentiert Werte, die man vielleicht nach wie vor bejaht; längst aber hat der Ordnungswert die Wertordnung in den Hintergrund gedrängt. Es gibt nur noch Interessen, Absichten und Ergebnisse, aber keine Ideen, keine Überzeugungen mehr. Die Wertdimension des Handelns ist, ohne daß man es recht gemerkt hat, immer mehr abhanden gekommen, das Leben erschöpft sich in den Zweckrationalitäten des Alltags und den

neue Autorität bei der Auswahl ihrer Zwischenautoritäten darauf achten muß, daß die neue Ordnung nicht allzusehr von der alten affiziert wird. Um als Autorität glaubwürdig zu sein, muß sie auch personell klare Zäsuren setzen. Es ist daher nicht nur machiavellistisches Kalkül der Beseitigung eines potentiellen Rivalen, wenn die erste Amtshandlung des neuen Königs oftmals darin besteht, den Königsmacher zu entmachten.

Routinen der Organisation. In dieser Situation stellt die Autorität ein ganzes Bündel von Sinnangeboten und -perspektiven bereit, die die Krise überwinden helfen: Sie gibt klare Orientierungen vor und kanalisiert die Affekte, installiert neue Zielketten und verkoppelt sie mit übergreifenden, »utopischen« Werten, für die sich der Einsatz lohnt. Die Separierung von Sinnprovinzen wird damit durchbrochen, Werte und Traditionen werden als einheitsstiftende Handlungsprinzipien restituiert. Aufgerissene Legitimationsdefizite können auf diese Weise kompensiert und neue Legitimationsquellen erschlossen werden. Die Anlehnung an die Autorität öffnet den Wahrnehmungshorizont; die veränderte Relevanzstaffelung setzt neue Handlungsenergien frei, ermöglicht neue, bisher ungeahnte Erfahrungen, schafft neues Selbstbewußtsein. Die Anerkennung der Autorität verspricht eine neue, den Alltag transzendierende Identität.

Weil die Autorität Werte verkörpert, verhilft sie dem Autoritätsgläubigen zu einer neuen *Ganzheitlichkeit* der Selbst- und Welterfahrung. Wo vorher disparate Motive und Zwecke das Leben bestimmten, agiert nun, in der Gefolgschaftsbeziehung, der ganze Mensch. Was früher Außenlenkung durch Normen und Vorschriften war, erscheint jetzt als selbstbestimmtes Führen des eigenen Lebens, als freiwillige Unterwerfung unter ein bejahtes Prinzip, das die Autorität repräsentiert. Andererseits begibt sich der Anhänger dadurch in *personale Abhängigkeit*. Die Kosten der Überwindung der Sinnkrise durch die Geburt einer neuen Autorität sind erheblich. Gleichzeitig mit der Entformalisierung der Beziehungen, der Ersetzung der Hierarchie durch unmittelbare Führungs- und Gefolgschaftsverhältnisse, liefert sich der Unterlegene den Launen und der Willkür der Autorität aus. Er tauscht die Berechenbarkeit und den Schutz formaler Regeln gegen das Wohlwollen und die Obhut einer Person. Indem er die Sinnstiftung, die er sich selber nicht zutraut, an die Autorität delegiert, ist er vom Sinn *ihres* Sinns fortan auf Gedeih und Verderb abhängig. Die »autoritative« Lösung der Sinn- und Wertkrise führt daher oftmals nur zu einer Ad-hoc-Stabilisierung; sie kann auf mittlere Sicht neue und schärfere Orientierungskonflikte aufreißen, die Sinngräben eher vertiefen als zuschütten.

Krisen der Ressourcenmobilisierung, der sozialen Integration oder der Wertorientierungen beziehen sich auf Funktionsprobleme der Organisation, auf Defizite ihres inneren Gefüges. Hiervon sind solche Krisensituationen zu unterscheiden, in denen abrupte oder katastrophale Umweltveränderungen die Organisation als ganze überfordern und Entscheidungen notwendig machen, die die System-Umwelt-Relation situativ neu definieren, die Ressourcen und Problemlösungskapazitäten kurzfristig umpolen und alle Kräfte zur Bewältigung der Krise mobilisieren. Dies ist oft die Geburtsstunde einer charismatischen Autorität. Sie zieht die Einsatzleitung entschlossen an sich, bündelt die Ressourcen neu und nutzt sie zur Abwehr einer akuten, übermächtigen Gefahr, für eine Sache, die jedermann einleuchtet.[35] Die Autorität etabliert sich dadurch, daß sie den *Ausnahmecharakter* der Situation als erste erkennt und sofort die nötigen Dispositionen trifft. Während alle anderen noch wie gelähmt auf die Schlange starren, hat er das Schwert schon gezogen.

Voraussetzung für die Entstehung des Charisma ist freilich, daß das Schwert scharf ist. Die Maßnahmen müssen greifen. Ihr Erfolg ist jedoch stets eine Definitionsfrage: Was letztlich als Überwindung der Misere angesehen wird, hängt allemal von den Interpretationen und Situationsdeutungen der Betroffenen ab. Sie können voneinander abweichen und selbst zum Gegenstand von Konflikten werden. Und das gleiche gilt bereits für die Ausgangssituation: Welcher Krisenkonstellation auch immer die Autorität ihre Entstehung verdankt, stets sind sowohl die Krise als auch die anvisierten Auswege *Foki sozialer Interaktionen*, an denen nicht nur die zukünftigen Anhänger, sondern auch die aufstrebenden Kandidaten beteiligt sind. So sehr Autoritäten von unten geschaffen werden, so sehr erschaffen sie sich gleichzeitig auch selbst. Sie etablieren sich als Autorität, indem sie anderen nahelegen, sie als Autorität zu etablieren.

Für eine solche *Selbsterzeugung von Autorität* bieten sich verschiedene Strategien an, die zunächst auf die Initiierung von Autoritätsbedarf abzielen. Ist keine Krise in Sicht, so muß man sie herbeiführen, *herbeireden*, und sich zugleich als Ausweg offerieren. Die bestehende Normalität muß fragmentiert, sie muß *unerträglich* gemacht werden, damit der Ruf nach Autorität Resonanz findet. Freilich darf derjenige, der sich als zukünftige Autorität empfehlen will, nur bis zu einem gewissen Grad selber als Unru-

35 Man denke hier etwa an das Auftreten und die Rolle Helmut Schmidts bei der Flutkatastrophe von 1962.

hestifter auftreten. Es dürfte ihm sonst schwerfallen, sich als Garant einer neuen Ordnung zu profilieren. Er bewegt sich in dem strukturellen Dilemma, einerseits selbst Unruhe und Unordnung schüren zu müssen und sich andererseits glaubhaft als derjenige zu präsentieren, der dazu berufen ist, Ruhe und Ordnung wiederherzustellen.

Zur Entschärfung dieses Dilemmas eignen sich zwei Methoden: Schuldzuweisungen und taktische Arbeitsteilung. Ist die Misere für die meisten bereits offenkundig, so reicht es oftmals schon aus, einfach nur *Schuldige* zu benennen, die für die Krise verantwortlich gemacht werden können. Dies können entweder Fremde oder wehrlose Minderheiten sein, auf die leicht der allgemeine Zorn gelenkt werden kann; es können aber auch die etablierten Autoritäten sein, die in der Prognose und Bewältigung der Krise versagt hätten. Ja mehr noch: Wenn man *zugleich* Sündenböcke konstruiert und den bisherigen Machthabern vorwirft, nicht entschieden genug gegen sie vorzugehen, schlägt man zwei Fliegen mit einer Klappe: Man desavouiert die alte Autorität, ohne sie direkt anzugreifen, und hat außerdem für die Unruhe, die man selbst produziert, immer schon einen Schuldigen parat.

Die andere Taktik sieht ein arbeitsteiliges Vorgehen vor. Sie funktioniert nach dem Grundmuster von Biedermann und Brandstifter: Die aufstrebende Autorität beauftragt ihre Hilfstruppe, nach Kräften Konflikte zu provozieren und die Verhältnisse zu chaotisieren, um sich selbst als »moderater« Beschwichtiger und potentieller Ordnungsstifter zu profilieren. Während er sich einerseits von den »Auswüchsen« distanziert, bekundet er gleichzeitig Verständnis für die »berechtigte Empörung« seiner Agenten. Diese zweigleisige Strategie hat für ihn nicht nur den Vorteil, daß er sich nach außen hin die Hände nicht schmutzig macht; sie gibt ihm zudem Gelegenheit, den *Wertakzent* der Konflikte in den Vordergrund zu spielen und sich so mit der Aura der Wertpersönlichkeit auszustatten. Er empfiehlt sich als Autorität, indem er über die Dinge so redet, als stünde er über den Dingen.

Hier zeigt sich, in welchem Ausmaß der Aufbau von Autorität mit profanem *Machterwerb* verschränkt ist. Es ist keineswegs so, daß derjenige zur Autorität avanciert, der von Anfang an um Anerkennung buhlt. Tatsächlich verhält es sich eher umgekehrt: Wer es schafft, durch rigorosen Einsatz aller verfügbaren Machtmittel eine exponierte Position zu erreichen und einen unüberwindlichen sozialen Abstand zu installieren, dem werden Achtung und Anerkennung gleichsam als Gratiszugabe nachgeliefert. Es ist letztlich die Macht, die faktisch geschaffene Ungleichheit, die die Autoritätszuschreibung der Unterlegenen auf sich zieht. Autorität setzt Ungleichheit voraus, und sie bestätigt die Ungleichheit von *beiden* Seiten. Gewiß muß nicht jede Autorität ein Usurpator sein; bisweilen wird auch jemand »wider Willen« zur Autorität gekürt und von anderen auf den Schild gehoben, obwohl er selbst lieber einer von vielen bliebe. Er wird von der Gruppe in eine Führerrolle hineinmanövriert, die ihm zunächst widerstrebt, und doch wird er diese Rolle schließlich nur ausfüllen können, wenn er sie von einem bestimmten Punkt an offensiv übernimmt und die damit gesetzte Ungleichheit akzeptiert. Führer kann nur derjenige sein, der auch führen *will* (vgl. Scheler 1957, S. 259), der von der Macht, die andere ihm geben, entschlossen Gebrauch macht.

Wichtig ist jedoch auch, *wie* er diese Macht einsetzt und welcher Methoden er sich dabei bedient. Die Zuschreibung von Autorität wird sich nur dann stabilisieren, wenn es ihm gelingt, Zustimmung und Vertrauen der Unterlegenen zu gewinnen. Hierfür sind nicht alle Machttechniken in gleichem Maße opportun; außerdem variiert die Autoritätswirkung der einzelnen Maßnahmen je nach Handhabung und Situation. Im folgenden werden deshalb die verschiedenen Handlungsmuster und Machtpraktiken, die der Autorität zur Verfügung stehen, daraufhin diskutiert, inwiefern und unter welchen Umständen sie geeignet sind, den Autoritätsglauben der Abhängigen zu befördern oder zu reproduzieren.

Zu den einprägsamsten Bildern der Macht gehört das der *strafenden* Autorität. So sehr sich die Autorität normalerweise auf die Freiwilligkeit des Gehorsams verlassen kann, sowenig kann sie auf die Verhängung und den Vollzug von Sanktionen verzichten. Sie ist Autorität, weil sie Fügsamkeit prämiert und Abweichungen ahndet, weil sie zwischen konformem und abweichendem Verhalten klare Zäsuren einzieht, an denen sich jeder orientieren kann. Indem die Autorität Delinquenz definiert, schafft sie einerseits Normsicherheit und damit Normalität und läßt andererseits keinen Zweifel daran, wer hier das Sagen hat. Nichts akzentuiert das Machtgefälle stärker als die Strafe: Das Urteil des einen ist das Leiden des anderen. Die Autorität wird geachtet, weil sie gefürchtet wird, weil ihre Sanktionsgewalt jeden Widerstand brechen und

den, der sich etwas zuschulden kommen läßt oder gegen sie aufbegehrt, empfindlich schädigen kann.
Freiwilligkeit resultiert oft aus der Antizipation von Zwang. Wir erkennen denjenigen als Autorität an, den wir als Mächtigeren anerkennen *müssen*. Und wenn er uns dieses Müssen von Zeit zu Zeit unmißverständlich vor Augen führt, intensivieren wir unsere Anerkennung. Dies gilt naturgemäß vor allem dann, wenn wir nicht selber von der Sanktion betroffen sind und die Bestrafung des Missetäters als notwendige und legitime Maßnahme zur Aufrechterhaltung der Ordnung ansehen. Zwar erzeugt die Sanktion durch den Schrecken, den sie verbreitet, kurzzeitig immer auch Unsicherheit und Unordnung; wird aber durch die normierende Kraft der Sanktion die Stabilität der bestehenden Ordnung, insbesondere: der anerkannten Wertordnung, wiederhergestellt, so zementiert sie das Ansehen dessen, der das Urteil gesprochen hat. Indem die Autorität Exempel statuiert, demonstriert sie nicht nur ihre Stärke und Unangreifbarkeit, sondern betont darüber hinaus den Ordnungswert ihrer Macht.
Aufschlußreich ist nicht nur die Härte, sondern auch die Symbolik der Strafe. Vor allem auf die ostentative Mißachtung der Autorität reagiert sie über die »normalen« Sanktionen hinaus mit besonderen *Demütigungen*, die aller Welt zeigen sollen, wer hier der Herr ist. Nach der erfolgreichen Belagerung und Niederwerfung des aufständischen Mailands verfügt Barbarossa in einem Strafgericht im Jahre 1162, daß die Mailänder aus den Steinen ihrer geschliffenen Stadtmauer, die sie nicht wiederaufbauen dürfen, einen Gedenkturm zum Ruhm ihres Eroberers errichten müssen (vgl. Zotz 1991). Sie müssen sich wehrlos machen und zugleich seine Stärke verherrlichen. Die Schmach soll sich einbrennen und die Unantastbarkeit der Autorität für alle Zukunft sicherstellen.
Die Sanktionsmacht der Autorität bezieht sich auch auf die eigenen Zwischenträger. Um ihren Ruf als gerechte und schützende Autorität zu festigen, ist es für sie in gewissen Abständen opportun, Kompetenzüberschreitungen der Mittelränge unnachsichtig zu ahnden. Obwohl sie damit das Risiko eingeht, die Loyalität ihrer Hilfstruppe zu untergraben, ist der Prestigegewinn, den sie auf diese Weise bei ihren Anhängern einfährt, oftmals enorm. Wer den, der bestraft, selbst bestrafen kann, ist als Autorität unangefochten.

Am Vollzug der Sanktion ist die Autorität nur in Ausnahmefällen beteiligt. Wenn sie ihre Entscheidung getroffen hat, liegt die Ausführung in den Händen der Hilfstruppe. Um ihre Aura und ihr Prestige zu wahren, meidet die Autorität jede direkte, profane Machtausübung. Sie inszeniert ihre Überlegenheit dadurch, daß sie die Arbeit der Unterdrückung *delegiert*. Autorität hat, wer es nicht nötig hat, die Drecksarbeit selbst zu erledigen. Indem sie die Strafe nur verhängt, aber nicht ausführt, demonstriert die Autorität einerseits ihre Macht über die Machtausübung der Funktionsträger und hat zum anderen den Vorteil, daß nicht jeder Exzeß der Schergen unmittelbar auf sie zurückschlägt. Auf diese Weise stellt sich die Autorität gleichsam »über« den sanktionierenden Apparat und vergrößert die Distanz zu den Autoritätsgläubigen.[36]

Es gibt allerdings *eine* Art der Sanktion, die sich die Autorität in jedem Fall selbst vorbehält: den Entzug von Achtung und Anerkennung. Denn in der – subtilen oder expliziten – *Wertqualifizierung* eines Verhaltens, einer Einstellung oder Haltung behauptet die Autorität ihr Definitionsmonopol der Werte. Sie darf ihre wichtigste Machtquelle, die Kontrolle über die Anerkennung, keinesfalls aus der Hand geben. Wer Tadel und Mißbilligung ausdrückt, unterstellt damit, daß *er* über die Maßstäbe verfügt. Verachten kann nur der, dem seinerseits Achtung gebührt. Indem man jemanden spüren läßt, daß man ihn verabscheut, setzt man sich selbst auf den Thron der Moralität. Und wenn man ohnehin bereits auf dem Thron allseitiger Anerkennung sitzt, so wird die moralische Degradierung eines Unterlegenen die Zuschreibung moralischer Überlegenheit nur noch intensivieren. Es ist das Para-

36 Auch die seltenen Ausnahmen von dieser Regel sind interessant. Wenn der Wiedertäufer-»König der letzten Tage«, Jan van Leyden, in religiöser Raserei einen Widersacher vor aller Augen persönlich enthauptet oder der Pate in einem Mafia-Film einen Delinquenten in den eigenen Reihen vor versammelter Tafelrunde mit einem Billardqueue erschlägt, d. h. die Autorität unmittelbar selbst als Vollstrecker auftritt und Richter und Henker zugleich ist, so akzentuiert sie in der äußersten Grausamkeit die Unbeschränktheit ihrer Macht. Sie – und nur sie – entscheidet über Leben und Tod. Die Demonstration der Macht ist um so wirksamer und einschüchternder, je plötzlicher und überfallartiger sie erfolgt – ein Effekt, der nur erreicht werden kann, wenn alle Beteiligten normalerweise von der Delegation des Sanktionsvollzugs ausgehen.

dox der Autorität, daß ihr um so mehr Anerkennung zufließt, je mehr sie selbst damit geizt.
Dennoch darf die Autorität das Anerkennungsbedürfnis ihrer Anhänger nicht gänzlich enttäuschen. Zum Bild der strafenden, strengen Autorität gehört als Ergänzung auch die *gewährende*, gütige, fördernde Autorität. Nicht nur die Angst vor Strafen, auch die Hoffnung auf Gratifikationen stützt den Autoritätsglauben. Das *Lob* der Autorität gilt dem Anhänger als höchste Auszeichnung. Es spornt ihn zu weiteren Leistungen an, die weitere Anerkennung erwarten lassen. Wir wollen nicht nur von dem, den wir besonders anerkennen, besonders anerkannt werden, sondern erkennen auch den besonders an, der uns besonders anerkennt. Weil das Lob der Autorität die *besondere* Leistung prämiert, wird derjenige, der gelobt wird, aus der Masse hervorgehoben. Die Belobigung des einen ist die Nicht-Belobigung der vielen. Das Lob *individualisiert* die Autoritätsgläubigen und differenziert sie zugleich: Gestaffeltes Lob konstruiert eine *Rangfolge* zwischen den Anhängern, die fortan um die Anerkennung der Autorität um so erbitterter konkurrieren. Indem sie Ränge verleiht, behauptet die Autorität ihre rangverleihende Kompetenz.
Als Motivierungs- und Machtmittel ist die symbolische Gratifikation vor allem deshalb beliebt, weil sie zunächst nichts kostet. Besonders wenn die materiellen Ressourcen knapp und greifbare Anreize zu teuer sind, versuchen Mächtige gern, die Unterlegenen mit Lob abzuspeisen. Das Lob *entschädigt* den Autoritätsgläubigen für den vorenthaltenen Lohn durch die besondere Wertintensität der erfahrenen Anerkennung, ein Mechanismus, der freilich nur solange funktioniert, wie der Gelobte den Substitutcharakter des Lobs noch nicht durchschaut hat. Kann er darauf hoffen, daß der symbolischen die materielle Anerkennung bald folgen wird, so wird dies seinen Autoritätsglauben stärken; geht er hingegen davon aus, daß er sich für das Lob »nichts kaufen kann«, wird der Motivierungseffekt ausbleiben.
Dennoch kann er das Lob kaum zurückweisen. Das Hinterhältige dieser Machttechnik besteht nämlich darin, daß man sich gegen die Anerkennung eines anderen, gar eines Überlegenen, nur wehren kann, indem man ihm selbst die Anerkennung verweigert. Jede Ablehnung eines Lobs ist eine Ablehnung des Lobenden, die Nicht-Anerkennung von Anerkennung stets eine offene Brüskierung des anderen (vgl. von Alemann 1986, S. 268). Wenn Gelobte

daher nicht selten versuchen, das Lob *herunterzuspielen*, so verweist dies meist weniger auf ihre unbedingte Loyalität und Bescheidenheit, sondern eher darauf, daß sie ihre Unabhängigkeit behalten wollen und auf Dauer nicht bereit sind, sich nur mit symbolischen Gratifikationen zufriedenzugeben.

Trotzdem darf die motivierende Kraft des Lobs nicht unterschätzt werden. Das Lob einer Autorität zählt doppelt und dreifach. Für den Autoritätsgläubigen ist der *Wert* dieser Anerkennung oftmals mit Geld kaum aufzuwiegen. Wenn Auszeichnungen rar sind, verleiht öffentliches Lob ein Stück des Prestiges und der Aura der Autorität selbst. Deshalb darf die Autorität ihr Lob unter keinen Umständen inflationieren: Je mehr Anerkennung sie austeilt, um so mehr entwertet sie diese, um so geringer letztlich auch ihre Anerkennung von unten. Nur wo Anerkennung knapp ist, wird sie ersehnt und begehrt. Um Autorität zu werden oder zu bleiben, muß die Autorität mit dem »Anerkennungspotential«, das ihr zur Verfügung steht, sorgsam haushalten: Sie muß ihr Lob geschickt und dosiert einsetzen, einige auszeichnen und bei den anderen die Hoffnung wachhalten – und sie muß diese Hoffnung weitgehend enttäuschen, um den Wert ihrer Wertschätzung nicht zu ruinieren.

Letztlich wird es für die Autorität darauf ankommen, materielle und symbolische Gratifikationen, Belohnung und Belobigung, so zu *kombinieren*, daß ein maximaler Motivierungseffekt bei gleichzeitiger Monopolisierung der Abhängigkeit entsteht.

Eine weitere Quelle der Autoritätsgeltung ist die *Legitimität* der Autorität. Je höher die Autorität, um so legitimer ihre Entscheidungen und – paradoxerweise – um so geringer die Notwendigkeit, die Entscheidungen zu legitimieren. Die Autorität ist nicht zuletzt deshalb Autorität, weil sie sich *nicht* zu legitimieren braucht. Etwas zu rechtfertigen setzt nämlich voraus, daß es der Rechtfertigung bedarf – und eben dies schließt der Autoritätsglaube aus. Autorität *ist* Legitimität. Wo sie sich legitimieren muß, ist sie bereits brüchig. Der Kern der Anerkennung der Autorität ist gerade die Unbefragtheit, die Selbstverständlichkeit ihrer Legitimität oder anders: die Unvordenklichkeit ihrer Illegitimität, eine Unterstellung, die die Autorität durch explizite Legitimierungen nur unnötig fragmentieren und untergraben würde.

So ratsam es also für die Autorität ist, Legitimität einfach vorauszusetzen und sich nicht ausdrücklich zu rechtfertigen, so kann es für sie dennoch nützlich sein, die Legitimitätsunterstellung der Autoritätsgläubigen von Zeit zu Zeit durch geeignete Maßnahmen aufzupolieren. Hierzu gehört etwa die *Delegitimierung der Handlungen anderer*. Wer andere dazu zwingen kann, sich zu rechtfertigen, beansprucht für sich selber fraglose Legitimität. Indem er die normative Adäquanz, die Akzeptabilität der Handlungen des anderen bezweifelt, wirft er sich selbst zum Normhüter auf. Dabei muß er jedoch vorsichtig und behutsam vorgehen und seine Vorwürfe sorgsam dosieren: Attackiert die Autorität den Unterlegenen zu heftig, so kann es ihr nämlich passieren, daß die Entschuldigungen und Rechtfertigungen des anderen in einen sich verselbständigenden *legitimatorischen Diskurs* einmünden, in dessen Verlauf dann auch die Frage nach dem Recht und der Berechtigung des Richters, also die Legitimität des Delegitimierers, aufs Tapet kommt. Sofern die »Verurteilung des Verurteilers« eine geläufige Legitimationsfigur ist (vgl. Scott/Lyman 1976, S. 84), ist eine allzu aggressive Strategie des Aufrichtens von Legitimierungszwängen auch für die Autorität nicht ohne Risiko.

Eine bessere Methode, die eigene Legitimität zu zementieren und legitimatorische Diskurse zu vermeiden, sind daher solche, oft beiläufig eingestreuten Kompetenznachweise und Selbstinszenierungen der Autorität, die unabhängig von der aktuellen Situation nur einen *indirekten* Legitimierungseffekt haben. Anstatt eine Maßnahme unmittelbar zu begründen, lanciert die Autorität bei passender Gelegenheit eine überraschende Information, akzentuiert nebenbei ihre Amtsmacht oder demonstriert kurz ihren Wissensvorsprung, alles Beweise ihrer Überlegenheit, die jeden Zweifel an der Autoritätsgeltung von vornherein ersticken. Sie produziert sozusagen Legitimierungen »auf Vorrat«, streut Äußerungen mit potentieller Rechtfertigungsfunktion aus, ohne daß sie konkret etwas rechtfertigt. Sie legitimiert sich indirekt, indem sie sich als jemand inszeniert, der, wenn er wollte, sich jederzeit legitimieren könnte, dies aber gar nicht nötig hat. Gute Erklärungen, mit denen die Autorität ihr Handeln gelegentlich unterfüttert, schwächen die Zuschreibung von Autorität keineswegs ab, sondern intensivieren sie; erst wenn die Autorität glaubt, ihre Handlungen oder Entscheidungen direkt rechtfertigen zu müssen, erklärt sie sie für rechtfertigungsbedürftig und weicht damit die Legitimitätsunterstellung auf.

Strafen, Gratifikationen und indirekte Legitimierungen regulieren die Beziehungsdefinitionen, die im Autoritätsverhältnis gebündelt sind. Es sind Methoden, mit denen die Autorität unmittelbar auf die Zuschreibungen, auf die Selbst- und Fremdbilder der Unterlegenen einwirkt. Hiervon sind jene *situationsdefinierenden* Handlungen und Aktivitäten zu unterscheiden, durch die sich die Autorität als Organisator sozialer Zusammenhänge profiliert. Autoritäten müssen sich stets auch im Situationsmanagement, im unmittelbaren In-die-Hand-Nehmen und Steuern der Situation bewähren, und zwar nicht nur in Feuerwehrsituationen, sondern auch bei der Strukturierung des Alltags. Wie es einer Autorität gelingt, die losen Enden der Handlungen anderer systematisch zu verknüpfen, divergierende Relevanzen in einen gemeinsamen Fokus, einen tragfähigen Arbeitskonsens zu überführen, also situativ Ordnung zu schaffen, soll im folgenden am Beispiel der Handlungs- und Dialogsteuerung des Geschäftsführers in der Arbeitsbesprechung der untersuchten norddeutschen Alternativdruckerei demonstriert werden.

Fallstudie: Die Arbeitsbesprechung

Im Betriebsablauf der selbstverwalteten Druckerei kommt der täglichen Arbeitsbesprechung eine wesentliche Organisationsfunktion zu. Sie ist der zentrale Ort der »offiziellen« Koordination und Informierung. Hier wird die Arbeitsplanung für die neuen Aufträge besprochen und festgelegt und der Stand der laufenden Aufträge kontrolliert. Die anvisierten Arbeitsgänge werden auf die Kapazitäten der einzelnen Abteilungen und Arbeitsplätze (Satz, Repro-Montage, Druck, Fertigmacherei) appliziert, betriebliche und individuelle Planungen aufeinander abgestimmt. Die informellen Absprachen werden in der Arbeitsbesprechung offiziell gemacht und in die übergreifende Ablaufplanung integriert. Pannen und Engpässe werden rückgekoppelt oder antizipiert, Lösungen gemeinsam beratschlagt. Kurz, in der Arbeitsbesprechung geht es darum, den täglichen Arbeitsablauf immer wieder neu zu organisieren, ein Organisieren, das freilich selbst organisiert sein will.
Die Arbeitsbesprechung findet regelmäßig um 9.30 im Büro des gewählten Geschäftsführers und seines Stellvertreters statt. Sie

dauert normalerweise eine halbe bis dreiviertel Stunde, anschließend gehen alle zum gemeinsamen Frühstück in den Pausenraum. Die Teilnahme an der Besprechung ist obligatorisch; allerdings haben zwei teilzeitbeschäftigte Frauen aus der Fertigmacherei durchgesetzt, an der Sitzung nicht teilnehmen zu müssen (»Das bringt uns nichts, was sollen wir da rumhocken?!«) – ein Entschluß, der von den anderen zwar widerwillig, aber letztlich doch akzeptiert wird.[37] Sowohl die Verbindlichkeit der Teilnahme als

37 Aus ihrer unmittelbaren Arbeitsplatzperspektive ist die Begründung der beiden Frauen zunächst durchaus plausibel: Da sie in der Fertigmacherei vorrangig mit Sortier- und Verpackungsarbeiten beschäftigt sind, sind sie von den häufigsten betrieblichen Koordinationsproblemen, die am Übergang von der Repro-Montage zum Drucken auftreten, in der Tat nicht oder nur indirekt (z. B. bei Terminverzögerungen) betroffen. Trotzdem offenbart ihre Weigerung, an der Arbeitsbesprechung teilzunehmen, natürlich ein generelles Desinteresse an gesamtbetrieblichen Arbeitsplanungen und/oder die Selbsteinschätzung, zu diesen Problemen nichts Relevantes beitragen zu können. Ihrer Selbstbescheidung als Ausführende entspricht die Erwartung klarer und realistischer Vorgaben »von oben«. Dabei kommt es, vor allem wenn kurzfristig dazwischengeschobene Aufträge Überstunden nötig machen, nicht selten zu Streitigkeiten, wenn die Frauen beim Frühstück gegen die vorher ausgehandelte Terminplanung Einspruch erheben und der mühsam erzielte Arbeitskonsens wieder umgeworfen wird. Das *nachträgliche Veto* zwingt die anderen dazu, die Diskussion noch einmal aufzurollen, eine Situation, der sie nur entgehen können, wenn sie die (unterstellten) Interessen der Frauen trotz ihrer Abwesenheit auf der Arbeitsbesprechung restriktiv berücksichtigen. Insofern führt die provokante Haltung der beiden Frauen, ihre Selbstbestimmung gerade als offensiven Verzicht auf Mitbestimmung zu praktizieren, durchaus nicht zu einem Übergehen oder Hintanstellen ihrer Interessen, ja man kann ihr Verhalten sogar als eine intuitive Machtstrategie der *Privilegierung durch Selbstdiskriminierung* deuten – ein Kalkül, das freilich nur dort aufgehen kann, wo normativ Egalität gefordert ist und Machtunterschiede tabuisiert sind. Nur wo Macht »eigentlich« verboten ist, läßt sich Unterlegenheit und Abhängigkeit in eine Machtquelle ummünzen, die andere dazu bringt, nach der eigenen Pfeife zu tanzen. Im übrigen sind die beiden Frauen durch ihren Boykott der Arbeitsbesprechung keineswegs von der Selbstverwaltung insgesamt ausgeschlossen. Grundsätzliche ökonomische oder personelle Entscheidungen werden stets auf gesonderten Mitgliederversammlungen getroffen, an denen alle Gesellschafter (= Firmenmitglieder) teilneh-

auch die räumliche und zeitliche Separierung von der Frühstückssituation unterstreichen den offiziellen Charakter der Arbeitsbesprechung. Alle mitgeteilten Informationen werden fortan als bekannt vorausgesetzt; die beschlossene Arbeitsplanung gilt als verbindlicher Rahmen der Kooperationen. Sie markiert einen Konsens, auf den sich jeder berufen und der nur in Ausnahmefällen umgestoßen werden kann.
Der Ablauf der Arbeitsbesprechung folgt einem relativ feststehenden Schema, das sich im Lauf der Zeit eingeschliffen und als sinnvoll erwiesen hat.[38] In der Entwicklung der Situation können drei Phasen unterschieden werden. Im ersten Abschnitt, der nicht selten über die Hälfte der gesamten Arbeitsbesprechung umfaßt, präsentiert der Geschäftsführer ausführlich die neu eingegangenen oder von ihm eingeholten Aufträge, erläutert seine (vorläufige) Ausführungsplanung, kennzeichnet besondere Schwierigkeiten oder mögliche Engpässe. Oft hat der Geschäftsführer problematische Einzelheiten mit den zuständigen Spezialisten bereits vorgeklärt und beschränkt sich in der Diskussion auf eine knappe Rückfrage; wo individuelle Instruktionen notwendig werden, kündigt er sie während der Vorstellung nur an und verlegt sie aufs Ende der Sitzung. In der zweiten Phase wird dann der Produktionsstand der laufenden Aufträge überprüft. Für den routinemäßigen Durchgang der Aufträge und die Kontrolle der internen Zwischentermine übernimmt nun der Vize die Gesprächsführung. Anhand einer Stecktafel, auf der die Arbeitsgänge markiert sind und die von den Organisationsmitgliedern selbständig auf dem neuesten Stand gehalten werden soll, fragt er die einzelnen Stationen ab und strukturiert die Diskussion über das weitere Vorgehen. Der Geschäftsführer schaltet sich dabei nur gelegentlich ein, etwa wenn sich die Fronten unproduktiv verhärten oder Folgeprobleme übersehen werden. Erst wenn der Durchlauf der Aufträge abgeschlossen ist, eröffnet er die dritte Phase einer allgemeinen Diskussionsrunde, die jedem Gelegenheit gibt, sich zu dem geplanten Betriebsablauf noch einmal zu äußern, Vorbehalte geltend

men; in der täglichen Arbeitsbesprechung spielen diese Themen kaum eine Rolle.

38 Die folgende Interaktionsanalyse beruht auf der teilnehmenden Beobachtung und dem Tonbandmitschnitt von insgesamt 12 Arbeitsbesprechungen; außerdem wurde die Situation in Gesprächen am Arbeitsplatz und in Interviews angesprochen.

zu machen oder persönliche Wünsche anzumelden. Beschlossen wird die Planung schließlich dadurch, daß keiner mehr Einwände erhebt und der Geschäftsführer den Konsens durch eine Beendigungsfloskel ratifiziert. Oft löst sich die Sitzung in bilateralen Gesprächen auf. In den allgemeinen Aufbruch hinein signalisiert der Geschäftsführer das offizielle Ende der Besprechung mitunter auch dadurch, daß er sich nun den angekündigten Instruktionen einzelner zuwendet und dann erst etwas später mit ihnen beim Frühstück erscheint.

Bereits die Eröffnungssequenz ist durch jene eigentümliche *informelle Formalität* gekennzeichnet, die die Situation der Arbeitsbesprechung insgesamt bestimmt. Obwohl Zeit und Ort eindeutig festgelegt sind, gleicht der Beginn der Sitzung oft eher einer halbzufälligen geselligen Zusammenkunft, eine Fiktion, an der alle mitwirken. Wenngleich das Erscheinen Pflicht ist, ist Pünktlichkeit verpönt und wird auch nur selten eingefordert. Entweder ist man schon da, hält einen kleinen privaten Schwatz oder erörtert ein Sachproblem, oder man trudelt nach fünf, maximal zehn Minuten im Geschäftszimmer ein, ohne daß man die Verspätung irgendwie rechtfertigen müßte. Man demonstriert einen lockeren, selbstbewußten Umgang mit der offiziellen Regel – was um so leichter fällt, als man ja die faktisch geltende Interaktionsregel (Die Arbeitsbesprechung beginnt spätestens zehn Minuten nach ihrem Beginn) durchaus einhält. So sehr sich alle der Bedeutung der Situation bewußt sind, so wenig wäre eine rigide Formalität mit dem ideologischen Selbstverständnis der Gruppe vereinbar.[39]

39 Die offensive Betonung des informellen Charakters der Organisationsbeziehungen ist eine zentrale Legitimationsfigur für das Selbstverständnis als Alternativbetrieb. Dies zeigt sich etwa daran, daß »normale« Organisationen im Kontrast zu den Verhältnissen im eigenen Betrieb stets in Bildern von starrer Formalisierung, strikten hierarchischen Befehlsketten und abgeschotteten Betriebsbereichen gezeichnet werden. Auch die Schilderung der früheren Zustände in der Druckerei, also vor der Weiterführung des Betriebs in Selbstverwaltung, erfolgt auf dieser Deutungsfolie quasi-militärischer Formalität: »Also früher der Meister, das war bei dem wie eine Befehlsausgabe, da mußten alle strammstehen und machen, so mit Beratschlagen und so, das war da gar nicht drin.« Wenngleich die Richtigkeit der Darstellung sachlich nicht zu überprüfen war, so vermittelt sie doch den Eindruck gewollter

Die Überwachung und Durchsetzung der informellen Norm obliegt dem Geschäftsführer. Wenn die tolerierte Zeitmarge überschritten ist, klinkt er sich aus dem »Vorgeplänkel« der Arbeitsbesprechung aus und mahnt die säumigen Mitglieder telefonisch an:

»Hm, also wir sitzen schon alle hier oben, vielleicht bequemt ihr euch auch mal.«

»*Guten Morgen Marianne,* kommt ihr dann hoch.«

Der Geschäftsführer »organisiert« die Situation bereits dadurch, daß er dafür sorgt, daß sie überhaupt stattfindet. Obwohl auch er in die allgemeine Geselligkeit einbezogen ist, prüft er die Vollzähligkeit und wacht über den Zeitrahmen. Anders als die anderen handelt er nicht nur *in* der Situation, sondern verobjektiviert sie zugleich zur »Situation«, für deren Fortgang er sich verantwortlich fühlt. Schon der Griff zum Telefon ist eine eindeutige Zäsur: Er entschließt sich, nicht länger abzuwarten, sondern ergreift die Initiative und konfrontiert die Fehlenden direkt mit ihrem Regelverstoß. Indem er sie ermahnt, diskreditiert er ihr Verhalten und beharrt auf einem Mindestmaß an Formalität. Freilich kleidet er die Aufforderung, nun unverzüglich zu erscheinen, stets in ironisch-witzige Formulierungen ein, die entweder einen verdeckten Legitimierungscharakter haben (die »Bequemlichkeit« der einen ist das Warten der anderen) oder eben auch als verschmitzte persönliche Anspielungen gedeutet werden können (der Geschäftsführer als telefonischer Weckdienst). Der Vorwurf des Regelverstoßes wird so auf die Egalitätsnormen der Gruppe zurückbezogen und gleichzeitig interpersonell abgemildert; zudem wird unterstellt, daß die Abweichung nicht beabsichtigt war. Diese Art der Ermahnung, die unernste Ernsthaftigkeit des Geschäftsführers, baut den Ermahnten die Brücke, auf der sie sich fügen können, ohne sich unterwerfen zu müssen.

Der Übergang von der geselligen Einstimmungsphase zur »offiziellen« Arbeitsbesprechung ist ebenso eindeutig wie fließend. Wenn auch die Nachzügler mit lautem »Hallo« im Büro einge-

Übertreibung. In der abschließenden Gruppendiskussion wurde unser Hinweis, daß derartige informell-kollegiale Umgangsformen auch in »normalen« Kleinbetrieben dieser Größenordnung gar nicht so selten seien, jedenfalls mit deutlichem Widerwillen aufgenommen. Um die materielle Dauermisere erträglich zu machen, muß zumindest der Nimbus der Informalität hochgehalten werden.

troffen sind und der allgemeine Gesprächspegel sich noch einmal erhöht hat, zentriert der Geschäftsführer, der von seinem Schreibtisch aus alle im Blick hat, die Situation einfach dadurch, daß er *einen* Kollegen durch den gesamten Raum etwas lauter auf ein Arbeitsproblem anspricht und so auch die anderen zum Zuhören zwingt. Schlagartig verebben die Nebengespräche, die privaten Relevanzen weichen sachlicher Aufmerksamkeit. Der Anruf des einzelnen ist der Ordnungsruf für alle. Er schafft situative Ordnung, ohne sie explizit einzuklagen. Paradoxerweise sorgt der Geschäftsführer gerade dadurch für eine kollektive Situationsdefinition, daß er das Publikum individualisiert. Er wendet sich nicht »an alle«, bittet nicht um Ruhe oder dergleichen, sondern plaziert öffentlich eine konkrete, individuell adressierte Frage, die, weil die nächste Rückfrage ja jeden treffen könnte, sofort allgemeine Aufmerksamkeit erheischt. Der Geschäftsführer installiert den Primat der Sachlichkeit, indem er mit der Arbeit der Arbeitsbesprechung einfach beginnt.

Das charakteristische *Rückfragemuster*, das der Geschäftsführer nicht nur in der Einleitungsphase, sondern – in wechselnden Variationen – während der gesamten Arbeitsbesprechung als zentrale Methode der Dialog- und Interaktionssteuerung einsetzt, verdient eine nähere Betrachtung. Es handelt sich dabei um eine Technik der *Anmahnung*, einen Sprechakt, der im Gewand einer sachlichen Nachfrage indirekt Fügsamkeit einfordert. Dieser Typus von Sprechhandlung bietet sich im Alternativbetrieb deshalb als probate Führungsstrategie an, weil er es erlaubt, die Kontrolle der Handlungen anderer zugleich als Verstärkung von Selbstkontrolle, als Bestimmung von Selbstbestimmung zu organisieren. Wie dies im einzelnen funktioniert, sei hier an zwei typischen Interaktionsausschnitten demonstriert, die beide aus Eröffnungssequenzen verschiedener Arbeitsbesprechungen stammen.[40] Im

40 Für die Transkriptionen gilt folgende Legende: ; = kurzes Absetzen innerhalb einer Äußerung / (1.3) = Länge einer Pause (in Sekunden) / + = auffällig schneller Anschluß / – = Stimme in der Schwebe / , = Senken der Stimme / ' = Heben der Stimme / . = Stimme abgesenkt / (mf) = normale Lautstärke / (p) = leise / (f) = laut / (ff) = sehr laut / (dim) = Vermindern der Lautstärke / Kursiv = Betonung / (? jetzt rüber) = vermuteter Wortlaut / (lacht) = Charakterisierung nichtverbaler Vorgänge, des Tonfalls, Erläuterungen oder indirekte Rede / / = Abbruch der Äußerung / (= gleichzeitiger Start / () = überlappende

ersten Fall geht es um einen Kostenvoranschlag, für den der Geschäftsführer (G) eine Preisinformation benötigt, die der Verarbeiter (V), der auch für die Materialhaltung und -beschaffung zuständig ist, bei einem Zulieferer erfragen muß.
(G) sitzt am Schreibtisch und blättert in seinen Unterlagen; mehrere Personen, darunter auch (V) stehen im Raum herum oder haben sich bereits hingesetzt; allgemeine Unruhe.

(1) G: (f) sag mal *Jürgen*; (Stimmen im Hintergrund schwächer) (dim) wir haben da doch diese– alte Schwarte da angefragt ne'
(2) V: (mf) ja' (aufhorchend)
(3) G: hast du da eigentlich schon nen Preis'+
(4) V: +*nee*. (frech)
(1.1)
(5) G: müssen wir mal *nach*haken,+
(6) V: +(p) muß ich mal *nach*haken ja,+
(7) G: +der hat mich nämlich *gestern* schon genervt.

Bereits die Äußerung (1) zeigt (G)s besonderes Geschick, Situationen in einer Weise zu transformieren, die zum einen dem Erfordernis des sozialen *Anschlusses* Rechnung trägt, andererseits jedoch sofort eine neue Relevanzstaffelung durchsetzt. Er setzt eine klare *Zäsur*, die zunächst allerdings so daherkommt, als sei sie gar keine: Das in das allgemeine Gerede hineingesprochene »sag mal« suggeriert eine Beiläufigkeit, die die Lautstärke und die indirekte Adressierung an die Gruppe als ganze gleichzeitig dementiert. Zwar ist unmittelbar nur (V) angesprochen, aber so, daß alle dies hören müssen. Daß sie sogleich die

Äußerungen. Für die Interpretation wurde jede Äußerung in folgenden Deutungsschritten rekonstruiert: Kontextbeschreibung, Paraphrase, Explikation der Handlungsintention und Sinnbezüge, Charakterisierung ihrer interaktiven Funktion für den sozialen Prozeß, Erfassung wichtiger sprachlicher und parasprachlicher Merkmale, Herausfiltern von Regelmäßigkeiten und Interaktionsmustern, Applikation soziologischer Theoreme (vgl. Oevermann et al. 1979). Im Text werden die verschiedenen Elemente und Ebenen dann wieder zu einer verdichteten Interpretation zusammengefügt.

Intensität ihrer Unterhaltung zurückschrauben, verweist freilich darauf, daß sie mit einer solchen Initiative bereits gerechnet haben: auch sie gehen ja davon aus, daß man nun irgendwann zur Sache kommen muß und daß es (G)s Aufgabe ist, die Situation darauf hinzulenken. (G) wiederum quittiert diese Anpassung an seine Absichten und Erwartungen dadurch, daß er seine Lautstärke sofort wieder zurücknimmt und spürbar leiser wird. Weil aber die anderen nun fast verstummt sind, ist diese Minderung der Lautstärke um so hörbarer. Sie signalisiert eine Verschiebung der Aufmerksamkeit zur Sache. Nachdem (G) (V) erfolgreich angerufen und die Situation zentriert hat, sind nun alle gespannt, worum es geht und wie es weitergehen wird.

Bei der Fokussierung des Themas steht (G) vor dem Problem, daß es für den Kostenvoranschlag noch keine Auftragsbezeichnung, kein für alle identifizierbares *Etikett* gibt. Der Kunde möchte für den photomechanischen Nachdruck einer Jugendstilbroschüre ein besonderes Papier, dessen Preis (V) bei dem Zulieferer erfragen sollte. Indem (G) sich nach kurzem Zögern für die Bezeichnung »alte Schwarte« entscheidet, zeigt er erneut seine Entertainerqualitäten: er verbindet die Präsentation der Sache mit einer Selbstinszenierung souveräner Lässigkeit, einer gewissen Laxheit im Umgang mit dem Auftrag, die dem Habitus der Gruppe entgegenkommt. Er gibt dem Ding einen Namen und demonstriert zugleich Selbstbewußtsein. Und wirkt auf diese Weise auch der Gefahr entgegen, daß das gerade erst geweckte Interesse der anderen, nicht unmittelbar betroffenen Gruppenmitglieder sogleich wieder erlahmt.
Denn direkt angesprochen ist nur (V). Mit ihm hat (G) die Sache ein oder zwei Tage vorher offenbar schon erörtert, er weiß, worum es geht, was er in (2) bestätigt, freilich in einer Weise, die verrät, daß er sofort Unbill wittert. Sein »ja« ist zugleich ein »ja und?«, ist Feststellung und Frage in einem. Und als (G) in (3) mit seiner expliziten Frage herausrückt und das konkrete Problem nun auf dem Tisch liegt, reagiert er in (4) überraschend schnell und entschieden. Sein Mißtrauen hat nicht getrogen, er versucht es mit der Flucht nach vorn.
(G)s Rückfrage in (3) ist allerdings geschickt dosiert. Er fragt (V) nach dem Preis und nicht danach, ob er ihn schon eingeholt hat.

Obwohl klar ist, daß (V) den Preis ja nur wissen kann, wenn er ihn bei dem Zulieferer abgefragt hat, vordergründig zielt die Formulierung der Frage nur auf ein Resultat, auf ein Datum, das (G) für seine eigene Arbeit braucht. Er mahnt ein Ergebnis, nicht die Erfüllung einer Arbeitsaufgabe an. Weiß (V) den Preis, so ist alles in Ordnung; weiß er ihn nicht, so hat er etwas versäumt, was seine Aufgabe ist. Ein möglicher Fehler wird durch die Rhetorik der Rückfrage von vornherein nur *indirekt* markiert: Wo es eine sachliche Friktion gibt, muß es auch jemanden geben, der dafür verantwortlich ist.

Außerdem vermeidet (G) jede Dramatisierung: Wenn er von (V) wissen will, ob dieser »eigentlich schon nen Preis« hat, so behält er dabei jenen beiläufig-gemütlichen Tonfall, der die sachliche Dringlichkeit des Problems scheinbar dementiert. Die Rückfrage könnte in einem anderen Kontext auch als bloße Erkundigung durchgehen, die keinerlei Folgen nach sich zieht, hier aber, am Übergang zur »offiziellen« Arbeitsbesprechung, steht die sachliche Bedeutsamkeit des Verhandelten für alle Beteiligten außer Frage.

(V), der den Braten ja schon gerochen hat, ist sofort klar, daß er etwas verbockt hat. Er entschließt sich spontan zur Vorwärtsverteidigung; sein aufmüpfiges, betont entschiedenes »nee« verbleibt allerdings auf der Sachebene, die (G) vorgegeben hat. Er hat nicht vergessen, den Preis einzuholen, er hat nur keinen Preis. Punktum.

Dieser knappe, definitive Bescheid ist ein guter Schachzug: Es ist jetzt nämlich an (G), darüber zu entscheiden, ob er das sachliche Arbeitsproblem, den fehlenden Preis, von nun an als persönlich zurechenbaren Fehler oder weiterhin als betriebliches Koordinationsproblem behandelt. Zwar steht die Verantwortung (V)s außer Frage, um ihn aber zur Rechenschaft zu ziehen, müßte (G) aus der Rolle des Anfragenden in die des Anklagenden schlüpfen – eine Position, die mit dem egalitären Selbstverständnis der Gruppe nur in Ausnahmefällen vereinbar ist. (G) müßte (V)s Versäumnis als offiziellen Normbruch deklarieren und würde damit gleichzeitig einen legitimatorischen Diskurs eröffnen, in dessen Verlauf er sich möglicherweise auch selbst diskreditieren könnte. Und die fehlende Preisinformation wäre damit noch immer nicht beschafft.

(G) ist von der offensiven Reaktion (V)s um so mehr überrascht, als dieser sonst eher zu den Willfährigen zählt.[41] Er macht erst mal eine Pause (1.1.). In (5) hat er sich dann für die Koordinationsoption entschieden. Er übergeht das Versäumnis und stellt eine neue Aufgabe, bekräftigt das Einigungsangebot durch ein – freilich euphemistisches – »wir«. Ja er beteiligt sich sogar selber an der Verschleierung von (V)s Fehler: es soll beim Zulieferer *nach*gehakt werden, obwohl vorher noch gar nicht gehakt worden ist. Die Gefahr des akuten Konflikts scheint damit zunächst gebannt: Statt eines möglichen Streits über die Ursachen eines Fehlers in der Vergangenheit gibt es einen Konsens über das zukünftige Vorgehen.

Mit seiner außerordentlich rasch anschließenden Äußerung (6), die (G)s Formulierung fast wörtlich imitiert, nimmt (V) nicht nur das Vergleichsangebot an, sondern versucht darüber hinaus, das leidige Thema nun endgültig vom Tisch zu räumen. Die Äußerung hat den Charakter eines spontanen Nachklappens, sie ist ein Echo, das jedoch keineswegs nur simple Unterwerfung signalisiert. Daß er das euphemistische »wir« automatisch durch ein »ich« ersetzt, bedeutet einerseits ein nachträgliches, wenn auch abgeschwächtes Schuldeingeständnis; zum anderen verweist es, ablesbar auch an der geminderten Lautstärke, auf eine Akzentverschiebung nach innen: (V) wiederholt die Äußerung (G)s eher für sich selber, es handelt sich hier gewissermaßen um eine vor sich hingesprochene geistige Notiz, eine Art öffentlicher Selbsterinnerung, mit der sich (V) dem anderen und sich selbst gegenüber zur Erfüllung der Arbeitsaufgabe verpflichtet. (V) antwortet (G), indem er sich gleichsam selbst ermahnt.

Auch (G) hat jetzt ein Interesse daran, die Angelegenheit möglichst rasch zu beenden. Sozial muß er nämlich dafür sorgen, daß die Zentrierung der Situation nicht wieder abbröckelt und ein Nebenkonflikt die allgemeine Aufmerksamkeit zerstört. Trotzdem schiebt er in (7) noch schnell eine Legitimierung nach, in

41 So charakterisiert ein Drucker das Verhältnis der beiden folgendermaßen: »Also der Jürgen, der versucht schon, das dem Bernd immer irgendwie recht zu machen. Die müssen ja viel zusammenarbeiten bei der Kalkulation mit dem Material, und der Jürgen, der steht eigentlich immer auf der Seite von Bernd und der ist da manchmal auch nen bischen ängstlich.«

der er seine Anmahnung damit begründet, daß er seinerseits von dem Kunden gedrängt und »genervt« werde. Die rhetorische Figur der Rechtfertigung ist ebenso typisch wie aufschlußreich: (G) schiebt den Druck auf den Kunden, von dem er sich zugleich persönlich distanziert; daß dieser ihm schon *gestern* am Telefon in den Ohren gelegen habe, betont implizit noch einmal die Dringlichkeit der Sache. Vor allem aber: Sollte er demnächst noch ein weiteres Mal nachfragen und (G) hätte die benötigte Preisinformation noch immer nicht, so hätte der »genervte« (G) allen Grund, seinen Unmut und Ärger an (V) auszulassen. Die Rechtfertigung ist also gleichzeitig eine angedeutete Drohung, eine Drohung mit einer Drohung (vgl. Paris/Sofsky 1987, S. 28): Wenn es auch diesmal nicht klappt, muß (V) damit rechnen, nun doch persönlich zur Verantwortung gezogen zu werden. Freilich bleibt die Drohung unausgesprochen im Hintergrund, vordergründig legitimiert sich (G) durch das Verhalten und die Qualifizierung des Kunden. Auf diese Weise kehrt die Begründung (G)s indirekt auch auf die Sachebene der betrieblichen Koordination zurück und erinnert an die sequentielle Verschränkung der Aufgaben: (V) muß seine Arbeit erledigen, damit (G) seine Arbeit erledigen kann und der schwierige Kunde seinen Kostenvoranschlag bekommt.

Das Handlungsmuster der Anmahnung, das der Geschäftsführer virtuos handhabt, ist eine vorzügliche Methode, den Führungserfordernissen der Situation gerecht zu werden, ohne die egalitären Gruppennormen zu verletzen. Das ideologische Selbstverständnis der Gruppe verträgt im Normalfall nur »weiche«, indirekte Formen der Autoritätsausübung. Unnötig zu betonen, daß der Geschäftsführer die von ihm verfolgten Strategien der Interaktionssteuerung ganz habituell, ohne jedes explizite strategische Kalkül anwendet; er tut das, was er tut, einfach automatisch, der »objektive« strategische Sinn seines Handelns, die Zugzwänge, die er damit schafft, sind ihm allenfalls vorbewußt. Und das Gleiche gilt, vice versa, für die Reaktionen des Angesprochenen.

Die Anmahnung changiert zwischen sachlicher Rückfrage und persönlicher Ermahnung. Sie ist eine Rückfrage mit ermahnendem Hintersinn, eine Frage, die ermahnt, ohne zu ermahnen. Erfragt wird vordergründig nur eine Information; der Kontext, in dem diese Information in dem gegebenen Arbeitszusammenhang steht, verleiht ihr aber eine zusätzliche Bedeutung, durch die die Rückfrage eine implizite Kontroll- und Überwachungsfunktion erhält. Die Information verweist auf ein antizipierbares Arbeitsergebnis und dies wiederum auf die Erfüllung oder Nichterfüllung einer Aufgabe. Zentral an der Anmahnung ist nicht, was gesagt wird, sondern das, was gleichzeitig mitgesagt wird, was die Anmahnung anspricht, ohne es auszusprechen. Gerade der *indirekte* Appell ermöglicht dem anderen unproblematische Fügsamkeit. Wie sehr diese Methode der Einflußnahme gerade deshalb funktioniert, weil sie nur andeutet, worauf sie hinauswill, zeigt die zweite kurze Interaktionssequenz, in der der Geschäftsführer einen Drucker (D) nach der Machbarkeit eines konkreten Auftrags an einer bestimmten Druckmaschine fragt.

(1) G: (mf) (in eine Gesprächspause hinein) *Robert* diese *Karten* für morgen, *Plantago* Baumschutzprospekt glaub ich–; läuft das auf der *GTO*'
(2) D: (p) Hmm. (mürrisch)
(1.8)
(3) G: *was* Hmm'
(4) D: (mf) Hmm. (1.1) (dim) glaub schon.
(G fummelt in seinen Papieren herum, ergreift dann wieder das Wort und führt ein neues Thema ein.)

Die Interaktion ist ebenso karg wie vielschichtig, es passiert eigentlich gar nichts und doch eine ganze Menge. (G) spricht (D) in (1) direkt an, etikettiert durch Hervorhebungen den Auftrag, um den es geht, und fragt (D), ob der Druck der Karten an einer der drei Druckmaschinen problemlos »laufen« wird oder nicht. Das »glaub ich« mildert die Dringlichkeit der Anfrage ab, es signalisiert Fahrigkeit und Nebensächlichkeit; es geht um nichts Wichtiges, nur um eine Auskunft des Spezialisten an dieser Maschine. (D) hat im Grunde nichts zu befürchten, er wird ja im Gegenteil als Spezialist konsultiert und dabei ausdrücklich in seiner Fachkompetenz anerkannt. Wenn, ja wenn (G) nicht in seine Etikettierung des Auftrags eine Terminangabe (»für morgen«) eingeschmuggelt hätte, durch die die Anfrage eine anmahnende Hintergrundbedeutung erhält. Die harmlose Frage, ob der

Auftrag auf der GTO »läuft«, wird dadurch eigentümlich doppeldeutig: Das »Laufen« bezieht sich nicht mehr nur darauf, ob die GTO für diesen speziellen Druck die richtige Maschine ist, ob also die Karten gut durchlaufen; (G) mahnt darüber hinaus indirekt an, daß der Auftrag »laufen« muß, daß die Sache bis morgen erledigt sein muß. (G) braucht das »für morgen« gar nicht eigens zu betonen, so allgegenwärtig ist der Termindruck, so strikt sind die auferlegten Relevanzen der Zeit.
(D)s mürrisches, halblaut hingeworfenes »Hmm« (2) ist eine normale, keineswegs offensive Reaktion. (D) ist ohnehin etwas maulfaul, als anerkannter Fachmann beim Drucken kann er sich skeptische Zurückhaltung allemal leisten. Er ist eher gestört als alarmiert, an der GTO macht ihm sowieso keiner was vor. Natürlich wird die Sache auf der GTO laufen, und wenn nicht, dann wird er sie eben auf einer anderen Maschine »hinbekommen«. Auf ihn, auf die Qualität seiner Arbeit, kann man sich verlassen.

Für den Fortgang der Interaktion ist (D)s professionalistische Trotzreaktion freilich durchaus konfliktträchtig: Wenn (D) in (2) einfach murrt und durch die abgesenkte Stimme zu erkennen gibt, daß er auch nicht die Absicht hat, sich ausführlicher zu äußern, so stellt er (G) vor die Wahl, es entweder dabei zu belassen und auf die eingeforderte Information zu verzichten, oder eben die Antwort einzuklagen und den Streit mit dem Fachmann zu riskieren.
Aber auch (G) ist Fachmann und nicht so leicht abzuwimmeln. Als nach einer langen Pause von fast zwei Sekunden klar ist, daß von (D) nichts mehr zu erwarten ist, hakt er in (3) explizit nach, allerdings in einer Weise, die den anderen zunächst nur auf die Basisnormen der Interaktion verpflichtet. (G) hat etwas gefragt, und (D) hat sich zwar irgendwie geäußert, aber keine Antwort gegeben. (G) akzeptiert (D)s »Hmm« ausdrücklich nicht als befriedigende Antwort und stellt seine Frage erneut: nun aber als Frage nach dem Antwortcharakter der Äußerung. Damit gelingt (G) ein origineller Schachzug. Er zwingt nämlich (D) die Last für die Aufrechterhaltung der situativen Normalität auf und erspart sich die überdeutliche Wiederholung.
In der Pause ist auch (D) klargeworden, worauf (G) hinauswill. Die Problemlage ist deutlich, der Termin steht im Raum, darüber

braucht man kein Wort zu verlieren. Das zweite »Hmm« in (4) ist zwar einerseits eine Provokation, weil (D) auf das Insistieren (G)s genauso reagiert wie beim ersten Mal; andererseits aber bekommt es jetzt eine »überlegende«, nachdenkliche Wendung, die (G) signalisiert, daß (D) sich nun um eine sachliche Einschätzung bemüht. Die nachfolgende Pause hat eben diesen Doppelsinn: (D) überlegt und läßt (G) gleichzeitig noch ein bißchen hängen, bis er sich schließlich, wiederum etwas leiser und halb zu sich selbst gesprochen, zu einer Antwort bequemt, die (G) auf halbem Wege entgegenkommt. Sachlich trennt man sich mit einem Kompromiß: Das »glaub schon« bedeutet (G), daß er davon ausgehen kann, daß der Auftrag auf der GTO laufen wird, doch gleichzeitig hält sich (D) noch eine Hintertür offen, indem er nur eine gewisse Wahrscheinlichkeit zugesteht. Wie es am Ende wirklich läuft, wird er sehen, da hat ihm keiner reinzureden, auch (G) nicht. Und (G) ist's zufrieden: er hat die Sache angesprochen, indirekt den Termin angemahnt und eine kompetente Zusage erhalten. Die knappe Kraftprobe der Fachleute ist beendet, jeder weiß, was er weiter zu tun und womit er zu rechnen hat.

Als indirekter Appell ist die Anmahnung eine »weiche« Methode der Disziplinierung. Sie schiebt den anderen auf das Gleis der Fügsamkeit, indem sie ihn an seine Verantwortung und Selbstverpflichtung erinnert. Sie verweist auf *Sachzwänge*, denen alle unterliegen, die aber faktisch natürlich nichts anderes als die sachlichen Planvorgaben des Geschäftsführers sind, die er in der Arbeitsbesprechung zur Diskussion stellt. Insofern sind die Sachzwänge stets *soziale Zwänge*, es sind Gebote und Anforderungen, die bereits in die Arbeitsplanung des Geschäftsführers eingelassen sind und den anderen als »objektive« Relevanzen aufgeprägt werden. Indem die Organisationsmitglieder dem Geschäftsführer die Vorauskoordination der Arbeitsabläufe übertragen und seine Planungen akzeptieren, installieren sie zugleich einen sachlichen Rahmen, in den sie sich fortan einpassen müssen und auf den sie verpflichtet werden können.
Die Autorität des Geschäftsführers zeigt sich daher besonders an der nahezu problemlosen Durchsetzung seiner Arbeitsplanung. Aufschlußreich ist hierfür vor allem die Art und Weise, wie er die neu eingeholten oder eingegangenen Aufträge den anderen

vorstellt, welcher *Dramaturgie der Präsentation* er sich dabei bedient. Diese Vorstellung der neuen Aufträge, die im Zentrum der Arbeitsbesprechung steht, gibt ihm immer wieder Gelegenheit, sein Organisationsgeschick zu demonstrieren.
Zunächst unterscheidet er grundsätzlich zwischen Routineaufträgen und »Sondereinsätzen«. *Routineaufträge* sind solche, die, weil sie keine Probleme aufwerfen, rasch abgehakt werden können. Ja, sie *dürfen* keine Probleme aufwerfen, weil sie bei der Vorstellung kaum näher erläutert werden. Das »Durchziehen« dieser Aufträge lokalisiert sie von vornherein in der Spannbreite des normalen Ablaufprogramms der Organisation, das keine weiteren Koordinationen erfordert. Oft begnügt sich der Geschäftsführer mit einer einfachen Klassifizierung (»Visitenkarten«), der – oft unterhaltsamen – Etikettierung des Auftrags durch den Kundennamen (»Müller, Emil, der Schlemiehl«) und einer Terminangabe, die die anderen ins Bild setzt. Mehr ist nicht nötig. Jeder weiß, was zu tun ist. Hier Einspruch zu erheben und Schwierigkeiten zu antizipieren, hieße nur, das Bild der eigenen Professionalität zu untergraben. Die Einordnung des Auftrags als Routineauftrag ist auch ein Signal des *Vertrauens* in die eingeschliffenen Mechanismen der Selbstregulierung und das Leistungsniveau der Gruppe.

Demgegenüber verlangen *Sondereinsätze* ein ganz anderes Ausmaß der Mobilisierung. Sie können nur gelingen, wenn jeder zu zusätzlichen Anstrengungen bereit ist und alle an einem Strang ziehen. Um die Aufgabe zu bewältigen, muß sich die Gruppe kurzzeitig in ein Hochleistungsteam verwandeln, müssen Motivation und Leistungsbereitschaft erhöht und individuelle Interessen durchbrochen werden. Wie der Geschäftsführer bereits durch die Art der Präsentation die Gruppe auf diese Situation einstimmt, sei hier an einer längeren Passage demonstriert:
»Und jetzt der absolute Hammer: *Rieselmeier*, fünfzigtausend Flaschenanhänger, Wahnsinn, bis Montag. Ich war doch gestern bei dem draußen und hab dem die Weinkarten vorbeigebracht, und da sagt der mir, sie brauchen so ne Dinger, ganz schnell, mit Garantie drauf, weil, die habn doch jetzt alle die Hosen voll wegen dem Weinskandal in Italien. Und ich sag: ›Geht nich, kriegen wir nich hin, nich in der kurzen Zeit.‹ Aber ich würde

ihn noch mal anrufen. Und auf der Rückfahrt denk ich mir: Geht doch! Wenn wir die Stanze bis morgen nachmittag hier haben und bis dahin die Bögen schon fertig montiert sind und das dann auf der SORM durchlaufen lassen, dann kann das klappen. Ich mein, das Problem ist das Ausbrechen der blöden Dinger, da müssen wir alle ran und das geht erst Sonntag morgen, das is ne Scheiß-Arbeit, zwei drei Stunden extra. Aber wenn die Stanze morgen nachmittag hier ist und der Peter hat mir versprochen, daß sie bis vier fertig ist, und wenn ihr sie dann gleich abholt und ich mich mit an die Montage setze, dann kriegen wir's hin, kriegen wir's hin.«

Die Vorstellung des Auftrags zieht das gesamte Register der Mobilisierung. Der »absolute Hammer« kündigt die Außergewöhnlichkeit des Auftragsvolumens an: ein Großauftrag für den Kleinbetrieb, der fast die Kapazitätsgrenze übersteigt. Der Geschäftsführer erzählt die *Geschichte der Akquisition* als persönliche Erfolgsstory: Zunächst die günstige Gelegenheit, bei der Auslieferung wegen eines Anschlußauftrags vorzufühlen, dann die überraschende Anfrage des Kunden, darauf das versierte Verhandeln mit klarer, die Kapazitäten markierender Grenzziehung und Offenhalten der Hintertür, und schließlich im Auto die Erleuchtung »Geht doch!«, wenn, ja wenn man es folgendermaßen organisiert. Die Erzählung ist gerahmt durch das Paradox der Ermöglichung des Unmöglichen und bezieht daraus ihre Spannung und motivierende Kraft. Im folgenden wird dann die detaillierte Zeitplanung offeriert: Den neuralgischen Punkt dabei, den Anlieferungstermin der Stanze, hat der Geschäftsführer bereits mit dem Zulieferer abgeklärt; alles andere ist ein internes Organisationsproblem. Ein Plan also, der, wenn man ihn nur realisieren *will*, auch realisiert werden kann.

Die vorgestellte Planung ist ein fein gesponnenes *Netz sozialer Zugzwänge* und reziproker Verpflichtungen, das nur mit erheblichen Anstrengungen zerrissen werden könnte. Die Weichen sind faktisch längst gestellt: Der Auftrag ist telefonisch bereits zugesagt, die Stanze bestellt, die Machbarkeitsfrage gelöst. Jeder, der das Ganze in Frage stellen, den Auftrag noch kippen wollte, stünde von vornherein unter großem Legitimationsdruck: Er müßte vor allem begründen, weshalb man es sich leisten könnte, angesichts der schlechten Ertragslage den Auftrag zurückzugeben und den Großkunden, mit dem man gut im Geschäft ist, möglicherweise zu verärgern. Sofort setzte er sich dem Vorwurf aus, in Wirklichkeit nur die eingeforderte Zusatzarbeit zu verweigern und der Gruppe die Solidarität aufzukündigen, und dies, obwohl der Geschäftsführer ja bereits einige Zeit und Arbeit in die Sache investiert und sich in seinem Organisationsplan auch selbst mit verplant hat. Jede generelle Ablehnung des Plans steht unter dem Zwang, eine bessere Alternative vorschlagen zu müssen.

Trotzdem bleibt natürlich die Zumutung der Sonderschicht am Wochenende. Der Geschäftsführer versucht gar nicht erst, die Belastung herunterzuspielen: Das Ausbrechen der gestanzten Flaschenanhänger aus den fertigen Druckbögen ist eine »Scheißarbeit«, die nur zu bewältigen ist, wenn sich alle daran beteiligen, und das am Sonntagvormittag. Die Darstellung der Misere wird verbunden mit einem Appell an die kollektive Leistungsfähigkeit und Opferbereitschaft der Gruppe, und sie beschwört die Geltung der Egalitätsnorm: Wenn »alle ran müssen«, sind auch alle gleich. Akzeptabel ist die zusätzliche Belastung nur, wenn sie auf die Schultern aller verteilt wird. Jede Ausnahme wäre eine Extra-Extra-Belastung der anderen, ein eklatanter Verstoß gegen die Basisnormen der Gruppe. Die zentrale Argumentationsfigur des Geschäftsführers: »Ungewöhnliche Umstände erfordern ungewöhnliche Maßnahmen«, wird auf diese Weise gewissermaßen ideologisch flankiert.

Der Fortgang der Interaktion zeigt, daß die in der Präsentation angelegte Situationsstrategie weitgehend aufgeht. Trotz Murrens und Meckerns ob des zerrissenen Wochenendes wird die Notwendigkeit des Sondereinsatzes von den anderen überraschend schnell akzeptiert. Allen ist klar, daß der Betrieb sich diese Chance nicht entgehen lassen kann. Dennoch entspinnt sich alsbald eine lebhafte Diskussion, in der die einzelnen aus ihrer Arbeitsplatzperspektive Detailvorbehalte anmelden, technische Probleme antizipieren oder zusätzliche zeitliche Puffer einfordern; die allgemeine Überraschung weicht rasch der ernüchternden Einsicht in das, was auf einen zukommt. Der Geschäftsführer hält sich in dieser Diskussion eigentümlich zurück, führt sie sozusagen »an der langen Leine«. Nur hin und wieder äußert er sich zu einem Argument oder Einwand, und zwar vor allem

dann, wenn die angemeldeten Ansprüche und Teilrevisionen seine Gesamtplanung zu kippen drohen. Oft braucht er gar nicht einzugreifen: Weil die Minderbelastung des einen im Normalfall ja sofort eine Zusatzbelastung des anderen bedeutet, die größere Zeitmarche eines Arbeitsgangs sogleich eine Dispositionsverengung der folgenden nach sich zieht, neutralisieren sich die Vorschläge, abgesehen von »echten« Verbesserungen für alle, in der Regel wechselseitig. Allenfalls bei festgefahrenen Patt-Situationen oder der Gefahr der Abschweifung mischt er sich ein und offeriert nicht selten verschiedene technische oder organisatorische Alternativen, die er allerdings mit eindeutigen Präferenzsignalen versieht. Er lenkt, ohne sich festzulegen. Die Autorität des Geschäftsführers zeigt sich hier gerade darin, daß er es sich leisten kann, sich zurückzulehnen und die anderen verhandeln zu lassen. Er hat es gar nicht nötig, die Diskussion an sich zu reißen und zu dominieren, solange sie inhaltlich in den Bahnen der von ihm vorgegebenen Rahmenplanung verbleibt.
Eine ähnlich zurückhaltende Strategie der Dialogsteuerung verfolgt der Geschäftsführer auch in den späteren Phasen der Arbeitsbesprechung, der Routinekontrolle der laufenden Aufträge und der »offenen Runde« am Schluß. Wenn er am Ende der Präsentation der Neuaufträge das Zepter an seinen Vize weitergibt und dieser anhand der aufgehängten Stecktafel den Produktionsstand der einzelnen Aufträge überprüft, so erspart er sich damit zugleich die lästige Aufgabe *direkter* Überwachung und Ermahnung. Weil er die unmittelbare Kontrolle delegiert, kann er sich selbst auf indirekte Steuerungsmethoden beschränken. Gewiß bedient sich auch der agile Vize des oben analysierten Rückfragemusters; weil er aber bei jeder Markierung ausdrücklich ein konkretes Arbeitsergebnis oder die Einhaltung eines Zwischentermins abfragt, ist die Gefahr, daß die implizite Anmahnung zu einer expliziten Ermahnung verschärft werden muß, in dieser Situation wesentlich größer. Der Geschäftsführer kann sich dagegen damit begnügen, an passender Stelle ironische Seitenbemerkungen zu machen oder auch kleine technische Tips einzustreuen, mit denen er beiläufig immer mal wieder seine Sachautorität aufpoliert.

Die offene Diskussionsrunde schließlich, die auf den Durchgang der Aufträge folgt, wird wiederum vom Geschäftsführer eröff-

net. Meist reicht ein hingeworfenes »Okay, ham wer noch was?« oder auch nur ein demonstratives körperliches Signal, etwa ein offensives Räuspern, um die situative Zäsur zu markieren und das Thema »freizugeben«. Allerdings entwickelt sich nur selten eine längere Diskussion. In der Regel wird die Gelegenheit nur genutzt, um vorher bezogene Standpunkte noch einmal zu bekräftigen oder Nachverbrennungen loszuwerden. Trotzdem erfüllt auch dieser Teil der Arbeitsbesprechung eine wichtige sozialintegrative Funktion: Auch wenn sie nur spärlich wahrgenommen wird, so ist die »offiziell« eingeräumte *Möglichkeit*, gravierende Einwände oder grundsätzliche Kritik vorzubringen, allemal ein Erfordernis des Grundprinzips diskursiver Willensbildung, auf das sich die Gruppe nach ihrem Selbstverständnis als Alternativbetrieb verpflichtet hat. Um den erreichten Arbeitskonsens zu ratifizieren, muß noch einmal die Chance eines Veto eingeräumt werden. Erst wer jetzt nichts mehr sagt, ist fortan an das Beschlossene gebunden. Die Autorität des Geschäftsführers verdankt sich so auch der Tatsache, daß er den normativen Prinzipien der Gruppe bis in die Alltagsroutine der Arbeitsbesprechung hinein formale Geltung verschafft.
Zuweilen kommt es freilich vor, daß die Diskussion bestimmter Sachprobleme ideologisch aufgeladen wird und die Auseinandersetzungen eskalieren. Auch dann interveniert der Geschäftsführer meist keineswegs sofort, sondern erst, wenn der Konflikt aus dem Ruder läuft und der Sachbezug endgültig verlorenzugehen droht. Dabei ergreift er im Normalfall nur sehr behutsam Partei, versucht sich auch nicht als Schlichter, sondern spricht eher ein Machtwort, das zur Sache zurückführt. Es ist auch dieser *entideologisierte Umgang mit der Ideologie der Gruppe*, der seine Autoritätsstellung zementiert. Sein Organisationsgeschick und seine Professionalität erlauben ihm, den hochgeputschten Konflikt zu versachlichen, die Streithähne zu trennen und an die Arbeit zu schicken. Funktionieren kann dies freilich nur, weil er selbst die Ideologie der Gruppe teilt. Nur weil außer Frage steht, daß die Überzeugungen der Gruppe auch seine eigenen sind, ist ihm dieser Pragmatismus möglich. So steuert er im latenten ideologischen Grundkonflikt der Gruppe: »Ist Diskutieren Arbeit, gar eine höhere Form von Arbeit, oder lenkt es nur von der Arbeit ab und verlängert den Arbeitstag?« einen entschlossenen, keineswegs opportunistischen Zwischenkurs:

Diskutieren ist wichtig, damit alle beteiligt sind und die Arbeit klappt; übermäßig ausufernde Diskussionen sind hingegen oft unfruchtbar, schaffen nur böses Blut und lassen die Arbeit liegen.

Bleibt noch die formelle Aufhebung der Arbeitsbesprechung, der Wechsel in den eine Etage tiefer gelegenen Pausenraum zum gemeinsamen Frühstück. Dieser Übergang verläuft ebenso fließend wie der Beginn: Die Intensität der bilateralen Spontankoordinationen und Seitengespräche, der informellen Nebenstränge der Interaktion, nimmt zu; die sachlichen Relevanzen gehen zurück, die Situation franst aus. Der Übergang von der informellen Formalität zur formellen Informalität geschieht spontan, unkoordiniert, ohne jede dramatische Zäsur. Und doch gibt es in den allgemeinen Aufbruch hinein oftmals ein beiläufiges Signal, das trotz aller inszenierten Antiformalität die situative Grenze markiert. Auch hier verfährt der Geschäftsführer meist indirekt: Hat er zuvor eine individuelle Instruktion angekündigt, so löst er dies nun in Verbindung mit einer charakteristischen Abrundungsfloskel ein: »Okay – also *Karin*, wegen dem Satz von der *Umwelt*broschüre bleibst du noch eben da.« Das »Okay« ist das offizielle Ende der Arbeitsbesprechung für alle; nur er und die Setzerin arbeiten noch eine kurze Zeit weiter und gehen erst dann zum Frühstück.

Erfolgreiches Organisieren ist ein selbstbewußtes Hantieren mit Fiktionen. Es bedeutet, auf der Grundlage gegebener Organisationsbedingungen, Motivstrukturen, Umweltturbulenzen und anderer Imponderabilien ein »tragfähiges Sicherheitsniveau« herzustellen (Weick 1985, S. 15). Gerade im Alternativbetrieb ist die Respektierung verschiedener Fiktionalitätsstufen unverzichtbar: Sowenig die Arbeit vonstatten gehen kann, wenn der erreichte Konsens nur diffus »im Raume steht« und jeder etwas anderes darunter versteht, sowenig dürfen andererseits die mühsam ausbalancierten ideologischen Gratwanderungen, die fragilen Selbstbilder und Stützkonstruktionen der Gruppe durch übermäßige Eindeutigkeiten gefährdet werden. Man muß sich einig sein in dem, was gesagt wird und was für einen rationellen Betriebsablauf notwendig ist, aber auch in dem, was besser ungesagt bleibt und praktisch in der Schwebe gehalten werden muß. Die Handlungs- und Dialogsteuerung des Geschäftsführers genügt diesen Ansprüchen über weite Strecken: Die Formalisierung der Informalität stiftet einerseits eine gewisse Sachverbindlichkeit und wirkt andererseits der für Arbeitsgruppen dieser Art typischen Gefahr einer Überlastung der Informalität entgegen (vgl. Fröhlich 1983, S. 548). Die indirekte Führungstechnik der Anmahnung erlaubt Fügsamkeit ohne Unterwerfung und mobilisiert die Relevanzen der Eigenverantwortung. Die unernste Ernsthaftigkeit des Umgangsstils mildert die Durchsetzung unerbittlicher Sachzwänge interpersonell ab und läßt einen die ökonomische Misere leichter ertragen. Und die entideologisierte Handhabung der Ideologie gestattet Überzeugtheit ohne Handlungsblockierung, wertgeladenes Handeln ohne permanenten Rechtfertigungsdruck. Indem der Geschäftsführer all diese betrieblichen Ordnungsleistungen erbringt, erwirbt und reproduziert er seine Autorität, aber er *kann* diese Leistungen oft auch nur deshalb erbringen, weil er bereits als Autorität etabliert ist.

*

Die Arbeit der Autorität besteht darin, *Normalität* herzustellen und sie zugleich zu transzendieren. Obschon sie selber, zumal in der Lichtgestalt des charismatischen Führers, Außeralltäglichkeit repräsentiert, so bewährt sie sich dennoch vor allem in der Etablierung einer stabilen Ordnung, der Garantie des Alltags. Sie macht das Ungewisse gewiß und überführt die Ausnahme in die Regel. Indem die Autorität Regeln etabliert, schafft sie für ihre Anhänger einen verbindlichen Rahmen regelmäßigen und regelgeleiteten Handelns; sie ermöglicht *Routinen*, verhindert aber auch, daß die Arbeit in »bloßer Routine« aufgeht. Es ist gerade die produktive Spannung von Entlastung und Belastung, von Gefordert- und Geführtwerden, die die motivierende Kraft von Autoritätsbeziehungen ausmacht.

»Sanft ruhet die Gewohnheit der Macht / auf der Macht der Gewohnheit.« (Enzensberger 1986, S. 79) Es gibt auch so etwas wie eine »Autorität der Routine«, die der routinestiftenden Autorität gutgeschrieben wird. Die Anerkennung der Regeln fördert zugleich den Respekt vor der regelsetzenden und regeldurchsetzenden Autorität. Die »Objektivität« der Regeln verzahnt sich mit der persönlichen Unnahbarkeit, der sozialen Distanz der Autorität. Die Legitimität der Regeln und der Autorität erscheinen außerhalb jeder Disposition.

Allerdings hat die Autorität auch jenen Sinn zu beschaffen, der den Alltag übersteigt. Ihr Ordnungswert ist um so höher, je mehr es ihr gelingt, die Routine in den Dienst eines übergeordneten Prinzips, einer allgemein akzeptierten Wertordnung zu stellen. Weil die Autorität Werte verkörpert, ist auch die Normalität, die sie herstellt, gleichsam »wertgetränkt«, eine antiprofane Normalität. Nur darum ist es ihr möglich, ihre Anhänger in außergewöhnlichen Situationen zusätzlich zu motivieren, ihre letzten Kräfte zu mobilisieren und dazu zu bringen, die eingefahrenen Gleise der Gewohnheit zu verlassen.
Auf der Durchsetzung bejahter Normen und Werte beruht auch die *Disziplinierungsfunktion* der Autorität. Einerseits diszipliniert sie die Gläubigen dadurch, daß sie an ihre intrinsischen Motivationen, ihre ideologischen Haltungen und Überzeugungen appelliert; auf der anderen Seite erzwingt sie Fügsamkeit aber auch dadurch, daß sie empfindliche Sanktionen androht und im Ernstfall verhängt. Dabei ist das Repertoire der Strafen keineswegs eng begrenzt: Gewiß wird dort, wo die Anerkennung sich vorrangig aus der Hoffnung auf Selbstanerkennung durch die Autorität, dem Wunsch, von ihr ausgezeichnet zu werden, speist, vor allem die – oftmals nur angedeutete – Ablehnung das bevorzugte Mittel der Disziplinierung sein. Aber auch durch unmittelbaren Zwang, durch latente oder manifeste Gewalt, kann die Autorität ihren Anhängern selbständigen Gehorsam aufnötigen. Obwohl das Vorbild der Autorität die Unterlegenen im Normalfall zur Selbstdisziplin anhält, braucht die Autorität auf die bewährten Methoden äußerer Unterwerfung nicht zu verzichten. Die Politik der Anerkennung und die des Schreckens schließen einander keineswegs aus.
Gleichwohl unterscheidet sich die Disziplinarmacht der Autorität grundsätzlich von den indirekten Formen und Mechanismen der Disziplinierung, die Foucault (1976) als technische Perfektionierung und Ausdehnung sozialer Kontrollen beschrieben hat. Die Autorität ist kein »Apparat«, sondern Person. Nicht der *Panoptismus*, also die anonyme, institutionalisierte Dauerüberwachung nach dem Prinzip »Alles sehen, ohne selbst gesehen zu werden«, ist das Grundmuster autoritärer Kontrolle, sondern die unmittelbare persönliche Präsenz des Kontrolleurs, der die Einhaltung der Vorschriften und den Fortgang der Arbeit an Ort und Stelle überprüft, die Abweichungen notiert und sanktioniert.

Insofern ist die Kontrollmacht der Autorität *indiskret*: Sie schüchtert ein, indem sie sich zeigt, indem sie den anderen die Tatsache der Kontrolle und die Möglichkeit der Sanktion direkt und offensiv vor Augen führt. Gleichzeitig ist sie jedoch gezwungen, ihre Anwesenheit zu dosieren und teilweise zurückzunehmen. Um die Normalität der Situation nicht zu gefährden, muß sich der Kontrolleur im Hintergrund halten und darf die eingeschliffenen Routinen nicht stören. Auf diese Weise kombiniert die Autorität die unsichtbare, lauernde Disziplinarmacht mit der unübersehbaren prunkvollen Machtdemonstration. Wie sehr diese beiden strategischen Grundoptionen der Macht, die herausgestrichene Potenz und die versteckte Bedrohung aus dem Hinterhalt, sich empirisch ergänzen und miteinander vermischt sein können, sei hier am Kontrollgang des Bereichsleiters in der Maschinenbau-Abteilung des süddeutschen Metallbetriebs demonstriert.

Fallstudie: Der Rundgang

Regelmäßig vor den Arbeitspausen taucht der Bereichsleiter (B) in der Montagehalle auf, um seinen gewohnten Rundgang durch die Abteilung anzutreten.[42] Schon von weitem sieht man seinen weißen Kittel, bedächtig, ohne jede Eile schiebt sich der untersetzte, etwa sechzigjährige Mann den Hauptgang entlang. Die Arme hängen, leicht angewinkelt, unbeholfen vom massigen Körper herab, als seien sie überflüssig. Der Blick ist streng auf den Boden gerichtet, bleibt kurz an zwei Materialkisten hängen, schwenkt dann hinüber zum offenen, gut einsehbaren Feld der Vormontage, heftet sich schließlich an einen Bohrer rechts neben der Meisterkabine, der gebückt vor einem Regal hockt und gerade seine Werk-

42 Für die folgende Analyse wurden ca. 25 Rundgänge von verschiedenen Stationspunkten aus beobachtet; komplettiert wurden die Beobachtungsdaten durch Gespräche am Arbeitsplatz und durch Interviews. – Die Fallstudie erschien erstmals in: Österreichische Zeitschrift für Soziologie 3/1989.

stücke ordnet. Etwas vorgebeugt verharrt (B) eine halbe Minute stumm hinter dem Mann, der, den prüfenden Blick im Nacken, unbeirrt in seinem Tun fortfährt. Aus der Ferne beobachten die Arbeiter die Szene. Es ist, als hielte jeder den Atem an, die halbe Minute ist eine halbe Ewigkeit. Endlich wendet sich (B) ab, rückt weiter vor bis zur Trennwand, hält dort kurz inne und überschaut das Terrain der Bohrer und Schleifer, biegt schließlich nach rechts ab und verläßt die Halle, ohne mit jemandem gesprochen zu haben.

Sein Ziel in der Fertigungshalle nebenan, dem Revier der Fräser und Dreher, ist das neue Bearbeitungszentrum. Aufmerksam betrachtet er die Bewegungen der riesigen Universalmaschine, zwängt sich in die Bedienungskabine hinein, wo der Programmierer die Daten auf dem Bildschirm verfolgt. Er fragt, ob alles in Ordnung sei – es ist alles in Ordnung; dann dreht er langsam ab und passiert, nicht ohne noch einen Blick durch das Sichtfenster der Maschine geworfen zu haben, eilig den Engpaß zwischen den beiden Fräsmaschinen. Die beiden jungen Arbeiter, die hier demonstrativ herumalbern, würdigt er keines Blickes. Erst fünf Meter weiter, an der Drehbank eines Türken, hebt er leicht den Kopf und inspiziert die Paletten, die rund um die Drehbank abgestellt sind. Einen Tag später werden einige der Paletten im Bearbeitungszentrum stehen, wird der Türke die Serien mit dem besten Akkord verloren haben. Als der Dreher ein Werkstück einspannt und nachmißt, stellt (B) sich direkt daneben und beobachtet, aus knapp einem Meter Entfernung, schweigend die Hände des Arbeiters. Es fällt kein Wort, jeder meidet den Blick des anderen, bis (B) sich nach einigen Sekunden zurückzieht und, indem er schwerfällig dem Ausgang zustrebt, seinen einsamen Rundgang beendet.

Der Rundgang definiert und gliedert einen *sozialen Raum* gegenseitiger Wahrnehmung und Bewegung. Er bezeichnet einen Weg durch ein Arbeitsrevier, eine Route mit Gefahrenpunkten, Entwarnungs- und Lauerlinien, mit Aussichtsstellen und Überwachungszonen. Macht sortiert die Räume und verändert den Sinn der Dinge. Schlagartig gewinnen die Maschinen, Schränke, Regale und Werkbänke neue Bedeutung. Ihre sachliche Neutralität als Werkraum wird überformt von dem Machtverhältnis zwischen dem Kontrolleur und den Überwachten. Hohe Schränke und Trennwände verwandeln sich plötzlich in Barrieren, die die Einsicht verwehren und den Zugang versperren. Sie beschützen eine Hinterbühne, auf der man unbehelligt bleibt. Die Regionen mit den flachen Werkbänken und Gußteilen, die entlang des Hauptgangs liegen, bieten dagegen keinerlei Deckung. Sie werden zu offenen, gefahrvollen Zonen, zu einem angreifbaren, jederzeit zugänglichen Parkett. Das Organ der sozialen Kontrolle ist das Auge des mobilen Kontrolleurs. Zugänglichkeit und Sichtbarkeit sind die Ordnungskriterien für diesen Machtraum.

Neben offenen und verdeckten Zonen, neben abgeschirmten Arbeitsboxen und Kontrollpunkten markiert der Rundgang auch *Schleusen* und *Plätze*. Das Bearbeitungszentrum, das (B) erst vor einem halben Jahr installieren ließ, ist der einzige Ort, an dem sich regelmäßig kooperative Kontakte zwischen ihm, den Meistern und den Arbeitern entwickeln. Es ist ein Platz für soziale Ansammlungen, zu denen sich mitunter auch jene gesellen, die mit der fraglichen Sache gar nichts zu tun haben. Die Strecke zwischen den hohen Maschinen der Endmontage, die halb zum Bezirk der Elektriker, halb zu dem der Schlosser gehört, ist hingegen eine Durchgangsschleuse, die (B) gleich zu Beginn seines Rundgangs passiert. Auch der Engpaß zwischen den beiden Fräsmaschinen, wo ihn zwei Arbeiter erwarten, die ihm alles andere als freundlich gesonnen sind, bildet eine Schleuse, die er ohne Aufenthalt und Seitenblick hinter sich bringt. Schleusen bezeichnen eine räumliche und soziale Lücke im sonst unangefochtenen Machtbereich, Plätze dagegen einen Treffpunkt für sachliche Geselligkeit, die (B)s Macht abmildert und kurzzeitig in Zusammenarbeit transformiert.

Seine *Stationspunkte*, von denen aus er die Lage sondiert, wählt (B) jedoch keineswegs nur nach den Kriterien der Sichtbarkeit und der produktionstechnischen Relevanz. Die Endmontage, wo die kostenträchtigsten Schwierigkeiten zu bewältigen sind, läßt er ebenso aus wie die Schleifer, den kritischen Endpunkt der Fertigungskette. Statt dessen widmet er sich eher unbedenklichen Arbeitsstellen, der Standardmontage oder einem Bohrer oder Dreher. Lediglich das neue Bearbeitungszentrum mit all seinen »Kinderkrankheiten« der Anlaufphase steuert er regelmäßig an, um nach dem Rechten zu sehen, um Werkstücke zu beurteilen oder über Ausschuß zu entscheiden. Obwohl er von den Details der Programmierung nichts versteht, ist sein Urteil über die Qualität der Produkte unangefochten. An den beiden Schleusen hingegen

ist seine Autorität alles andere als anerkannt. Hinweise, Ermahnungen oder gar Kritik würden bei den dort arbeitenden Spezialisten kaum ohne Widerspruch bleiben. Die Schleusen sind riskante Orte für ihn, die Plätze und Stationspunkte dagegen ungefährlich. Weil die Macht sich dort am wohlsten fühlt, wo sie sich sicher glaubt, ordnet sie den sozialen Raum auch nach der Verteilung des Autoritätsglaubens und der Gehorsamsbereitschaft.
Immer wieder ist der Rundgang ein soziales Ereignis, das Aufmerksamkeit erregt und die Situation anspannt. Obwohl (B) nur selten seine Route variiert oder überraschend auf der Bildfläche erscheint, obwohl sein Rundgang längst alltäglich ist, notieren die meisten Arbeiter sofort das Signal seines weißen Kittels und verfolgen mißtrauisch seine Bewegungen. Die Überwachung ist reziprok, der Kontrollgang eine *gegenseitige Kontrolle.* (B) schaut nach Auffälligkeiten und Unregelmäßigkeiten, nach unüblichen Körperhaltungen und Arbeitsunterbrechungen, nach der Ordnung der Dinge und der Disziplin der Unterstellten. Und die Arbeiter behalten ihn im Auge, um rechtzeitig zu bemerken, wo er diesmal stehen bleibt, wen er fixiert, ob er wider Erwarten doch jemanden anruft, belehrt oder zurechtweist, wann er sich der eigenen Box nähert und wann die Luft wieder rein ist. Wer auf dem breiten Hauptgang an ihm vorübergeeilt ist, wendet sich manchmal nach einigen Metern verstohlen um, um sich der eigenen Sicherheit zu versichern. Schlecht, wenn er dabei ertappt wird. Wie der Vorgesetzte die Arbeiter kontrolliert, so kontrollieren sie die Kontrolle des Vorgesetzten.
Der Rundgang erzeugt ein diffuses Gefühl von *Alarmierung,* Beklemmung, ja Bedrohung. Zwar weiß man aus Erfahrung, wann (B) kommt und welchen Weg er nimmt, aber wo er jeweils anhält, was ihm auffällt, was er denkt und plant, bleibt ungewiß. Bei aller Routine ist der Rundgang unberechenbar, böse Überraschungen sind jederzeit möglich. Gerade die Seltenheit des Zusammenpralls steigert die Furcht. Natürlich ahnen die Alarmierten, womit sie (B) selbst alarmieren; wer regelmäßig kontrolliert wird, weiß mit der Zeit, worauf der andere achtet und was er für normal hält. Doch der Beweis für diese Antizipation ist letztlich nur, daß (B) vorübergeht und später »nichts nachkommt«. Um nicht aufzufallen, vermeidet man abrupte Reaktionen und setzt seine jeweilige Tätigkeit fort, auch wenn es eine außergewöhnliche Nebenbeschäftigung oder ein Gespräch mit Kollegen ist. Aber zugleich

achtet man, aus dem Augenwinkel, auf anormale Aktionen des Vorgesetzten, ohne daß die Erregung hinter der Maske der Gleichgültigkeit sichtbar wird. Anzeichen innerer Alarmiertheit würden nur Verdacht wecken, Aufmerksamkeit auf sich lenken und Mißtrauen erregen.

»Ha ja, da schaut jeder, daß er etwas zu tun hat, und hofft, daß er vorübergeht.«

»Also ich, ich mach mir eigentlich gar nichts draus, wenn er kommt und ich jetzt grad mit jemandem red oder so. Aber dann gibt's hier Leut, die machen des ganz auffällig so, daß sie weggehen, weglaufen oder so. Das ist das Blödeste, was man machen kann.«

»Es gibt welche, die haben Angst. Ich mein ich, ich hab keine Angst, aber unangenehm ist mir des schon; es ist nicht so, daß ich dann irgendwas extra mache, wenn ich grad was suche, dann suche ich weiter. Aber der geht immer vorbei, und man kann gar nichts sagen. Es wär mir lieber, wenn er herkäm und sagt, das und das ist nicht in Ordnung; dann könnt ich selbst was sagen, dann könnt ich mich rechtfertigen, aber so – da kommt dann der Meister und drückt einem.«

Durch den Rundgang geraten die Arbeiter auf eine soziale Bühne, von der aus sie sehen, daß sie gesehen werden. Sie haben nun nicht mehr nur korrekt zu arbeiten, sondern obendrein darzustellen, daß sie korrekt und diszipliniert arbeiten. Wer sich hier geschäftig zeigt, ist zugleich damit beschäftigt, einen überzeugenden Eindruck zu vermitteln. Dabei besteht die Darstellungskunst weniger darin, sich zu verstecken oder davonzuschleichen, als vielmehr darin, sich uninteressant zu machen. Man muß so tun, als ob (B) nicht da wäre, obwohl er da ist, und als täte man das, was man auch sonst täte. Hat man gerade eine Kurzpause eingelegt, sucht man mit einer unauffälligen Körperdrehung eine Anschlußarbeit. Ist die Pausenhaltung allzu deutlich, behält man sie bei, ißt in Ruhe weiter oder setzt seine Unterhaltung fort. Lieber nimmt man in Kauf, bei einer normalen Pause ertappt zu werden als bei plötzlich ausbrechendem, offensichtlich vorgetäuschtem Arbeitseifer. Denn die Beobachtung des Beobachters wird von diesem selbst beobachtet. Obwohl das Thema der Kontrolle längst ins Zentrum des Wahrnehmungsfeldes gerückt ist, darf man dem anderen allenfalls Mitgegebenheit signalisieren. Für die *Inszenierung von Normalität* ist der Anschein von Gelassenheit oberstes Gebot.

Alle sind daran interessiert, das Außergewöhnliche des Rundgangs zu dementieren. Wie (B) daran gelegen ist, ohne Aufsehen Abweichungen entdecken zu können, so ist auch den Überwachten daran gelegen, keine Verwirrung ob seiner Anwesenheit zu zeigen. Es vollzieht sich eine *sprachlose Interaktion* taxierender Blicke, in der jeder den Schein von Normalität aufrichtet, aber keiner mit letzter Sicherheit weiß, was der andere sieht und tatsächlich für normal hält. Obwohl sich *beide* Seiten um Normalität bemühen, ist die Asymmetrie der Macht keineswegs aufgehoben. Was am Ende wirklich als Abweichung gilt, darüber hat (B) von vornherein die Definitionsmacht. Sosehr die stabile Macht einer Normalität bedarf, die auch von unten gestützt wird, sosehr neigt sie andererseits dazu, Normalität *zu diktieren*. Macht ist immer expansiv: Aus Angst zu schrumpfen, bläht sie sich auf. Ihre Grenze findet die Autokratie weniger in der Selbstbehauptung der Arbeiter, als vielmehr in den auferlegten Relevanzen der Sachlichkeit, den Zwängen der Produktion.

Besondere Probleme werfen soziale Gruppierungen auf. Da die offizielle Ablauforganisation nur Einzelarbeit vorsieht, sind Kooperationen allenfalls geduldet. Herumzustehen, gemeinsam nachzudenken oder zu debattieren, ist, wie ein erfahrener Elektriker berichtet, immer verdächtig, da es so aussieht, als sei man untätig oder mit privaten Angelegenheiten befaßt. Sein jüngerer Kollege erzählt von einem Vorfall, der auf die *dissoziierende Wirkung* des Rundgangs verweist: Eines Morgens versammelten sich mehrere Elektriker beim Schaltschrank eines Kollegen, der mit der Verkabelung nicht zurechtkam. Man erörterte das Problem, rief auch die anderen herbei, bis schließlich alle acht Elektriker im Halbkreis beisammen standen. Plötzlich bemerkten sie, daß auch (B) unter ihnen weilte. Keiner hatte ihn kommen sehen. Obwohl die Sache noch keineswegs behoben war, löste sich jetzt die Traube nach und nach auf. Ohne Zeichen von Hektik oder gar Panik entfernte sich einer nach dem anderen und strebte gemächlichen Schrittes seinem Platz zu. Und jeder tat so, als sei die Versammlung ebenso natürlich gewesen wie ihre Zerstreuung, ganz abgesehen davon, daß man ein ungelöstes Arbeitsproblem ruhig unerledigt lassen kann.

Unter den Prämissen einer seriellen Arbeitsorganisation wirken solche Versammlungen als ungewohnte, wenn auch bisweilen unvermeidliche Abweichungen von der Normalität. Sie widerspre-

chen einem Hauptziel der Disziplinarmacht, Verwirrungen, Zusammenballungen und Tumulte in kalkulierte Verteilungen aufzulösen. Übersichtlichkeit ist oberstes Prinzip. Restitution von Normalität bedeutet deshalb hier Individualisierung, Wiederherstellung des Nebeneinander, Unterbinden horizontaler Verbindungen. Disziplinierung zielt stets auf den einzelnen und tendiert daher zur Atomisierung. Dieses Gesetz der Kontrolle schlägt durch, obwohl der Inspizient gar nicht eingreift, ja sogar vorgibt, die Nichteinmischung sei geradezu sein pädagogisches Prinzip: »Also wenn ich in den Betrieb reinkomm und ich stell fest, all die Beteiligten sind zusammen und die Maschine läuft net, dann mach ich einen ganz großen Bogen um sie rum und denk, jetzt laß sie mal, und dann weiß ich, daß dann das Ding wieder läuft.«
Obwohl sicher etwas schönfärberisch, belegt diese Bemerkung (B)s Interesse, Unruhe und Unordnung, die er selbst auslösen könnte, zu vermeiden. Nicht nur den Überwachten, auch dem Kontrolleur ist an Normalität gelegen. Zwar will er Abweichungen entdecken, aber ebenso will er bestätigt wissen, daß alles in Ordnung ist. Deshalb muß er seine Anwesenheit dosieren und sein Informationsbedürfnis zügeln. Häufige direkte Eingriffe würden nur unnötig Verwirrung stiften und die Arbeit stören. Daher taucht er auch nicht plötzlich auf, sondern zu gewohnten, berechenbaren Zeiten, er sprintet nicht schnurstracks auf jemanden zu, sondern schiebt sich langsam den Gang entlang, gewährt gewissermaßen eine Vorwarnzeit, während der man sich auf ihn einstellen kann. Gäbe es einen Wachposten in der Halle, er könnte seine Kollegen immer rechtzeitig alarmieren. So ergibt sich eine bemerkenswerte *stille Kooperation*: Die Überwachten demonstrieren Normalität, signalisieren, daß alles seine Ordnung hat und keinerlei Grund vorliegt, sie näher ins Auge zu fassen. Und der Vorgesetzte quittiert diese Anpassung an seine Maßstäbe, indem er es bei seiner Fernbeobachtung beläßt und gemächlich vorübergeht. Dadurch entsteht die gemeinsame Fiktion, daß die Arbeit ebenso normal vonstatten geht wie der Rundgang.
Da Fiktionen jedoch zerbrechlich sind und einer praktischen Reproduktion bedürfen, bleibt die Situation für die Arbeiter allemal bedrohlich und prekär. So hält man vorsorglich auf Abstand, wendet dem Kontrolleur den Rücken zu oder geht ihm aus dem Wege. Die eleganteste Methode der *Kontaktvermeidung* ist zweifellos, sich frühzeitig aus dem Staub, sich unsichtbar zu machen.

Jüngere Monteure verkriechen sich mitunter, kaum daß sie (B) gesehen haben, hinter einem Regal oder den hohen Schaltschränken, simulieren dort vorsichtshalber eine Beschäftigung und warten ab, bis er die kritische Gefahrenlinie passiert hat. Diese Flucht auf Hinterbühnen setzt freilich voraus, daß die Vorwarnzeit ausreicht, daß man den Kontrolleur bemerkt, bevor man selbst bemerkt wird. Zudem dürfen unbesetzte Arbeitsplätze keine offenen Fragen aufwerfen. Nur die Springer, die ihre Arbeitsstellen dauernd wechseln, können ohne Aufsehen verschwinden. Die Technik, leere Plätze zu hinterlassen, ist mithin an eine hochmobile Arbeitsrolle gebunden.

Eine interessante Variante dieser Vermeidungstechnik haben jene Arbeiter entwickelt, die stationär arbeiten. Da Gänge ins Lager, Reklamationen bei einzelnen Werkstücken oder die Suche nach fehlendem Werkzeug an der Tagesordnung sind, erregen Bewegungen im Raum kaum Verdacht. Meist befleißigen sich die Arbeiter einer eiligen, zügigen Gangart, die sich auffallend von dem behäbigen Rundgang (B)s abhebt. Auch wenn sie ihn auf dem Hauptgang treffen oder überholen und in unmittelbare Gesprächsnähe geraten, signalisiert diese Gehweise Unzugänglichkeit, Geschäftigkeit. Und wer gerade lässig oder gedankenverloren einhergeschlendert ist, kann unauffällig einen Gang höher schalten und den Eindruck erwecken, auf einem dringenden Dienstweg zu sein. Natürlich darf man das Tempo auch nicht zu sehr erhöhen, müssen Art und Intensität der Bewegungen stets in der Bandbreite der normalen Zeitrhythmik der Arbeit verbleiben. Doch innerhalb dieser Grenzen ist diese mobile Version *sozialer Unerreichbarkeit*, die sich ja direkt vor (B)s Augen abspielt, offenbar eine gute Methode, die Fluchtdistanzen zu verringern und gleichzeitig Abstand zu halten.

Wie die Konstruktion der Normalität, so ist auch die Kontaktvermeidung ein reziprokes Geschehen. Wie die Arbeiter geht auch (B) in der Regel dem direkten Austausch aus dem Wege. Sein Blick klebt am Boden, heftet sich an herumstehende, volle und leere Kisten, an Werkstücke und Maschinenteile. Er gilt nicht den Personen, sondern den Sachen. Die soziale Lage inspiziert (B) entweder aus der Ferne oder durch die stumme Fixierung eines Opfers, das sich dem starren Kontrollblick nicht entziehen kann. Obwohl er manchmal willkürlich die Distanz verringert und die territoriale Grenze des Benutzungsraums überschreitet, verzichtet er ostentativ auf jede verbale Interaktion. Ein durchaus selbstbewußter Fräser berichtet, (B) habe ihn damit einmal derart in Aufregung versetzt, daß ihm ein schweres Gußteil aus der Hand gerutscht sei und es beinahe zu einem Unfall gekommen wäre. (B) habe sich damals selbst so erschrocken, daß er den Arbeitsplatz des Fräsers während der ganzen nächsten Woche sorgsam gemieden hätte – so schlägt die Politik des Schreckens auf ihren Urheber zurück.

Vergeblich versuchen die Arbeiter, sich auf (B)s strikte Zurückhaltung, seine Unnahbarkeit einen Reim zu machen. Oft schreiben sie ihm persönliche Unfähigkeit, ja charakterliche Defekte zu: »Der ist menschlich einfach nicht geeignet für diese Position, so ein Mann, der gehört nicht auf diesen Posten als Bereichsleiter.« Nicht einmal zu Weihnachten, wenn andere Vorgesetzte gute Wünsche zu verteilen pflegen, finde er ein persönliches Wort, obwohl er jenseits der Arbeit, in der Freizeit oder auf einer Dienstfahrt, auch ganz anders sein könne:

»Ich kenn den auch privat. Das ist privat ein ganz anderer Mensch. Der Vater meines besten Freundes ist mit (B) befreundet. Da hab ich ihn dann am Wochenende mal gesehen, und das war richtig herzlich und so. Und zwei Tage später kommt er dann morgens im Betrieb bei mir vorbei und grüßt mich nicht mal und dreht den Kopf so weg, als ob er mich gar nicht kennt.«

Worauf auch immer (B)s Reserve beruhen mag, ob auf einem restriktiven Rollenverständnis, auf persönlicher Unsicherheit oder taktischem Kalkül, die sozialen Folgen seiner Kontaktlosigkeit sind dieselben. Obgleich vertraut und alltäglich behält der Rundgang einen bedeutsamen Rest von belastender, mitunter quälender Ungewißheit. Zwar weicht (B) nur selten von seiner vorgezeichneten Wegstrecke ab, manchmal rückt er aber doch bis ins Revier der Schleifer vor oder spricht mit dem Montagemeister vor der Kabine. Das Schema des Rundgangs erlaubt ihm stets genügend *Variationen*, um die Arbeiter zu überraschen und in Angst zu versetzen. Seine Berechenbarkeit bleibt durchaus unberechenbar. Das Gesetz des Handelns, die soziale Initiative liegt ganz bei ihm. Wo er seinen schleppenden Schritt verlangsamt, bis er schließlich stehen bleibt, welches Werkstück er aufnimmt und prüft, die Entscheidung darüber hat er allein. *Er* ist der Kontrolleur, und er kontrolliert, was und wen er will. Seine *Willkür* ist durch die Routine des Rundgangs keineswegs ausgeschaltet.

Außerdem gibt es *Ausnahmen*. Plötzlich bricht er sein Schweigen, zitiert jemanden herbei, braust unversehens auf oder beschimpft sein Opfer vor aller Augen. Sogar die Meister hat er schon vor Publikum »versäckelt«. Die Gefahr, daß die diskrete Kontrollmacht urplötzlich in eine indiskrete Machtdemonstration, in schiere Gewalt umschlägt, besteht immer. Auch wenn scheinbar alles in Ordnung ist, *ganz* sicher ist man vor (B) nie. So darf man sich auch bei gutem Wetter nicht einlullen lassen und achtet stets auf bedrohliche Zeichen am Horizont. Selbst minimale Abweichungen werden registriert, ja es hinterläßt bereits eine eigentümliche Irritation, wenn (B) zu seinen normalen Zeiten einmal *nicht* auftaucht.

Die gelegentlichen Ausbrüche widersprechen der Inszenierung der Normalität keineswegs. Um Normalität als Normalität erfahrbar zu machen, muß sie von Zeit zu Zeit suspendiert werden. Die Explosionen tragen dazu bei, daß man die Ruhe zu schätzen weiß. Zudem geht es (B) ja nicht nur um die Normalität der Arbeit, sondern auch um die seiner Macht: Normal ist, was die Fügsamkeit der Arbeiter sicherstellt und das hierarchische Positionsgefälle unterstreicht.

Daß (B) das Sagen hat, betont er nicht zuletzt dadurch, daß er kaum etwas sagt. Meist passiert er die Arbeitsplätze, ohne auch nur ein einziges Wort an die Arbeiter zu richten. Nur hin und wieder rafft er sich zu einem knappen Befehl oder einer barschen Anordnung auf. Aber auch dann will er keine Antwort, sondern stummen Gehorsam. Die Äußerung des einen ist das Handeln des anderen. Der *Lakonismus der Macht* duldet nicht nur keinen Widerspruch, sondern tilgt die Reziprozität der Kommunikation überhaupt. Etwas sagen heißt hier gerade nicht, ein Gespräch zu beginnen, sondern nur, dem anderen mitzuteilen, was er zu tun und daß er nichts zu sagen hat.

Bedrohlich ist (B)s schweigende Inspektion vor allem wegen der *Unabsehbarkeit ihrer Folgen*. Seine strikte Sachlichkeit ist unwägbar, undurchschaubar, ganz abgesehen von der persönlichen Diskriminierung. Man weiß nicht recht, welchen Eindruck man hinterlassen hat, was er im Schilde führt, ob er nachträglich etwas monieren wird. Anweisungen und Kritik, Zurechtweisungen und Sanktion widerfahren nicht in der Kontrollsituation, sondern danach. Im Bedarfsfall ruft (B) den zuständigen Meister in sein Dienstzimmer oder beauftragt ihn telefonisch mit der Exekution.

Den Arbeitern nimmt dieser *indirekte Führungsstil* die Chance zur direkten Erwiderung und Rechtfertigung. (B)s Autorität hingegen wird durch diese situative Separierungstaktik eher noch gestärkt: Wer nichts sagt, braucht auch nichts zu legitimieren, erklärt damit auch nichts für legitimierungsbedürftig. Die Delegation der Maßnahmen erspart ihm lästigen Widerspruch. Den Ärger haben die Meister, die durchweg von seinem Wohlwollen abhängig sind und die er zu Vollstreckern seiner Befehle macht. Indem er auf die direkte Ausübung seiner Amtsmacht verzichtet, vermeidet er auch den direkten Konflikt. Die Hierarchie der Positionen entlastet seinen Rundgang von den Kosten und Unwägbarkeiten der sozialen Auseinandersetzung und entspricht so ganz der Ökonomie einer Machtmethode, die die bedrohliche, unmittelbare Präsenz mit den Erfordernissen einer unauffälllgen Disziplinarmacht verknüpft.

Die wenigen Interaktionen schmälern diese indiskrete Disziplinarmacht kaum. Bei den Besprechungen im Bearbeitungszentrum oder bei individuellen Belehrungen dominiert (B) regelmäßig die Situation. Er bestimmt die Themen und die Interpunktion der Handlungssequenzen. Will er die Interaktion beenden, geht er einfach weg und läßt die anderen stehen. Auch seine cholerischen Ausfälle, Beschimpfungen oder gar Handgreiflichkeiten untergraben seine Machtbasis keineswegs, sondern verstärken sie. Solche Vorkommnisse gehen rasch von Mund zu Mund, verdichten sich zu Anekdoten der Macht und prägen sich dem kollektiven Gedächtnis der Abteilung ein. (B)s Disziplinarmacht kann sich die üble Nachrede leisten, sie beruht weder auf persönlichem Ansehen noch auf Sachautorität, sie greift weder manipulativ auf Informationsmonopole zurück noch auf den Glauben an Legitimität. Ihre Grundlage ist allein die Abhängigkeit vom Urteil des Vorgesetzten, die Angst vor Benachteiligung und Sanktion. Daß (B)s Sachkompetenz in allen Details der mechanischen Fertigung außer Zweifel steht, führt nicht etwa dazu, daß man Hinweise bereitwillig anerkennen oder ihn sogar um Rat fragen würde, vielmehr nährt sie den Verdacht, daß ihm auf seinem Rundgang nichts entgeht.

Unter dem Regiment der Furcht verlangt die *Selbstbehauptung* Selbstvertrauen und Selbstbewußtsein. An den Schleusen des Rundgangs, bei der Endmontage und den Fräsmaschinen, klafft eine Lücke in (B)s Machtbereich. Die Elektroniker und die »altgedienten« Monteure verfügen über ein Spezialwissen, in das er kaum Einblick hat. Sie verstehen sich als Fachleute, die keine unsachgemäße Kontrolle oder Einmischung vertragen. Dies verleiht ihnen Selbstsicherheit, sie wissen, daß er kaum auf sie verzichten kann und sich unweigerlich blamieren würde, wollte er in ihre Arbeit hineinregieren. Sehr viel gleichmütiger als die anderen notieren sie seine Gegenwart, gehen ihren Tätigkeiten nach und setzen darauf, in Ruhe gelassen zu werden. Ihr professionelles Selbstbewußtsein nimmt ihnen die Angst.

Die betriebliche Struktur der *Unersetzbarkeit* ist während des Rundgangs indirekt wirksam. Auf die Frage, wie sich denn (B) trotz des vergifteten Abteilungsklimas seit über zwanzig Jahren in seiner Position halten könne, antwortet der langjährige Betriebsratsvorsitzende unverblümt: »Weil er Umsatz macht, weil er trotz allem aus dem Maschinenbau mit relativ wenig Leuten ziemlich viel herausholt. Die wisset da oben ganz genau, was da los ist, aber solange der Umsatz stimmt, da nehmen die das eben in Kauf und da glauben die, daß sie auf ihn halt nicht verzichten können.«

Die Zuschreibung von Unersetzbarkeit durch die Geschäftsleitung ist für (B) eine Machtquelle, die er auf keinen Fall aufs Spiel setzen darf. Deshalb behandelt er auch diejenigen »alten Hasen« unter den Monteuren, die mit ihrem Spitzenakkord seit Jahren den hohen Leistungsstand der Abteilung garantieren, deutlich respektvoller als andere, ja er schlägt sich sogar bei Abrechnungskonflikten mit dem Meister auf die Seite der Arbeiter. Weil er auf sie angewiesen ist, behelligt er sie bei seinem Rundgang nicht weiter und schraubt die Intensität der Überwachung zurück. Sie sind ihm für die Erhaltung seiner Unersetzbarkeit unersetzbar.

Ganz anders verhält es sich an der zweiten Schleuse, bei den Fräsmaschinen. Hier arbeitet der Betriebsrat der Abteilung, ein hochqualifizierter Fachmann, der sich im Lauf der Jahre allerlei Freiheiten erobert hat, an denen auch seine beiden Kollegen aus seinem unmittelbaren Umkreis teilhaben. An dieser Stelle trifft (B) auf offene *symbolische Opposition*. Lauthals zieht der Fräser seine Show ab, sobald er (B)s ansichtig wird, lümmelt an seiner Maschine herum, um ja nicht den Eindruck von Arbeit zu erwecken, geht ostentativ zum Kaffeeautomaten, albert mit seinen Kollegen herum oder eröffnet vorzeitig, demonstrativ mit der Brötchentüte winkend, die Arbeitspause. Bemerkenswert ist an dieser situativen Opposition nicht nur, daß sie provokativ zur Schau gestellt wird,

sondern vor allem, daß sie nicht geahndet, ja von (B) absichtlich ignoriert, wortwörtlich: übergangen wird.
Der Fräser begreift, wie er einmal sagt, (B) als seinen »persönlichen Feind«. Über ein Jahrzehnt schon währt sein Kampf, der ihn, trotz Meisterbrief und unbestrittener Sachkompetenz, mittlerweile alle Aufstiegschancen in der Abteilung gekostet hat. Bereitwillig nimmt er berufliche Nachteile in Kauf, solange er nur »seinen aufrechten Gang bewahren« kann. Die *Provokationen* sind ihm ein Mittel der persönlichen Selbstbehauptung, Dokumente seiner Standhaftigkeit, Zeichen auch seiner Fixierung an den Gegner. Sozial testen sie die Konfliktbereitschaft des Vorgesetzten. Sie sollen ihn bloßstellen, reizen, zu einem Übergriff ermuntern, der Disziplinarmacht die Maske entreißen: »Man muß ihm nur mal widersprechen, dann trommelt er auf den Tisch und zeigt sein wahres Gesicht.« Obwohl seine gestische Opposition immerzu Anlässe für Sanktionen bietet, rechnet der Fräser kaum mit unmittelbaren Reaktionen. Aber es könnte ja einmal sein, daß (B) seinen Zorn nicht mehr zügeln kann, daß er aus der Haut fährt, sich selbst entlarvt und diskreditiert.
Doch während sich der Provokateur vor dem Publikum seiner Kollegen immer wieder selbst beweist, schlägt sein Gegenüber das Konfliktangebot aus. Er durchläuft die Schleuse, ohne anzuhalten, ohne aufzublicken. (B) wahrt sein Gesicht, indem er nichts tut, jede Angriffsfläche vermeidet, die Provokation ins Leere laufen läßt. Und weil er sie absichtlich übersieht, bleibt er in seiner Macht unangreifbar. Solche Kaspereien können ihn nicht treffen. Was zunächst wie situative Schwäche, wie ein Defizit an Macht aussieht, erweist sich so letztlich als eine Stärke, die es sich leisten kann, Provokationen auf sich beruhen zu lassen. Zwar ist seine Disziplinarmacht an dieser Stelle des Rundgangs geschwächt, doch der abgetragene Fehdehandschuh, den ihm der Fräser Tag für Tag entgegenwirft, bleibt immer liegen. Der Vorgesetzte geht einfach vorbei, straft seinen Widersacher mit Gleichgültigkeit.
Der Rundgang ist keine prunkvolle, überwältigende Entfaltung der Macht, kein repräsentativer Auftritt des Souverän vor der herbeigetriebenen Menge, der ein für allemal klarstellt, wer hier das Sagen hat. So sichtbar und bedrohlich der Inspizient in seinem weißen Kittel ist, nicht er steht im Rampenlicht, sondern die anderen. Der Rundgang gleicht eher einer regelmäßigen Prüfung von Abweichungen, einem routinierten Ordnen der Ordnung. Er

zwingt den Untertanen die Sichtbarkeit auf und dokumentiert die Vorfälle. Er löst Ansammlungen auf, notiert die Leistungen, sichert Fügsamkeit und Normalität. Insofern entspricht er ganz den Prinzipien der panoptischen Disziplinarmacht. Doch die Überwachung ist gegenseitig, die Inszenierung von Normalität und die Kontaktvermeidung verlaufen reziprok. Der Kontrolleur ist keineswegs allgegenwärtig, sondern zur Mobilität, zur punktuellen Präsenz verurteilt. Daher der Rückgriff auf die alte Politik der Abschreckung. Der selektive Kontrollblick sortiert die Untertanen und hinterläßt bedrohliche Ungewißheit. Die stumme Fixierung dringt in die Territorien ein, nagelt das Opfer fest, erzeugt Angst und Furcht. Und die direkten Übergriffe, so selten und ungeplant sie geschehen, statuieren Exempel. So ist der Rundgang zugleich disziplinierend und indiskret, normal und bedrohlich, effektiv und intensiv. Als Technik der sozialen Kontrolle verknüpft er die stille Überwachung mit der Demonstration der Macht. Aber vielleicht ist er auch nichts anderes als ein spätes Relikt einer älteren Machtform, solange der Panoptismus noch nicht als lückenlose technische Dauerüberwachung institutionalisiert ist.

*

3.2. Zerfall

Autorität ist ein Prozeß. Ihre Entwicklung kann, ebenso wie bei anderen Bewegungen des Sozialen, stetig und kontinuierlich, aber auch sprunghaft und abrupt verlaufen. Manche Autoritäten wachsen langsam aus der Masse heraus, mehren ihr Ansehen und werden erst nach einer langen Reifezeit inthronisiert; andere hingegen werden ganz plötzlich auf den Schild gehoben und gelangen über Nacht zu Macht und Ruhm. Das Gleiche gilt für den Abstieg: Es gibt sowohl den Sturz der Autorität, den tiefen Fall, der sie auf einen Schlag aller Würden und Ämter beraubt und zur Unperson degradiert; und es gibt auf der anderen Seite das Verblassen der Autorität, die schleichende Aushöhlung der Anerkennung und Ehrfurcht.

Die erste und einfachste Ursache des *Autoritätsschwundes* ist der Rückgang des Autoritätsbedarfs. Autoritäten leben nur so lange, wie sie *gebraucht* werden, wie andere glauben, sie zu dem machen zu müssen, was sie nicht selber sind. Scheint jedoch die Krise der Organisation überwunden, sind die Ressourcen beschafft, die Gruppenkonflikte beigelegt, die Zieldiffusionen beseitigt, so erlahmt auch das Bedürfnis nach Anlehnung. Die Ordnungsleistungen der Autorität werden durch Organisationsprogramme substituiert, die künftigen Turbulenzen frühzeitig entgegenwirken sollen. Die Autorität hat »ausgedient«. Auch wenn sie weiter im Amt bleibt und in ihrer Funktion respektiert wird, so verliert die Anerkennung doch langsam jenen zwanghaften Charakter der Selbstunterwerfung, der fortwährenden Bestätigung eigener Unselbständigkeit. Die Wahrnehmung lockert die Reflexe des sozialen Vergleichs. Die frühere Überlegenheit wird nun eher als herausragende Besonderheit gedeutet, die man bewundern kann, ohne sich von ihr abhängig zu machen. Die ausgediente Autorität behält zwar ihre Meriten, aber ihr Nimbus ist Vergangenheit und die heutige Situation eine andere.

Ganz anders beim *Sturz einer Autorität*. Hier schlägt absolute Anerkennung nicht selten in absolute Verdammung um. Die Krise ist noch keineswegs bewältigt, hat sich vielleicht sogar verschlimmert, die Autorität hat versagt. Wenn Autoritäten gestürzt werden, ist der Autoritätsbedarf oft sogar noch gestiegen: Der Fall der alten Autorität ist der rasante Aufstieg einer neuen. Ja die neue empfiehlt sich gerade dadurch als Autorität, daß sie die alte stürzt. Entweder ist es eine frühere Zwischenautorität, die ihren einstigen Ziehvater abserviert, indem sie unzufriedene Teile der Hilfstruppe abwirbt und den Putsch wagt; oder es gelingt einem charismatischen Außenseiter, sich zur Projektionsgestalt der enttäuschten Wünsche und Hoffnungen der Massen zu machen und als Prophet einer »neuen Ordnung« die Macht zu erobern. Dabei ist der Bruch mit der alten Ordnung meist keineswegs so total, wie er sich nach außen darstellt: Nicht nur, daß bei der Neuverteilung der Pfründe vor allem in den Mittelrängen der Macht allerlei Kompromisse und überraschende Bündnisse zustande kommen, auch in der Propaganda knüpft die neue Autorität gerne an »eherne Werte« an, die die alte angeblich verraten habe. Die Korrumpiertheit der alten Autorität ist die Deutungsfolie, auf der sich die neue profiliert. Die Zerstörung der alten Autoritätsbilder ist eine Grundvoraussetzung für den Sieg.

Als *Methoden der Diskreditierung* bieten sich verschiedene Vor-

gehensweisen an.[43] Sie zielen allesamt darauf ab, die Selbstverständlichkeit der Autoritätsgeltung zu untergraben, indem sie Respekt und Anerkennung entziehen und den Ordnungswert der Autorität destruieren. Dies beginnt bereits mit der Aussaat des *Zweifels*: Da die Handlungslegitimität der Autorität fraglos vorausgesetzt wird, schwächt jeder legitimatorische Diskurs ihre Geltung. Wo bohrende Fragen gestellt werden, gibt es keine Automatik der Anerkennung mehr. Eine Autorität, die, anstatt selbst Fragen zu stellen, Antworten geben muß, ist längst herausgefordert und wird plötzlich unsicher. Sie züchtet den Virus des Zweifels, indem sie an sich selber zu zweifeln beginnt.
Allerdings sind, solange die Autorität noch fest im Sattel sitzt, alle direkten Formen der Delegitimierung äußerst riskant. Um den frühen Gegenschlag zu vermeiden, ist es daher ratsam, sich zunächst nur auf *indirekte* Verfahren der Desavouierung zu beschränken, die Wühlarbeit sorgsam zu dosieren und sich im übrigen durch gleichzeitige Ergebenheitsadressen den Rückweg offen zu halten. Zustatten kommt dem Unruhestifter dabei die Tatsache, daß die Grenzen zwischen Anerkennung und schleichender Aberkennung oft fließend und keineswegs klar markiert sind. So kann eine überschwengliche *Beteuerung von Loyalität* beim Publikum den Verdacht nähren, daß die Autorität sich trotz ihrer scheinbar gesicherten Position in einer Lage befindet, in der sie solche Zusicherungen *braucht*. Wer einem anderen beisteht, setzt damit voraus, daß jener Beistand benötigt, also Anfechtungen ausgesetzt ist. Bereits die simple Thematisierung der Stabilität erodiert die Folgebereitschaft.

43 Die Anwendung der empfohlenen Taktiken setzt freilich voraus, daß derjenige, der sich ihrer bedient, sich innerlich von der Autorität bereits soweit gelöst hat, daß er sie überhaupt diskreditieren *kann*. Zumindest muß die frühere Anlehnungsbindung in eine antiautoritäre Ablehnungsbindung umgeschlagen sein. Im übrigen wird damit über die psychischen Prozesse der Ablösung nichts gesagt. Nach Sennett (1985, S. 191 ff.) kann man sich dem Bann der Autorität letztlich nur dadurch entziehen, daß man sich ihr nähert und die imaginierten Stärkebilder nach und nach durch »realistische« Zuschreibungen ersetzt. Das Drama der Emanzipation besteht darin, eine Sichtweise der Autorität zu erlernen, die es einem ermöglicht, falsche und legitime Anerkennungen zu entwirren und auf diese Weise zur Selbstanerkennung des eigenen Urteilsvermögens zu gelangen.

Steht diese Frage erst einmal im Raum, so kann man dazu übergehen, die Autorität *zu relativieren*. Wird eine Autorität mit anderen Autoritäten verglichen, so hört sie schlagartig auf, die einzige, »die« Autorität zu sein. Wo es mehrere Autoritäten gibt, eröffnen sich plötzlich Möglichkeiten der Wahl. Nichts ist heikler für den Fortbestand der Autorität als eine ausufernde Personaldiskussion. Es ist nicht länger die Autorität, die die Ränge verteilt; ihr wird umgekehrt selbst ein Rang zugewiesen. Sie ist nur noch eine »unter« anderen. Jede Relativierung der Autorität limitiert sie zugleich: Ihr Geltungsanspruch wird begrenzt auf das, was sie leistet und auch gegenüber anderen herausragenden Figuren vorweisen kann. Mit der einschränkenden Objektivierung schwindet der Mythos der Omnipotenz.

Derart auf ein menschliches Maß zurechtgestutzt, kann die Autorität zur Zielscheibe mehr oder minder offener Anfeindungen werden. Besonders wenn es gelingt, ihre Ordnungsfunktionen zu paralysieren, werden die Risse im Sockel breiter und sichtbarer. Dabei ist es oft gar nicht nötig, die Autorität frontal anzugreifen. Schon ein kleiner, geschickt geschürter Zwist in der Hilfstruppe, der sich nach und nach zu einem Dauerkonflikt ausweitet, unterminiert das Vertrauen in die Führungskraft. Wie will einer, der nicht einmal seine eigene Gefolgschaft unter Kontrolle hat, dem Ganzen den Weg weisen? Gefährlich ist die *Fraktionierung der Anhänger* für die Autorität vor allem deshalb, weil sie sich rasch zu einem unangenehmen Machtdilemma auswachsen kann: Beendet sie die Rivalität der feindlichen Brüder, indem sie für eine, meist die stärkere Seite Partei ergreift, so riskiert sie die Loyalität der anderen oder treibt sie gar in die Opposition; versucht sie aber durch Kompromisse zu vermitteln, die oft nur von kurzer Dauer sind, so gerät sie schnell in den Geruch eines prinzipienlosen Lavierers, der keine eigene Meinung vertritt und seine Schäfchen nur noch durch Taktieren zusammenhalten kann. In beiden Fällen schwächt sie ihre Autorität. Zementieren kann sie ihr Ansehen nur dadurch, daß sie nach *beiden* Seiten Distanz hält, entschlossen eine eigenständige Position bezieht und die Streithähne zur Raison bringt. Kurz: Sie muß Führungsqualitäten beweisen, indem sie tatsächlich führt, die Herausforderung offensiv annimmt und die Verschwörer an den Pranger stellt.

Von solchen gezielten, aber indirekten Methoden der Dezimierung der Autorität sind jene Techniken zu unterscheiden, die die

Autorität unmittelbar attackieren. Hier geht es nicht mehr nur darum, Zweifel auszustreuen oder Legitimationszwänge aufzurichten, sondern der Autorität demonstrativ den Respekt zu versagen und jeden Anspruch auf Anerkennung für null und nichtig zu erklären. Dies ist die Absicht der *Provokation*. Der überraschende Affront will die Autorität dadurch in Mißkredit bringen, daß er sie dazu zwingt, eine ihrer Vermeidungsalternativen (vgl. Luhmann 1975, S. 120) zu realisieren: Entweder sie ahndet den Normbruch durch direkte Repression und Gewalt und entlarvt sich so als profane Macht – oder sie steckt zurück, läßt den Provokateur gewähren und offenbart ihre situative Ohnmacht. Die Provokation stellt die Autorität vor die Wahl zwischen Brutalität und Gesichtsverlust; wofür auch immer sie sich entscheidet, in jedem Fall delegitimiert sie sich selbst und bestätigt den Provokateur.

Häufig legt es der Provokateur darauf an, die Autorität öffentlich zu blamieren, sie vor aller Augen *lächerlich* zu machen. Die Waffe der Lächerlichkeit ist deshalb besonders probat, weil sie den anderen einerseits persönlich herabwürdigt und ihm gleichzeitig weithin die Hände bindet. Wer nämlich auf Hohn und Spott mit harschen und unmittelbaren Sanktionen reagiert, setzt sich dem Verdacht aus, keinen Spaß zu verstehen und über wenig innere Souveränität zu verfügen. Weil das Veräppeln der Autorität auch das Publikum amüsiert, bleibt ihr oft kaum etwas anderes übrig, als gute Miene zum bösen Spiel zu machen. Und wenn sie irgendwann eben doch explodiert, ist es für den Provokateur ein leichtes, die Aktionen der Gegenseite als Überreaktion hinzustellen und sie nun seinerseits als Provokation zu etikettieren.

Die Strategie des Verächtlichmachens setzt freilich eine politische Kultur voraus, in der Lächerlichkeit auch tatsächlich desavouiert.[44] Nur wo die Macht geachtet werden will, wird sie durch demonstrative Mißachtung provoziert. Gelingt es der Autorität

44 Zuweilen verfahren Amtsinhaber stur nach der Devise »Lächerlichkeit tötet – nicht« (vgl. Bohrer 1988, S. 32). Sie lassen jede Kritik von sich abprallen und sitzen sie einfach aus. Und sind damit über längere Zeit durchaus erfolgreich. Die Voraussetzung für das Funktionieren solcher Dickfelligkeit ist freilich, daß die Autorität von sich selbst und ihrer Bedeutung so sehr überzeugt ist, daß sie von der Ahnung ihrer möglichen Lächerlichkeit nicht einmal gestreift wird. Die Pflege der eigenen Dummheit ist der Preis für die Erhaltung der Macht.

allerdings, die Provokation gewitzt aufzufangen und die Situation so zu modulieren, daß sie den Normbruch gleichsam wieder in die Normalität eingemeindet, so wertet dies ihr Ansehen ungemein auf und blamiert umgekehrt den Provokateur (vgl. Paris 1989, S. 41). Der schlagfertige Konter sprengt das Reaktionsdilemma auf und stellt den Provokateur in den Regen. Wer sich aus einer Ecke, in die er getrieben wurde, wieder befreit, gewinnt Achtung und Anerkennung. Jede Anfechtung stellt für die Autorität immer auch eine Möglichkeit dar, sich zu bewähren und die Intensität des Autoritätsglaubens zu erhöhen.

Weitet sich jedoch die punktuelle Herausforderung zu einem Flächenbrand kollektiven *Ungehorsams* aus, so ist der Sturz der Autorität nicht mehr fern. Sie verliert in dem Maße an Ansehen und Respekt, wie ihr die Situation außer Kontrolle gerät. Wenn es richtig ist, daß die Macht der Achtung meistens vorangeht, so gilt umgekehrt auch, daß jede deutliche Machteinbuße sogleich einen spürbaren Autoritätsverlust nach sich zieht. Ja mehr noch: Weil die Autorität nicht länger in der Lage ist, Ruhe und Ordnung zu garantieren, werden Unruhe und Unordnung nun *ihr* als mangelnde Führungskraft angelastet. Nicht nur, daß sie das Chaos nicht verhindert hat, sie ist selbst dafür verantwortlich. Plötzlich stehen die Fehler der Autorität im Vordergrund und es entwickelt sich eine kumulative *Spirale des Macht- und Autoritätsverlusts*: Je offensichtlicher die Machtlücken, um so geringer die Autoritätszuschreibung, um so schlechter die Chancen, das Machtdefizit wieder auszugleichen und den galoppierenden Niedergang der Autorität aufzuhalten. Am Ende ist die frühere Autorität oftmals der einzige, der noch von sich überzeugt ist. Sie steht vor einem Scherbenhaufen, ihre Hilfstruppe hat sie im Stich gelassen, und die Anhänger sind weggelaufen.

Unabhängig davon, ob die Autorität jäh stürzt oder langsam ausleiert, ob der Niedergang kontinuierlich oder von Erholungsphasen unterbrochen ist, stets wird der Prozeß sozial inszeniert. Die Entmachtung folgt vorgestanzten dramaturgischen Mustern, *sozialen scripts*, an denen sich die Akteure orientieren. Für den Zerfall der Autorität können, ohne Anspruch auf Vollständigkeit, mindestens vier solcher Drehbücher unterschieden werden. Die Namen der Stücke sind: »Der Lotse geht von Bord«, »Undank ist der Welt Lohn«, »Hochmut kommt vor dem Fall« und »Die Rache der Enterbten«.

Im Schauspiel *»Der Lotse geht von Bord«* kommt die Autorität vergleichsweise glimpflich davon. Sie hat das Schiff bei widrigen Winden geschickt durch gefährliche Untiefen geleitet, doch nun, wo die offene See erreicht ist, muß sie die Brücke verlassen und andere übernehmen das Ruder. Sie hat ihre Aufgabe erfüllt und man ist ihr dankbar dafür, aber die Früchte der Arbeit ernten die Nachfolger. Die Autorität bleibt zwar weiter geachtet, doch weil sie die Macht verloren hat, wird sie *nur* noch geachtet und nicht länger gefürchtet. Ihr Ansehen verblaßt zum Ruhm früherer Tage, aus dem keine realen Einflußchancen mehr erwachsen. Wo sie noch einmal versucht, sich in die laufenden Geschäfte der Macht einzumischen, wirkt dies oft eigentümlich deplaziert: als ebenso unverbindlicher wie unwillkommener Ratschlag. Man erwartet von ihr, daß sie sich zurückhält und ihre Memoiren schreibt.
Die Autorität im Ruhestand ist eine Autorität ohne Macht. Allerdings ist, so offenkundig die Zäsur auch erscheint, der Machtverlust kein dramatischer Sturz, sondern geordneter Übergang. Die Autorität wird, wenngleich gegen ihren Willen, in allen Ehren verabschiedet. Die Frage, wer sie denn eigentlich ausgebootet hat, ist gegenüber der Veränderung der Großwetterlage zweitrangig. Hierüber bestehen im nächsten Stück *»Undank ist der Welt Lohn«* keinerlei Zweifel: Es sind die Nutznießer der Autorität, diejenigen, die unter ihr großgeworden sind und von ihren Leistungen profitiert haben, die jetzt, da sie auf sie angewiesen wäre, den Stab über sie brechen und sie vom Thron stoßen. Der Abgang der Autorität ist das Werk mißgünstiger Diadochen, die seit langem darauf gelauert haben, ihren Gönner zu entmachten. Dabei hätte die Autorität nach dem, was sie für das Ganze geleistet hat, allemal Anspruch auf Dankbarkeit, doch selbst jener Respekt, der ihr einen würdevollen Abschied ermöglicht hätte, bleibt ihr von den Neidern und einem unverständigen Publikum versagt.
Mit dem Deutungsmuster der vorenthaltenen Dankbarkeit tritt die Schuldfrage ins Zentrum der Darstellung. Dies ist auch bei dem dritten Stück *»Hochmut kommt vor dem Fall«* das Leitmotiv, nun aber unter umgekehrtem Vorzeichen. Hier ist es die Autorität selbst, die ihren Sturz zu verantworten hat. Sie hat den Vertrauenskredit ihrer Anhänger überzogen und sich ein Gebaren angemaßt, das durch ihre Leistungen nicht gedeckt war. Sie hat sich *zu sehr* als Autorität inszeniert, ihre Macht mißbraucht und erfährt nun die gerechte Strafe für solche Hoffart.

Das Drama *»Die Rache der Enterbten«* bezieht schließlich den Sturz der Autorität auf die Geschichte ihres eigenen Aufstiegs. Sie hatte bei der Entmachtung der alten Autorität keinerlei Rücksicht auf die angestammten Pfründe der Hilfstruppe genommen und auch die mittleren Chargen radikal ausgewechselt. Die alten Anhänger wurden in alle Winde zerstreut, doch nun haben sie sich unbemerkt in den Nischen der Organisation gesammelt und warten auf eine günstige Gelegenheit um zuzuschlagen: Sie nehmen Rache für die Demütigungen und verfahren jetzt nach dem gleichen Muster. Die Autorität wird nicht in den Ruhestand, sondern in die Wüste geschickt. Doch die Rache ist blind für alles, was die Autorität geleistet hat und an Anerkennung verdient hätte. Ihre Entmachtung ist der Triumph der Reaktion.

Dies also sind einige Drehbücher, nach denen der Zerfall der Autorität gespielt wird. Dabei sind die Rollenvorlagen, an denen sich die Akteure ausrichten, immer schon mit *Selbstlegitimierungen* verschränkt, die sie ihrem Handeln unterlegen. Schon während der Aufführung sorgen sich die Darsteller um die Kritik: sie basteln an ihrer Legende. Denn wenn die Stücke gespielt sind und der Vorhang gefallen ist, ist die Sache noch keineswegs zu Ende. Die faktischen Ereignisse, die Widerfahrnisse und Handlungsketten amalgamieren sich mit den legitimatorischen Selbstdeutungen zu *Geschichten*, in denen die Karriere der Autorität erzählt und wiedererzählt wird. Autoritäten hinterlassen Geschichten. Die Genese von Achtung und Anerkennung, die einschüchternden Bilder der Stärke, das Wechselspiel von Furcht und Vertrauen und das intensive Erleben der Werte, all das ist der Stoff, aus dem noch nach langer Zeit Identitätsentwürfe gewebt werden.

Welche Geschichte erzählt wird, ist stets eine Frage der Perspektive und der Stellung des Erzählers in der Figuration, es ist eine Frage der Macht und der Zeit, in der die Geschichte erzählt wird. Oft konkurrieren verschiedene Geschichten und Lesarten eine Zeitlang miteinander, bis sich eine Version durchsetzt, nicht zuletzt deshalb, weil sie der jetzigen Autorität entgegenkommt. Autoritäten sind auch insofern Autoritäten, als sie die Geschichten ihrer Vorgänger kontrollieren. Aber die Verdrängung der anderen Erzählweisen ist niemals total. Die Zeiten ändern sich, am Grunde der Moldau wandern die Steine. Auch die nichterzählten Geschichten überdauern, sie sinken hinab ins kollektive Gedächtnis und warten, bis ihre Zeit gekommen ist.

III. Stellvertretung

Niemand vermag über alles zu beraten und zu entscheiden, was ihn direkt oder mittelbar betrifft. Deshalb beauftragt er andere, an seiner Stelle zu sprechen, Entschlüsse zu fällen oder Streitigkeiten auszufechten. Stellvertretung gehört zu den universalen Ordnungsformen der Vergesellschaftung. Advokaten führen für ihre Mandanten Prozesse, Banken verwalten das Vermögen ihrer Kunden, Priester beten für ihre Gemeinden, Intellektuelle denken für ganze Gesellschaften. Vereine bestellen Vorstände, Belegschaften wählen Interessenvertreter, Wahlvölker entsenden Abgeordnete in Parlamente. Immerzu sind Individuen und kollektive Akteure damit beschäftigt, Vertreter zu finden, die für sie handeln sollen. Freiwillig oder aus Zwang verzichten sie auf die Lasten der Freiheit, ihre Selbständigkeit und Souveränität, ihre Handlungsmacht.

Repräsentation und Delegation sind ehrwürdige Themen der politischen Theorie. Von der Debatte um direkte Demokratie und Elitenherrschaft, um Parteien- und Verbändestaat wird hier jedoch kaum die Rede sein. Statt dessen befassen sich die folgenden Studien mit der Grundstruktur jeder sozialen Delegation. Stellvertretung ist eine Machtfiguration sui generis, ein strukturelles Arrangement, das eine gesonderte Betrachtung verdient, und zwar unabhängig davon, welche Instanzen in dieser Struktur handeln. Ob sich ein Schachclub von Amateuren einem Regionalverband anschließt, wie Parlamente ihre Regierungen wählen, nach welchen Maßstäben Delegierte für Parteitage oder Zentralkomitees bestimmt werden, von den naheliegenden Unterschieden solcher Handlungsfelder wird hier abgesehen. Dafür liegt der Erörterung die weitreichende Annahme zugrunde, daß es eine universale Grammatik der Stellvertretung gibt, die in der Mehrzahl der Fälle zur Entmachtung der Vertretenen führt. So geht es im folgenden darum, wie sich die Verselbständigung der Stellvertreter vollzieht und durch Organisation reproduziert und weshalb die politische Entfremdung selbst dann wiederkehrt, wenn eine Revolution das alte Regime zu beseitigen verspricht.

1. Die Struktur der Stellvertretung

In ihrer einfachsten Form ist Stellvertretung eine *triadische Figuration* (vgl. Weiß 1984, S. 47). Der Delegierte handelt für den Auftraggeber gegenüber einem Dritten, einem Kontrahenten oder Rivalen. Er steht nicht einsam an der Spitze, sondern bewegt sich zwischen dem Ersten und Dritten. Betriebsräte pendeln zwischen Belegschaft und Geschäftsleitung, Parlamentarier zwischen Wahlvolk und Regierung, Anwälte zwischen Klient und Gericht. Der Stellvertreter ist eine intermediäre Instanz, die in der Figuration die zentrale Schlüsselrolle besetzt. Ohne ihn gäbe es den sozialen Zusammenhang gar nicht. Die Belegschaft könnte mit dem Direktorium nicht verhandeln, das Wahlvolk keine Regierung bestellen, der Klient keinen Prozeß führen. Es ist der Vertreter, der den sozialen Konnex stiftet. Er ist eine Instanz der Vergesellschaftung.

Die Zwischenstellung bringt den Stellvertreter zwangsläufig in ein *Rollendilemma*. Er ist nicht nur, wie bei jedem Rollenkonflikt, den gegensätzlichen Zielen des Ersten und Dritten ausgesetzt. Die Ambiguität seiner Position ist unaufhebbar. Selbst wenn es ihm gelingt, die aufgetragenen Ziele vollständig zu erreichen und mit dem Dritten vertraglich festzuhalten, im Augenblick des Beschlusses wird er selbst zu dessen Garanten. Nun hat er das Abkommen gegenüber seinen Auftraggebern zu vertreten. Schon der geringste Stimmungswandel seiner Mandanten zwingt ihn dazu, um Zustimmung werben zu müssen. Eben weil er für das Kollektiv entscheidet, hat er nach dem Entschluß zuerst für sich selbst einzustehen. Ob sein Mandat gebunden ist oder frei, sobald er zurückkehrt, muß er für sich selbst sprechen, seine Kompromisse und Winkelzüge verteidigen. Daß der siegreiche Advokat mit einhelliger Begeisterung empfangen wird, ändert nichts an dieser figurativen Grundstruktur. Der Stellvertreter vertritt den Ersten gegen den Dritten und den Vertrag mit dem Dritten gegenüber dem Ersten. Und vor beiden Seiten vertritt er sich selbst.

Der Delegierte überbrückt zwei *Handlungszonen*. Mit dem Ersten verbindet ihn das Mandat, mit dem Dritten der Konflikt. In jeder Region gelten andere Regeln und Verkehrsformen. Vor den Werkstoren spricht man anders als am grünen Tisch hinter verschlossenen Türen. Dazwischen springt der Delegierte hin und her, sein Vokabular umfaßt die volkstümliche Redeweise seiner

Gruppe und die Verhandlungssprache seiner Kontrahenten. Hier der flammende Aufruf oder die dämpfende Beschwichtigung, dort die dosierte Drohung, die langwierige Überredungsarbeit, das übermächtige Gebot der Sachlichkeit. Weil der Stellvertreter in der Mitte steht, ist er der geborene Vermittler, der die sozialen Kreise verknüpft und zugleich trennt. Die Dialektik der Grenze gilt auch für ihn. Gleichermaßen ist er Medium der Vergesellschaftung und der sozialen Trennung. Er blockiert die Überkreuzung der Kreise, steht wie ein Puffer zwischen den Fronten und hält sie auseinander. Im Idealfall läßt ihn das Gleichgewicht der Macht in der Mitte. Doch es reicht schon eine kleine Verschiebung, um ihn auf eine Seite zu ziehen.

Das Grundmuster der Triade kennt zahlreiche Variationen und Erweiterungen. Man braucht statt des Singulars nur schrittweise den Plural zu setzen. Meist sind es mehrere Auftraggeber, die sich einen Repräsentanten suchen. Die Mitglieder einer Gruppe wählen einen Vertreter, der nicht die Belange der einzelnen, sondern der Gruppe verfolgen soll. Will sich die Gruppe nicht einem einzelnen ausliefern, ernennt sie mehrere Delegierte. Doppel- oder Mehrfachvertretung teilt die Vertretungsmacht. So verfügt das Kollektiv entweder über ein Organ gleichgestellter Vertreter oder über mehrere, funktional geschiedene Instanzen, einen obersten Richter, einen Gesetzgeber, einen Regenten und einen Repräsentanten, der für das Gemeinwesen insgesamt steht.[1] Noch komplexer wird die Beziehungsstruktur, sobald mehrere Gruppen ihre Vertreter in ein gemeinsames Komitee entsenden. Organisationen schicken ihre Delegierten in den Interessenverband, Abteilungen ernennen ihre Fachleute für gemischte Gremien, Parteibezirke wählen ihre Delegierten für den Parteitag. So entsteht eine Gruppe von Gruppenvertretern, die die Basisgruppen zu einem Gruppenverband vereinigt (vgl. Claessens 1980, S. 130f.). Eine Mehrzahl schafft sich ein Organ für eine Mehrzahl von Repräsentanten, eine Gruppe zweiter Ordnung.

In der *Vertretergruppe* treffen die Interessen mehrerer Gruppen aufeinander. Der Dritte ist hier der andere Gruppendelegierte. Ein Stellvertreter hat es mit anderen Stellvertretern zu tun. Jeder

1 Eine besonders elegante und gleichzeitig ökonomische Variante ist das Modell der »konstitutionellen Monarchie«. Das Parlament repräsentiert die Vielfalt des Wahlvolks, der Monarch hingegen seine Einheit.

ist zugleich Repräsentant seiner Gruppe und Mitglied der Repräsentantengruppe. Dies verdoppelt das Rollendilemma in dramatischer Weise. Solange der Dritte jenseits der eigenen Front steht, handelt der Delegierte an der Grenzlinie seiner Herkunftsgruppe. Im Vertretungsorgan jedoch arbeitet er mit Dritten zusammen, um gegen Vierte, die Gegner des Verbandes, anzugehen. Die Funktionäre rivalisieren untereinander um Einfluß auf die Verbandspolitik, sie vertreten den Verband nach außen und repräsentieren zugleich die Gruppe, aus der sie kommen. Der einfache Vertreter hat nur den Ersten gegen den Dritten zu vertreten, der Verbandsvertreter hingegen den Ersten gegen den Dritten und das Organ aller Dritten gegen den Vierten. Er handelt nicht in zwei Regionen, sondern in drei, eine Komplikation, die Gruppenverbände meist dadurch lösen, daß sie Hierarchien einrichten und aus der Gruppe zweiter Ordnung eine dritte ernennen, der die Außenpolitik des Verbandes aufgetragen wird. Vom Quartier zur Stadt, von der Stadt zum Bezirk, vom Bezirk zum Land, vom Land zum Bund, auf jeder Stufe wird eine Vertretergruppe installiert, die weitere Repräsentanten aus sich hervorbringt. Mit Ausnahme der Spitze sind nunmehr alle Delegierten Zwischenvertreter, Repräsentanten und Repräsentierte in einem. Die *Hierarchie der Stellvertretung* setzt eine Triade über die andere. Sie staffelt die Vertretungsmacht und errichtet eine Pyramide triadischer Figurationen.

Um zur einfachen Grundform zurückzukehren: Stellvertretung gründet auf einer komplexen *Struktur der Anerkennung*. Der Delegierte hat nicht nur den Ansprüchen der Vertretenen zu genügen, sondern auch den Forderungen, die der Dritte an ihn und die Vertretenen stellt. Nur solange gilt er als legitim, wie er die Vertretenen tatsächlich zu vertreten scheint. Nur solange ist er Repräsentant, wie er die Repräsentierten in Erscheinung treten läßt. Unweigerlich ist sein Ende gekommen, wenn ihn die Vertretenen ablehnen oder der Dritte ihn nicht länger für repräsentativ hält. Daher muß er so handeln, daß er der Vorstellung entspricht, die Erste und Dritte von seiner Rolle haben. Je mehr die Konfliktparteien darin übereinstimmen, wer sie sind und was ein Vertreter zu tun und zu lassen hat, desto stabiler ist die Position des Stellvertreters.

Konstitutiv für den Prozeß der Anerkennung ist die *Selbstverpflichtung*, die der Vertretene vor den Augen des Dritten eingeht.

In seinem Vertreter tritt der Erste so in Erscheinung, als ob er selbst auftreten würde. Der Delegierte handelt so, als ob die Gruppe, die er vertritt, selbst handeln würde. Stellvertretung ist ein Verhältnis des Als-ob. Nur deshalb wird das, was der Vertreter tut, unmittelbar den Vertretenen zugerechnet. Seine Radikalität gilt als Radikalität seiner Gruppe, seine Unterschrift bindet auch die Gruppe. Seine Untaten ruinieren das Ansehen seiner Auftraggeber. Durch Stellvertretung werden Menschen für Taten verantwortlich, die sie gar nicht begangen haben. Ob der Dritte den Delegierten akzeptiert, hängt ersichtlich davon ab, ob der Erste ihm folgt. Mit selbsternannten Vertretern, die niemanden repräsentieren, mit Sendboten ohne Vollmacht kann man nichts beschließen. Umgekehrt verhält es sich ebenso. Ob der Erste seinem Vertreter folgt, hängt auch davon ab, ob ihn der Dritte als Vertreter anerkennt. Jemanden mit einem Mandat zu betrauen, der von der Gegenseite geradewegs zurückgeschickt wird, verfehlt die Funktion der Stellvertretung. Darin liegt die heimliche Definitionsmacht des Dritten, die Asymmetrie der Anerkennung. Nicht umsonst werden Repräsentanten auch danach ausgewählt, inwiefern sie für die Gegenseite akzeptabel sind.

Der Delegierte vermittelt die Anerkennung zwischen dem Ersten und Dritten. Eine Ablehnung des Abgesandten ist ein Affront gegen die Entsender, einen unannehmbaren Mandatsträger in die Verhandlungen zu schicken, ist eine Provokation des Dritten. Wer den Vertreter anerkennt, akzeptiert zugleich diejenigen, die er vertritt. Und indem der Stellvertreter seinen Kontrahenten respektiert, respektiert ihn auch die Gruppe, an deren Stelle er spricht. Natürlich ist diese Struktur der gegenseitigen Anerkennung höchst zerbrechlich. Die Akkreditierung zu versagen, ist ein Kampfmittel im Machtprozeß. Der Stellvertreter wird isoliert, indem man seine Auftraggeber gegen ihn ausspielt. Verhandlungen lassen sich bereits im Vorfeld blockieren, indem man dem Vertreter die Legitimation abspricht. Man demütigt den Rivalen, indem man seinem Wortführer die Tür weist und ihn auffordert, einen anderen zu schicken. Die Gruppe wiederum, die ihre Interessen gewahrt sehen will, beäugt mißtrauisch das Ansehen, das ihr Vertreter bei der Gegenseite genießt, obwohl nur dieses Ansehen ihr überhaupt etwas einbringen kann. Und manchmal muß sie alle Kräfte aufbieten, damit zumindest ihr Vertreter vorgelassen und sie als Gruppe überhaupt wahrgenommen wird.

Zur Struktur der Anerkennung kommt ein zirkulärer Prozeß der *Symbolisation*. Die Gruppe erschafft den Delegierten, der in ihrem Namen spricht. Aber ebenso erschafft der Delegierte die Gruppe. Der Repräsentant existiert, weil er die Gruppe repräsentiert. Und weil er sie repräsentiert, existiert die repräsentierte Gruppe (vgl. Bourdieu 1986, S. 184). Ohne ihren Vertreter wäre die Gruppe nichts, eine bloße Ansammlung, ohne kollektive Handlungsfähigkeit, ohne Stimme. Erst indem sie sich in die Hände ihres Wortführers begibt, kann sie sich Gehör verschaffen. Erst indem sie zu seinen Gunsten abdankt und ihm das Wort überläßt, erlangt sie soziale Existenz. Der Repräsentant ist das Zeichen, durch das die Gruppe als Einheit in Erscheinung tritt. In ihm findet sie sich repräsentiert. Er spiegelt ihre Existenz, ihre Macht, ihre Ziele. Jedes Mitglied kann in ihm seine Gruppe wiedererkennen. Mit der Wahl wählt sich die Gruppe selbst.

Repräsentation wirkt nach innen und außen. Wie der Repräsentant Signifikant der Gruppe ist, so dient ihm umgekehrt die Gruppe als Zeichen seiner Vertretungsmacht. Er ruft sie auf, veranstaltet Abstimmungen, Aufmärsche, Versammlungen, Demonstrationen von Entschlossenheit und Stärke. Er präsentiert Mitgliederzahlen, Stimmungsberichte oder Entscheidungen, die ihn angeblich binden. Er zeigt dem Dritten, wie repräsentativ er ist, indem er ihm die Gruppe vorstellt, die er repräsentiert. Er manifestiert seine Legitimität als Wortführer durch die Demonstration jener, die er vertritt.

Mit sozialer Ähnlichkeit hat diese Symbolisierung nichts zu tun. Das Verhältnis von Symbol und Symbolisierten beruht, anders als beim Ikon, rein auf arbiträrer Konvention, auf der Wahl irgendeiner Person als Repräsentanten. Die Verwechslung von Symbol und Ikon gehört zu den tiefgreifendsten politischen Irrtümern. Um eine Gruppe zu vertreten, muß der Stellvertreter keineswegs selbst der Gruppe angehören.[2] Ebensowenig muß er jene sozialen

2 Der logische Zusammenhang, von dem hier die Rede ist, ändert natürlich nichts an der Tatsache, daß die meisten sozialen Gruppen ihre Vertreter nach dem Kriterium ikonologischer Ähnlichkeit auszuwählen pflegen. Ein Parteivorsitzender muß die »Ochsentour« durch alle Vertretungsstufen seiner Organisation hinter sich haben. Nicht einmal der Pressesprecher des Vorstands, als Sprachrohr eine ganz untergeordnete Instanz, darf von außen kommen. Die Vorstellung einer Vertretung ohne deskriptive Repräsentation (vgl. Griffiths 1968, S. 445) liegt offen-

Merkmale aufweisen, die die Mitglieder der Gruppe aufweisen. Zwischen Ähnlichkeit und Stellvertretung besteht kein notwendiger Zusammenhang. Frauen können von Männern ebenso vertreten werden wie Männer von Frauen. Arbeiter können von Arbeitern ebenso verraten werden wie von Angehörigen anderer Klassen. Und in manchen Fällen ist es geradezu unsinnig, auf dem Merkmal der Ähnlichkeit zu bestehen. Geistig Behinderte werden zweckmäßigerweise nicht selbst von geistig Behinderten repräsentiert, Mörder nicht von Mördern und Kleinkinder nicht von Kleinkindern. So wenig der Monarch, der die Majestät des Staates repräsentiert, selbst eine majestätische Erscheinung sein muß, so wenig muß der Gruppenvertreter Mitglied der Gruppe sein. Nur wenn man die logische Referenz der Symbolisation mit deskriptiver Exemplifikation verwechselt, gelangt man zu dem Fehlschluß, eine Gruppe sei in einem Gremium bereits hinreichend repräsentiert, wenn nur eine gewisse Quote von Gruppenmitgliedern dem Gremium angehört.

Die *politische Entfremdung* ist bereits in der Grundstruktur der Stellvertretung angelegt. Durch die Selbstverpflichtung unterstellen sich die Auftraggeber freiwillig ihrem Vertreter. Durch die Symbolisation entsteht eine Instanz, die der Gruppe als selbständiges Organ entgegentritt und sie als Machtmittel benutzt. Hinzu kommt eine charakteristische *Aufspaltung der Relevanzen*. Zwar ermächtigt die Gruppe den Delegierten, ihre Ziele zu vertreten. Er soll keine eigenen Absichten verfolgen, sondern die Gruppenziele durchsetzen. Insoweit spekuliert Stellvertretung auf die ideelle Kongruenz der Relevanzen, auf die Unterstellung, alle wollten dasselbe. Weil aber der Vertreter die Gruppe transzendiert, sind die Relevanzen auch durch regelmäßige Rücksprachen oder Kontrollen nie mehr völlig zur Deckung zu bringen. Auch wenn er eng an die Gruppe gebunden ist, sein Kopf ragt immer über sie hinaus. Sein Hauptinteresse richtet sich weniger darauf, woher er

bar jenseits des gesellschaftlich Denkbaren. Daß die deutsche Nation von einem Polen oder Franzosen problemlos repräsentiert werden kann, ist vollkommen undiskutabel. Das Tabu des Fremden verleitet zu dem archaischen Irrglauben, der Vertreter müsse stets ein Mann aus der eigenen Mitte sein, ein Tabu, das meist nur durch externe Macht zu brechen ist. Die Zuweisung von Kandidaten in fremde Wahlbezirke ist nur ein Beispiel dafür, wie deskriptive Repräsentation durch symbolische Repräsentation ersetzt wird.

kommt, als vielmehr darauf, wohin er geht. Die Separierung der Handlungszonen verlangt diesen Wechsel der Relevanzen. Ein unbefragter, natürlicher Konsens unter Gleichen ist nicht mehr möglich. Daß Delegierte zwangsläufig damit beginnen, sich selbst zu vertreten, gründet nicht in ihrer Neigung zum Verrat, sondern in ihrer ambigen Mittelstellung, in der sie sich auf Dauer nur halten können, wenn sie sich selbständig nach allen Seiten verhalten.

Mit der Spaltung der Relevanzen korrespondiert der *Akt der Bevollmächtigung*. Wer andere damit beauftragt, seine Ziele zu verfolgen, gibt seine Handlungsfreiheit und Selbständigkeit aus der Hand. Schon wer einen Fürsprecher bemüht, spricht nicht mehr für sich selbst. Er nimmt sich selbst das Recht und die Fähigkeit, für sich selbst zu sprechen. Er gibt seine Stimme ab. Wer andere für sich handeln und entscheiden läßt, überläßt jenen die Freiheit des Handelns und unterwirft sich freiwillig fremden Beschlüssen. Die Ermächtigung des Delegierten ist die Selbstentmachtung der Gruppe. Der Auftrag übergibt ihm das Mandat, als Substitut der Gruppe zu agieren. In dem Maße, wie sie ihm eine Blankovollmacht ausstellt, liefert sie sich ihm aus. Sie schweigt, er allein spricht. Sie bleibt im Dunkeln, er repräsentiert souverän seine Macht.

Dennoch ist Stellvertretung kein Nullsummenspiel. Der Vertreter gewinnt nicht nur das, was ihm die Gruppe überläßt. Meist hat er am Ende mehr, als sie ihm anfangs überhaupt zu geben vermochte. Stellvertretung eröffnet den Zugang zu weiteren Machtmitteln. Die figurative Stellung des Delegierten ist eine strukturelle *Machtquelle*, ein Basislager für den Aufstieg. Dritte spielen ihm Ansehen, exklusive Informationen oder Bestechungsgelder zu. Mit den anderen Repräsentanten teilt er die Privilegien der politischen Klasse. Hilfskräfte stehen ihm zur Verfügung, ein Büro, ein Apparat, der ihm Expertisen und Entscheidungen liefert, die den Horizont seiner Gruppe bei weitem übersteigen. Erfolge fördern seine Autorität bei den Vertretenen. Je effektiver er ihre Interessen verfolgt, desto bereitwilliger folgen sie ihm, desto mehr vertrauen sie seiner Freiheit, das zu tun, was er für richtig hält. Und am Ende erlangt er sogar Sanktionsgewalt gegen jene Rebellen, die den fiktiven Gemeinwillen unterhöhlen, die Souveränität seiner Repräsentation beleidigen.

Auch für die Gruppe ist Delegation kein Nullsummenspiel. Je

erfolgreicher ihr Vertreter ist, desto mehr gewinnt sie. Je mächtiger er ist, desto größer ihre Vorteile, aber auch ihre Abhängigkeit von ihm. Die *Asymmetrie*, die dem Delegationsverhältnis innewohnt, beruht nicht zuletzt darauf, daß der Repräsentant für die Gruppe mehr leistet als diese für ihn. Der Delegierte arbeitet, die Wähler geben nur ihre Stimme ab. Er verschafft der Gruppe die soziale Existenz und Handlungsfähigkeit. Durch ihn kann sie den Dritten übertrumpfen. Außerdem ist das Organ der wenigen durchweg beweglicher als die unkoordinierte Mehrzahl. Es kann schneller handeln, rascher Einigkeit erzielen und präzisere Entschlüsse treffen als die Vielzahl. Und je weniger es an vorformulierte Aufträge gefesselt ist, desto größer ist dieser soziale Tempovorteil, auf den die Gruppe angewiesen ist.

Der Stellvertreter garantiert *soziale Dauer*. Er kreiert die Gruppe als soziales Gebilde und verleiht ihr Kontinuität. Während die anderen ihren vielfältigen Tätigkeiten nachgehen, ist der Repräsentant immer da. Basisdemokratie ist nur mit vielen Unterbrechungen möglich, nach Feierabend und an Feiertagen, wenn die Arbeit ruht. Sie existiert nur zu den Zeitpunkten der Versammlung. Dazwischen stockt die politische Aktivität, sie schläft ein und muß erneut geweckt werden. Der Fürst dagegen ist immer wach (vgl. Simmel 1968, S. 412). Der Repräsentant verkörpert die Permanenz der Gruppe und verwandelt Politik in einen Dauerbetrieb. Doch damit gewinnt er nicht nur die Vorteile verstetigter Arbeit, er gewinnt auch die Macht über die Zeit der Demokratie. Denn nun liegt es an ihm, die Termine zu setzen und die Versammlung einzuberufen. Der Repräsentant entscheidet, wann Demokratie tatsächlich stattfindet.

Schließlich sorgt Stellvertretung auch für die *Einheit* der Gruppe. Der Delegierte überspringt die Borniertheit seines Kreises. Der Gang in die fremde Handlungszone erweitert seinen Horizont. Dem emotionalen Wechselbad der Gruppe ist er entronnen. Die Kommission erspart sich die vielfältigen Irrtümer, die allein schon aus der Rivalität der Gruppenfraktionen entspringen. Ebenso befreit sie sich von den Konflikten, die aus purer Unkenntnis der Sache entstehen. Gewiß, der Vorstand hat keineswegs immer recht, aber weil er über den Gruppen steht, reicht sein Blick weiter. Je höher die soziale Heterogenität, desto geringer die Chancen zur Sachlickeit, aber je homogener das Organ, desto näher kommt es der Wahrheit. Weil der Stellvertreter über den Parteien steht, die er vertritt, ist seine Sicht der Dinge unparteiisch, objektiv. Nichts vereinheitlicht mehr als die Wahrheit. Irrtümer gibt es unter vielen unendlich viele, Wahrheit gibt es nur eine.

Das Verhältnis von Wahrheit und Stellvertretung ist jedoch zirkulär. Der objektiven Chance zur Sachlichkeit entspricht der Glaube an die Objektivität des Vertreters. Daß der Repräsentant die Wahrheit gepachtet zu haben scheint, ist kein Zufall. Er verfügt nicht nur über Informationsmonopole gegenüber der Gruppe, er gilt selbst als eine objektive Instanz jenseits der Gruppen. Er steht über den Streitigkeiten des Alltags und genießt daher Autorität. Weil die Gruppen ihn anerkennen, glauben sie ihm. Weil er für sie die Ungewißheiten tatsächlich verringert, vertrauen sie ihm. Weil er Autorität ist, sagt er die Wahrheit. Es ist seine Macht, die die Wahrheit setzt.

Die Einheit, die der Vertreter verkörpert, ist nicht das kollektive Minimum, der schmale Durchschnitt aller widerstrebenden Gruppentendenzen. Das Als-ob der Stellvertretung gilt auch für die soziale Einheit. Der Repräsentant vertritt eine fiktive Einheit, den fiktiven Konsens. Er handelt nicht nur so, als ob das Kollektiv selbst handeln würde, er handelt auch so, als sei das Kollektiv selbst eine Einheit. Er stellt das dar, was die Gruppe insgesamt darstellen würde, hätte sie nur die Chance dazu, sich zu vereinigen. Daher rührt die Verwunderung, wenn die Vertretenen im Handeln ihrer Repräsentanten plötzlich Übereinstimmungen entdecken, von denen sie gar nicht wußten, daß sie sie haben. Doch wie auch sonst hat die Fiktion durchaus praktische Konsequenzen. An der Richtung, die der Vertreter vorgibt, an seiner Definition der Situation, an dem Idealbild, das er der Gruppe vorhält, kann sie sich orientieren. Und wenn sie sich wirklich als Einheit repräsentiert fühlt, so stiftet diese Einheit des Glaubens reale Einheit.

Stellvertretung garantiert die *Selbsterhaltung* der Gruppe (vgl. Simmel 1968, S. 406 ff.). Repräsentation holt die Gruppe aus dem gesellschaftlichen Abseits, verknüpft sie mit der offiziellen Handlungszone und verschafft ihr Anerkennung und Respekt. Sie überwindet den Zank der Parteien und konzentriert ihre Kräfte in einem Organ. Sie befreit vom unmittelbaren Konflikt, sichert die Handlungsfähigkeit und verleiht der Gruppe dauerhafte soziale Existenz. Diese immense Leistung hat freilich einen hohen Preis. Die Vertretenen zahlen mit dem Verlust ihrer Souveränität, mit

Abhängigkeit und Gehorsam. Sie entäußern nicht nur ihren Willen, sie geben ihre Stimme ab. Es mag hin und wieder funktionale Alternativen für die Selbsterhaltung der Gruppe geben, aufwendige Selbstkoordination, langwierige Konsensbildung oder das mühsame Sammeln neuer Machtressourcen. Doch je mehr sich Gesellschaften auffächern und in Segmente zerteilen, desto unverzichtbarer wird die Struktur der Stellvertretung. Und es ist ja keineswegs auszuschließen, daß die Entfremdung rational ist, weil sie Kräfte einspart. Was andere für einen tun, braucht man schließlich nicht selbst zu tun.

2. Vertretungsmuster

Debatten über soziale Partizipation kreisen nicht selten um die Frage, ob eine imperative Beauftragung die politische Entfremdung aufzuheben vermag. Nun läßt sich jedoch Delegation keineswegs auf den Mandatsmodus reduzieren. Stellvertretung ist stets eine Figuration mit bestimmter Grammatik. Schon jene Vertretungsformen, die auf der Skala der Delegationsmuster vor dem imperativen Mandat rangieren, sind keineswegs so harmlos, wie es zunächst den Anschein hat. Die Entfremdung beginnt lange vor der expliziten Beauftragung. Sie ist der sozialen Entäußerung, wie sie jede Vertretung mit sich bringt, immanent. Dies zeigt sich, wenn man die Dynamik der typischen Vertretungsmuster einmal näher betrachtet.

(1) In einem elementaren Sinn bedeutet Stellvertretung, daß jemand für andere spricht und ihren Wünschen oder Meinungen Ausdruck verleiht. Der Vertreter fungiert als *Sprachrohr*, durch das Dritte die Absichten des Ersten erfahren. Das Sprachrohr verdeutlicht und verstärkt, es spricht als verlängertes Organ der Gruppe und ist darin vollends von ihren Erwartungen geprägt. Aus der Mitte der Demonstranten tritt einer hervor und verkündet über Megaphon die Parolen des Zuges. In dem Augenblick, da er, von der Menge emporgespült, die Bühne betritt, kehrt sich das Verhältnis um. Er steht über den anderen und ist für alle sichtbar. Alle Blicke richten sich auf ihn, von unten nach oben. Indem sie ihm ihr Gehör widmet, wird die Menge zum Zuhörer ihrer selbst. Das Sprachrohr avanciert zum Wortführer, zum *Volkstribun*. Er spricht für die Menge, indem er zu ihr spricht. Durch ihn spricht

sie mit einer Stimme. Unmittelbar folgt der Tribun ihren Ansprüchen und Zurufen, tastet ihre Stimmungen ab, schmiegt sich ihren Bewegungen an. Wut und Haß gibt er ebenso weiter wie Trauer oder Begeisterung. Der Tribun, so wie er hier verstanden wird, ist kein Anheizer, kein radikaler Demagoge oder Verführer. Er ist ein Kind der Menge, ihr Produkt und Spiegel ihres Zustands. Er verstärkt ihre Aktivität und durch diese Verstärkung gestaltet er sie. Sieht man von der paradigmatischen Situation einmal ab, so zeigt sich das Grundmuster jeder wahrhaft populistischen Stellvertretung. Der Tribun folgt jedem abrupten Meinungswechsel, paßt seine Tonlage an und schwenkt sofort um, sobald sich die Ansprüche verändern. Rasch steckt er zurück, wenn die Gruppe Risiken vermeiden will. Schlägt die Stimmung jedoch um, gebärdet er sich besonders militant. Nichts fürchtet er mehr als die soziale Isolation, die Trennung von der Gruppe. Sein Opportunismus entspringt seinem Konformismus. Sein erster Adressat ist nicht der Dritte, sondern der Erste. Die Repräsentation richtet sich nach innen. Erst wenn alle hinter seinem Rücken versammelt sind, wagt er sich nach außen. Aber nun muß er seine Sprache wechseln, um sich dem Dritten verständlich zu machen, das Megaphon aus der Hand legen.

Der populistische Tribun benötigt höchste Geistesgegenwart und Sensibilität. Niemals darf er sich verspäten, einen Stimmungsumschwung verpassen, einer Entwicklung hinterherhinken. Doch je weniger er gestaltet, desto mehr ist er der Gruppe ausgeliefert. Es ist diese unmittelbare Nähe, diese distanzlose Gegenwart, die seine Stellung als Stellvertreter gefährdet. Die Gruppe, der er fortwährend nach dem Munde redet, vermißt, wenn die Begeisterung versiegt, seine Objektivität. Sie entfernt sich von ihm, weil er ihr nicht fern genug ist. Ein Spiegel eigener Entschlossenheit und Kraft ist immer willkommen, ein Spiegel des eigenen Wankelmuts kaum. Nur wenn der Vertreter das Wort tatsächlich führt, wenn er nicht nur wiederholt, sondern gestaltet und hinzufügt, gewinnt er dauerhafte Anerkennung. Es wird hier keineswegs behauptet, die Menge sei stets eine fließende, launische Bewegung, die immerzu der Führung bedürfte. Dieses Zerrbild der vulgären Massentheorie ist soziologisch unhaltbar. Der Sachverhalt ist sehr viel einfacher. Ein Stellvertreter soll handeln und nicht in Trägheit versinken. Agiert die Menge selbst, reicht ihr ein Sprachrohr, verfällt sie jedoch in Agonie, so hat der Tribun weiterzuhandeln. Er soll ihre

Passivität überwinden und sie zu neuen Aktionen anspornen. Die Menge verlangt selbst von ihm, daß er sich von ihr emanzipiert und sich ihr entgegenstellt.
(2) Betritt der Tribun das Handlungsfeld des Dritten, verwandelt er sich vom Wortführer zum *Fürsprecher*. Die Gruppe bleibt vor der Tür und schaut den Aktivitäten ihres Delegierten zu. An die Stelle der inneren tritt die äußere Repräsentation. Nun muß der Fürsprecher das, was der Erste meint, in den Zusammenhang hinübertragen, in dem sich der Dritte bewegt. Fürsprache ist ein Transfer von Sinn, die Übersetzung eines Originals aus einer Handlungszone in eine andere. Je größer der kulturelle Abstand zwischen beiden Lebensbereichen ist, je mehr die Handlungs- und Sprachregeln auseinanderfallen, desto wichtiger ist diese Funktion des Dolmetschers. Aber nicht alles, was die Gruppe meint, läßt sich vor dem Dritten wortwörtlich wiederholen. Häufig muß der Fürsprecher ganz anders sprechen als der Erste, damit er überhaupt für ihn sprechen kann.
Der Vorgang der Übersetzung gibt einigen Aufschluß über die figurative Konstellation der Fürsprache. Der *Dolmetscher* soll den Sinn, den der Erste meint, nicht verfälschen. Die Bedeutung muß erhalten bleiben, damit der Dritte den Ersten versteht. Dennoch ist der Akt der Auslegung unvermeidlich. Jeder Übersetzer ist zugleich Interpret. Fürsprache ist kein Mitvollzug, sondern eine Nachbildung. Es ist ein anderes Licht, das von der Seite des Dritten her auf das Original fällt. Wie jede Auslegung ist Übersetzung eine Überhellung. »Wer übersetzt, muß solche Überhellung auf sich nehmen. Er darf offenbar nichts offenlassen, was ihm selber unklar ist. Er muß Farbe bekennen« (Gadamer 1972, S. 363). Nur derjenige Dolmetscher bildet das Gemeinte wahrhaft nach, der die gemeinte Sache zur Sprache bringt und dafür eine Sprache findet, die dem Dritten verständlich ist. Deshalb ist jede gute Übersetzung klarer als das Original. Der Fürsprecher bringt die Belange des Ersten auf den Punkt, auf einen Punkt, über den sich mit dem Dritten verhandeln oder streiten läßt.
Auf Übersetzung angewiesen zu sein, kommt einer Selbstentmündigung gleich. Der gesellschaftliche Abstand der Darstellungsweisen ist so tiefgreifend, daß man nicht mehr selbst sagen kann, was man meint. Wo es eines Dolmetschers bedarf, besteht eine soziale Kluft, die auch der Übersetzer nie ganz zu überbrükken vermag. Vollständige Verständigung gibt es daher nicht zwi-

schen dem Ersten und Dritten, sondern zwischen den Dolmetschern beider Seiten (vgl. Gadamer 1972, S. 362). Sie begegnen einander in der Mitte, in der Welt der Repräsentanten, die sich zwischen die Ersten und Dritten schiebt.

Fürsprache übersteigt allerdings die bloße Übersetzung bei weitem. Sie stellt nicht nur dar, sondern wirbt und begründet zugleich. Der Fürsprecher formuliert den Auftrag um, macht ihn vertretbar, repräsentationswürdig, um sich für ihn einsetzen zu können. Er spricht nicht nur so, als ob der Vertretene selbst spräche. Er wandelt die Ziele ab, die ihm aufgetragen sind. Er sagt es nicht nur anders, er sagt auch anderes. Der Advokat und ehrliche Makler vermittelt nur jenen Sinn, der sinnvoll ist, der seinen Klienten schützt und seinen Nutzen mehrt. Er wäre ein schlechter Fürsprecher, ließe er es bei der Darstellung bewenden. Gründe müssen gefunden werden, Notlagen sind zu konstruieren, Präzedenzfälle herauszusuchen. Mitunter gerät sein Plädoyer derart dramatisch, daß sich der Vertretene darin kaum wiedererkennt. Der Erfolg ist dann um so überraschender. Es ist diese Anpassung an die Konfliktlage, die den Fürsprecher auszeichnet, diese selbständige Verfälschung des Sinns, die zum Erfolg führt.

(3) Der Fürsprecher überläßt dem Dritten die Entscheidung. Er beschränkt sich darauf, seine Klienten in möglichst günstigem Licht erscheinen zu lassen. Eine ganz andere Funktion hat der *gebundene Delegierte*. Er erhält ein imperatives Mandat, das ihn nicht nur dazu verpflichtet, Forderungen darzustellen und sie fremden Inszenierungsbräuchen anzupassen. Mit der Erläuterung und Übersetzung ist es jetzt nicht mehr getan. Er soll nämlich die Ziele tatsächlich durchsetzen und die Entscheidung herbeiführen, die ihm die Gruppe aufgetragen hat. Ihr Wille ist ihm Befehl.

Der *imperative Auftrag* impliziert eine doppelte Verpflichtung. Einerseits wird der Delegierte auf den Beschluß der Gruppe eingeschworen. Er darf nur vertreten, was sie will. Abweichungen sind unzulässig und werden umgehend bestraft. Andererseits bindet der Befehl jedoch auch die Gruppe. Sie muß sich selbst festlegen, ihre Ziele wirklich fixieren, um andere mit ihrer Durchsetzung beauftragen zu können. Damit verlagert sich die Entschlußbildung von der Verhandlungszone zurück in die Gruppe. In ihrer strengen Form ist die imperative Delegation ein Widerspruch in sich. Die Gruppe will alles selbst entscheiden, bevor die Verhandlungen überhaupt begonnen haben. Der Stellvertreter soll nurmehr in die Tat umsetzen, was sie längst bestimmt hat. Und der Dritte soll Ja und Amen sagen und sich dem Gruppendiktat unterwerfen. Die Unerbittlichkeit der Selbstverpflichtung soll für alle gelten, die gesamte Figuration durchprogrammiert werden. Es verwundert nicht, daß dies Widerstand provoziert. Die kompromißlose Selbstfestlegung verschenkt nicht nur die Vorteile, die unbestimmte Ziele allemal bieten, sie spielt dem Dritten auch einen Trumpf zu, den er zuvor gar nicht hatte. Ohne Umschweife kann er den Delegierten wegen mangelnder Verhandlungsfähigkeit zurückschicken und die Gruppe ins Abseits manövrieren. Wo kein Jota vom Buchstaben der Resolution abgewichen werden darf, erledigen sich Verhandlungen von selbst.

Imperative Delegation hat ihren Ursprung im *Mißtrauen* gegen den eigenen Vertreter. Sie folgt dem bekannten Leitspruch, wonach Vertrauen gut, Kontrolle aber besser sei. Die Gruppe unterstellt ihrem Repräsentanten, jede Gelegenheit für sich ausnutzen zu wollen. Deshalb verschärft sie den Auftrag zum Befehl, verlangt regelmäßige Berichte und droht mit Abberufung, falls er sich Sonderwege erlaubt. Nichts fürchtet sie mehr als den Verrat, als eine fremde Macht, selbst wenn sie von dieser profitiert. Daher nimmt sie dem Delegierten die Verhandlungsfreiheit und reserviert alle Freiheit für sich. Um sich ihm nicht auszuliefern, besteht sie von vornherein auf seiner Ersetzbarkeit. Offenbar ist dies die einzige Sicherheit, die ihr geblieben ist. Je undurchsichtiger die fremde Handlungszone ist, desto unnachgiebiger fordert die Gruppe Gehorsam. Je schwächer ihre figurative Stellung ist, desto stärker klammert sie sich an ihre Kontrollmacht über den Stellvertreter. Je ungewisser ihr die Zukunft erscheint, desto größer ist die Angst und ihre politische Rigidität. Dies bringt ihr Delegierter zum Ausdruck. Er repräsentiert die Angst in der Gruppe, das Mißtrauen, die Entfremdung unter den Mitgliedern. Die imperative Delegation reduziert nicht die Entfremdung, sondern bestätigt sie. Sie transferiert keine Souveränität, weil der Gruppe selbst jede innere Souveränität fehlt. Sie mißtraut dem Stellvertreter, weil sie sich selbst mißtraut.

Die praktischen Folgeprobleme strikter Rückbindung sind bekannt. Wer auf unveränderbare Ziele eingeschworen wird, verliert Beweglichkeit und Kompromißfähigkeit. Der Verhandlungsspielraum des Delegierten ist minimal. Trifft er auf Widerstand oder ändert sich die Lage, muß er rasch zur Gruppe zurückkehren und

neue Instruktionen einholen. Die Gruppe wiederum muß sich erst einmal versammeln, den Lagebericht registrieren, sich umorientieren und einen neuen Beschluß fassen. Und da sie dem Rapport ihres Delegierten keinesfalls blindlings vertrauen kann, muß sie zusätzliche Kontrollinformationen beschaffen. Die permanente Rückbindung verkehrt den funktionalen Sinn der Vertretung ins Gegenteil. Die Gruppe hat jetzt mehr zu tun als jemals zuvor. Jeden Verhandlungsschritt hat sie nachzuvollziehen, Beschlüsse zu revidieren und dazu noch ihren Vertreter zu überwachen. Indem sie ihn an sich bindet, lastet sie sich auch seine Arbeit auf.
Imperative Delegation ist nicht nur langwierig, sie setzt überdies eine stabile Umwelt und ein gemächliches Konflikttempo voraus. Vom Dritten verlangt sie ein Höchstmaß an Geduld und die Bereitschaft, wechselnde Mehrheiten in Kauf zu nehmen. So klar und eindeutig die direkte Interessenvertretung erscheinen mag, gerade diese Eindeutigkeit ist eines ihrer Hauptprobleme. Die Gruppe tut so, als ließen sich Ungewißheiten per Befehl steuern. Überraschungen sind nicht vorgesehen, auch keine Machtlücken und befristeten Angebote, die ein freier Vertreter sofort an Ort und Stelle ausnutzen könnte. Zudem paralysiert die imperative Delegation die Einheit des Interessenorgans. Stoßen bei einer einzigen Frage mehrere, voneinander abweichende imperative Mandate in der Vertretergruppe aufeinander, ist das Organ handlungsunfähig.
In ihrer strikten Form bedeutet imperative Delegation eine starre *Überprogrammierung* sozialer Stellvertretung. Der Befehl will die Situation vollständig definieren und jede Aktivität im voraus diktieren. Daß dies nur bei diktatorischer Übermacht gelingen kann, liegt auf der Hand. Deshalb wird die Beauftragung meistens abgemildert. An die Stelle eindimensionaler Ziele treten verzweigte Handlungsprogramme mit mehreren Alternativen, Zweckprogramme mit einem einzigen Essential oder Rahmenprogramme, die den Vertreter nur zur Wahrung der Gruppeninteressen verpflichten, ohne genau festzulegen, worin jene Interessen tatsächlich bestehen. Diese Variationen entbinden den Delegierten schrittweise von auferlegten Pflichten und eröffnen ihm Verhandlungsspielräume. Nicht jeder Zwischenbescheid bedarf nun der Ratifizierung, nicht jeder Mißerfolg kostet den Delegierten gleich den Kopf. Die vage Vollmacht verpflichtet nur dazu, unter den jeweils gegebenen Bedingungen das Optimum zu erzielen. Von

Fall zu Fall kann er sich der Lage anpassen, um Kompromisse pokern oder die Ziele umschreiben. Die Gruppe entledigt sich ihrer Fesseln und entlastet sich, indem sie dem Vertreter die Hauptarbeit auflastet. Zwar bleibt er ihr weiterhin verantwortlich und bei grober Fahrlässigkeit auch absetzbar, doch nun ist er relativ selbständig und flexibel. Er gewinnt Souveränität, weil die Gruppe an Selbstbewußtsein gewinnt und nicht immerfort Verrat wittern muß. So nähert sich die abgemilderte Form der gebundenen Delegation mehr und mehr einem anderen Typus der Stellvertretung, der freien Repräsentation.

(4) Der Delegierte klebt am Faktischen. Er hat zu vertreten, was seine Auftraggeber tatsächlich wollen, ob dies für sie vorteilhaft ist oder nicht. Auch wider besseres Wissen muß er ihre Irrtümer und Selbsttäuschungen vertreten. Davon ist der *freie Repräsentant* entbunden. Er hat es nur noch mit seinen eigenen Irrtümern zu tun. Kollektiven Illusionen muß er nur insoweit folgen, als es für sein Ansehen und seine Wiederwahl opportun ist. Im Gegensatz zur gebundenen Delegation geht die freie Repräsentation nicht von der optimistischen Annahme aus, daß Menschen in der Regel ihre Interessen kennen und selbst wissen, was für sie das Beste ist. Zur Begründung der freien Repräsentation taugt dieses skeptische Urteil freilich keineswegs. Aus der Tatsache, daß die Vertretenen sich über ihre Macht- und Erfolgschancen irren können, folgt mitnichten, daß der Repräsentant stets wüßte, was für die Repräsentierten das Beste ist.

Der freie Repräsentant entscheidet anstelle der Repräsentierten. Er legt verbindliche Pläne für die Zukunft fest, wägt Umstände und Folgen ab und unterschreibt den Vertrag. Als Subjekt der Entscheidung behält er das letzte Wort. Dafür trägt er auch die Verantwortung allein. Der gebundene Delegierte kann sich immer darauf berufen, lediglich der verlängerte Arm der Gruppe zu sein. Was er anstellt, schlägt unmittelbar auf die Gruppe zurück. Der Repräsentant hingegen hat für das, was er tut, alleine gerade zu stehen. Seine Freiheit ist zugleich Stärke und Schwäche. Sie verleiht ihm Beweglichkeit und Respekt, ermöglicht ihm unpopuläre, aber sachlich gebotene Entschlüsse, verwirkt jedoch andererseits die direkte Unterstützung der Klientel und zwingt ihn dazu, nachträglich um Beifall werben zu müssen. Die Freiheit ist für ihn eine ständige Aufgabe. Schlägt er sich nämlich auf die Seite des Dritten, wird er zum Verräter, der niemanden mehr repräsentiert.

Bindet er sich dagegen vollkommen an den Ersten, kostet ihn dies die Kompromißbereitschaft des Dritten und damit den Erfolg. Unabhängigkeit nach beiden Seiten ist daher oberstes Gebot. Den spontanen Wünschen und Forderungen der Gruppe muß er ebenso widerstehen wie den Verlockungen des Dritten.
Freie Repräsentation impliziert eine Veräußerung des Urteils. Dennoch ist diese Vollmacht kein Freibrief. Die Vertretenen verschenken kein Gut, mit dem der Repräsentant machen kann, was er will. Würde er ihre Interessen nicht berücksichtigen, käme die Gruppe wohl kaum auf den Gedanken, sich repräsentieren zu lassen. Repräsentation verlangt keineswegs Zustimmung zu jeder Aktivität. Aber dies heißt keinesfalls, er könnte auf Dauer gegen den ausdrücklichen Willen der Repräsentierten entscheiden. Ohne Zustimmung zu handeln, ist etwas anderes, als gegen Ablehnung zu handeln. Fehlende Zustimmung ist kein Einspruch. So handelt der Repräsentant in einer Sphäre der Unentschiedenheit. Es ist ihm freigestellt, welche Interessen er aufgreift, aber es ist ihm nicht freigestellt, ob er überhaupt die Interessen der Gruppe verfolgt oder nicht.
Repräsentation nimmt zwar Bezug auf Interessen, aber nicht auf artikulierte Interessen. Der Abgeordnete vertritt nicht die Interessen lokaler Teilgruppen, sondern das gesamte Staatsvolk. Der Betriebsrat repräsentiert nicht die Wünsche der einzelnen Abteilungen, sondern der Belegschaft insgesamt. Der Industrieverband spricht nicht für einzelne Firmen, sondern für die Branche in toto. Ihrer Idee nach ist freie Repräsentation eine Methode, den Partikularismus der Gruppen zu überwinden und an seine Stelle die Einheit transsubjektiver Interessen zu setzen. Ausschlaggebend für die politische Entfremdung ist nicht, daß Repräsentanten nur nach bestem Wissen und Gewissen entscheiden sollen, sondern daß sie soziale Einheiten repräsentieren, die nur in der Repräsentation als Einheiten überhaupt zur Darstellung gelangen. Nimmt man es genau, so repräsentiert der Repräsentant keine Gruppe, sondern eine Serie. Er verkörpert die Einheit einer Serie, die zwischen den Gliedern der Serie niemals zustande kommt. Transsubjektivität heißt hier weder Objektivität noch normative Richtigkeit. Die Interessen, die der Vertreter repräsentiert, sind weder diejenigen, die irgendeiner fiktiven geschichtlichen Entwicklung entsprechen, dies ist nur die übliche Legitimationsfolie einer selbsternannten Avantgarde, noch sind es Interessen, die nach einer rationalen Begrün-

dungsprozedur als verallgemeinerungsfähig anerkannt sind. Es sind vielmehr Interessen einer sozialen Serialität, die nur dadurch existieren, daß sie repräsentiert werden.

Ist die Repräsentation institutionalisiert, werden die Menschen auch von Vertretern repräsentiert, denen sie gar keine Stimme, geschweige denn einen Auftrag gegeben haben. Sie haben gar keine andere Wahl, als repräsentiert zu werden. Wie der Repräsentant auch jene zu vertreten hat, die ihn nicht gewählt haben, so haben sich die Nichtwähler jenem zu fügen, der von anderen gewählt wurde. Solche Systeme überleben meist einfach deshalb, weil niemand danach gefragt wird, ob er überhaupt repräsentiert werden will. Ihr spezifischer Zwang besteht darin, daß sie nur noch die Wahl lassen, entweder repräsentiert zu werden und nicht selbst zu handeln oder aber nicht repräsentiert zu werden und trotzdem nicht selbst handeln zu können (vgl. Griffiths 1968, S. 468). Die souveräne Selbsttätigkeit des einzelnen ist ausgeschlossen. Repräsentativsysteme lassen nur die Alternative zwischen Demokratie und Despotismus, nicht zwischen Demokratie und Anarchie.

(5) Den Tribun ruft eine Menge aus ihrer Mitte, den Fürsprecher und Delegierten beauftragt eine Gruppe, den Repräsentanten wählt eine soziale Serie. Diese Struktur ändert sich grundlegend, sobald ein *selbsternannter Repräsentant* die Bühne betritt. Ihn hat keiner gerufen, und daher vertritt er auch niemanden. Zunächst steht er ganz ohne Rückendeckung da, ein isolierter Außenseiter, der ins Zentrum der Macht gelangen und die alten Vertreter verdrängen will. Hier sucht kein Kollektiv seinen Vertreter, der Vertreter sucht sich ein Kollektiv. Er ist ein Signifikant ohne Signifikat, ein Zeichen ohne soziale Referenz. Weder Erste noch Dritte erkennen ihn an, der einzige, der ihn anerkennt, ist er selbst.

Häufig bleibt es dabei. Nicht jeder Repräsentant findet sein Volk, und nicht jedes Volk findet seinen Repräsentanten. Die Geschichte kennt unzählige Zirkel und Geheimsekten, die nie aus den Hinterzimmern herauskommen, wo sie ihre Andachten abhalten und obskure Pläne schmieden. Sie spielen sich als Vorhut eines Kollektivs auf, das mit diesen Avantgardisten nichts im Sinne hat, ja von ihrer Existenz häufig gar nichts weiß. Fehlt der gesellschaftliche Resonanzboden, bleibt dieses Sprachrohr eine Randfigur, die von dem Machtprozeß zwischen dem Ersten und Dritten ausgeschlossen ist.

Auf der Suche nach Anerkennung kann sich der selbsternannte Repräsentant dem Dritten oder dem Ersten zuwenden. Akzeptiert ihn der Dritte, wird er zum Statthalter einer fremden Macht. *Marionettenregimes* leben allein von der Gnade und Geduld der Besetzer, denen sie sich anbiedern, ohne irgendeinen Rückhalt bei denen zu haben, die sie angeblich repräsentieren. Die Vollmacht durch Dritte kehrt die Handlungsrichtung der Repräsentation vollständig um. Obwohl der Statthalter alles daransetzt, allgemeine Zustimmung zu erhalten, repräsentiert er nicht die Unterworfenen, sondern die Besatzungsmacht. Von ihr wird er eingesetzt und ausgetauscht. Von ihr bezieht er die Machtmittel, um die Repräsentierten gefügig zu halten. Er ist der Helfershelfer der Ordnungsmacht, ein verhaßtes Zeichen der Kollaboration und Repression.

Ganz anders verläuft der Prozeß der Anerkennung, sofern sich der selbsternannte Repräsentant an die Ersten wendet und sich zum Vorreiter vermeintlich wahrer und objektiver Interessen aufwirft. Er formuliert latente Ängste, Wünsche und Hoffnungen und erhebt die trüben Ressentiments des Kollektivs in den Rang einer politischen oder moralischen Mission. Seine entschlossene Kompromißlosigkeit rückt ihn in die Nähe des Tribuns. Doch anders als jener konzentriert er nicht die Stimmen, sondern lenkt sie auf seine Bahnen. Der Tribun verstärkt die Stimmung der Menge, der Demagoge heizt sie an. Der Tribun spiegelt die Gruppe in all ihrer Wankelmütigkeit wider, der Demagoge fordert von ihr unbedingte Treue und Gehorsam. Der Tribun formuliert die Gegenwart, der Demagoge verführt in die Zukunft.

Demagogie ist ein soziales Verhältnis. Der Aufwiegler führt das Kollektiv, wohin zu folgen es nur zu bereit ist. Ohne die Servilität seiner Hofschranzen, ohne die Begeisterung seiner Anhänger ist er nichts. Und das Kollektiv ist ohne ihn nichts, ohne das Charisma, das es ihm zuschreibt und das auf die Gläubigen zurückstrahlt. Wie der Demagoge die anderen braucht, um Repräsentant zu sein, so brauchen die anderen ihn, um überhaupt jemand zu sein. Was sie sind, sind sie durch ihn, und was er ist, ist er durch sie. Darin besteht die gegenseitige Abhängigkeit, die sie gemeinsam marschieren läßt, wohin er sie führt, ob zum Sieg oder in den Untergang.

Demagogie transformiert Stellvertretung in ein Verhältnis von Führer und Gefolgschaft. Sie vergegenwärtigt keine faktischen Interessen, sondern transzendiert sie. Der Agitator spricht nicht für das, was ist, sondern evoziert das, was werden soll. Je offener die Zukunft zu sein scheint, desto höher sind seine Chancen, Anerkennung zu finden. Während die alten Repräsentanten den Status quo nur noch verwalten, bahnt er einen Ausweg. Wo die Ungewißheiten unerträglich sind, schafft er neue Gewißheit, und sei es nur die Gewißheit seines eigenen Willens, der Propaganda der Tat, der Macht über die Zukunft. Der Demagoge bietet keine neue Wahl, keine neuen Möglichkeiten, sondern verengt sie auf seine Linie. Darin vergegenwärtigt er die Angst seiner Anhängerschaft (vgl. Kirsch/Mackscheidt 1985, S. 102 f.). Er ist repräsentativ, weil er das repräsentiert, was die Repräsentierten fühlen, erhoffen und fürchten. Radikal treibt er ihre Stimmung bis zu dem Punkt, an dem es keine Umkehr mehr gibt. Er befreit sie von der Qual der Wahl. Er nimmt ihnen die Last der Freiheit, indem er sie formiert. Er verschließt ihre offene Zukunft und treibt sie in die Knechtschaft.

Im demagogischen Verhältnis erreicht die politische Entfremdung ihren Gipfelpunkt. Die Gruppe entsendet keinen Vertreter, der ihren Anweisungen folgt, sie folgt vielmehr den Befehlen des Agitators. Der Demagoge spricht nicht für sie, sie jubelt ihm zu. Er hört nicht auf sie, sie hört auf ihn. Er übersetzt nicht, was sie meint, sondern zwingt ihr auf, was sie meinen soll. Er befragt sie nicht nach ihren Entschlüsssen, sondern beschließt selbst, wohin sie ihm folgen soll. Er wirbt nicht um Zustimmung, sondern verlangt bedingungslose Treue. Er unterwirft sich nicht ihrer Wahl, sondern beraubt sie jeder Wahl. Und schließlich verstrickt er sie in eine Wahnwelt der Begeisterung und Angst, die sich mehr und mehr von der Realität entfernt. Der Demagoge verhandelt nicht mit Dritten, er verfolgt sie, hetzt die Gruppe gegen die Sündenböcke auf. Er duldet keine Dritten neben sich und zerstört so die Figuration der Stellvertretung. Am Ende gibt es nur noch ihn, den absoluten Herrn, und das Volk der Hörigen.

3. Verselbständigung

»Die Organisation ist die Mutter der Herrschaft der Gewählten über die Wählenden, der Beauftragten über die Auftraggeber, der Delegierten über die Delegierenden« (Michels 1911, S. 384). Um ihre Macht zu mehren, schließen sich die Individuen zu einer Organisation zusammen, die sie ihrer Souveränität beraubt. Um ihre Interessen organisiert vertreten zu können, unterwerfen sie sich der Organisation der Vertreter. Aber das »eherne Gesetz der Oligarchie«, dieses scheinbar universale Schicksal jeder kollektiven Politik, gründet selbst schon auf dem Ordnungsprinzip der Stellvertretung. Die politische Entfremdung beginnt nicht erst mit der Institutionalisierung. Ihr letzter Ursprung ist nicht die Organisation, sondern die Delegation. Die Organisation potenziert nur, was in jeder Repräsentation längst angelegt ist.

Von einzelnen Delegierten kann man sich ohne großen Aufwand trennen, gegenüber kollektiven Organen läßt sich weit weniger ausrichten. Organisierte Stellvertretung ist keine bloße Summierung individueller Vertreter. Wie ein kollektiver Akteur die Ansammlung vieler einzelner übersteigt, so überformen die Mechanismen kollektiven Handelns die Grammatik der individuellen Repräsentation. Um die Verselbständigung organisierter Stellvertretung im Detail nachzuzeichnen, ist es zweckmäßig, drei parallele Prozesse zu unterscheiden. Zunächst ist zu betrachten, wie Delegation organisiert wird und welche Regeln installiert werden, um die Vertretungsarbeit zu steuern. Sodann ist zu studieren, wie sich die soziale Stellung der Vertretenen verändert, wenn sie zu Zuschauern in eigener Sache degradiert werden; und schließlich welche symbolische Rhetorik die Repräsentanten benutzen, um das Publikum von ihrer Unentbehrlichkeit zu überzeugen.

3.1. Die Organisation der Stellvertretung

Damit aus Gruppen ein Verband wird, müssen sie sich organisieren, sich mit einem Siegel ausstatten, einer Mitgliedskartei, einer Zentralstelle, einem Büro (vgl. Bourdieu 1986, S. 185, 193). Sie überwinden ihre Serialität durch ein ständiges Organ, das für alle sprechen und handeln kann. Für die Alltagsgeschäfte bestellen sie einen Sprecher, einen Sekretär, einen Funktionär. Er widmet seine ganze Zeit dem Verband, führt den Schriftverkehr, verwaltet die Kasse, verhandelt mit Dritten und ruft die Versammlungen ein. Was für die Gruppen nur eine Nebenbeschäftigung ist, ist für den Funktionär Dauerarbeit und Broterwerb. Allein er hat die Zeit, und diese Zeit arbeitet für ihn.

Formalisierung stellt Stellvertretung auf Dauer. Sie überträgt die Repräsentation nicht einer einzelnen Person, sondern einer Rolle, einer Stelle oder einem Komitee. Nun ist es nicht mehr ein einzelner, der von Fall zu Fall vorgeschickt wird. Der Funktionär, dieser Angestellte des Verbands, wird unabhängig vom Wechsel der Situationen. Er ist immer für die Gruppe da und kann von Dritten ständig konsultiert werden. Die Definition der Vertreterrollen stabilisiert die Figuration. Sie bezeichnet Zuständigkeiten, macht die Beziehungen berechenbar und bindet den Stellvertreter an formelle Regeln. Delegation ist kein singulärer Akt mehr, sie wird zum Betrieb.

Die Fixierung der *Rolle* schützt die Gruppe vor den individuellen Unwägbarkeiten einzelner Repräsentanten. Wer auch immer die Stelle besetzt hält, stets hat er sich vorgegebenen Aufgaben zu widmen und die Geschäfte nach gesatzten Regeln zu führen. Die persönliche Abhängigkeit vom einzelnen Vertreter schwindet, seine Willkür wird begrenzt, sein Charisma nivelliert. Je strikter die Rollenvorschriften sind, desto leichter ist der Stellvertreter zu ersetzen. Am Ende bedarf es gar keiner außergewöhnlichen Fähigkeiten mehr, um zum Delegierten qualifiziert zu sein. Daß viele Funktionäre in den Schlüsselpositionen der Vertretungsmacht von höchster Durchschnittlichkeit sein können, verdanken sie einer Formalisierung, die die Vertretungsarbeit standardisiert und Innovationen zur reglementierten Routine macht. Wer zu bestimmen hat, muß keineswegs klüger oder fähiger sein als der Durchschnitt seiner Gefolgsleute. Mittelmaß reicht durchaus, um zum Generalsekretär des Apparates aufzusteigen, ja es hat den Anschein, als suchten sich Apparate mit Vorliebe durchschnittliche Figuren, von denen keine Gefahr ausgeht, daß sie irgend etwas ändern.

Nicht selten wird das Amt zur *Gewohnheit*. Obwohl die Formalisierung Rolle und Person trennt, beanspruchen Delegierte schon nach kurzer Zeit ein Gewohnheitsrecht auf ihre Ämter. Sie drohen mit Rücktritt, pochen auf ihre Verdienste, kehren ihre Erfahrung heraus, spielen sich gegenseitig per Vorschlagsrecht die Ämter zu – und haben damit meistens Erfolg. Erst einmal vom tagtäglichen Kleinkrieg der Vertretungsarbeit entlastet, sind nämlich nur noch die wenigsten bereit, sich selbst zu vertreten. Einzelne Kandidaten mögen sich hin und wieder vordrängen und werden, falls die Amtszeit unwiderruflich abgelaufen ist, dankbar gewählt. Doch oftmals müssen die Nachfolger gebeten oder nach oben geschoben werden. Gewohnte Stellvertretung ist ein wechselseitiges Verhältnis. Wie der Sekretär zusehends mit seinem Amt verwächst, so freundet sich das Kollektiv damit an, von der Vertretung seiner selbst befreit zu sein. Es ist weniger die Anmaßung des Delegierten, die ihn zum Dauervertreter erhebt, als vielmehr die willkommene Entlastung der Auftraggeber von den Mühen der Selbstvertretung. Indem sie den Sekretär bestätigen und ihm die Entlastung erteilen, entlasten sie sich selbst.

Um der Verschmelzung von Rolle und Person vorzubeugen, wird manchmal ein *Rotationsverfahren* eingerichtet. Turnusmäßig entsendet die Gruppe neue Mitglieder in das Organ, die den Platz ihrer Vorgänger einnehmen. Auf diese Weise können sich mehrere Nachfolger den Angelegenheiten des Verbands widmen. Persönliche Vertretungsmonopole werden so verhindert, die Machtquellen der Unersetzbarkeit und Ungewißheit ausgetrocknet. Allerdings verlangt dies nicht nur hohe Motivation, sondern auch einen stetigen Informationsfluß in der Vertreterkette. Damit der Nachfolger sofort anfangen kann, muß ihn der Vorgänger fortwährend auf dem Laufenden gehalten haben. Sonst ist er dem Gegner, der kontinuierlich an der Streitsache gearbeitet hat, hilflos ausgeliefert. Rotation kostet die Übungsgewinne spezialisierter Stellvertretung. Zur Korrektur der politischen Entfremdung ist sie ohnehin ganz ungeeignet. Sie betrifft nur die Person, nicht die Rolle. Sie stoppt allenfalls den persönlichen Machtgewinn, ohne die Amtsmacht des Delegierten auch nur anzutasten, ja sie setzt die institutionelle Verfestigung grundsätzlich voraus. Nachfolger sind nur zu bestimmen, sofern es Vakanzen gibt. Und Vakanzen gibt es nur, wenn die Stellen ihre Inhaber überleben. Rotation mag ein Hilfsmittel gegen persönliche Korruption sein, nicht aber gegen ein strukturelles Arrangement, in dem Entfremdung bereits auf Dauer gestellt ist.

Formalisierung *objektiviert* die Struktur der Stellvertretung. Repräsentation wird unabhängig von den Personen. Wer die Abgeordneten und Sekretäre sind, ist unerheblich. Organisierte Stellvertretung erscheint als vorgegebene, geradezu unabänderliche Einrichtung, in die sich die Individuen einzufügen haben, eine objektive Welt für sich, die den Menschen als fremde Wirklichkeit gegenübertritt. Der Prozeß der Entäußerung, der jedem Vertretungsverhältnis innewohnt, gewinnt im Gefüge der Vertreterrollen eine ganz eigentümliche Objektivität. Der Delegierte stützt sich nicht mehr auf die Zustimmung der Gruppe, sondern auf die Geltung seines Amtes, auf dessen Sanktionsmacht und Autorität. Daß repräsentiert wird, versteht sich von selbst, strittig ist allenfalls, ob man einen oder mehrere Könige bestellen und wen man auserwählen soll. Ihre Wurzel hat diese Objektivation in der *doppelten Repräsentation* jeder Vertreterrolle. Der Rollenträger repräsentiert die Gruppe, aber die Rolle repräsentiert zugleich die Institution, den organisierten Beziehungskomplex der Stellvertretung. Da jede Rolle die Institution repräsentiert, auf der sie beruht (vgl. Berger/Luckmann 1969, S. 79 f.), repräsentiert die Delegiertenrolle das System der Delegation. Der Richter repräsentiert das Recht, der Funktionär die Organisation, der Abgeordnete den Parlamentarismus. Wer jetzt seine Souveränität zurückerobern will, hat sich viel vorgenommen. Er muß nicht nur ein Individuum absetzen, sondern auch die Rolle beseitigen und das System, das sie repräsentiert.

Die Einrichtung des Büros zieht eine *vertikale Spezialisierung* nach sich. Nach und nach entwickeln sich die Sekretäre zu Fachleuten der Interessenpolitik. Diese Arbeitsteilung hat mehrere Funktionen. Sie verdünnt den direkten Konflikt zwischen Ersten und Dritten und puffert den Austausch gegenseitiger Sanktionen ab. Sie stabilisiert den Status quo, indem sie den sozialen Ort der Gruppen festschreibt. Steht ein Delegierter bereit, darf keiner mehr seine Arbeit einstellen, um sich selbst zu vertreten. Andererseits erhöht Spezialisierung jedoch die Erfolgschancen der Gruppe. Nur wenn der Stellvertreter von der Alltagsarbeit freigestellt ist und sich ganz den Verbandszielen widmen kann, kann er sich jene Kenntnisse aneignen, mit denen er der Gegenseite Paroli bieten kann. Je mehr die Verhandlungszone Sachlichkeit und Fachwissen verlangt, je machtloser die Gruppe und je undurchsichtiger für sie die Konfliktzone ist, desto nötiger hat sie spezialisierte Organe und professionelle Funktionäre. Daß Delegation von einer Berufung zum Beruf wird, entspricht insoweit ganz ihrem Machtinteresse.

Organisierte Vertretungsmonopole gründen nicht zuletzt auf dieser Spezialisierung der Vertretungsarbeit. Je mehr der Sekretär zum Experten avanciert, desto mehr werden die Vertretenen zu Laien in eigener Sache. Vertikale Arbeitsteilung verteilt das Wissen asymmetrisch. Dem Sonderwissen der Delegierten stehen die Ungewißheiten der Delegierenden gegenüber. Was der Funktionär jeweils tut, was alles er weiß und wissen muß, dies entzieht sich ihrer Einsichtnahme. Für die Mehrzahl der Mitglieder ist die Außenpolitik ihres Organs eine Ungewißheitszone. Ob es alles tut, was es tun könnte, läßt sich allenfalls an Ersatzindikatoren festmachen, an seiner Glaubwürdigkeit oder Autorität. Vertretung wird zur Geheimsache, zu einem Wissens- und Berufsmonopol.

Von dieser Arbeitsteilung ist die strukturelle Differenzierung zu unterscheiden, die aus dem *Wachstum* der Organisation entsteht. Nimmt die Mitgliederzahl im Verband zu, verzweigen sich die Aufgaben und steigt der Verwaltungsbedarf. Allerdings ist der Zusammenhang zwischen Größenwachstum und Bürokratisierung keineswegs so unmittelbar, wie von der Kritik der Massenorganisation gemeinhin angenommen wird.[3] Mit der Ausdehnung der Organisation wachsen die Verwaltungsaufgaben keineswegs proportional (vgl. Scott 1986, S. 318 ff.). Eine segmentale Zunahme gleicher Einheiten erweitert die Administration nur geringfügig. Vereinigen sich mehrere Gruppen wegen eines einzigen Programmpunktes, bleibt das Sekretariat klein. Umgekehrt benötigt ein Verband mit wenigen, aber heterogenen Gruppen, die unterschiedliche Interessen nach mehreren Richtungen verfolgen, einen vielseitigen Zentralstab, der die Aktionen abstimmt und den wechselnden Adressaten anpaßt. Das Ausmaß der Arbeitsteilung und Koordination hängt mithin nicht vom Wachstum der Organisation schlechthin ab, sondern von der Art des Wachstums.

Interessenverbände haben naturgemäß ein erhebliches Interesse am Wachstum ihrer selbst. Je mehr Mitglieder beitreten, desto voller die Kasse, je mehr Gruppen sich unter dem gemeinsamen Dach zusammenfinden, desto stärker die gemeinsame Vertretungsmacht. Doch je vielfältiger die Gruppen sind, je heterogener

3 Dies gilt auch für Michels (1987, S. 154 ff.), der im Wachstum der Massenpartei eine wesentliche Ursache für den Zwang zur technischen Spezialisierung und damit für die Bildung der Oligarchie gesehen hat.

ihr sozialer Status, ihre Ziele und Interessen sind, desto niedriger liegt das kollektive Minimum, das der Verband mit Unterstützung aller vertreten kann. Und je vielfältiger seine Aufgaben, desto höher ist die funktionale Differenzierung und desto ausgeprägter die Bürokratie. Den Machtgewinn, den das Organ durch die Ausdehnung seiner Mitgliederbasis einstreicht, erkauft es mit einem höheren Aufwand zur Verwaltung seiner selbst. Ähnlich verhält es sich mit der funktionalen Aufblähung der Delegationsaufgaben. Erweitern sich die Ansprüche, kommt es, auch bei konstanter Gruppenzahl, zu einem Spezialisierungsschub. Je totaler die Repräsentation, desto größer der Apparat. Verbände, die nicht nur ein politisches Programm vertreten, sondern überdies das Alltagsleben organisieren und soziale Gemeinschaften fördern, benötigen zusätzliche Expertenstäbe. Die Bürokratie differenziert ihre Binnenstruktur. Die Sachgebiete streben auseinander, die Asymmetrie der Wissensverteilung verdoppelt sich, die Ungewißheitszone, in der sich das Organ bewegt, wird im Innern nochmals reproduziert.

Die Gruppen entsenden ihre Delegierten in den Verband, der Verband installiert ein Büro, die Sekretäre bestellen ein Komitee, das Komitee ernennt ein Präsidium, das Präsidium den Vorsitzenden. Organisierte Stellvertretung bedeutet nicht nur Formalisierung, Arbeitsteilung und Koordination, sondern auch gestaffelte Repräsentation. Die *Hierarchie der Vertretergruppen* verwandelt das Füreinander in ein Übereinander, in eine Stufenfolge von Gremien und Ausschüssen, deren Mandatsträger nicht mehr von den Basisgruppen beauftragt werden, sondern von den Ausschüssen. Die Stellvertretung verliert ihre Unmittelbarkeit. Zwischen die Ersten und Zweiten schieben sich zahlreiche Delegationsstufen, die die triadische Figuration vervielfachen. Wollte der einzelne jemals seinen obersten Repräsentanten konsultieren, er müßte zunächst den ersten Vertreter passieren, dann den Vertreter dieses Vertreters, anschließend den Vertreter des Vertreters des Vertreters, einen Türsteher nach dem anderen. Der Gegner jenseits des Systems entschwindet hinter dem Horizont. Daß hierarchisch gestufte Verbände fortwährend in innere Vertretungskämpfe verwickelt sind und den Gegner mehr und mehr aus dem Auge verlieren, hat einen ganz einfachen Grund. Die Mehrzahl der Funktionäre auf den Zwischenstufen ist nur mit organisationsinterner Delegation beschäftigt, die Außenpolitik gehört der Spitze.

Die Hierarchie der Stellvertretung verschiebt Ziele und Verantwortung. Mag der erste Delegierte noch relativ eng mit seiner Gruppe verknüpft sein, schon die sekundären und tertiären Repräsentanten verfolgen ganz spezifische Ziele. Das Interesse des Apparats an der Erhaltung seiner selbst erlangt Vorrang vor den Zielen der Gruppen. Was den normalen Geschäftsbetrieb stören und das System auch nur im geringsten durcheinanderbringen könnte, wird im Namen der Einheit zurückgewiesen. Wie der Apparat ein Interesse an sicheren, berechenbaren Repräsentanten hat, so interessieren sich diese vornehmlich für den Fortbestand des Apparats. Was sie sind, sind sie allein durch ihn. Der Funktionär auf der Zwischenstufe hängt in seiner sozialen Existenz und Identität vollständig von ihm ab. Er gibt ihm Lohn und Brot, Status und Anerkennung. Und umgekehrt hängt der Apparat »am stärksten an denjenigen, die am stärksten an ihm hängen, weil er sie am festesten in der Hand hat« (Bourdieu 1986, S. 193). Der Würgegriff des Apparats umschließt den Repräsentanten, und der Repräsentant folgt bedingungslos den Anweisungen des Apparats. Er ist kein Vertreter der Mitglieder, sondern der Organisation. Sie ist sein Auftraggeber, sie hat er zu vertreten, ihr ist er verantwortlich. Aus der Organisation der Stellvertretung entwikkelt sich die Stellvertretung der Organisation.

In der hierarchischen Stellvertretung treffen zwei Machtprinzipien aufeinander. Von der Gruppe erhält der Funktionär die Vollmacht, für sie zu sprechen und zu handeln. Von oben wird er mit einer Amtsautorität versehen, die er notfalls auch gegen den Willen der Gruppe durchsetzen kann. Vertikale Delegation verläuft gleichermaßen von unten nach oben wie von oben nach unten. Die doppelte Delegation vereinigt Vertretungs- und Amtsmacht. Während Behörden und Betriebe von vornherein mit Instanzenzügen, Ämterhierarchien und abwärts gerichteter Sanktionsgewalt ausgestattet sind, treten Zweck- und Interessenverbände zunächst mit aufwärts orientierter Vertretungsmacht an. Doch die hierarchische Organisation der Stellvertretung kehrt die Machtrichtung um. Nun werden Vertreter auch ohne Billigung der Gruppen von oben eingesetzt. Überordnung weicht der Unterordnung. Es entsteht ein Gefüge der Aufsicht und Kontrolle, der Anweisung und Sanktion, gegen das die Auftraggeber nur noch Einspruch oder Berufung einlegen können. Die Transformation der Stellvertretung zum Betrieb pervertiert den Sinn von Delega-

tion grundlegend. Sie steigert nicht nur die Entfremdung, sie verwandelt Vertretung in das Gegenteil ihrer selbst: in soziale Herrschaft. An die Stelle der Bevollmächtigung setzt die Hierarchie die Herrschaft des Apparats über seine Mitglieder.
Die *Umkehrung der Machtrichtung* verändert die Bestellung der Delegierten und die soziale Kontrollstruktur. Frühzeitig mischt sich die Obrigkeit in den Wahlprozeß ein, präsentiert Einheitslisten, installiert ein Blockwahlsystem oder setzt ihre Kandidaten einfach per Dekret durch. Die Abstimmung wird zur Farce, die Wahl zum Akt der Akklamation. Es sind nicht die Wähler, die den Delegierten auswählen, es ist der Delegierte des Apparats, der sich wählen läßt.[4] Unter dem Deckmantel der Verfassung hat die *Wahlkorruption* viele Gesichter. Etablierte Sekretäre schlagen einander reihum für freiwerdende Wahlstellen vor. Ist die eigene Amtszeit abgelaufen, stellt man den Nachfolger des eigenen Vertrauens vor. Man lobt seinen Einfluß innerhalb des Apparats und kehrt die Vorteile kontinuierlicher Vertretungspolitik heraus. Man schmeichelt der Gruppe oder verspricht ihr Wahlgeschenke. Und wenn all dies nichts fruchtet, zieht man schärfere Register. Man gibt den Wählern zu verstehen, ihre laufenden Angelegenheiten könnten durchaus verschieden beurteilt werden. Ob sich ihre Sache in die Länge zieht oder aber rasch erledigt wird, hinge allein von ihrem Votum bei den anstehenden Wahlen ab. Gleichzeitig werden oppositionelle Kandidaten als Verräter diskreditiert, ihre Anhänger werden bedroht oder schikaniert; Funktionäre, die sich, was selten genug ist, auf die Seite der Opposition geschlagen haben, werden mit der Drohung diszipliniert, ihr Widerstand könne sie um Arbeit und Brot bringen. Ob Anreiz oder Drohung, ob Belohnung oder Strafe, die Machttechniken der Manipulation

4 Mit Absicht wurde hier eine Formulierung gewählt, die an das klassische Diktum des frühen Mosca erinnert: »Wer je an einer Wahl teilnahm, weiß genau, daß der Abgeordnete nicht von Wählern ›ausgewählt‹ wird, sondern, in der Regel, sich von ihnen ›auswählen‹ läßt. Oder, wenn das zu unfreundlich klingt, können wir es auch so ausdrükken: Seine Freunde sorgen für seine Wahl. In jedem Fall ist seine Kandidatur das Werk einer Gruppe von Leuten, die sich zu einem gemeinsamen Zweck vereinigt haben, das Werk einer organisierten Minderheit, die ihren Willen der nicht organisierten Mehrheit unausweichlich aufzwingt« (G. Mosca, Sulla teorica dei governi e sul geverno parlamentare, Turin 1884, S. 250f., hier zitiert nach Röhrich 1981, S. 160).

bedienen sich selbst der Struktur der Stellvertretung. Sie benutzen Vertretung als Tauschobjekt gegen Willfährigkeit. Wählst Du mich, so vertrete ich Dich, wählst Du mich nicht, vertrete ich Dich auch nicht. Fern davon, eine Pflicht zu sein, verkommt Repräsentation zum Trumpf im Wahlkampf. Die Gruppe bevollmächtigt keinen Vertreter, sie tauscht ihre gehorsame Stimmabgabe gegen die vage Hoffnung, anschließend tatsächlich vertreten zu werden. Und für die Eliten ist Stellvertretung nurmehr eine willkommene Machtquelle, um sich selbst zu reproduzieren und die Repräsentierten gefügig zu halten.

Der Wahlkorruption entspricht die Umkehrung der *sozialen Kontrolle*. Eine Überwachung hochrangiger Repräsentanten ist schon aufgrund der hierarchischen Entfernung kaum denkbar. Aber dies ist hier nicht entscheidend. Daß sich die Richtung der Kontrolle umkehrt, heißt vielmehr, daß nun die oberen Ränge den unteren Delegierten Anweisungen erteilen. Aus den Gruppenvertretern werden Erfüllungsgehilfen der Oligarchie, Statthalter der Obrigkeit. Sie haben für den ordnungsgemäßen Ablauf in den Büros zu sorgen und die Mitgliedsbeiträge einzutreiben, sie haben Kampagnen zu organisieren, Werbematerial zu verteilen, die Gruppen auf Linie zu bringen. Ihre Aufgabe ist es, Loyalität und Gehorsam zu beschaffen, Rebellen schon an Ort und Stelle niederzuhalten und gelegentlich die Mitgliederbasis zu demonstrativen Aktionen zu mobilisieren. Diese *strukturelle Perversion* der Stellvertretung ist paradox genug. Nicht der Vertreter ist zur Loyalität gegenüber der Gruppe verpflichtet, die Gruppe hat gegenüber ihrem Repräsentanten Loyalität zu zeigen. Die Gruppe wählt nicht den Repräsentanten, der um ihre Gunst geworben hat, der Repräsentant beauftragt die Gruppe, für ihn zu werben. Nicht die Gruppe bestimmt, was zu vertreten ist, die Oligarchie bestimmt, was die Gruppe gegenüber Außenstehenden zu vertreten hat. Nicht der Vertreter gehorcht der Gruppendisziplin, die Gruppe hat der Parteidisziplin zu gehorchen. Nicht der Delegierte steht im Dienste der Delegierenden, sie stehen im Dienst des Apparats. Sie zahlen ihre Beiträge in die Kasse, nicht zur Belohnung erfolgreicher Stellvertretung, sondern zur Finanzierung einer Organisation, die sie beherrscht.

Mit der Transformation der Stellvertretung in hierarchische Organisation ist der Machtprozeß entschieden. Die Arbeit ist verteilt, die Oligarchie in den Sattel gehoben. Daß organisierte Stellvertretung den Apparat zum Souverän erhöht, liegt freilich nicht nur an der Formalisierung, Arbeitsteilung und Machtstaffelung. Die Grammatik des kollektiven Handelns ist schon wirksam, bevor sich ein Gruppenverband überhaupt zur Großorganisation zu entwickeln beginnt. Sie gilt bereits für den Übergang von der sozialen Bewegung zum formalisierten Betrieb und erst recht für alle Versuche, Hierarchien mit Hilfe demokratischer Methoden zurückzuschrauben. Mit dem Übergang vom gesellschaftlichen Atomismus, jenem fiktiven Naturzustand der Vereinzelung, zum korporativen Akteur, von der Selbstvertretung der Gruppe zum Verbandsorgan, werden Mechanismen in Gang gesetzt, die zwangsläufig zur Entfremdung führen. Sie betreffen die Entscheidungsverfahren der Stellvertretung, die Teilnahmerechte der Mitglieder, die Arbeitsformen des Organs und seine Außenpolitik.

Ob durch Gesetz festgelegt oder durch Gewohnheit verbürgt, *Entscheidungsregeln* ordnen die kollektive Willensbildung. Sie verteilen die Vertretungsmacht und Teilnahmerechte. Um die soziale Einheit zu wahren, kann zunächst eine *Konsensregel*[5] in Kraft gesetzt werden, die den Vertretern nur dann zu handeln erlaubt, wenn alle dem Auftrag zugestimmt haben. Der Repräsentant darf nichts tun, solange sich die Gruppen nicht geeinigt haben. Die Verselbständigung der Repräsentation ist damit unterbunden, doch die Kehrseite der Einstimmigkeit aller ist die Vetomacht jedes einzelnen. Jedes Mitglied kann Beschlüsse blockieren und die Vertretung stoppen. Der Delegierte darf nichts unternehmen, solange nicht auch der letzte zugestimmt hat. So ist jeder von jedem abhängig. Jeder kann Nein sagen und sich dadurch vor unerwünschter Vertretung schützen. Jeder kann seine Zustim-

5 Zum Folgenden vgl. auch Colemans (1979, S. 25 ff.) Theorie des Machtgewinns korporativer Akteure. Man kann diese Theorie ohne weiteres auch als Theorie der Stellvertretung lesen. Der korporative Akteur ist nicht einfach nur ein Organisationsapparat, sondern es sind die Repräsentanten und Funktionäre dieses Apparats, die die Vertretungsmacht gewinnen.

mung verweigern und den Auftrag zu Fall bringen.[6] Die individuelle Vetomacht läßt jedem seine Souveränität, doch sie kostet die Vorteile kollektiver Vertretungsmacht. Sie verspielt den Machtgewinn der organisierten Assoziation.

Während die Konsensregel jedem Verhinderungsmacht zuteilt, verleiht die *»Jedermann-Regel«* (Coleman 1973, S. 4) jedem das Recht, sich in eigener Regie vertreten zu lassen. Jede Gruppe darf den Repräsentanten mit Einzelaufträgen vorschicken und den Apparat für ihre Sonderinteressen nutzen. Dieses individuelle Initiativrecht öffnet der gegenseitigen Ausbeutung Tür und Tor. Da das Organ von den Beiträgen aller lebt, erlaubt das individuelle Nutzungsrecht jedem einzelnen, seine Privataufträge auf Kosten aller anderen zu delegieren. Und da auch alle anderen dieses Recht für sich reklamieren dürfen, ist keiner vor dem Mißbrauch seiner Investitionen sicher. Zudem zersplittern individualisierte Vertretungsansprüche die Einheit der Stellvertretung. Wenn jede Gruppe das Organ beauftragen kann, kommt gemeinsame Delegation kaum mehr zustande. Der Repräsentant repräsentiert nurmehr einzelne Gruppen, nicht den Verband. Während die Konsensregel die Kontrollmacht ganz in den Händen der Gruppe beläßt, entzieht die Jedermann-Regel ihr die Kontrolle über den Einsatz der Vertretungsmacht. Die Vetomacht entmachtet den Verband zugunsten der Gruppe, die Jedermann-Regel zersprengt den Verband und ermächtigt die Gruppe, sich auf Kosten aller zu bereichern. Die Konsensregel macht den Stellvertreter arbeitslos, die Jedermann-Regel überhäuft ihn mit zahllosen Sonderaufträgen.

6 Wie unwahrscheinlich ein Konsens bei steigender Mitgliederzahl wird, mag folgende Rechnung illustrieren (vgl. Vanberg 1979, S. 110). Bei n Akteuren und einer Ja/Nein-Entscheidung gibt es 2^n Möglichkeiten. Wenn bei den n Akteuren Ablehnung und Zustimmung gleich wahrscheinlich sind, dann ist die Wahrscheinlichkeit eines Konsens $2:2^n$. Bei zehn Mitgliedern ist dann die Wahrscheinlichkeit einer einstimmigen Entscheidung 2:1024. Daß in der sozialen Wirklichkeit trotzdem hin und wieder einvernehmliche Entscheidungen zustande kommen, dürfte daher rühren, daß kaum ein Individuum oder eine Gruppe gänzlich frei ist von kollektiven Vorstellungen und Meinungstendenzen. Die Mathematik des Konsens gilt sozusagen für den Naturzustand freier Aktormonaden. Oder anders gesagt: Der Prozeß der Gesellschaft beginnt damit, daß keiner mehr für sich, sondern so wie die anderen abstimmt.

Diese beiden Regeln bezeichnen die Endpunkte einer Skala. Dazwischen rangieren die vielfältigen *Mehrheitsregeln*, die die Dilemmata der beiden Extreme auszugleichen scheinen. Das Spektrum reicht hier von der Dreiviertel- oder Zweidrittelmehrheit bis zum Votum der absoluten oder relativen Mehrheit. Damit gewinnt der Verband zwar seine Handlungsfähigkeit zurück, allerdings auf Kosten der Minderheit. In gewissem Sinne sind Mehrheitsregeln nur abgemilderte Variationen der Jedermann-Regel. Sie geben der Überzahl das Recht, alle Ressourcen auch gegen den Willen der Minderheit einzusetzen. Regierungsmehrheiten verwenden Steuergelder auch für Zwecke, von denen viele Steuerzahler nicht einmal wissen, daß es sie gibt. Verbandseliten betreiben mit Billigung der Mehrheit mitunter eine Vertretungspolitik, die die Minderheit dauerhaft benachteiligt. Überdies hat das Mehrheitsregime eine gleichsam natürliche Tendenz zum Populismus. Um Rückhalt in der Organisation zu erhalten, umschmeicheln die Delegierten den Souverän, wobei der Souverän, um dessen Zustimmung sie buhlen, hier nicht der Monarch, sondern die Gruppenmehrheit ist. Und je stabiler diese dominante Koalition der großen Zahl mit dem Apparat ist, desto größer ist die Gefahr, daß sich Demokratie unter der Hand in eine Tyrannis der Mehrheit verwandelt.

Dagegen scheinen Regeln zum *Schutz der Minderheiten* zu helfen. Wie Mehrheitsregeln das Jedermann-Prinzip abschwächen, so mildern die Schutzregeln das implizite Vetorecht der Konsensregel. Statt der einzelnen Gruppe räumen sie einer überstimmten Gruppenkoalition Einspruchsrechte ein. Sie kann den Delegierten zwar nicht zum Handeln auffordern, aber sie kann auf Unterlassung klagen und damit die Stellvertretung blockieren. Sie kann die Despotie der Mehrheit verhindern, aber auch die Mehrheitsregel außer Kraft setzen. Eine Koalition bestimmter Größe reicht aus, um den Verband zu paralysieren. Ihre negative Blockademacht vermag Mehrheitsbeschlüsse aufzuheben und das Organ zur Untätigkeit zu verurteilen. Es ist daher wenig erstaunlich, daß der Minderheit meist kein Veto-, sondern allenfalls ein Anhörungs- oder Beschwerderecht eingeräumt wird. Sie wird informiert, kann ihre Meinung abgeben, und dann gilt der Mehrheitsbeschluß. Es sei dahingestellt, ob man dies für einen effektiven Schutz halten soll. Es zeigt nur, daß weder die Mehrheits- noch die Schutzregeln das grundlegende Dilemma der kollektiven Entscheidung aufzulösen vermögen. Zwischen der Scylla der Verhinderungsmacht und der Charybdis ausbeuterischer Initiativmacht gibt es keinen Ausweg. Entweder verzichten die Gruppen auf die Souveränität der Vetomacht, um dadurch kollektive Handlungsfähigkeit zu gewinnen, oder sie bestehen auf ihrer Souveränität und verlieren dadurch die Vorteile organisierter Vertretungsmacht.

Die Abstimmungsregeln legen fest, bei welcher Entscheidungslage der Stellvertreter tätig werden darf. Nicht der Delegierte, die Gruppen befinden darüber, was jeweils zu vertreten ist. Die Regeln setzen also ein gebundenes Mandat voraus, das den Repräsentanten auf präzise Instruktionen verpflichtet. Abstimmungen machen ja nur Sinn, wenn ihnen *partizipative Regeln* zugrunde liegen, die fixieren, ob und wie der Verband an kollektive Entscheidungen gebunden ist und wer das Recht hat, sich in seine Arbeit einzumischen. Während die Abstimmungsregeln vorschreiben, wann ein Entschluß gilt, bestimmen die partizipativen Regeln, wer an der Abstimmung teilnehmen darf und wie ein Delegierter kollektive Voten zu vertreten hat.

Die zweifellos aufwendigste Teilnahmemethode ist die Vollversammlung aller Gruppen. Nach dem Idealmodell der direkten Demokratie kommt den Mitglieder-, Bürger- oder Betriebsversammlungen die letzte Entscheidungsautorität zu. Nur die unmittelbare Mitwirkung aller verleiht Beschlüssen Legitimität. Die *Öffentlichkeit* ist der natürliche Ort des kollektiven Souveräns, der Delegierte nur ihr Sprachrohr und Fürsprecher. Ihr erstattet er Bericht, ihr ist er verantwortlich, sie bestimmt, was er zu tun hat. Doch die Öffentlichkeit ist auch der Ort der inszenierten Repräsentation. Nichts ist leichter zu dirigieren als die Versammlung. Wer etwas durchsetzen will, kommt früh und entscheidet spät. Wer auf Zustimmung aus ist, redet dem Publikum nach dem Munde und entscheidet vorher oder hinterher. Daß der Kongreß zum Instrument der Akklamation verkommt, ist bereits im Rahmen der Situation und ihrer Organisation angelegt. Die Versammlung muß vorbereitet, eine Tagesordnung festgelegt, ein Themenkatalog im Vorfeld abgesteckt, die Rednerfolge bestimmt werden. Im Verband übernimmt das Büro diese Aufgabe. Es besitzt die Definitionsmacht über die soziale Situation. Doch auch während der Debatte treten fortwährend Stellvertreter auf. Während die Mehrheit schweigt, führen nur wenige das Wort, die Funktionäre des Büros, die Führer der Opposition und die Volkstribune, die spon-

tan die Stimmung im Saal zum Ausdruck bringen. Fern davon, ein Ort ursprünglicher Demokratie unter Gleichen zu sein, ist die Versammlung strukturell geteilt in Zuhörer und Sprecher, Gefolgschaft und Wortführer. Die Zustimmung mag wechseln, hin und wieder auch umschlagen, doch dies ändert nichts an der Tatsache, daß die Mehrzahl den Status hat, den sie im Delegationsverhältnis immer schon hat: Publikum der Repräsentation zu sein. Ist es ein Wunder, daß die Zahl der Anwesenden schlagartig abnimmt, nachdem sie einen ständigen Delegierten ernannt haben? Es ist nur konsequent, wenn am Ende der Funktionär den Mitgliedern Desinteresse und Apathie vorzuwerfen beginnt. Er prangert an, was sein wahrer Traum der Freiheit ist: als Delegierter von allen Störenfrieden und Rebellen befreit zu sein, nicht von Rechtfertigungszwängen und argwöhnischen Blicken belästigt zu werden.
Für den Prozeß der Stellvertretung ist der ideale öffentliche Diskurs ruinös. Würde alles offen gesagt und der Flügelkampf vor aller Augen ausgetragen, so verlöre das Organ einen wesentlichen Trumpf für den Verhandlungspoker: die Fiktion einheitlicher Repräsentation und das Geheimnis der politischen Strategie. Der Konflikt mit dem Dritten erzwingt die Manipulation der Debatte. Nicht nur die Repräsentanten, auch die Repräsentierten müssen ein Interesse daran haben, daß die Fassade geschlossener Einigkeit gewahrt bleibt. Öffentliche Auseinandersetzungen in den eigenen Reihen nehmen dem Gegner die Arbeit ab. Er kann den Delegierten wegen fehlender Repräsentativität ablehnen und seine Opponenten gegen ihn ausspielen. Kommt in der Versammlung kein Gemeinwille zustande, stellt sich unweigerlich die Frage, wen der Repräsentant überhaupt repräsentiert. Und sobald jedermann weiß, was das Organ vorhat, kann jeder frühzeitig geeignete Gegenmaßnahmen treffen. Die Versammlung verschwendet nicht nur die Konfliktzeit für endlose Diskussionen, sie verspielt auch die Tempovorteile der Geheimhaltung.
Das Gegenteil der Öffentlichkeit ist das *Geheimnis*. Es bewahrt die Einheit der Stellvertretung und schützt die strategischen Pläne vor fremden Blicken. Für Konflikte ist Geheimhaltung ohnehin unverzichtbar. Eine Sache läßt sich ungleich besser vertreten, wenn man nicht sofort offenbart, was man eigentlich will und wer überhaupt hinter einem steht. Man kann dem Gegner Forderungen präsentieren, deren Zurückweisung nicht weiter tragisch ist, ihn jedoch bei der nächsten Angelegenheit, der eigentlichen

Hauptsache, moralisch zu Zugeständnissen zwingt. Man kann sich entschiedener für die Vertretenen einsetzen, wenn man so tun kann, als habe man sie geschlossen im Rücken. Und man kann beweglicher auf wechselnde Konfliktlagen reagieren, wenn die Entschluß- und Strategiebildung auf einen kleinen Kreis von Eingeweihten beschränkt ist. Je geringer die Zahl der Mitwirkenden, desto leichter fallen Einigung und taktische Koordination. Wer an effektiver Delegation interessiert ist, kommt daher kaum umhin, den eigenen Repräsentanten strategische Geheimnisse zuzugestehen.

Das Geheimnis schützt vor den Dritten und Ersten. Es verwirklicht den Freiheitstraum des Delegierten. Unangefochten von Gruppeneinflüssen kann er handeln. Von zeitraubenden Erklärungen und Rechtfertigungen ist er befreit. Hinter der Mauer der Verschwiegenheit kann er sich ganz seiner Aufgabe widmen – oder etwas ganz anderes tun. Die Auftraggeber verlieren jede Kontrollchance. Das Geheimnis legt eine Sperre zwischen die Gruppen und den Apparat. Es teilt die Akteure in Eingeweihte und Ausgeschlossene. Nachdem der Delegierte ernannt ist, verschwindet er im Dunkelfeld. Daß er für sie spricht, hören die Gruppen nicht. Die Funktionäre hingegen wissen sich untereinander durch die Regeln des Schweigens verbunden. Die Kumpanei der Delegierten beruht nicht zuletzt auf dem Geheimnis, das sie miteinander verknüpft. Nicht kollektive Korruption ist hier das Problem, sondern die soziale Struktur der Geheimhaltung, die die Einheit der Eingeweihten verlangt, um sie von den Ausgeschlossenen abzuheben.

Stellvertretung als Geheimsache zu behandeln, hat allerdings auch für die Vertreter gewisse Nachteile. Wenn nur sie darüber befinden, was zu tun ist, bleiben die Ressourcen der Gruppen weitgehend ungenutzt. Sachkenntnisse an der Basis, Motivation und Einsatzbereitschaft werden leichtfertig als Trumpf im Konflikt verschenkt. Obgleich die Delegierenden nicht immer wissen, was für sie das Beste ist, so wissen sie bisweilen doch, was in einer Sachfrage das Beste ist. Darauf verzichtet die Geheimhaltung. Sie schließt die Erfahrungen der Mitglieder von der Repräsentation aus. Hinzu kommt der Verlust eines weiteren Machtmittels. Wer nur noch von Ferne ahnen kann, was auf den Hinterbühnen der Delegation geschieht, läßt sich kaum mehr auf die Straße locken. Die geballte Macht der kollektiven Manifestation läßt sich kaum mehr aktivieren. Die Freiheit, die das Geheimnis gewährt, kostet die Mobilisierbarkeit des Kollektivs. Und wenn alles hinter verschlossenen Türen entschieden wird, leeren sich mit der Zeit auch die Versammlungssäle, so daß die Repräsentativität der Vertreter kaum mehr zu beweisen ist. Fällt nur noch ein exklusiver Zirkel die Entschlüsse, stellt sich unweigerlich der Verdacht ein, daß dieser Zirkel auch nur exklusive Ziele vertritt.

Wie zwischen Konsens- und Jedermann-Regel gibt es auch zwischen den Prinzipien der Öffentlichkeit und der Geheimhaltung vielfältig abgestufte Beteiligungsregeln. Natürlich schließen sich im Grundsatz beide Verfahren aus. Was geheim bleiben soll, darf niemals öffentlich werden, und was allseits bekannt ist, kann niemals mehr geheim werden. Gleichwohl ist die Delegationsarbeit nur selten reine Geheimsache. Spätestens bei der Realisierung der Beschlüsse erfahren die Betroffenen, was ihnen blüht. Doch schon zuvor sickern Informationen durch. Ausgewählte Meinungsführer werden vorab konsultiert und geben die Meldungen dosiert nach unten weiter. Ohne die Vertraulichkeit offiziell zu durchbrechen, kennen auf diese Weise viele das offene Geheimnis. Die Gerüchte werden weder bestätigt noch dementiert, und dennoch weiß jeder, daß es nicht nur Gerüchte sind. Obwohl durch keine Verfassung gedeckt, haben derartige Praktiken durchaus den Status einer sozialen Regel. Verstoßen Delegierte plötzlich gegen diese Gewohnheit und ziehen sich ganz in Arkanpolitik zurück, riskieren sie Sanktionen der Zwischenträger und das Mißtrauen der Vertretenen.

Einen offizielleren Status haben Regeln, die für einzelne *Entscheidungsphasen* Mitwirkung zubilligen. Der Dienstweg der Stellvertretung wird in einzelne Abschnitte mit besonderen Teilnahmechancen zerlegt. So kann die Initiierung eines Auftrags, die Planung sowie die anschließende Verhandlung delegiert, die Autorisierung des Beschlusses jedoch ausdrücklich der Versammlung vorbehalten werden. Umgekehrt kann auch den Vertretenen ein Initiativrecht eingeräumt sein, während der endgültige Beschluß bei den Repräsentanten bleibt. Nicht die Gruppen, sondern der Stellvertreter hat in diesem Fall die Vetomacht über die Agenda. Er entscheidet, was letztlich vertretbar ist, auch wenn die Gruppen viel Mühe und Zeit für repräsentationsfähige Vorlagen investiert haben. In hierarchischen Verbänden gilt häufig ein Verfahren gestaffelter Konsultation. Die Spitze entwirft das Programm und läßt es anschließend auf den unteren Ebenen zirkulieren, um die Folgebereitschaft der Gruppen zu testen. Anschließend wandern die gebündelten Stellungnahmen wieder nach oben, wo die Obrigkeit die letzte Entscheidung trifft. Das Verfahren, so demokratisch es zunächst aussehen mag, stabilisiert das hierarchische Machtverhältnis.[7] Die Spitze behält das sachliche Definitionsmonopol. Die Zwischenstufen, die mit dem normalen Verwaltungsbetrieb vollauf beschäftigt sind, haben kaum Zeit für die Grundsatzfragen und geben die Entwürfe nur weiter, um sich nach oben abzusichern. Die Opposition hat sich an die Regeln der Anhörung zu halten und daher kaum die Möglichkeit, selbst Themen einzubringen. Ausbleibender Einspruch einer schweigenden Mehrheit läßt sich von der Spitze unschwer als Zustimmung auffassen und gegen die isolierte Opposition ausspielen. Das Schweigen der Basis legitimiert die Spitze. So erfährt die Mehrzahl der Mitglieder die Prinzipien der Verbandspolitik allenfalls vom Hörensagen, und die Leitung hört das, was sie zuvor ausgestreut hat.

Am Anfang steht der Stellvertreter an der Schwelle zwischen zwei Handlungszonen. Hin und wieder kehrt er zu den Gruppen zurück, um sich zu verantworten, seine Hauptarbeit jedoch gilt anderen Adressaten. Die Beauftragung vollzieht sich noch in der Gruppenzone, die Stellvertretung findet in einer fremden Konfliktzone statt. Die Entscheidungs-, Auftrags- und Teilnahmeregeln, von denen bislang die Rede war, organisieren das Verhältnis zwischen beiden Handlungsbezirken. Als *konstitutive Regeln* le-

7 Gulowsen (1985, S. 350) hat in einer instruktiven Studie dieses Machtsystem der »hearocracy« analysiert: »Organizational democracy turns into ›hearocrazy‹, a term that derives from the combination of ›democracy‹ with ›hierarchy‹, and a futile attempt to ›hear‹ opinions from the membership. In the hearocracy, only people with bureaucratic training and inclination manage to stay engaged; others get tired, lose interest and withdraw. While overloading the electorate, hearocracy has a tendency to pacify the members. The majority is silenced, often the minorities as well. The ability to listen to the grass roots is lost. Debate between those of differing viewpoints stops. It is no longer to create a viable opposition to the leadership. Though formally a democratic structure, the fully developed hearocracy is a system which screens and supports the oligarchy and makes it govern on behalf of the silent majority.«

gen sie fest, in welcher Arena welche Themen zu verhandeln sind, wer mitwirken darf, wer als Repräsentant legitim ist und wessen Beschlüsse Geltung haben. In diesen Regeln ist soziale Macht indirekt wirksam. Sie verteilen Machtquellen und Machtmittel, ohne daß es zu einem unmittelbaren Machteinsatz kommt. Ohne Drohungen, Anreize oder Sanktionen verteilen sie die Vertretungsmacht. Je individualisierter die Initiativrechte sind, desto weniger wissen die anderen Gruppen, was ihr Stellvertreter tut. Je diskreter die Vertretungsarbeit, desto unabhängiger ist der Repräsentant und desto undurchsichtiger ist der Konflikt für diejenigen, die es angeht. Die Asymmetrie der Stellvertretung ist in den Regeln kodifiziert. Meist ist nur der Abgesandte als Gegner anerkannt, die Vertretenen haben sich herauszuhalten. Ihre Machtmittel werden als illegal geächtet. So wird Politik zu einem fremden Drama, dessen Szenen und Winkelzüge kaum mehr zu übersehen sind und dessen Rollen einer anderen Wirklichkeit zugehören.

Ist die Verhandlungszone etabliert, treten *regulative Regeln* in Kraft, die die Arbeit der Repräsentanten steuern. Sie umfassen nicht nur die Geschäftsordnung, sondern vor allem die Dramaturgie und den Gebrauch der Vertretungsmacht. Der Vertreter steht vor einer dreifachen Darstellungsaufgabe. Er hat, wie in jeder Interaktion, sich selbst zu inszenieren, doch ebenso hat er sich als Repräsentant der Gruppe zu präsentieren und schließlich hat er die Gruppe selbst darzustellen. Würde er sich nur als Gruppenmitglied vorstellen, wäre er kein Repräsentant. Würde er nur sich selbst in Szene setzen, wäre er kein Delegierter. Für dieses Problem der mehrfachen Inszenierung bietet die Verhandlungszone eine elegante Lösung. Grundsatzerklärungen werden für Sonderkongresse reserviert, bei denen sonst weiter nichts zu entscheiden ist. Reihum kommt jeder zum Zuge und hält seine Rede, eine Debatte findet nicht statt. Wirklich verhandelt wird im engeren Kreis, nachdem die Grundsätze abgehakt sind. Nun wird zur Sache gesprochen, nach Tagesordnung und Rednerliste. Die Repräsentierten sind aus dem Gesichtskreis verschwunden. Die Sachlichkeit entlastet von den Zwängen der Gruppendarstellung. Man begnügt sich mit dem Austausch persönlicher Identitäten. Personales Vertrauen tritt an die Stelle kollektiver Repräsentation. Nachdem die Entsendungsgruppen aus dem Horizont der Situation verdrängt sind, lassen sich so auch delikate Themen behandeln, ohne daß Differenzen im Grundsatz die Zusammenarbeit stören.

Gestützt wird die Versachlichung durch *sprachliche Diskursregeln*. Die Verhandlungssprache ist eine Standardsprache. Sie duldet weder affektive Ausbrüche noch gruppenspezifische Sprechweisen, weder umständliche Reflexion noch arrogante Überlegenheit. Die Sprache der Funktionäre pendelt sich auf einem mittleren Niveau ein (vgl. Claessens 1980, S. 137). Sie ist neutral, verständlich, zeitsparend und informationsreich, ohne überflüssige Schnörkel und persönliche Eigenheiten, pragmatisch auf Aktuelles eingerichtet, formal an Vorschriften orientiert. Aus diesem Diskurs verschwinden die Prinzipien, aber auch die diffizilen Detailprobleme. Dafür hat man Stäbe und Zuarbeiter in den Büros. Die Verhandlungszone kennzeichnet eine eigene Kultur, die sich von der der Gruppen abhebt. Daß Delegierte mit doppelter Zunge reden, hat darin seinen Grund. Nur die wenigsten sind versierte Dolmetscher, die zwischen Gruppe und Verhandlung leichtfüßig hin und her wechseln können. Der Funktionär spricht die Sprache des Apparats, nicht der Gruppen, der gewiefte Interessenvertreter spricht die Sprache der Verhandlung, nicht der Versammlung. Sein Bericht an die Gruppe ist durchsetzt von diesem fremden Jargon. Er zeigt seine Sonderstellung, seine Kompetenz, seinen Status als Stellvertreter. Und er dokumentiert, daß er nicht mehr einer von ihnen ist.

Die Diskursregeln formen das Denken. In der Konfliktzone herrscht ein anderer Denkstil als in den Gruppen. Dort denkt man in Ansprüchen und Gefühlen, hier in Kategorien der Sachlichkeit und Strategie. Dort geht es um Prinzipien, hier um Pragmatismus, dort zählen persönliche Glaubwürdigkeit, Engagement, Entschlossenheit, hier taktisches Geschick, Nüchternheit, Durchsetzbarkeit. Je weiter das Publikum von der Verhandlungsregion entfernt ist, desto tiefer ist die Kluft zwischen beiden Kulturen. Strategisches Denken wird zum Privileg des Stellvertreters. Die Ansprüche beurteilt er nur noch nach ihrem Aufwand und ihren Erfolgsaussichten. Während die Gruppe auf unmittelbare Umsetzung drängt, rechnet er in Fristen und Arbeitszeiten. Während sie resolut ihre Forderungen einklagt, muß er nach Argumenten suchen. Während sie alles will, muß er sich arrangieren. Während sie nur Sieg oder Niederlage kennt, muß er sich um Kompromisse bemühen.

Im Konflikt kann sich der Stellvertreter keineswegs alles erlauben. Daß er strategisch denken und die Verteilung der Trümpfe kalkulieren muß, liegt an den Bedingungen, die ihm die regulativen Regeln setzen. Sie legen nämlich nicht nur fest, wie zu sprechen und denken ist, sondern auch wie Konflikte abzuwickeln sind. Manche Trümpfe sind von vornherein verboten, andere gerade noch geduldet. Während die konstitutiven Regeln die Machtquellen zuteilen, ordnen die *Konfliktregeln* den situativen Einsatz der Vertretungsmacht. Sie steuern den figurativen Machtkonflikt und entschärfen den sozialen Gegensatz. Vertretungspolitik ersetzt die direkte Konfrontation durch Verhandlung und Diskurs, durch Überredung und Überzeugung, Manipulation und Bluff. Am Ende des Argumentationskampfes steht eine Vereinbarung, die beide Seiten verpflichtet.

Die Befriedung des sozialen Konflikts durch restriktive Regeln verlegt den Streit nicht nur in die Arena der Wortgefechte. Sie entwertet zudem materielle und symbolische Machttrümpfe, über die die Vertretenen sonst verfügen könnten. Die Regeln der Verhandlung schließen kollektiven Druck weitgehend aus. Die kompakte Gewalt der Straße endet an der Bannmeile. Massenaufmärsche, Streiks oder Kundgebungen sind allenfalls Begleitmusik für das, was im Konferenzzimmer geschieht. Die direkte Aktion des Kollektivs durchbräche den Rahmen geregelter Stellvertretung. Dadurch verliert der Vertreter jedoch Drohpotentiale gegenüber dem Dritten. Allein auf sich gestellt, muß er die Wissensvorsprünge der Gegenseite aufholen, um im vermeintlich egalitären Sachdiskurs mithalten zu können. Wenn das Argument sozialen Druck ersetzt, wenn an die Stelle der Drohung die Kommunikation tritt, wird Sanktionsmacht obsolet. Auch wenn der Repräsentant die Mobilisierung der Vertretenen ankündigt, so ist diese Warnung meist nur Fiktion, eine leere Drohung. Würden die Gruppen tatsächlich eingreifen, wären die Konfliktregeln der Verhandlungszone eindeutig verletzt und ihr Repräsentant desavouiert. So bleibt ihm nur übrig, so zu tun, als stünden seine Bataillone Gewehr bei Fuß, ohne daß die Waffenkammer jemals geöffnet wird. Er muß sie in Alarmbereitschaft halten, ohne sie wirklich zu alarmieren. Die Folgen liegen auf der Hand: Konfliktbereitschaft läßt sich auf Dauer nur erhalten, wenn hin und wieder Streitigkeiten tatsächlich ausgefochten werden. Ohne Aktion verliert sich über die Zeit der Wille zur Aktion. Nach und nach räumen die Vertretenen das Feld und überlassen dem Stellvertreter das Handeln. Von Ferne beobachten sie, was er tut. Ausgeschlossen durch die Regeln der Stellvertretung, sehen sie keinerlei Anlaß, mehr zu tun, als regelmäßig ihre Stimmen abzugeben und sich auf den Status des Zuschauers zurückzuziehen.

4. Das Publikum

Jede Stellvertretung ist ein Handeln für Publikum. Der Delegierte spricht für andere und er spricht zu anderen. Seine Aktivität gewinnt Sinn auch durch das Zuschauen derer, die er vertritt. Daß die Vertretenen Publikum in eigener Sache sind, ist in der Struktur der Stellvertretung selbst begründet. Der Abgesandte repräsentiert die Gruppen nach außen, aber er zeigt ihnen zugleich, was sie wollen und wer sie sind. Durch das Sprachrohr hören sie sich selbst. In der Größe und Macht des Apparats erkennen sie ihre eigene Stärke. Seine Niederlagen sind auch ihre Niederlagen. Weil der Vertreter Zeichen der Gruppe und Symbol des Verbandes ist, werden die Mitglieder, die sich in ihm wiedererkennen, zu Zuschauern ihrer selbst. Publikum zu sein, ist kein Degenerationsmodus der Stellvertretung. Es ist der natürliche Status der Vertretenen im System der *inneren* Repräsentation. Vertretungsmacht ist nicht zuletzt Theatrokratie.

Das Publikum handelt nicht, es schaut dem Handeln zu. Es beobachtet und beurteilt das Geschehen auf der sozialen Bühne. Während es seine Aufmerksamkeit den Darstellern zuwendet, handeln diese direkt zu- und gegeneinander. Trotzdem ist das Publikum integraler Bestandteil der Figuration. Die Gruppen gehören zum Verband, die Mitglieder zur Organisation. Obwohl vorwiegend miteinander beschäftigt, beachten die Darsteller fortwährend die Reaktionen im Zuschauerraum, antizipieren Beifall oder Mißfallen. Selbst wenn es physisch abwesend ist, bleibt das Publikum sozial präsent. Der Delegierte vergegenwärtigt seine Auftraggeber, stellt ihre Ansprüche und Ziele vor, und der Gegner überprüft immerzu die Repräsentativität des Vertreters, kalkuliert die Zustimmung, die er genießt, den Applaus, der ihn trägt, die Kritik, die ihn isoliert.

Die *figurative Stellung* des Publikums im Vertretungssystem ist strukturell ambivalent. Für den Apparat sind die Mitglieder Mittel der Politik. Seine Vertretungsmacht beruht auf der Organisation, auf der Zahl der Mitglieder, ihrer Mobilisierbarkeit und dem Kapital, das sie mit ihren Beiträgen angesammelt haben. Je mehr Mitglieder, desto stärker der Repräsentant, je voller die Kasse, desto länger lassen sich Durststrecken durchhalten, und je aktionsbereiter die Zuschauer, desto glaubwürdiger der kollektive Druck. Das mediatisierte Publikum ist ein wesentlicher Trumpf im Machtspiel der Stellvertretung. Seine Fügsamkeit kann man gegen Kompromisse eintauschen. Die Passivität des Publikums ist ein Tauschobjekt für Zugeständnisse, ein Mittel, um seine Ziele verfolgen zu können. Aber diese *Mediatisierung* des Publikums kehrt die Zweck-Mittel-Relation der Stellvertretung um. Nicht der Delegierte ist nunmehr das Werkzeug der Gruppen, sondern umgekehrt sind sie Machtmittel ihres Repräsentanten.

Das Organ hat Vertretungsmacht *durch* die Macht der Mitglieder. Doch es braucht auch Macht *über* sie.[8] Es ist nur repräsentativ, sofern seine Unterschrift auch für die Zuschauer gilt. Sie sollen tun, was ihr Delegierter beschlossen hat. Das Publikum ist Mittel und Objekt der Vertretungsmacht. Es schwankt zwischen Konfliktbereitschaft und Fügsamkeit, zwischen kollektiver Aktion und passiver Vereinzelung. Es kann die Bühne stürmen oder still der Aufführung folgen. Doch sowenig das Schweigen in seiner Wahl liegt, sowenig entspringt die gemeinsame Handlung seiner Spontaneität. Das Schweigen der Zuschauer ist eine verordnete Stille, ihre Demonstration eine befohlene Manifestation. Ihre Aktivität ist eine passive Aktivität. Sie werden aufgerufen, durch die Agitation des Apparats in Bewegung gesetzt, die sogleich abgeschaltet wird, sobald sie Wirkung zeigt. Die Mechanik offizieller Streiks oder organisierter Massenaufmärsche gehorcht ganz der Grammatik der Stellvertretung. Noch dort, wo es selbst in Aktion zu treten scheint, wo es Entschlossenheit und Kampfeswillen zeigt, wird das Publikum von der Bühne aus dirigiert. Sein Regisseur ist der Repräsentant, dem es zujubelt, den es einstimmig wählt. Der Delegierte kann die Zuschauer als Machtmittel benutzen, weil er über sie verfügt. Die Macht, die er über sie hat, geht der Macht, die er durch sie hat, voraus.

Die Zustände des Publikums wechseln. Einmal klatscht es begeistert Beifall, kurz danach schreit es Verrat und buht den Delegier-

8 Dieses Doppelgesicht organisierter Vertretungsmacht hat Müller-Jentsch ausführlich am Beispiel der Gewerkschaft analysiert (1982, S. 422 ff.).

ten nieder. Aufmerksam kann es dem politischen Theater lauschen oder aber gleichgültig vor sich hindämmern. Es kann die Bühne besetzen und dem Trauerspiel ein Ende machen, doch manchmal schleichen sich die Zuschauer auch leise aus der Vorstellung hinaus oder verlassen unter Protest die Organisation. Die Skala des Zuschauens reicht von bedingungsloser Anhängerschaft über die träge Passivität der schweigenden Mehrheit bis zu den Aussteigern, die sich weigern, von ihrem Verband weiter vertreten zu werden. Sowenig soziale Massen amorph sind, so vielfältig ist das Massenpublikum der Stellvertretung. Sein Aggregatzustand wechselt mit seiner figurativen Stellung, und häufig sind es dieselben Gruppen, die im Laufe der Zeit eine *Publikumsrolle* gegen eine andere eintauschen. Diese seien nun näher betrachtet.

(1) Die sicherste Machtbasis des Delegierten sind seine *Anhänger*. Sie folgen ihm, wohin er sie führt, ob nach rechts oder links, nach vorn oder zurück. Ergeben tun sie, was er befiehlt. Sie glauben an das, was er vertritt, und sie glauben an ihn. Er genießt nahezu unbegrenzte Autorität, verkörpert ihre Ziele und Werte in seiner Person. Mit ihm identifizieren sie sich, zu ihm schauen sie auf, ihm bringen sie all ihre Anerkennung entgegen, die er ihnen zurückgibt, wenn er sie aufruft und vor den anderen herausstellt. Das Charisma, das sie ihm verleihen, strahlt auf sie selbst zurück. Er personifiziert den Erfolg, der ihnen als Individuen versagt bleibt, ihn ahmen sie nach, jeder Jünger ein Führer in Kleinformat. Indem sie ihn erwählen, haben sie teil an seinem Triumph. Er ist ihr Star, ihr Held, ihr Idol. Sie sind seine Fans, seine Gefolgsleute, seine Soldaten, die er mobilisieren kann, wozu er will, gegen den Gegner außen oder im Innern, gegen sie selbst.

Obwohl in die Organisation mitunter charismatische Bewegung kommt, erzwingt neben dem Verwaltungsstab auch die Anhängerschaft die Veralltäglichung des Charisma (vgl. Weber 1972, S. 143). Auch sie ist an der Fortdauer der Beziehung interessiert, allerdings auf der soliden Grundlage des Alltags. Vom Bewußtsein eigener Sendung wird niemand satt. So entwickelt sich aus der persönlichen Anhängerschaft die Gefolgschaft des Apparats. Der Jünger der organisierten Stellvertretung ist der *Parteisoldat*. Neben dem Funktionär trägt er die Körperschaft. Er steht Gewehr bei Fuß, erwartet den Aufruf zur Mobilmachung, ist zu allem bereit, was das Zentralkomitee befiehlt. Er wählt, wie das Büro will, schwärmt aus, um neue Rekruten anzuwerben oder vor Ort zu agitieren. Anders als der Jünger glaubt der Parteisoldat nicht an die Unfehlbarkeit eines Führers, sondern an die des Apparats. Disziplin hat Vorrang vor Begeisterung, die Autorität des Amtes schiebt sich vor das personale Charisma. Auf der Versammlung beklatscht er die Institution, nicht den Sekretär, das Büro, nicht den Bürokraten. Und deshalb hat er auch wenig Probleme damit, dem Nachfolger den gleichen Applaus zu spenden wie dem Vorgänger.

Die Anhänger, diese Claqueure aus Überzeugung, halten dem Delegierten den Rücken frei. Auf sie kann er immer setzen. Aber Anhängerschaft, die nicht das gesamte Publikum umfaßt, spaltet die soziale Einheit. Die Symbiose des Apparats mit seiner Armee schließt den Rest des Publikums aus. Während der Repräsentant auf die aktive Loyalität seiner Gefolgsleute zählen kann, ist mit der Mobilisierung der Gesamtheit kaum mehr zu rechnen. Anhängerschaft differenziert das Publikum, und dies verschafft der Gegenseite die günstige Gelegenheit, den Vertreter als Vertreter partikularer Interessen vorführen zu können. Weil das Organ stets alle zu vertreten beansprucht, untergräbt die auserwählte Anhängerschaft die Legitimationsbasis seiner Arbeit. Und wenn die Zuschauer nicht mehr alle gleich sind, gerät auch der Delegierte in die Gefahr, nur noch seine Anhänger zu vertreten. Weil sie ihn stützen, bevorzugt er sie und benachteiligt die anderen.

(2) Der Parteisoldat hört auf die Politik des Apparats, der Rebell und Querulant folgt der Opposition. Er bildet den Rückhalt des Protests, der charismatischen Erneuerung, des innerorganisatorischen Aufstands. Das *rebellische Publikum* widerspricht der Entfremdung. Es stellt Ansprüche, moniert Zugeständnisse des Stellvertreters und steigert den Erwartungsdruck. Es treibt an und fordert Kompromißlosigkeit. Manchmal hat es sich der Apparat selbst zuzuschreiben, daß die Mitglieder rebellieren. Mit allem Krafteinsatz hat er die Basis auf die Straße geschickt, und nun kehrt der Repräsentant mit einem kläglichen Ergebnis zurück. Die Enttäuschung ist groß, der Ärger wendet sich vom Dritten auf den eigenen Abgesandten. Erst einmal in Bewegung gesetzt, läßt sich die kollektive Aktion kaum abrupt stoppen. Sie sucht sich einen neuen Gegner, und dieser Gegner ist der eigene Apparat. So endet die Mobilmachung der Basis bisweilen mit dem Austausch der Organisationselite. An die Stelle der erfolglosen Repräsentanten treten die Wortführer der Opposition.

Protest und Rebellion haben allerdings noch eine andere Grundlage. Sie sind nicht nur Folge der Enttäuschung, sondern auch der Entlastung, die der Publikumsstatus mit sich bringt. Eben weil die Zuschauer von den Zwängen des direkten Konflikts befreit sind, übersteigen ihre Ansprüche nicht selten diejenigen des Delegierten.[9] Utopien sind ein Produkt des Zuschauens, nicht des Handelns. Das Publikum prescht weiter voran als der Repräsentant, der handeln muß. Er trifft auf den handfesten Widerstand der Gegenseite, der ihn zum Realismus zwingt, die Zuschauer sehen alles nur von fern. Weil sie von der Verhandlung ausgeschlossen sind, können sie die wahren Werte hochhalten, die der Vertreter immerfort zu verraten scheint. Utopische Opposition ist selbst Ausdruck der politischen Entfremdung. Wer die eigenen Reihen befrieden will, tut daher gut daran, den Rebellen Verantwortung zu übertragen und sie in die praktische Vertretungspolitik einzubinden. Eine wohlverstandene Machtsicherung verlangt daher stets ein Minimum an Beteiligung. Die tägliche Kleinarbeit hat schließlich noch jeden Utopisten desillusioniert und die Pose der Radikalität schal werden lassen.

Fallstudie: Der oppositionelle Betriebsrat

Die Differenzierung von Handeln und Zuschauen, von Pragmatismus und Radikalismus, kann sich innerhalb der Vertretergruppe wiederholen. Ein Prototyp für den Zuschauer, der selbst dem Gremium angehört, gegen das er rebelliert, ist die Sozialfigur des radikalen Betriebsrats.[10] Er agiert auf der Grenzlinie von Stellvertretung und Selbstvertretung, ist Delegierter und Gegner der

9 Vierkandt 1928, S. 407: »Der Zuschauer steht gleichsam auf einem höheren sittlichen Niveau als der Handelnde, weil er keine entgegengesetzten Tendenzen zu überwinden braucht; und durch den von ihm geübten Druck gelingt es ihm, den Handelnden in seine Höhe emporzuziehen.«

10 Die Fallstudie gibt ein soziologisches Portrait eines Betriebsrats aus dem süddeutschen Metallbetrieb. Sie beruht auf Gremien- und Arbeitsplatzbeobachtungen sowie auf zahlreichen Gesprächen mit Betriebsräten und Arbeitern, darunter einem offenen Intensivinterview mit der hier beschriebenen Person.

Delegation. Als Vertreter fühlt er sich dazu berufen, die Vertretenen vor dem Verrat der Vertreter zu schützen. Im Kreis der Delegierten spielt er den unbeugsamen Widerpart, vor Ort leistet er den Vorgesetzten konsequenten Widerstand. In der Belegschaft genießt er hohes Ansehen. Denn er ist glaubwürdig, weil er als Vertreter das Delegationsverhältnis kritisiert und der zahnlosen Kompromißpolitik die eigene Tat entgegenstellt.

Wenn er über die Politik des Betriebsrats spricht, bedient sich der Rebell stets einer eigentümlich distanzierten Redeweise. Obwohl selbst Mitglied des Gremiums, identifiziert er das Organ durchweg mit den beiden Freigestellten. Sie sind der Betriebsrat, der, so seine Kritik, die wahren Interessen der Kollegen ignoriert und sogar bei Gesetzesverstößen zurücksteckt, um nicht die Partnerschaft mit der Geschäftsleitung aufs Spiel zu setzen: »Es ist zum Beispiel so, der Maschinenbau, der hat schon Überstunden gemacht rund um die Uhr, die Leut sind 24 Stunden im Betrieb gewesen, bei den Elektrikern, und dann geh ich auf die Barrikaden, gell, leg mich mit dem Meister da an, krieg da Zoff, und der Betriebsrat, der unterstützt das auch noch, was die machen. Ich mein, die Überstunden werden ja sowieso gemacht irgendwie. Aber alles, was über zehn Stunden ist, da kann man ja zum Gewerbeaufsichtsamt gehen oder damit drohen. Aber selbst da schreitet der Betriebsrat nicht ein. Die sind nicht einmal fähig, die Geschäftsleitung oder die Abteilungsleitung zu zwingen, den gesetzlichen Rahmen einzuhalten. Weil die, weil die einfach nicht bereit sind, die Konflikte einzugehen.« »Die« – das sind die Freigestellten, der Vorsitzende und sein Stellvertreter, dann auch deren Mehrheitsfraktion, kurz: diejenigen, die sich mit »denen da oben« arrangiert haben. Dagegen steht er, der mutige Kämpfer an der Vorgesetztenfront. In der dichotomischen Topographie des Betriebs stehen »die anderen« längst auf der anderen Barrikadenseite. Sie gehören nicht mehr zum gemeinschaftlichen »Wir« der Kollegialität.

Ein zentraler Topos seiner Opposition ist eine harsche, auch persönliche Kritik an der *Freistellung* hauptamtlicher Delegierter. Einen Kollegen, der früher ebenfalls als Sprachrohr der Opposition aufgetreten war und sich nun, nach seiner Freistellung, vorwiegend mit den Belangen der Angestellten befaßt, bezichtigt er unverhohlen des Wählerbetrugs und Verrats: »Ich halt nen freigestellten Betriebsrat, na, net grad für eine Gefahr, aber das hat man

beim Erwin gesehen. Der Erwin, der hat damals die zweitmeisten Stimmen gehabt, also nach mir, und da tät ich wetten, daß der bei der nächsten Wahl weniger kriegt, weil er sich wirklich verändert hat. Ich weiß net, ich kann die Ursachen net genau sagen, gell, das ist vielleicht schon schwierig. Aber man steht wirklich nicht mehr so in der Produktion. Der hat auch nicht mehr die gleichen Probleme wie einer, wo noch in der Produktion ist. Der ist immer ziemlich stark von der Gewerkschaft gefördert worden, und ich denk, daß man dann einfach auch vom Arbeitsaufwand her eben nicht mehr die Zeit hat für die Probleme der Kollegen und daß er das auch nicht mehr so sieht, was er am eigenen Körper spürt, also was Akkordprobleme sind oder so. Und der hat das selber auch gehabt. Der war gut angesehen bei den Kollegen, und das verändert sich halt, daß die Kollegen jetzt sagen, der vertritt nicht mehr, na man kann net sagen, net unsere Interessen. Aber der hat nicht mehr so ein offenes Ohr für unsere Probleme, wie es eben früher war, wo er selbst gearbeitet hat.« Was hier noch moderat als Prozeß der Entfremdung geschildert wird, hört sich Tage später in einem Pausengespräch weit drastischer an: »Also den Erwin, den kannst du vergessen, abschreiben kannst du den.«
Die persönliche Enttäuschung ist unüberhörbar: früher ein verläßlicher Mitstreiter gegen die dominante Mehrheit, und dann infolge der Freistellung avanciert und korrumpiert. Die Zuschreibungen zeigen die Alltagstheorie des radikalen Opponenten, seine Vorstellungen von den Kosten hauptamtlicher Stellvertretung. Für ihn ist Delegiertenarbeit keine »richtige« Arbeit. Mit der körperlichen Produktionsarbeit ist sie keinesfalls, trotz des »Arbeitsaufwands«, vergleichbar. Die Entfremdung von der Basis liegt auch daran, daß der Vertreter die Probleme der Arbeiter nicht mehr am eigenen Leibe spürt. Außerdem bedeutet Freistellung einen sozialen Aufstieg durch Protektion der Gewerkschaft. Wer die Stufenleiter hinauffällt, ist nicht mehr loyaler Vertreter der Belegschaft, sondern Funktionär des Gewerkschaftsapparats. Damit einher geht eine persönliche Anpassung an die Umgangsformen des Gegners. Aus der Sicht des Opponenten erscheint der Wechsel des sozialen Milieus als individueller Verrat. Wo man sich mit dem Feind zwanglos an einen Tisch setzt, ist die Bestechung nicht fern. Der moderate Verhandlungsstil der Freigestellten ist ein Zeichen persönlicher Amoralität. Die sichere Außenperspektive des Zuschauers gestattet eine radikale Verurteilung, mit der

sich der Kritiker selbst zur unanfechtbaren moralischen Instanz aufwirft.
Es ist ein wesentliches Merkmal des Zuschauers, daß er seine Kritik weniger an den Resultaten der Stellvertretung als vielmehr an deren *Stil* festmacht. So kreidet er dem leutselig-quirligen, taktisch aber durchaus erfolgreichen Betriebsratsvorsitzenden offene Kungelei mit dem Personalchef an: »Also der Willi, der hat immer schon so ein gutes Verhältnis zu dem Bornemann gehabt, und die haben oft nen Wein miteinander getrunken. Und da kommst du rein in das Büro vom Betriebsrat, und da hockt der da rum, und die sitzen da beim Wein gemütlich zusammen, ja da fragst du dich doch: Ja spinn ich denn, ja wo bin ich denn hier eigentlich oder so!«. Dies ist die Perspektive des Zuschauers, der von den vertraulichen Verhandlungen ausgeschlossen ist. Daß sich der Vorsitzende mit der Politik des informellen Austauschs erheblichen Einfluß auf die Personalpolitik gesichert und von der Belegschaft durchaus anerkannte Erfolge verbucht hat, gerät ihm gar nicht mehr in den Blick. All dies ist nur schmeichlerisches Lavieren und prinzipienlose Arkanpolitik.
Die negativen Zuschreibungen sind freilich gegenseitig. Der Betriebsratsvorsitzende hält seinen Kontrahenten für einen querulatorischen Wirrkopf, der sich hinter radikalen Sprüchen verschanzt und für eine wirksame betriebliche Interessenvertretung kaum einen Beitrag leistet. Auf dessen persönliche Moralisierung der Politik reagiert er seinerseits mit persönlichen Vorwürfen. Gerade aus der Arbeit des Betriebsrats halte sich der Rebell vollkommen heraus. Seine Mitwirkung beschränke sich auf dauerndes Geschimpfe und die Propagierung völlig unrealistischer Forderungen. Zwar klage er die Mißstände in seiner Abteilung stets an, wenn diese Ansprüche aber praktisch durchzusetzen seien, sei er mit seinem Latein am Ende. »Einmal habe ich den Peter mitgenommen zu den Verhandlungen, da ist es dann gleich weniger geworden mit seinen linken Sprüchen, die er sonst so macht, aber das war die Ausnahme. Meistens sitzt er da rum, wenn wir Sitzung haben, und läßt eben öfter mal Dampf ab und wirft uns vor, wir würden ja alle nur der Geschäftsleitung in den Arsch kriechen.« Während sein Antipode ihm vorwirft, in Wahrheit gar keine richtige Arbeit zu verrichten, hält er ihm vor, sich vor der Arbeit der Stellvertretung zu drücken.
Ohne sich an der Verhandlungsfront zu engagieren, spielt der op-

positionelle Betriebsrat den kompromißlosen Antreiber. Er fordert und zieht sich anschließend auf die Publikumsrolle zurück. Indem er sich den Zwängen der Verhandlungszone verweigert, hält er seine moralische Weste weiß. Das Zuschauen sichert ihm seine Radikalität. Weil seine Ansprüche praktisch keine Realisierungschance haben, kann er sich fortwährend radikal gebärden. So sorgt er selbst dafür, daß er in der bequemen Minderheitsposition bleibt, wo er sich als prinzipientreuer Kämpfer zur Schau stellen kann. Nicht umsonst hat er nach der letzten Wahl, bei der er die meisten Stimmen erhielt, darauf verzichtet, selbst freigestellt zu werden. Dieser Karriereverzicht hat einen klaren sozialen Sinn. Sie bewahrt die *strukturelle Korrespondenz* von Zuschauen und Rebellion. Weil er nur die Rolle des scheinaktiven Betrachters übernimmt, kann er seine Radikalität immerzu demonstrieren; und weil er fortwährend die Opposition spielt, gerät er nie in die Gefahr, sich die Hände schmutzig machen zu müssen. Daß er dabei seinen Wählern den Vertretungsauftrag schuldig bleibt, fällt kaum auf. Denn seine Attitüde verfehlt ihre Wirkung keineswegs. Sie trifft die Freigestellten an einem empfindlichen Nerv. Denn diese wissen nur zu gut, daß sie sich von der Basis entfernt haben und vor Ort kaum mehr präsent sind.

Nicht zuletzt zielt seine Opposition auf den sozialen *Ort der Interessenvertretung*. Für den oppositionellen Betriebsrat ist nicht die Betriebspolitik der Freigestellten die Domäne der Stellvertretung, sondern die eigene Abteilung, wo es um Rechtsansprüche und Fairneßnormen am Arbeitsplatz geht. Sein Mandat nutzt er zum Widerstand gegen die Übergriffe der Vorgesetzten. So reserviert er der Gremienarbeit gegenübersteht, so sehr engagiert er sich für seine Kollegen vor Ort. Man sucht seine Hilfe bei Lohn- und Akkordproblemen, bei Konflikten mit dem Zeitnehmer oder mit dem Meister. Da er hier offen die Initiative ergreift, ist seine Kämpferrolle durchaus glaubwürdig. Und weil er sich hier voll einsetzt, gewinnt er das Recht, die Freigestellten »da oben« als korrumpierte Duckmäuser hinzustellen. Seine Publikumsrolle innerhalb des Vertretungsorgans stützt sich paradoxerweise auf seinen Erfolg als Agitator in der Abteilung. Weil er hier als Delegierter besonders glaubhaft ist, hält er sich für befugt, der Mehrheitsfraktion im Gremium die Leviten zu lesen.

Seine Identität bezieht er aus der sozialen Verankerung in der Belegschaft. Den Karriereverzicht erklärt er folgendermaßen:

»Also das wär nichts für mich. Ich will hier weiter schaffen mit den Kollegen, wo ich mich gut versteh und wo mich kennen. Denn das ist wichtig, daß die einen kennen und Vertrauen haben, und auch für mich: Ich krieg hier eigentlich ziemlich viel mit, weil die Kollegen ja zu einem kommen, ich bin ja auch auf ihre Information angewiesen.« Der direkte, ungefilterte Basiskontakt ist die Grundlage einer Interessenvertretung, die sich nicht an die Spitzeninstanzen der Hierarchie wendet, sondern an die unmittelbaren Vorgesetzten. Der Kleinkrieg mit Meistern und Bereichsleiter ist die bevorzugte Arena des Konflikts. Damit verschieben sich die Erfolgskriterien der Stellvertretung grundlegend. Rückgrat zu zeigen ist für den rebellischen Betriebsrat oberstes Prinzip, nicht Vereinbarungen und Entscheidungen, sondern symbolische Aktionen des Widerstands. Die *antiautoritäre Selbstbehauptung* gegen das Abteilungsregime gilt als Testfall konsequenter Vertretung: »Also das ist schon ein Ziel da: Ich laß mich nicht kleinkriegen, weil das ja das Ziel von denen ist irgendwo, einen so weit zu kriegen. Der Bereichsleiter, der hat mir schon nahegelegt zu kündigen, und schon wenn der sagt, ich soll kündigen, bleib ich da! Also da bin ich stur.« Wie er die Freigestellten der persönlichen Korruption verdächtigt, so persönlich begreift er die eigene Aktivität. Hinter der Attitüde des politischen Radikalismus verbirgt sich eine personale Identitätspolitik. Um strategisches Handeln geht es nur in zweiter Linie. Die Hauptsache ist der Dauerkampf gegen die Autoritäten, die persönliche Standhaftigkeit.
Das persönliche Ethos, sich nichts gefallen zu lassen, ist das zentrale Ziel der Basisarbeit. Die Einarbeitung neuer Kollegen nutzt der Betriebsrat dazu, sie mit der politischen Topographie der Abteilung bekannt zu machen. Er zeigt ihnen die Einfallstore möglicher Benachteiligung, erklärt ihnen die Schwachstellen der Vorgesetzten oder warnt sie vor Spitzeln unter den Kollegen. Bei den ersten Auseinandersetzungen mit den Meistern gibt er Rückendeckung. So wirkt er als Sozialisations- und Schutzinstanz von unten, als Vorbild im alltäglichen Arbeitskampf. Einer seiner früheren Schützlinge: »Der Peter, der hat mich damals hier eingeführt in der mechanischen Fertigung. Der hat dafür gesorgt, daß ich hier den Durchblick gekriegt habe und mich jetzt auch durchsetzen kann gegen den Meister. Ohne den würde ich heute vielleicht auch so buckeln wie manche hier. So ein bißchen, das kann ich schon sagen, ist der auch ein Vorbild für mich: Weil der einfach

sagt, was er denkt, und sich von oben nicht unterkriegen läßt.« Die älteren Arbeiter sehen ihn allerdings nüchterner. Manche halten ihn für einen Heißsporn, den sie gleichwohl augenzwinkernd schätzen. Andere haben gar nichts mit ihm zu tun, wählen ihn aber trotzdem. Und die wenigen Meistergehilfen sind ihm spinnefeind, weil er sie offen bloßstellt. Die soziale Verankerung erstreckt sich keineswegs auf die gesamte Abteilung. So personalisierend seine direkte Stellvertretung ist, so differenziert sich sein Publikum nach persönlicher Sympathie, Wohlwollen oder Animosität. Nicht sachlicher Erfolg, sondern persönliche Nähe ist der Gradmesser der Zustimmung.

Über die Jahre hat er sich einen beträchtlichen *Freiraum* erobert, ja es ist ihm sogar gelungen, die Umgebung seines Arbeitsplatzes in ein Revier der Opposition zu verwandeln, von dem auch seine Kumpel profitieren. Hier hält man es mit den Arbeitszeiten nicht so genau, die offiziellen Pausen werden ausgedehnt, mitunter hält man ein Schwätzchen über die Maschinen hinweg, ohne daß ein Vorgesetzter einzugreifen wagt. Für diese ist das Territorium der Oppositionsclique vermintes Gebiet. Stets müssen sie damit rechnen, daß ihnen der Respekt versagt wird, daß Anweisungen ironisiert und umgangen werden. Um der Provokation auszuweichen, lassen sie den Betriebsrat und seine Gefolgschaft in Ruhe und verzichten auf soziale Kontrolle, ein offensichtliches Zeichen der Schwäche, das hämisch registriert und als Erfolg der eigenen Renitenz verbucht wird. Durch diese Politik des Raums schützt der Betriebsrat seine Freunde, und wegen dieses Schutzes suchen sie seine Freundschaft. Und wer wegen der räumlichen Entfernung nicht in den Genuß seiner unmittelbaren Protektion kommen kann, erzählt doch zumindest die Anekdoten der Widerstandsgeschichte weiter, die sich in dem »befreiten Gebiet« zugetragen haben.

Trotz der lokalen Verankerung entgeht auch der oppositionelle Betriebsrat nicht dem strukturellen Dilemma radikaler Stellvertretung: Die persönliche Anlehnung an den engagierten Delegierten schraubt die Bereitschaft zur Selbstvertretung zurück. Weil er sich direkt für seine Kollegen einsetzt, mißbrauchen sie ihn häufig als Puffer gegen die Vorgesetzten und konsultieren ihn auch bei simplen Arbeitsproblemen. »Ja das hab ich auch schon manchmal gemerkt: Du darfst den Kollegen nicht zuviel abnehmen, weil die werden bequem, die kommen dann wegen jedem Scheiß zu dir, und da sag ich: Jungs, da geht nichts ab, das müßt ihr selber machen und regeln mit dem Meister. Also ich kann mich wirklich nicht um alles kümmern, sonst wär ich den ganzen Tag nur unterwegs. Und dann sag ich dem: Geh hin, und wenn du nicht weiterkommst, unterstütze ich dich, aber erst einmal versuch's selber.« Weil ihm seine Standfestigkeit Autorität einbringt, gerät der Betriebsrat in die Rolle des heimlichen Ersatzvorgesetzten, der den direkten hierarchischen Konflikt abmildert und indirekt zu einem reibungslosen Betriebsablauf beiträgt, ein Effekt, der seinen Absichten diametral zuwiderläuft. Es ist nicht verwunderlich, daß er darauf mit Redelegation reagieren muß. Bevor man ihn behelligt, soll man seine Interessen selbst vertreten. Um die anderen aus ihrer Passivität herauszureißen, muß er die ihm angesonnene Vertretungsfunktion zurückweisen. So vollzieht sich ein *doppelter Rückzug* des Delegierten zum Zuschauer. Zuerst verweigert er die Stellvertretung in der offiziellen Verhandlungszone und verlegt sich auf den persönlichen Widerstand an der Basis. Sodann schlüpft er aus der Rolle des Basisdelegierten und gibt jenen, die um Unterstützung nachsuchen, das Mandat zurück. Er verschiebt nicht nur den Ort der Vertretung, er kündigt die Stellvertretung insgesamt auf. Es wäre nur konsequent, würde er auf dem Marsch nach unten irgendwann einmal sein Mandat niederlegen und sich ganz mit der Rolle des rebellischen Zuschauers begnügen.

*

Dem rebellischen Publikum stehen einige *Machttechniken* zur Verfügung. Statt der vom Apparat nominierten Kandidaten kann es seine eigenen Wortführer unterstützen. Es kann Resolutionen verabschieden, die Erhöhung der Mitgliedsbeiträge verweigern oder einen Zahlungsboykott beschließen. Es kann die offizielle Mobilmachung durch wilde, unautorisierte Protestaktionen unterlaufen oder mit kollektiver Abwanderung drohen. Alle diese Maßnahmen verlangen jedoch Vorbereitung und Koordination. Auch der ungezügelte Protest will organisiert sein. Er fordert diskrete Abstimmung, weil er gesatzte Regeln verletzt, er braucht Wortführer und Leitfiguren, die ihre Gefolgschaft immer wieder zum Widerstand gegen den übermächtigen Druck des Apparats anhalten. Ohne neue Repräsentanten, Agitatoren und Kader, ohne neue Vertretergruppen, Rätekomitees oder Geheimbüros ist gegen den Apparat nicht viel auszurichten. Der spontane Massenaufstand ist ein Mythos. Er würde voraussetzen, daß das Publikum seinen seriellen Status selbst überwinden und zur Kooperation übergehen würde. Doch dazu fehlt ihm die Organisation. Nur eine neue Selbstorganisation, die das alte Delegiertensystem durch ein neues ersetzt, hat eine Erfolgschance.

(3) Die interne Revolte schwächt den Verband nach außen. Sie zerbricht seine Einheit und damit seine Repräsentativität. Dies vermeidet eine andere Publikumsrolle, die des aufmerksamen *Wächters*. Ohne in die laufenden Verhandlungen einzugreifen, achten die Zuschauer darauf, daß sich der Delegierte akzeptabel verhält. Kontinuierlich bewerten sie seine Leistungen, überwachen mißtrauisch seine Aktivitäten und suchen alle Informationen zusammen, die sich auftreiben lassen. Um der Korruption vorzubeugen, versuchen sie die Kontrolle über die Vertretungsmacht zu behalten.

Die Überwachung stößt allerdings rasch an die Mechanismen organisierter Stellvertretung, an die Spezialisierung und Professionalisierung der Vertretungsarbeit, die restriktiven Teilnahme- und Entscheidungsregeln, an Geheimnisse und Ungewißheiten. Je diskreter der Apparat arbeitet, desto geringer sind die Kontrollchancen. Meistens sind die Zuschauer abhängig von den strategischen Informationen ihrer Delegierten, von Zwischenträgern, die vorab benachrichtigt wurden, von zufälligen Meldungen oder Gerüchten, die über irgendeinen Kanal durchsickern. Zwar ist auch ein Verband, der seine Mitglieder mobil halten will, durchaus daran interessiert, nicht völlig hinter dem Schleier des Arkanum zu verschwinden. Doch seine gezielte, auf Unterstützung und Zustimmung ausgerichtete Informationspolitik sorgt keineswegs für eine kontinuierliche Unterrichtung. Das Organ meldet nur, was es für nötig hält. Effektive Basiskontrolle würde dagegen entweder Spionage in den höheren Etagen oder aber Daueröffentlichkeit erfordern. Dieser Kontrollaufwand hat freilich eine systematische Grenze, und zwar nicht nur wegen der sozialen Barrieren, die den Delegierten umgeben, sondern auch wegen der Ökonomie sozialer Kontrolle. Soll Stellvertretung Sinn machen, dann darf die Überwachung nicht aufwendiger sein als die Delegation. Zuschauer, die dasselbe wissen und können wie ihre Vertreter, können sich ebensogut selbst vertreten. Der Entlastungseffekt der Repräsentation wäre dahin, müßte der Zuschauer all das nacharbeiten, was sein Delegierter vorgearbeitet hat. Daran mag es liegen, daß sich die Wächter häufig mit wenigen Eindrücken zufriedengeben. Sie halten sich an Zeichen der Glaubwürdigkeit oder Autorität. Kontrolle und Mißtrauen machen Arbeit, Vertrauen erspart Arbeit. Wer weiterhin zuschauen will, glaubt daher am besten an die Unbestechlichkeit seines Repräsentanten.

(4) Der Übergang vom Wächter zum *interessierten Zuschauer* ist fließend. Während jener aktiv Nachrichten sammelt, läßt dieser sich informieren. Er begleitet die Aufführung der Delegation, »geht gewissermaßen nebenher, spendet Beifall, aber unterbricht nicht« (Goffman 1977, S. 146). Weil er auf Einmischung verzichtet, läßt er seinem Organ Spielraum für eigene Ziele. Er hält sich zurück, wartet auf das Ergebnis und mißt den Verband an dem, was am Ende herauskommt. Solange die Leistung stimmt, ist alles in Ordnung. Ohne bei jedem Zwischenschritt zu applaudieren, steht er loyal zu den Repräsentanten. Sein Interesse gilt weniger den einzelnen Szenen als der gesamten Veranstaltung. Aber diese Passivität ist für den Delegierten auf der Bühne ein soziales Problem. Je mehr sich die Zuschauer zurückhalten, desto ungewisser ist ihr Urteil. Ihm fehlt die aktuelle Rückmeldung, an der er sich orientieren oder korrigieren kann. Zwar lassen sie ihn in Ruhe, entrichten regelmäßig ihre Beiträge, besuchen hin und wieder die Versammlungen und bekunden ihre Sympathie, doch es ist nie ganz sicher, wieviel Rückendeckung sie im Ernstfall geben werden. Zustimmung oder Protest sind berechenbar, darauf kann man sich einstellen. Passivität jedoch ist kaum kalkulierbar.

Gelassen abwarten kann nur, wer vertraut. Wenn die Kontrollchancen schwinden, muß sich das Publikum darauf verlassen, daß der Verband seine Interessen schützt. Es ist loyal, weil es vertraut, und es vertraut, weil Mißtrauen zu nichts führt. Vertrauen ist ein Kredit an den Delegierten, wenn vollständige Überwachung ausfällt. Es gilt jedoch nicht nur seiner Sachkompetenz und Rolle, sondern vornehmlich seiner Person. Sie ist der Prüfstein, die Sicherheit des Kredits. Die passive Loyalität benötigt einen interpersonalen Unterbau, der die turnusmäßigen Wahlakte überdauert. Nicht das anonyme Verfahren des Apparats, sondern die Persönlichkeit des Mandatsträgers liefert die Zeichen der Glaubwürdigkeit. Will der Zuschauer nicht bedingungslos vertrauen, gleichsam vertrauensselig glauben, benötigt er die wiederholte Bestätigung der ursprünglichen Sicherheiten. Daher das dosierte Interesse an Information. Über den Stand der Verhandlungen informiert werden zu wollen, hat weniger den Sinn, die Kontrollmacht zurückzugewinnen, als das eigene Vertrauen aufzufrischen. Das Interesse des Zuschauers gilt nicht so sehr der Sache, sondern der Festigung seines Vertrauens. Dies erklärt auch die häufige Wiederwahl vieler Repräsentanten. Bei den alten Delegierten weiß man, wen man wählt. Der Konservativismus des Stammwählers gründet nicht in tiefsitzenden Überzeugungen, sondern in der Enttäuschungssicherheit der Wiederwahl. Um so größer ist freilich dann der Umschwung, wenn der Wiedergewählte das Vertrauen bricht und jede Glaubwürdigkeit verliert.

Daß das passive Publikum allerlei Desinformationen und Beruhigungsmanövern aufsitzen kann, liegt auf der Hand. Dies ergibt sich bereits aus der asymmetrischen Wissensverteilung und dem Abstand zur Verhandlungszone. Aber selbst die Lüge hat hier durchaus eine instrumentelle Funktion. Sie sichert dem Repräsentanten die Loyalität der Gruppen. Solange nichts herauskommt, nährt sie die Illusion entschiedener Interessenpolitik, die für effektive Stellvertretung unverzichtbar ist. Mißtrauen und Illoyalität würden nämlich die Verhandlungsposition schwächen und das Organ in die Isolation treiben. So hat schon mancher unbemerkte Vertrauensbruch das Vertrauen erhalten und die Erfolgschancen gewahrt. Wie Selbsttäuschungen für entschlossenes Handeln unerläßlich sind, so liegt die Täuschung immer dann im Interesse der Mitglieder, wenn Aufklärung kollektive Macht kosten würde. All dies kann jedoch nicht überspielen, daß sich das Vertrauensverhältnis längst grundlegend gewandelt hat. Die Gruppen können nur noch darauf vertrauen, daß alles mit rechten Dingen zugeht und sie nur belogen werden, wenn es ihnen nützt.

(5) Auch der *gleichgültige Zuschauer* läßt das Vertretungsorgan schalten und walten, wie es will. Nachdem er seine Stimme abgegeben hat, zieht er sich auf seine unmittelbare Interessensphäre zurück. Während für die Funktionäre und Rebellen der Verband die ganze Welt ist, wo sie sich einsetzen und verschleißen, ist für den Gleichgültigen die Organisation ohne Bedeutung. Der Parteisoldat setzt für den Apparat alles aufs Spiel, der Karteisoldat tut für ihn keinen Handschlag. Dafür kann er andernorts umso aktiver sein. Die von den offiziellen Vertretern wie von der Opposition so vielgeschmähten »Karteileichen«, die sich angeblich für nichts interessieren und an keiner Aktion teilnehmen, sind häufig

überaus lebendig. Gleichgültigkeit ist keineswegs mit Apathie zu verwechseln. Während der Apathische auf jedes Handeln verzichtet, gruppiert der Gleichgültige nur seine Relevanzen um. Gleichgültig ist ihm keineswegs alles. Vielmehr verrechnet er seinen Handlungsaufwand mit seinen Erfolgschancen und sieht eine echte Spielchance allein in seiner unmittelbaren Umgebung. Die Stellvertretung überläßt er den Fachleuten und Engagierten. Er hört ihnen zu und schweigt. Aber das hindert ihn nicht daran, Konflikte in seiner Nahwelt selbst durchzufechten. Lokale Streitbereitschaft ist ohne weiteres mit einer gleichgültigen Haltung gegenüber dem fernen Organ vereinbar. Zwar ratifiziert der Gleichgültige den Kontrollverlust über die Delegation. Doch oftmals trägt er nur der irreversiblen Tatsache Rechnung, daß die eigenen Angelegenheiten längst zu einer fremden Sache geworden sind. Was aus der Sicht des Verbandes wie träge Teilnahmslosigkeit aussieht, kann durchaus kühler Kalkulation entspringen, der realistischen Einsicht in das Mißverhältnis von Aufwand und demokratischer Chance.

Das Schweigen der Gleichgültigen ist undurchsichtig. Es kann seinen Grund in Resignation, Trägheit, Zufriedenheit oder Mißbilligung haben. In der *schweigenden Mehrheit*, jener Ansammlung scheinbar motivloser Mitglieder, die regelmäßig ihre Beiträge einziehen lassen, ohne jemals deren Verwendung zu überprüfen, finden sich ganz unterschiedliche Gruppierungen. Da gibt es jene, die, weil sie unter moralischem Druck oder sozialem Zwang beitreten mußten, ihre Ablehnung durch bewußte Inaktivität dokumentieren. Da gibt es die früheren Rebellen, die ihre Utopien verloren haben und sich daher konsequent aus jeder Verbandsaktivität zurückziehen (vgl. Child u. a. 1973, S. 77). Da gibt es die große Zahl derer, die mit ihrem Verband im großen und ganzen einverstanden sind und deshalb überhaupt keinen Grund sehen, sich einzumischen. Sie zeigen ihre Zustimmung, indem sie nichts tun. Da gibt es jene, die sich keiner kollektiven Ideologie verpflichtet fühlen, gleichwohl von der Notwendigkeit organisierter Interessenvertretung überzeugt sind. Und schließlich gibt es diejenigen, die einfach Wichtigeres zu tun haben, als sich von ihren Repräsentanten auf die Straße rufen zu lassen, um wieder einmal zu demonstrieren, daß sie nur eine Karte in einem fremden Machtspiel sind.

Auf schweigende Mehrheiten berufen sich Obrigkeiten nur allzu

gerne. Sie nehmen die Stille als Zeichen der Zustimmung und verbuchen das Schweigen auf das eigene Erfolgskonto. Wer nicht offen widerspricht, so heißt es, sei offenkundig mit der Politik des Organs zufrieden. Obwohl sich in Wahrheit niemand rührt, weder Ja noch Nein sagt, nimmt die Verbandsspitze für sich in Anspruch, im Namen der Mehrzahl zu regieren. Oppositionelle Minderheiten werden abgeblockt, indem man auf die Stillen verweist. Natürlich geschieht diese Umdeutung im eigenen Interesse. Schweigen kann ein Indikator der Einwilligung sein, muß es aber nicht. Nur wenn der Ausstieg aus der Organisation wenig kostet, ist Nichtstun ein Anzeichen für Zustimmung. Ist die Abwanderung jedoch teuer, bedeutet Passivität eher widerwillige Fügsamkeit. Zudem ist für den Darsteller nichts kränkender als ein stummes Publikum. Es spendet weder Applaus noch buht es ihn aus. Es verleiht weder Anerkennung noch versagt es sie. Es ist ihm gleichgültig, was er tut, wie er sich abgerackert hat. Aber trotz dieser persönlichen Verletzung legitimiert das Schweigen der vielen die Macht der wenigen. Ihre Passivität ist eine Machtquelle für den Delegierten, so lange zumindest, wie er ohne kollektive Mobilmachung auskommt. Denn die Kehrseite des Schweigens ist die Isolation der Stellvertreter in der Verhandlung. Die Gleichgültigen mischen sich nicht ein, aber sie geben auch keinen Rückhalt. Ein Verband, der in Agonie liegt, ist kein Instrument der Macht.
(6) Außer Protest haben unzufriedene Mitglieder auch die Möglichkeit des Rückzugs und Austritts (vgl. Hirschman 1970). Der Gleichgültige bleibt Mitglied und bewegt sich am inneren Rand des Systems, der *Aussteiger* überschreitet die Grenze und kehrt der Organisation den Rücken. Er gibt seinen Ausweis zurück und stellt seine Zahlungen ein. Er lehnt es ab, sich weiterhin vertreten zu lassen, und überläßt den Apparat sich selbst. Von inneren Reformen erhofft sich der Aussteiger nichts. Auf Vertretung zu verzichten, erscheint ihm immer noch billiger, als weiter Mitglied zu bleiben. Er verweigert nicht nur dem Delegierten die Anerkennung, er verweigert sie dem gesamten System. Was aus Sicht der Organisation wie Fahnenflucht, wie Sabotage an der gemeinsamen Sache aussieht, ist aus der Perspektive des entfremdeten Mitglieds nur konsequent. Der Aussteiger mißtraut den Versprechen des Organs ebenso wie dessen Leistungsbilanz. Lieber opfert er seinen kärglichen Anteil an der kollektiven Vertretungsmacht, als dafür mit seiner individuellen Souveränität zu bezahlen. Lieber

sorgt er für sich selber, als sich jenen auszuliefern, die angeblich für ihn sorgen. Lieber nimmt er die Ohnmacht des Individuums in Kauf, als diejenigen zu finanzieren, denen er ausgeliefert ist. Dem Dilemma organisierter Stellvertretung entspricht das Dilemma des Ausstiegs. Indem der Abtrünnige der Korporation die Vollmacht entzieht, gewinnt er zwar seine Souveränität zurück, bringt sich jedoch gleichzeitig um die Vorteile, die ihm der Verband bieten könnte. Natürlich läßt der Ausstieg, soweit er ein Einzelfall bleibt, alles beim alten. Die Organisation kann einige Aussteiger ohne weiteres verschmerzen. Aber was geschieht, wenn die wenigen zu Vorreitern werden, wenn sich die Fluktuation zur Austrittswelle steigert, wenn plötzlich immer mehr mit den Füßen abstimmen und weggehen?

Gegen kollektive Abwanderung treffen Organisationen mancherlei Vorkehrungen. Schon bei der Rekrutierung setzen Verbände die Beitrittsbedingungen so hoch an, daß nach langer Bewährungsfrist nur solche Kandidaten Aufnahme finden, die treue Parteisoldaten zu werden versprechen. Solche Kaderverbände beugen mit rigiden Aufnahmeregeln späterer Abwanderung vor. Sie erlauben nur gläubigen Anhängern den Zutritt. Ein anderes Verfahren ist die strikte Formalisierung des Austritts. Im Aufnahmevertrag werden zugleich die Modalitäten des Ausscheidens unterschrieben. Man muß sich ordnungsgemäß abmelden, die Austrittsfristen einhalten oder als Strafe eine Abgangsprämie zahlen. Diese Maßnahmen verhindern zwar nicht die Abwanderung, aber sie verzögern sie und bauen sie in die Organisationszeit ein. Um nicht das Gesetz des Handelns aus der Hand zu geben, operieren Verbände ferner mit offiziellen Ausschlußverfahren. »Austritte beruhen auf Unzufriedenheit des Mitglieds mit der Organisation, Ausschlüsse auf Unzufriedenheit der Organisation mit dem Mitglied« (Streeck 1981, S. 280). Aber der Ausschluß ist, frühzeitig eingesetzt, auch eine Methode, um größere Abwanderungswellen einzudämmen. Bevor einer andere aufstacheln kann, fliegt er hinaus. Die sicherste Technik jedoch ist die Errichtung eines Vertretungsmonopols. Das Organ duldet keine anderen Organe neben sich, zu denen die Mitglieder überwechseln könnten. Wer überhaupt seine Interessen als Arbeitskraft verfolgen will, ist auf Gedeih und Verderb der einzig offiziellen Monopolgewerkschaft ausgeliefert. Wer überhaupt Staatsbürger sein will, muß sich dem System unterwerfen, das sein Land beherrscht. Er muß sich von dessen Repräsentanten repräsentieren lassen, ob er will oder nicht. Und bisweilen verhindern Staaten, diese Zwangsmonopole par excellence, Austritt und Auswanderung einfach dadurch, daß sie die Freizügigkeit einschränken und die grünen Grenzen verminen.

Aussteiger betrachten das Vertretungssystem von außen, Anhänger, Wächter oder Gleichgültige von innen. Obwohl sie mitunter selbst agieren, ist ihr Handeln vornehmlich reaktiv. Ob Beifall oder Ablehnung, ob Wachsamkeit oder Gleichgültigkeit, alle diese Haltungen gelten den fremden Tätigkeiten der Funktionsträger. Die Delegationsarbeit verrichten andere, die Zuschauer erfahren nur, was sich auf der Vorderbühne abspielt. Zur Hinterbühne, zur Verhandlungszone, ist ihnen der Zugang verwehrt (vgl. Goffman 1969, S. 104). Sie können zuschauen, weil die Repräsentanten ihnen die Arbeit abgenommen haben. Sie können sich mit Zuhören begnügen, weil andere für sie sprechen. Doch indem der Apparat seine Mitglieder von den Lasten des direkten Streits befreit, vermindert er auch den Bedarf nach direkter Koordination. Die Organisation repräsentiert zwar eine Vielzahl von Mitgliedern, deren Einheit jedoch nur äußerlich ist. Sie beruht nicht auf Zusammenarbeit, auf einem Mit- und Zueinander, sondern auf dem Nebeneinander des Zuschauens.

Das soziale Strukturprinzip des Publikums ist die *Serialität*. Für strategische Kooperation bestehen weder Anlässe noch Zwänge. Soziale Einheit kommt nicht durch die Vereinigung der Gruppen zustande, sondern durch die Zentralisation der Vertretungsmacht in den Händen des souveränen Organs. So verkörpert der Repräsentant lediglich eine fiktive Einheit, die nur wirklich würde, falls sich die Vertretenen selbst organisierten. Die aktive Kampfgruppe, die Gruppe in Aktion (vgl. Sartre 1967, S. 375 ff.), die ihre Souveränität selbst ausübte, würde den Repräsentanten entlassen, ihn allenfalls als provisorischen Abgesandten hinnehmen. Dies verhindert die organisierte Stellvertretung von vornherein. Sie befriedet und entmachtet die Gruppen, indem sie sie in Mitglieder verwandelt. Delegation und Serialität bedingen sich wechselseitig. Wie der Repräsentant Produkt der Serialität ist, so bringt er umgekehrt den sozialen Atomismus der Serie hervor. Er verleiht den Gruppen Gehör und Existenz, indem er sie zu Zuschauern degradiert und ihre Wahlstimmen addiert. Hinfort haben sie nichts anderes zu tun, als der Rhetorik der Repräsentation den gewünschten Beifall zu zollen.

5. Die Rhetorik der Repräsentation

Damit das Publikum nicht enttäuscht den Saal verläßt, muß ihm etwas geboten werden. Sein Vertrauen muß bestätigt, sein Argwohn zerstreut, sein Bedürfnis nach Information und Unterhaltung befriedigt werden. Wenn es schon nichts zu sagen hat, so will es doch etwas hören und sehen. Aber nicht allein den Zuschauern, auch dem Repräsentanten ist an der Vorführung gelegen. Er muß um ihre Zustimmung werben, sie beruhigen oder anstacheln. Er will seine Erfolge vorstellen und dafür Applaus ernten. Die Aufführungen, die der Apparat und seine Repräsentanten in Szene setzen, verleihen der Stellvertretung Sinn und Bedeutung. Sie räumen Zweifel beiseite und überbrücken die Kluft zur Mitgliedschaft. Die Darstellungen in den Versammlungen, auf Parteitagen oder Bildschirmen stellen freilich nicht nur eine Sache dar. Nüchterne Berichte mit allseits überprüfbaren Aussagen sind die Ausnahme, Dokumentationen, Finanz- oder Verhandlungsprotokolle nur satzungsgemäße Pflichtübungen. Gefragt ist etwas anderes: eine Aufführung, die die Repräsentation selbst darstellt, eine Darstellung, die selbst Repräsentation ist.

Die Rede des Repräsentanten geht weit über den Bericht hinaus. Zwar enthält sie Aussagen über Tatsachen. Doch vor allem ist sie eine Reihe von Sprechakten, von sozialen Handlungen. Wer etwas behauptet, tut zugleich etwas. Seine Darstellung repräsentiert einen Sachverhalt, doch sie stellt zugleich dar, daß er selbst etwas darstellt. Der Repräsentant erhebt mit seiner Aussage den Anspruch, die Wahrheit zu sagen. Er ist es, der die Werte des Verbandes proklamiert, der seine Verbundenheit bezeugt, der sich als vertrauenswürdiger Diener der gemeinsamen Sache präsentiert. Weit davon entfernt, nur einen Bericht zu liefern, ist seine Rede selbst eine Darstellung der Stellvertretung, eine Repräsentation der Repräsentation. Dort die Zuhörer, hier der Delegierte, der, indem er zu ihnen spricht, für sie handelt. Indem er ihnen die Sachlage erklärt, zeigt er, daß er allein die Sachlage überblickt. Indem er seine Verbundenheit bekundet, zeigt er, daß er einer von ihnen ist. Indem er sich scheinbar zu ihrem Diener erniedrigt, spiegelt er ihnen vor, sie seien noch immer die Herren der Vertretungsmacht. Die Rhetorik der Repräsentation ist ein konstitutiver Bestandteil sozialer Repräsentation. In ihr zeigt sich das Zeichen, das der Repräsentant für die Gruppen ist, und es zeigt sich das entfremdete Organ, das sich durch diese Rhetorik unentbehrlich zu machen sucht.

Die Rhetorik der Repräsentation, so wie sie hier verstanden wird, ist keine gezielte Manipulation, keine willentliche Täuschung der Vertretenen, keine Lüge, die das Publikum für dumm verkauft. Auf den korrumpierten Mandatsträger, der insgeheim in die eigene Tasche wirtschaftet, kommt es hier nicht an. Diese Kritik der Delegation greift zu kurz. Sie denkt lediglich nach dem Modell des Priesterbetrugs: der Delegierte ein frömmelnder Hochstapler, ein Blender und Beutelschneider, ein zynischer Falschspieler, der das ahnungslose, abergläubische Publikum hinters Licht führt. Davon kann indes in der Mehrzahl der Fälle keine Rede sein. Viele Repräsentanten bemühen sich wirklich um das, was sie für die Interessen der Repräsentierten halten, arbeiten hart, um den Apparat in Gang zu halten. Und sie glauben in der Tat an das, was sie sagen.[11] Sie lügen, aber sie wissen nicht, daß sie lügen.[12] Sie hintergehen das Publikum, aber sie merken nicht, daß sie es hintergehen. Sie betrügen sich selbst, erkennen aber ihren Selbstbetrug nicht. Sie meinen, für andere zu sprechen, aber sie sprechen nur

11 »Bei allen großen Betrügern ist ein Vorgang bemerkenswert, dem sie ihre Macht verdanken. Im eigentlichen Akt des Betrugs, unter all den Vorbereitungen, dem Schauerlichen in Stimme, Ausdruck, Gebärden, inmitten der wirkungsvollen Szenerie überkommt sie der Glaube an sich selbst: dieser ist es dann, der dann so wundergleich und bezwingend zu den Umgebenden spricht. Die Religionsstifter unterscheiden sich dadurch von jenen großen Betrügern, daß sie aus diesem Zustand der Selbsttäuschung nicht herauskommen: oder sie haben ganz selten einmal jene helleren Momente, wo der Zweifel sie überwältigt; gewöhnlich trösten sie sich aber, diese helleren Momente dem bösen Widersacher zuschiebend. Selbstbetrug muß da sein, damit diese und jene großartig wirken. Denn die Menschen glauben an die Wahrheit dessen, was ersichtlich stark geglaubt wird« (Nietzsche 1969, S. 487 f.). So verblüffend die Parallele auf den ersten Blick erscheinen mag, der Funktionär und Delegierte moderner Vertretungsorgane gleicht, was das Ausmaß seines Selbstbetrugs angeht, eher dem Religionsstifter als dem großen Betrüger.

12 Ihre Lüge ist also nicht jene bösartige, totale Lüge, die von vornherein weiß, daß sie lügt und in der arglistigen Täuschung anderer nur ein legitimes Mittel der eigenen Heilsstrategie erblickt. Vgl. Weinrich 1974, S. 56 f.

für sich selbst. In gutem Glauben halten sie sich selbst für jemand anderen, als sie wirklich sind.

Die Topoi und Figuren, deren sich die Rhetorik der Repräsentation bedient, entspringen nicht den trüben Gehirnen zynischer Demagogen. Es sind vorgestanzte Formeln, die ihren Sinn aus der Struktur der Stellvertretung selbst beziehen. Virtuose Redner mögen diese Standards kunstvoll variieren. Redekunst zeichnet sich ja dadurch aus, daß sie das Immergleiche nicht einfach wiederholt, sondern das Alte als Neues ausgibt. Aber es sind stets dieselben sozialen Probleme, auf die sich die Rhetorik der Vertretungsmacht bezieht. Sie hat den Abstand zwischen den Repräsentierten und ihren Repräsentanten zu kaschieren und ab und zu das Publikum zur kollektiven Aktion aufzurufen. Sie hat die Verpflichtungen des Delegierten herauszustreichen, seine Leistungen zu dokumentieren, seine Glaubwürdigkeit und Unverzichtbarkeit. Die Grammatik der Stellvertretung liefert den Leitfaden, an dem sich einige typische rhetorische Verfahren der Repräsentation ablesen lassen.

(1) Die Selbstregierung der Regierten, die Identität von Mitglied und Apparat, ist eine soziale Fiktion. Dennoch gehört das Axiom der Identität (vgl. Sternberger 1980) sowohl zum herkömmlichen Inventar der Demokratietheorien als auch zu den Grundüberzeugungen jener praktischen Alltagstheorien, die Delegierte mit ihrem Publikum teilen. Es ist eine kollektive Illusion, die fortlaufend bestätigt werden muß, damit die Divergenz der Interessen nicht offen zutage tritt. Hierauf zielt die *Rhetorik der Identität*. Sie verleiht dem Willen des Repräsentanten die Aura des Gemeinwillens und gibt seine Ziele als Ziele der Organisation aus. Sie stellt ihn als Gruppenmitglied dar und suggeriert die Einheit von Redner und Publikum. Nicht nur freie Repräsentanten sind auf diese Rhetorik verwiesen. Jeder Delegierte, der Volkstribun wie der Oppositionsführer, muß den Anschein erwecken, als sei er einer von denen, für die er spricht. Je größer die Skepsis der Mitglieder, desto unentbehrlicher ist diese Rhetorik. Sie begründet den Mythos der Stellvertretung, ein Mythos, an den der Darsteller ebenso glaubt wie seine Zuhörer. Denn wie er ihren Glauben benötigt, um sie repräsentieren zu können, so brauchen sie seinen Glauben, um ihm vertrauen zu können.

Wie aber wird eine Identität hergestellt, die in Wahrheit gar nicht existiert? Dafür stehen einschlägige tropische, kompositorische und argumentative Techniken zur Verfügung.[13] Bestimmte Anreden unterstellen schon in den ersten Worten soziale Gleichheit. Ihr seid Kollegen, Kameraden, Genossen, wie auch ich nur ein Genosse und Kollege bin. Die metaphorische Konkretion reiht den Sprecher in die Gruppe ein, die Metonymie inszeniert ihn als Teil des Ganzen, Rückgriffe erinnern an gemeinsame Vorgeschichten.[14] Mit Figuren der Bescheidenheit steigt der Repräsentant vom Thron herab und schmeichelt dem Selbstgefühl des Publikums, Gemeinplätze packen es bei seinen Werten und Vorurteilen. Die Proklamation »sicherer Sachen«, hinter denen die Mehrheit steht, schafft breite Übereinstimmung. Der Wechsel vom Ich zum Wir, von der individuellen Deixis zum pluralis communis, der zugleich ein pluralis majestatis, ein pluralis der Organisation ist, maskiert das partikulare Interesse des Funktionärs als Gemeinwillen. Der Delegierte macht sein besonderes Interesse zum allgemeinen. Sei es durch volkstümliche Sprechweisen oder durch die Verkündung gemeinsamer Ziele, sei es durch personale Analogien (»ich bin wie ihr«, »ihr seid wie ich«) oder durch die Beschwörung kollektiver Vergangenheit, immer betreibt die Rhetorik eine praktische Identifizierung und evoziert Gefühle der Gleichheit und Verbundenheit. Der Repräsentant gibt sich der Menge zurück oder zieht sie zu sich empor. Es ist, als würde seine Rede die Unterschiede und Rangabstände aufheben. Aber je weiter Repräsentant und Repräsentierte miteinander zu verschmelzen scheinen, desto unwillkürlicher stellt sich die Frage, weshalb sie gerade ihn als Stellvertreter ausgewählt haben.

(2) Wer so erscheint wie alle anderen, gerät in Gefahr, für ersetz-

13 Zu einem Überblick über die Figuren der Redekunst vgl. Schlüter 1974. Bekanntlich lassen sich viele Muster für ganz verschiedene Absichten und Funktionen einsetzen (docere, delectare, movere). Dennoch passen manche Figuren recht genau zu einzelnen Aspekten der repräsentativen Rhetorik.

14 So z. B. Hitler am 20. 3. 1936 in Anspielung auf die Aschermittwochsliturgie: »Ich bin aus dem Volk gekommen. In fünfzehn Jahren habe ich mich aus diesem Volk langsam mit dieser Bewegung emporgearbeitet. Ich bin nicht von jemand eingesetzt worden über dieses Volk. Aus dem Volk bin ich gewachsen, im Volk bin ich geblieben, zum Volk kehre ich zurück. Ich setze meinen Ehrgeiz daran, keinen Staatsmann auf der Welt zu kennen, der mit mehr Recht als ich sagen kann, Vertreter seines Volkes zu sein!« (zit. nach Stern 1981, S. 17 f.).

bar gehalten zu werden. Diesem Verdacht beugt die *Rhetorik der Unentbehrlichkeit* vor. Sie korrigiert die Identifizierung, indem sie die Besonderheit, ja Einzigartigkeit des Delegierten herauskehrt. Sie preist seine Verdienste und Erfahrungen, seine Integrität und Autorität.[15] Derlei Selbstlob kann in Kulturen, wo persönliche Bescheidenheit geschätzt wird, mitunter peinlich wirken und das Publikum verstimmen. Stellvertreter lassen deshalb andere die Laudatio halten. Sie delegieren das Selbstlob an eine Autorität, deren Wort beim Publikum gilt und die unbefangen alle Vorzüge des Kandidaten rühmen kann. Die Solidarität der Oligarchie bewährt sich nicht zuletzt in der Bereitschaft, vor versammeltem Publikum füreinander zu werben und sich gegenseitig die eigene Unverzichtbarkeit zu versichern.

Wenn offenes Selbstlob auf wenig Gegenliebe stößt, muß man auf subtilere Techniken zurückgreifen. Man stellt Sachlage und Situation so dar, als türmten sich Schwierigkeiten auf, für die man nur selbst die Lösung parat habe. Alles scheint hochkompliziert zu sein, die Exegese der Schrift, die Rechtsmaterie, die Verhandlungen, die Führung der Regierungsgeschäfte. Priester und Schriftgelehrte, Betriebsräte und Verbandsfunktionäre, Abgeordnete und Minister erzeugen auf diese Weise selbst die Unübersichtlichkeit, die die Spezialisierung der Stellvertretung rechtfertigt. Natürlich darf ihre Rede diese Intransparenz nicht selbst wiederholen. Nichts ist fataler, als Unklares unklar darzustellen. Deutlichkeit zeigt Souveränität. Während andere die Lage umschreiben, sich

15 Eine bemerkenswerte Variante des Selbstlobs ist die Identifikation der eigenen Person mit einem Wert, der angeblich von einer historischen Situation gefordert ist. Der Redner tut so, als verkörpere er selbst diese Tugend in reinster Form, als sei er die Inkarnation der unabweisbaren geschichtlichen Tendenz. Man erinnere sich z. B. an Dantons Verteidigungsrede vor dem Revolutionstribunal 1794, hier in der bekanntesten Version: »Privatkühnheit ist ohne Zweifel zu tadeln, aber jene Nationalkühnheit, die ich so oft gezeigt, mit welcher ich so oft für die Freiheit gekämpft habe, ist die verdienstvollste aller Tugenden. – Sie ist meine Kühnheit, sie ist es, der ich mich hier zum Besten der Republik gegen meine erbärmlichen Ankläger bediene. Kann ich mich fassen, wenn ich mich auf eine so niedrige Weise verleumdet sehe? Von einem Revolutionär wie ich darf man keine kalte Verteidigung erwarten. Männer meines Schlages sind in Revolutionen unschätzbar, auf ihrer Stirne schwebt das Genie der Freiheit« (Büchner, Dantons Tod, III, 4).

Überprüfungszeiten ausbitten oder abwarten wollen, bis Expertisen vorliegen, inszeniert derjenige, der seine eigene Notwendigkeit zur Schau stellt, energische Wahrheiten, die die Not wenden. Er dramatisiert, wiederholt, veranschaulicht, liefert Evidenzen, vereinfacht, spitzt alles auf seine Vorschläge zu. Er schafft klare Verhältnisse und offeriert klare Lösungen.[16]

Man kann sich loben, ohne ein Wort über sich selbst zu verlieren. Wer sich als unabkömmlich in Szene setzen will, braucht nur seine Rivalen zu diskreditieren. Zwar bleibt der soziale Vergleich unausgesprochen, doch wer über Dritte spricht, spricht gleichzeitig über sich selbst. Seht dort die anderen, die Verräter, Betrüger und Speichellecker, die Kapitulanten und Kollaborateure, die Ahnungslosen, Wankelmütigen, die Analphabeten der Vertretungspolitik, und dann schaut her, auf mich! Bedarf es da noch eines Wortes, einer besonderen Anpreisung seiner selbst? Das Zerrbild des Gegensatzes suggeriert selbst den Kontrast. Denn immer ist der Gegensatz absolut, niemals relativ. Relative Oppositionen lenken die Aufmerksamkeit nicht zurück, sie lassen eine Stufenleiter von Alternativen. Der absolute Gegensatz dagegen ist disjunktiv: sie oder ich. Er konstruiert das Monopol, die eigene Unverzichtbarkeit. Zur direkten Rede ad personam kommen Strategien in der Sache, die unmittelbar auf den Rivalen abfärben. Ironische Kommentare machen ihn lächerlich, rhetorische Fragen schaffen Einverständnis gegen ihn. Die argumentatio ex absurdo führt sinnfällig vor Augen, welch fatale Folgen seine Vorschläge hätten. Verdrehungen und Unterstellungen pervertieren seine

16 Nicht nur individuelle, auch kollektive Repräsentanten benutzen diese Technik. Sie gehört zur Rhetorik aller Organisationen, die Vertretungsmonopole für sich in Anspruch nehmen. Um auch hierfür ein historisches Beispiel zu geben, das die Anhänger rivalisierender Parteien direkt anruft: »Sozialdemokratische Arbeiter! Christliche Arbeiter! Arbeiter in der NSDAP! Ihr alle leidet die schlimmste Not! Eure Familien, eure Kinder, ihr selbst werdet von der ausbeuterischen Diktatur des Artikels 48 getroffen! Ihr habt alle nur einen Feind: das räuberische Kapital und seine Knechte in den Regierungen, in den Polizeipräsidien, in den verräterischen Gewerkschaftsbüros. Das ist die kapitalistische Klassenfront, die Front der Young-Sklaverei ... Eure Lage ist nicht ausweglos ... Die Kommunistische Partei zeigt euch den Weg!« (Aufruf der KPD zur Reichstagswahl 1930, zit. nach Schlüter 1974, S. 219 f.).

Ziele und unterlegen ihm Absichten, die er gar nicht hat. All diese Verfahren haben keinen anderen Zweck als zu zeigen, daß es zu einem selbst keine, aber auch gar keine Alternative gibt.
(3) Die Rhetorik der Unentbehrlichkeit ist mit Risiken behaftet. Je wirkungsvoller sie ist, desto abhängiger müssen sich die Mitglieder fühlen. Die Rhetorik des Monopols ist eine Rhetorik der Unfreiheit. Sie bietet nur einen Ausweg aus der Situation. Wer ihn einschlägt, hat anschließend keine Wahl mehr. Deshalb bedarf sie einer zusätzlichen Stützkonstruktion. Dies leistet die *Rhetorik der Glaubwürdigkeit*. Sie wirbt um Vertrauen in den Delegierten, in die Organisation, ja um Vertrauen in die eigene Entscheidung zum Gehorsam. Sie stellt den Delegierten so dar, daß man ihm trauen und sich ihm anvertrauen kann. Sie zerstreut das Mißtrauen, das die Zuhörer ihm gegenüber hegen, aber auch das Mißtrauen, das sie sich selbst gegenüber haben. Sie sollen an ihn glauben und zugleich glauben, daß dieser Glaube gerechtfertigt ist. Sie sollen mit ihrer Abhängigkeit einverstanden sein und der Herrschaft, die sie selbst ins Leben gerufen haben, vertrauen.
Der einfachste Beweis eigener Glaubwürdigkeit ist der Erfolg. Wer eine positive Bilanz seiner Vertretungsarbeit vorweisen kann, bestätigt das Vertrauen, das man in ihn gesetzt hat. Erfolg in der Vergangenheit ist ein Bonus für die Zukunft. Der Delegierte hat sich bewährt, und deshalb wählt man ihn wieder. Natürlich ist der Schluß von der Vergangenheit auf die Zukunft, auf den die Rhetorik des Erfolgs spekuliert, ein induktiver Fehlschluß. Was einmal richtig war, muß keineswegs richtig bleiben. Darum kümmert sich die Alltagserfahrung freilich kaum. Sie hält sich an die Regel: Einmal ist keinmal, und zweimal ist immer. Einmalige Erfolge begründen kein Vertrauen in die Verdienste des Repräsentanten. Es könnte ein Zufall, eine selten günstige Stunde gewesen sein, die er als seine Leistung ausgibt. Aber zwei, drei, gar eine Reihe von Treffern, dies kann unmöglich nur eine Fügung des Schicksals gewesen sein. Oberstes Gebot der Erfolgsrhetorik ist daher die kontinuierliche Präsentation positiver Zwischenbilanzen. Am Ende der Legislaturperiode sich seiner Verdienste zu brüsten, ist nur ein einmaliger Akt. Dies reicht keineswegs aus. Das Publikum braucht den Dauererfolg, um sich sicher zu fühlen, und es braucht den Dauerverkauf, um diesen Dauererfolg überhaupt zu bemerken.
Nicht alles, was angepriesen wird, wird auch gekauft. Ob etwas

ein Erfolg ist, entscheidet letztlich das Publikum. Ob es seine Interessen erfüllt oder verraten sieht, liegt allein in seiner Hand. Auch felsenfeste Erfolgsgewißheit nützt dem Repräsentanten gar nichts, wenn sie von den Zuhörern nicht geteilt wird. Wie es nicht darauf ankommt, ob der Darsteller glaubwürdig ist, sondern ob er für glaubhaft gehalten wird, so zählt als Erfolg nur das, was die Zuschauer ihm als Leistung anrechnen. Darin liegt die heimliche Definitionsmacht des Publikums. Doch dieser Macht, Anerkennung verweigern zu können, steht das Bedürfnis entgegen, von der Glaubwürdigkeit des Delegierten überzeugt werden zu wollen. Die Zuhörer, die ihre Vollmacht aus der Hand gegeben haben, sind selbst daran interessiert, nicht enttäuscht zu werden, und zwar nicht nur um des Erfolges willen, sondern auch um ihre eigene Wahl bestätigt zu finden. Dem Beauftragten zu mißtrauen bedeutet auch, dem eigenen Urteilsvermögen mißtrauen zu müssen. Nur zu bereitwillig läßt sich das Publikum für dumm verkaufen, um sich nicht selbst der Dummheit überführen zu müssen. Aus diesem Grunde läßt sich ihm mancher Mißerfolg ohne weiteres als Erfolg unterjubeln. Der Vertrauensbedarf verschiebt die Kriterien, an denen die Effektivität des Organs gemessen wird. Nun kommt es nicht mehr darauf an, ob das, was der Repräsentant tut, den eigenen Absichten entspricht, sondern nur noch darauf, daß er überhaupt etwas tut und die Hände nicht in den Schoß legt. Erfolgreich ist er schon, weil er tatsächlich arbeitet, weil er Geschäftigkeit inszeniert, nicht weil er materiell etwas erreicht hat. Daher lassen sich manchmal auch Berichte, die lediglich die zahllosen Termine, Aktivitäten und Verhandlungspartner auflisten, bereits als Erfolgsbilanz verkaufen.

Die Rhetorik der Glaubwürdigkeit benutzt ein simples Handlungsmodell. Zunächst verschiebt sie die Aufmerksamkeit von den Handlungsresultaten auf das Handeln. Sodann lenkt sie die Aufmerksamkeit vom Handeln auf den Handelnden, seine guten Absichten, seine Tugenden und Gefühle. Sie demonstriert Glaubwürdigkeit nicht durch glaubwürdiges Handeln, sondern durch eine überzeugende Persönlichkeit.[17] Die Banalität innerer Regungen wird zum festen Bestandteil des rhetorischen Rezepts. Sie läßt die Taten und Untaten im dunkeln und entschädigt das Publikum

17 Zur Personalisierung moderner Politik im Zeitalter der Intimität vgl. die Studie von Sennett (1983).

dafür mit der Aufführung tiefempfundener Gefühlsregungen und tiefsinniger Bekenntnisse. Vertretungspolitik wird zum Charakterstück. Der Repräsentant kehrt zurück vom Wir zum Ich. Sein guter Wille ersetzt das vernünftige Tun. Ob er die Wahrheit spricht, ist keine Frage der Tatsachen, sondern seiner Wahrhaftigkeit. Ob man ihm glaubt, hängt davon ab, was für ein Mensch er zu sein scheint. Und je unbeirrter der Repräsentant selbst an seine Charaktermaske glaubt, desto glaubhafter erscheint er den anderen. Seine Absichtserklärungen und Herzensergüsse geben ihm und dem Publikum das Gefühl, tatsächlich der zu sein, den er darstellt.

(4) Nicht minder wirksam ist die *Rhetorik der Pflicht*. Um seine Glaubwürdigkeit zu beweisen, verleugnet der Repräsentant jegliches Eigeninteresse und geriert sich als ergebener Diener höherer Werte. Anders als das Charakterstück setzt das Script von der Pflicht nicht auf persönliche Selbstdarstellung. Im Gegenteil: Der Delegierte verschwindet ganz hinter dem, dem er zu dienen vorgibt. »Das Gesetz«, »das Volk«, »die Nation«, »der Staat«, »die Revolution«, »die Partei«, »das Gemeinwohl«, so heißen die Werte, denen er sich angeblich bedingungslos unterordnet und die doch nichts anderes sind als Worte, mit denen ihre Priester die Macht erobern und aufrechterhalten. Folgsam unterstellen sie sich den Fetischen ihrer politischen Rhetorik, dienen ihnen voller Demut, bis zur Verleugnung ihrer selbst, und erlangen dadurch jenen Heiligenschein, der die anderen blendet.[18] Diese »Selbstkonsekration des Bevollmächtigten« (Bourdieu 1986, S. 187) verschiebt das Kriterium der Glaubwürdigkeit in eigentümlicher Weise. Es ist, als opfere sich der Delegierte auf dem Altar der großen Sache, als gebe er sich völlig der Mission hin, als lösche er seine Identität ganz in der Aufgabe aus. Er verkörpert die Moral, die Wahrheit, ja, er ist diese Wahrheit, diese Moral. Argwohn gegen den Priester der Organisation, gegen den Militanten, der alles aufs Spiel setzt, gegen den pflichttreuen Funktionär, der rund um die Uhr arbeitet, solcher Undank wäre ein Sakrileg. Zweifel an seiner Glaub-

18 »Wenn man heilige Aufgaben hat, zum Beispiel die Menschen zu bessern, zu retten, zu erlösen – wenn man die Gottheit im Busen trägt, Mundstück jenseitiger Imperative ist, so steht man mit einer solchen Mission bereits außerhalb aller bloß verstandesmäßigen Wertungen – selbst schon geheiligt durch eine solche Aufgabe, selbst schon der Typus einer höheren Ordnung!« (Nietzsche 1969a, S. 1173).

würdigkeit wäre ein Zweifel an Wahrheit und Moral. Eben weil der Vertreter als Inkarnation höchster Werte auftritt, weil er das repräsentiert, was alle anbeten, ist er glaubwürdig und unangreifbar.

(5) Die Selbstverpflichtung, die der Delegierte zur Schau trägt, gibt ihm das Recht, seine Zuhörer in die Pflicht zu nehmen. Wer unter der Last seiner Mission fast zusammenzubrechen scheint, hat das moralische Privileg, die Passivität seiner Zuhörer anzuprangern. Man glaube nicht, die Rhetorik der Repräsentation sei lediglich Manipulation und Schmeichelei. Die *Publikumsschelte* gehört ebenso dazu. Hier der Delegierte, der sich aufopfert, und dort das gleichgültige Mitglied, die Hände in den Taschen, das ihn im Räderwerk der Weltgeschichte zappeln läßt, welcher Zuhörer hätte da nicht das Gefühl, daß er dem Repräsentanten etwas schuldig bliebe? Die Gleichheit von Leistung und Gegenleistung scheint aufgehoben, die Pflichtgemeinschaft einseitig vom Publikum aufgekündigt. Die Anklage ist paradox genug. Nicht die Vertretenen zeihen den Delegierten des Verrats, sondern umgekehrt bezichtigt er sie der Treulosigkeit. Sie fühlen sich schuldig, weil sie nichts tun und alles ihm überlassen haben, und der Stellvertreter schürt dieses Schuldgefühl, um servilen Dank zu ernten, um sie auf sich einzuschwören oder zur kollektiven Aktion aufzurufen.

Die Rhetorik der Repräsentation zielt keineswegs nur auf Anerkennung, Zustimmung und Legitimität. Ebenso will sie anstacheln, aufrütteln, antreiben, das Publikum aus seiner Lethargie reißen. Der Stellvertreter ist das Zeichen der Gruppen, doch ebenso sind sie das Zeichen seiner Macht und Entschlossenheit. Solange Frieden mit dem Dritten herrscht und sich die Verhandlungen an Sitte und Gesetz halten, besteht kaum Anlaß, die Vertretenen zur Demonstration aufzurufen. Dies würde nur die Friedhofsruhe stören. Im Kriegszustand jedoch, wenn der Gegner jedes Zugeständnis verweigert oder Übergriffe drohen, ist kollektive Macht unabdingbar. Auch die Verbandsrebellen, die die alten Repräsentanten beseitigen und den Verband umwälzen wollen, bedienen sich des Publikums, um an die Spitze zu gelangen. Im Frieden werden die Zuschauer beschwichtigt, im Krieg werden sie, sei es zum Angriff oder zur Verteidigung, zu den Waffen gerufen. Darauf zielt die *Rhetorik der Mobilmachung*. Ihr Zweck ist soziale Bewegung. Sie will nicht erklären, darstellen, gefallen oder schmeicheln, sondern ergreifen und mitreißen. Sie bedient sich der Bekräftigung und rhythmischen Reihung, der Emphase, des Anrufs, der Übertreibung und des Vorgriffs, der Prophetie. Während sich Glaubwürdigkeit häufig nur durch Rückgriffe nachweisen läßt, richtet sich die Agitation ganz auf die Zukunft. Dies bedeutet freilich nicht, daß sie dem Publikum nur leere Versprechen machte, im Gegenteil: Selbst vollständig seiner Mission ergeben, fordert der Delegierte auch von den Zuhörern Einsatz, äußerste Anstrengung, heroische Wehrhaftigkeit.[19] Die Rhetorik der Mobilmachung gibt keine Wahlversprechen. Das Endziel liegt manchmal in weiter Ferne, aber ob es erreicht wird, hängt ausschließlich vom entschlossenen Mut der Vertretenen selbst ab. Daher bittet diese Rhetorik nicht, ersucht auch nicht um Hilfe, sondern verlangt und befiehlt.

Die Rhetorik der Mobilmachung ist eine Rhetorik des Ausnahmezustands. Die Lage scheint sich zuzuspitzen, der äußere Feind droht mit Invasion. Innere Feinde sind im Begriff überzulaufen, den Verband zu zerschlagen oder für eigensüchtige Zwecke zu mißbrauchen. Gegen Raub, Ausbeutung und Unterdrückung helfen keine Verhandlungen, sondern nur noch kollektive Gegenmacht. Mit der Diplomatie ist es vorbei, die Regeln der friedlichen Auseinandersetzung sind aufgehoben, Gegnerschaft ist Feindschaft geworden, die Situation läßt nurmehr zwei Alternativen: Sieg oder Untergang. Nirgendwo zeigt sich die Souveränität des Repräsentanten offener als in dieser Proklamation des Ausnahmezustands. Sie kehrt das Verhältnis der Delegation vollständig um. Der Stellvertreter ruft das Kollektiv auf, setzt es in Bewegung,

19 »Ich möchte dem Hause dasselbe sagen, wie ich den Mitgliedern dieser Regierung gesagt habe: ›Ich habe nichts zu bieten als Blut, Mühsal, Tränen und Schweiß.‹ Wir haben eine Prüfung von der allerschwersten Art vor uns. Wir haben viele, viele lange Monate des Kampfes und des Leidens vor uns ... Sie fragen: Was ist unser Ziel? Ich kann es in einem Wort nennen: Sieg – Sieg um jeden Preis, Sieg trotz all dem Schrecken, Sieg, wie lang und beschwerlich der Weg dahin auch sein mag; denn ohne Sieg gibt es kein Weiterleben ... Ich übernehme meine Aufgabe voll Energie und Hoffnung, und ich bin überzeugt, daß es nicht geduldet werden wird, daß unsere Sache Schiffbruch erleide. So fühle ich mich in diesem Augenblick berechtigt, die Hilfe aller zu fordern, und ich rufe: ›Kommt denn, laßt uns gemeinsam vorwärtsschreiten mit vereinter Kraft.‹« (Churchill: Antrittsrede im Unterhaus 1940, zit. nach Schlüter 1974, S. 253 f.).

treibt es in den Kampf. Er verteilt die Aufträge, zollt den Mutigen Anerkennung und bestraft die Gleichgültigen und Fahnenflüchtigen. Weil er die Einheit der Gruppe verkörpert, kann er in aller Namen jedem einzelnen befehlen, was er tun soll. Der Souverän ist die personifizierte Macht des Kollektivs über das Individuum.

6. Transformationen

Bei der politischen Entfremdung bleibt es meist nicht. Der soziale Machtprozeß geht weiter. Nachdem die Vertreter sich von ihren Auftraggebern befreit haben, verschiebt sich das strukturelle Arrangement. Aus der Stellvertretung entwickeln sich andere Sozialformen, die an die ursprüngliche Struktur anschließen, sie benutzen, aber zugleich überschreiten. Von diesen Transformationen soll nun die Rede sein.

Schon die triadische Struktur, die jede Delegation kennzeichnet, verleitet zu einem elementaren Wandel der Vertreterrolle. Von Anbeginn hat der Repräsentant eine intermediäre Position inne, die separate Handlungsbezirke überbrückt. Was liegt mithin näher, als sich zum Mittelsmann zu erheben und die formale Zwischenstellung in eine soziale *Vermittlerrolle* zu verwandeln? Während der Delegierte für seine Gruppe streitet, agiert der Vermittler ganz anders. Auch er steht zwischen dem Ersten und Dritten, rechnet sich aber keiner Seite mehr zu. Er leitet die Forderungen beider Parteien weiter, wirkt als Puffer, der Unverträglichkeiten abmildert, Drohungen abfedert und die Parteien zusammenführt. Er formuliert Kompromisse, schlichtet zwischen den Kontrahenten oder fällt sogar Urteile, falls er nicht zwischen den Fronten aufgerieben worden ist. Der Vertreter ist Partei, der Vermittler gehört keiner Partei.

Der Übergang von der Stellvertretung zur Vermittlung vollzieht sich ohne dramatische Zäsur. Jeder Delegierte, der statt hehrer Prinzipien praktische Erfolge verbuchen will, kanalisiert allzu radikale Ansprüche. Seine ambivalente Stellung zwingt ihn zum Ausgleich. Sonst verlöre er nämlich die Anerkennung der einen oder der anderen Partei.[20] Insoweit ist der Stellvertreter der prä-

20 So hat z. B. der Betriebsrat Forderungen der Belegschaft und der Direktion unter einen Hut zu bringen, um von seinen Wählern erneut

destinierte Vermittler. So energisch er zunächst seine Gruppe darstellt, sobald es ans Verhandeln geht, hat er beiden Seiten Zugeständnisse abzuringen. Diese Aufgabe übernehmen häufig besondere Vermittlergremien. Zivile Streitigkeiten ficht der Anwalt nicht mit dem Gegner direkt, sondern mit dessen Anwalt aus. Lohnverhandlungen werden nicht zwischen Unternehmern und Lohnabhängigen geführt, sondern zwischen Gewerkschaften und Industrieverbänden. Ihre Bezugsgruppen sind die Parteien, die sie repräsentieren und denen sie ein akzeptables Ergebnis liefern sollen. Obwohl sie die Frontlinie anfangs wiederholen, ist die Einheit dieser Vermittler nicht zu unterschätzen. Ihr Geschäft sind Ausgleich und Kompromiß. Als Organ rangieren sie de facto über den Parteien, auch wenn sie sich, sobald sie zurückkehren, als Stellvertreter darstellen müssen. Die Kooperation überformt den Konflikt. Was nach außen als Streit vorgespielt wird, ist kaum mehr als ein Ritual, das den Glauben an die Delegation bestärken soll. In Wahrheit jedoch kennt man einander seit langem. Man weiß, was geht und was nicht, was man dem anderen zumuten kann, damit er nicht das Gesicht verliert. Schon im Vorfeld steckt man insgeheim die Positionen ab, die mit den öffentlichen Verlautbarungen keineswegs übereinstimmen müssen. Oftmals steht man gemeinsam unter Einigungszwang, verteidigt zusammen das gemeinsame Vermittlungsmonopol gegen äußere Anfechtungen oder ruft einen neutralen Schlichter hinzu, der dem Gremium zusätzliche Autorität verschafft und dessen Spruch man sich bereitwillig unterstellt. Daß die Vermittler hin und wieder selbst einen Vermittler einschalten, widerspricht ihrem Vermittlerstatus keineswegs. Es verhält sich vielmehr umgekehrt: Sie brauchen ihn nur im Ausnahmefall, da sie in der Regel selbst die Vermittler sind. Nur wenn die Maskerade der Vertretung in Gefahr ist, delegieren sie die letzte Entscheidung nach oben. Auch der Schlichter gehört zur öffentlichen Dramaturgie der Vermittlung.
Die Vermittlung bedient sich der Brückenfunktion, die *Dienstleistung* knüpft an die Leistungsstruktur der Delegation an. Stellver-

gewählt und von der Betriebsleitung akzeptiert zu werden. Gleichwohl ist er kein neutraler Mittler, keine unabhängige Schiedsinstanz, sondern eher der Diener zweier Herren. Er wahrt die Interessen der Belegschaft und diejenigen des Betriebs. Als Vertreter ist er von der Unterstützung des Kollektivs abhängig, als Lohnarbeiter untersteht er der Direktion.

tretung verleiht der Gruppe Dauer und fiktive Einheit. Doch je weiter sich das Organ absetzt und das Kollektiv zur Passivität verurteilt, desto weniger kommt ein gemeinsamer Wille zustande, den es in die Tat umsetzen könnte. Je mehr die Gruppe zur Serie zerfällt, desto eher verwandelt sich kollektive Delegation in individuelle Dienstleistung. Vom Delegierten wird jetzt nicht mehr verlangt, ein Gemeininteresse zu vertreten, sondern die Ansprüche einzelner zu befriedigen. Diese Transformation reduziert organisierte Stellvertretung auf eine abgeschwächte Jedermann-Regel: Jeder kann, unabhängig von anderen, Ansprüche geltend machen, die nach gesatzten Kriterien geprüft, erfüllt oder zurückgewiesen werden.

Wird Stellvertretung zur Dienstleistung, wandeln sich die Handlungsprinzipien grundlegend. *Ökonomie* ersetzt Politik, materieller Nutzen tritt an die Stelle strategischer Macht. Die Demokratie der Repräsentanten wird von den Einrichtungen des Wohlfahrtsstaates verdrängt, Finanz- und Sozialpolitik dominieren die öffentlichen Angelegenheiten. Zustimmung und Loyalität bemessen sich nicht an verallgemeinerbaren Entscheidungen aller Freien und Gleichen, sondern an privaten Vorteilen für einzelne Interessengruppen. Der Wohlfahrtsstaat ist kein politisches Gemeinwesen, sondern ein gigantischer Dienstleistungsbetrieb, der für sozialen Ausgleich sorgt und politische Stellvertretung zu einer Frage ökonomischer Unterstützung macht. Der Staatsbürger wird zum privaten Kunden eines allgemeinen Versicherungsunternehmens degradiert, das öffentliche Güter anbietet und dafür Steuern eintreibt. Ihm überzogenes Anspruchs- und Versorgungsdenken vorzuhalten, verwechselt Ursache mit Wirkung. Der Kundenstatus des Staatsbürgers ist die Folge eines Wohlfahrtsstaates, der demokratische Vertretung nur als Fassade benutzt. Und wenn er als Repräsentierter schon nichts zu sagen hat, so wird man ihm doch zubilligen müssen, daß er als Kunde und Steuerzahler einen legitimen Anspruch auf angemessene Gegenleistung hat.[21]

21 Auch die Gewerkschaften sind von der Struktur des ökonomischen Austauschs alles andere als frei. Schon die ersten Korporationen waren nicht nur Interessenorgane gegen den Klassengegner, sondern auch wirtschaftliche Hilfsvereine auf Gegenseitigkeit, und zwar nicht nur für den akuten Streikkonflikt, sondern auch für die friedliche Existenzsicherung. Ihre Nachfolger sind die selbständigen genossen-

Mit der Ökonomisierung verfällt die politische Delegation. Der Streit mit Dritten geht zurück. In den Vordergrund tritt die Dienstleistung, der interne Austausch zwischen Organ und Kundschaft. Traditionale und ideologische Bindungen, wie sie für Kampfverbände charakteristisch sind, machen einer versachlichten Einstellung Platz. Nicht Macht und Glaube sind das Medium der Dienstleistung, sondern Geld. Die Dankbarkeit für die persönlichen Opfer der Vertreter wird durch unpersönliche Rechenhaftigkeit ersetzt: Mitgliedsbeiträge gegen Versicherungszahlung. Daß die Organisation wie eine übermächtige, »kalte« und anonyme Maschinerie erscheint, hat seinen Grund nicht zuletzt in dieser Transformation der Stellvertretung. War das Kampforgan noch Instrument einer sozialen Bewegung, an dem die Mitglieder zu partizipieren glaubten, so handelt das Dienstleistungsorgan als neutraler Anbieter, das seine Mitglieder zu Konsumenten seiner selbst macht (vgl. Streeck 1981, S. 314 f.). Den sozialen Zusammenhang einer Gruppe setzt der ökonomische Austausch weder voraus, noch ist er in der Lage, ihn zu produzieren. Die Verpflichtungen sind überschaubar und formalisierbar, persönliches Vertrauen überflüssig. Denn der Vertrag gilt unabhängig von der Person und ihren wechselnden Motiven. Politische Ansprüche und Kontrolle dezimieren sich auf die Unterschrift unter den Dauerauftrag.

Für die Organisation hat diese Transformation einen unschätzbaren Vorteil. Sie kann nun auch Mitglieder gewinnen, die mit den ursprünglichen Vertretungszielen gar nichts im Sinne haben. Solange seine Leistungen attraktiv bleiben, handelt das Organ unabhängig von politischen Motiven und Forderungen. Als Kriterium seiner Effektivität zählt der materielle Vorteil, nicht der politische Erfolg. Deshalb ist die Korporation zuallererst auf solche Mitglieder aus, die brav ihre Beiträge entrichten oder ihre Steuern zahlen, ohne an öffentliche Interessen auch nur einen Gedanken zu verschwenden. Nicht engagierter Einsatz ist gefragt, sondern Zahlungsmoral und Kundentreue, nicht Teilnahme an kollektiven Entscheidungen, sondern die individualistische Orientierung am

schaftlichen Bank-, Wohnungsbau- und Versicherungsgesellschaften, die sich von ihren privaten Konkurrenten kaum unterscheiden und mit der Vertretung kollektiver Klasseninteressen nichts zu tun haben.

eigenen Nutzen. Utilitarismus ersetzt öffentliches Engagement. Diese politische Indifferenz stärkt die Ressourcen der Organisation. Sie erweitert die Mitgliederbasis um jene, denen es allein um die Dienstleistung geht. So wird die politische Entfremdung mit materiellen Vorteilen abgegolten und gleichzeitig verschärft. Die Oligarchie gewinnt zusätzliche Organisations- und Finanzmacht und kann ihr politisches Monopol durch ökonomische Abhängigkeiten abstützen. Da die Mehrzahl der Kunden Vertretungsansprüche gar nicht mehr anmeldet, ist die transformierte Stellvertretung von allen Fesseln politischer Kontrolle entbunden.

Während Dienstleistungen Stellvertretung auf ein sachliches Verhältnis reduzieren, verwandelt *Patronage* Delegation in einen persönlichen Tausch von Vergünstigungen. Sie transformiert ihre Verpflichtungsstruktur in persönliche Abhängigkeit. Der Repräsentant wird zum Patron, die Gruppen und Mitglieder zu seiner Klientel, die er schützt und vertritt und denen er dafür Treue und Gehorsam abverlangt. In ihrer reinen Form ist Patronage ein strikt persönliches Gefolgschaftsverhältnis, eine instrumentelle Freundschaft zwischen Ungleichen, die ihre Legitimität aus der unbefragten Tradition eines Sittenkodex bezieht. Die lokalen Honoratioren und Notablen knüpfen die Verbindungen zu externen Instanzen, sorgen für ihre Anhänger und erhalten dafür Willfährigkeit.

Was zunächst wie ein archaisches Relikt erscheinen mag, ist auch in modernen Vertretungssystemen durchaus verbreitet. Interessenverbände kennen Patronage ebenso wie politische Parteien, Behörden oder Betriebe. Moderne Organisationen, diese angeblich so rationalen Maschinen der Unpersönlichkeit, sind durchdrungen von »vormodernen« Mechanismen der Personalpolitik. Im bürokratischen Massenklientelismus tauschen die örtlichen Vertreter des Staates oder der Regierungspartei öffentliche Ressourcen gegen Wahlhilfe. Die Manager der Parteien handeln als politische Unternehmer. Nicht anders ist es innerhalb der Organisation. Obwohl die Ämter institutionalisiert sind, ist ihre Besetzung häufig eine Sache persönlicher Seilschaften und Pfründewirtschaft. Wer etwas werden will, reiht sich in die Hausmacht eines Patrons ein, unterstützt ihn gegen seine Rivalen und erhält dafür, falls er obsiegt, die versprochene Stelle. Die Ziele politischer oder privater Parteien erschöpfen sich nicht selten darin, ihre Repräsentanten in führende Stellungen zu bringen, damit sie anschließend ihre Gefolgsleute mit den eroberten Ämtern versorgen. Daher auch das Interesse an charismatischen Führerfiguren. Sie sollen der Partei Stimmen und Mandate zuführen und dadurch der Organisation und ihren Mitgliedern Macht verschaffen. So sind formale Organisationen von zahlreichen persönlichen Bindungen durchsetzt. Die Ämterpatronage vermischt die sachliche Sphäre der Amtsgeschäfte mit der privaten Sphäre persönlicher Abhängigkeit.

Im Zeitalter organisierter Stellvertretung fungieren manche Organe selbst als kollektive Instanzen der Patronage. Der Prozeß der Versachlichung, wie ihn die Organisationsgesellschaft hervorgebracht hat, ergreift auch die Struktur der Patronage. An die Stelle des individuellen Patrons tritt die Organisation selbst. Das richtige Parteibuch zur rechten Zeit wirkt wie ein Marschallstab im Tornister. Nicht persönliche Bekanntschaft und Treue, sondern Mitgliedschaft in Verband oder Partei sichern Karriere und Privilegien. Ein Parteifreund hilft dem anderen. Zwar fügt er sich als Person, aber er fügt sich nicht einer Person. Es ist nicht nur so, daß persönliche Patronage die Formalität der Bürokratie untergräbt, Vertretungsorgane definieren vielmehr eine anonyme Parteifreundschaft, die dem fügsamen Mitglied den Weg nach oben ebnet.

Patronage definiert die Verpflichtungen der Stellvertretung grundlegend um. Die Klientel schuldet dem Organ Zustimmung, Achtung und Anerkennung. Sie arbeitet für den Repräsentanten, wirbt neue Klienten an, unterstützt ihn bei Wahlen und Kampfaktionen. Diese Schildknappen der Organisation bilden den mobilisierbaren Unterbau der Kampagnen und Werbefeldzüge. Sie sind das Stimmvieh für die Abstimmung. Darin gleicht der Klient dem Parteisoldaten der organisierten Stellvertretung. Aber anders als jener huldigt er nicht aus Überzeugung einer institutionalisierten Disziplin, sondern gehorcht, weil seine Existenz davon abhängt. Der Parteisoldat glaubt an das politische Programm kollektiver Delegation, der Klient gehorcht, weil er gehorchen muß. Seine Loyalität entspringt seiner Abhängigkeit, nicht seiner ideologischen Verblendung. Insofern ist der Schildknappe des Verbands in seinem Handeln häufig nüchterner, rationaler als der Soldat. Er tut, was er tun muß, damit er bekommt, was er nicht entbehren kann. Zwar binden ihn mitunter noch alte Traditionen, die Pflichten der Pietät und Redlichkeit, doch wenn sich eine günstigere Alternative findet, so steht dem Wechsel im Prinzip nichts entgegen.[22] Der sicherste Mechanismus, um Abhängigkeit auf Dauer zu stellen, sind hier nicht Treu und Glauben, sondern soziale Monopole.

Dem Gehorsam der Klientel stehen die Schulden des Organs gegenüber. Obwohl Patronage ein asymmetrisches Machtverhältnis ist, sind die Verpflichtungen dennoch wechselseitig. Auch der Herr schuldet dem Gehorsamen etwas. Für die Dienste, die ihm seine Anhänger erweisen, sichert er ihre Existenz: Arbeitsplatz gegen Beitritt zur Gewerkschaft oder Partei, Getreide gegen Wahlstimmen, Grund und Boden gegen Kriegsdienst. Neben den klassischen Aufgaben der Delegation, Fürsprache und Vertretung, verteilt der Patron Güter der materiellen Subsistenz. Er hilft in Notfällen, schützt vor fremden Übergriffen und begrenzt die Ausbeutung der Abhängigen, nicht aus plötzlichem Altruismus, sondern aus wohlverstandenem Eigeninteresse. Auch dem Herrn ist am Erhalt des sozialen Verhältnisses gelegen. Die Anhänger und Mitglieder verschaffen ihm Reichtum und Prestige. Sie sind die Basis seiner Macht, die er aufs Spiel setzen würde, falls er sie dem Rivalen ausliefern oder vollkommen verschleißen würde.

Die Politik der Patronage variiert nach der Machtfülle des Herrn. Je schwächer er ist, desto nötiger hat er die Unterstützung seiner Klienten und desto mehr muß er ihnen versprechen. Je stärker er jedoch in der Figuration ist, desto weniger braucht er ihnen zu geben. Häufig erschöpft sich seine Leistung im Schutz seiner Anhänger. Derlei *defensive Patronage* setzt keine Interessen durch, sondern wahrt sie lediglich. Sie versucht, Angriffe frühzeitig zu unterbinden und »Schlimmeres« zu verhüten. Anstatt Vorteile zu erreichen, verhindert sie Nachteile. Je mehr sich diese Schutzfunktion in den Vordergrund schiebt, desto stärker tendiert die

22 Von Vorteil ist dabei naturgemäß, wenn die Komplexität sozialer Kreise die Kontrolle unmöglich macht. Schon im politischen System der späten römischen Republik, die ja noch keine Parteien im heutigen Sinne kannte, trat an die Stelle rivalisierender Adelsgefolgschaften ein kompliziertes Netzwerk von Verbindungen (necessitudines). Bei den Magistratswahlen wählte ein und derselbe Wähler häufig zwei miteinander verfeindete Politiker mit ganz konträren Auffassungen. Der rasche Wechsel der Gegenstände förderte den spontanen Wechsel zwischen den Fraktionen, und das Fehlen eines Überwachungsapparats gestattete flexible Voten der Klientel. Vgl. Meier 1982, S. 59, 177f.; Christ 1984, S. 147.

Patronage zur Erhaltung des Status quo. Sie erhält Erreichtes, anstatt Neues zu erreichen, sie reagiert auf Bedrohungen, anstatt mit Drohungen zu streiten. Sie will keine Macht gewinnen, sondern fremde Macht abwehren. Was für die Außenpolitik gilt, muß für die Innenpolitik freilich keineswegs gelten. Defensive Patronage nutzt die Schutzfunktion auch zur Ausdehnung der Klientel. Der machthungrige Patron gewinnt Anhänger mit dem Versprechen, sie vor eigenen Übergriffen zu schützen. Er erpreßt Schutzgelder, damit sie in Ruhe gelassen werden. Unbotmäßige zwingt er in die eigenen Reihen, indem er sie bedroht, mit dem Verlust der Arbeit oder des Lebens. Solche Schutzangebote, die seine Hilfstruppe überbringt, können die Beschützten schwerlich ablehnen. Sie geraten in den Würgegriff eines Systems, dem sie nur noch entrinnen können, wenn sie den lokalen Machtbereich ihres Patrons verlassen und das Quartier wechseln, wo eine neue Organisation sie mit offenen Armen empfängt.
Die Mobilisierung der Klientel ist für den Herrn ein zweischneidiges Schwert. So übermächtig er gegenüber jedem einzelnen ist, so ohnmächtig ist er gegenüber allen Klienten. Würden sie sich zusammenschließen, könnten sie ihn ohne Umschweife von der sozialen Landkarte fegen. Dem beugt die *serielle Mobilisierung* vor. Jeder wird individuell an seine Pflichten erinnert, jedem verspricht man seinen speziellen Vorteil, anschließend wählt jeder für sich allein, unabhängig von den anderen, und am Ende zeigt sich die tatsächliche Hausmacht erst in der Addition der Stimmen. Die Patronage herrscht, indem sie teilt, und zwar nicht nur die Vergünstigungen, sondern auch die Mobilisierung. Das Verfahren ist zwar aufwendig, doch es bewahrt den Patron vor unbotmäßigen Forderungen und schützt den Klienten vor dem Neid der anderen. Wer nicht weiß, wie unverzichtbar die eigene Stimme ist und was den anderen zugestanden wurde, kann nicht allzu hoch pokern. So erreicht die Patronage ihre höchste Form, wenn kein Klient den anderen kennt, aber alle ihren Herrn stützen. Er weiß als einziger, wer zu seiner Hausmacht gehört und von ihm abhängig ist.
Vermittlung, Dienstleistung und Patronage sind friedliche, gleichsam schleichende Transformationen der Stellvertretung. Der Übergang fällt kaum auf, er geschieht ohne größeres Aufsehen und Dramatik. Vertretene und Vertreter glauben weiterhin an die Existenz der Interessenvertretung. Das Gewissen der Repräsen-

tanten ist unbefleckt, der Vorwurf des Verrats träfe auf Erstaunen und Unverständnis. Der Schritt zur *Usurpation* ist freilich nur kurz. Je weiter sich der Stellvertreter von den Gruppen emanzipiert, desto größer die Versuchung zum Mißbrauch der Macht. Dieser Akt des Verrats, den man Delegierten nur zu gerne ankreidet, findet meist sehr viel später statt, als man gemeinhin annimmt. Ihm geht der gesamte Prozeß der politischen Entfremdung voraus. Erst der Usurpator mißbraucht offen die ihm übertragene Vollmacht. Statt zum Schutz der Gruppe setzt er sie nur noch zu seinem eigenen Vorteil ein (vgl. Coleman 1975, S. 230). Nun wird Delegation zum Nullsummenspiel. Dem Patron kann man nachsehen, daß er Reichtum und Macht anhäuft. Solange er seine Klienten schützt, ist alles in Ordnung. Dem Dienstleistungsorgan bleibt man solange verbunden, wie es die Leistungen tatsächlich erbringt, für die man bezahlt. In dem Augenblick aber, in dem die Vertretenen feststellen, daß für sie rein gar nichts mehr herausspringt und die Vertretungsmacht offensichtlich auf ihre Kosten geht, ist es mit dem Glauben an die Legitimität vorbei. Der Usurpator gewinnt, was die Gruppe verliert.

Gleichwohl bleibt Usurpation stets eine Definitionsfrage. Jeder Delegierte bewegt sich am Rande seiner Gruppe und stößt regelmäßig an die Grenze der Illegitimität. Doch es sind immer die Bewertungskriterien der Vertretenen, nach denen sein Handeln bewertet wird. Der eine genießt weiterhin die Anerkennung, weil er plausibel zu machen versteht, daß unter den gegebenen Bedingungen kaum etwas herauszuschlagen war. Andere Repräsentanten, die Erfolg auf Erfolg vorzuweisen haben, geraten hingegen in Mißkredit, wenn jedes Zurückweichen als Verrat gebrandmarkt wird. Legitimität und Illegitimität sind keine Frage der wirklichen Leistung, sondern deren Bewertung. So wird mancher Machtmißbrauch schlichtweg übersehen, weil niemand sich mehr dafür interessiert, wie sich hinter verschlossenen Türen die Korruption breit gemacht hat. Und mancher pflichtbewußte Stellvertreter, der sich für seine Gruppe bis zum letzten Komma eingesetzt hat, wird, kaum daß er zurückkehrt, als Versager angeprangert und mit dem Entzug des Mandats bestraft. Ob er die Gruppe beraubt hat, entscheidet sie selbst.

7. Revolution

Offener Machtmißbrauch ruft Opposition hervor. Während die spontane Publikumsrevolte meist an der Schwerkraft des Apparats scheitert, hat organisierter Widerstand größere Erfolgschancen. Er entzieht dem Organ nämlich nicht nur Legitimität, sondern zielt auf den Sturz des alten Regimes. Zu Recht fürchten altgediente Vertreter nichts mehr als die Selbstorganisation der Mitgliedschaft, die autonome Gruppenbildung an der Basis, die sie arbeitslos zu machen droht. Spontaner Unmut läßt sich beschwichtigen oder überlisten, ungeordnete Aufstände kann man zerschlagen, aufsteigende Führerfiguren kann man kooptieren und in die alte Elite aufnehmen. Organisierter Widerstand jedoch rüttelt an den Grundfesten der Repräsentation. Er will auf die Schultern der vorhandenen Statue keinen neuen Kopf setzen (vgl. Jouvenel 1967, S. 147), sondern den Sockel der Statue sprengen. Revolutionen wollen keine Köpfe auswechseln, sondern die Denkmäler umstürzen.

Trotz allen Spektakels muß eine *Revolution der Stellvertretung* keine blutrünstige Aktion sein. Zwar wird die öffentliche Hinrichtung der alten Repräsentanten frenetisch bejubelt. Sie ist eine Aufführung der Rache und Macht. Doch im Unterschied zur geregelten Rotation oder kalkulierten Palastrevolte begnügen sich Revolutionen nicht mit dem Austausch des Spitzenpersonals.[23] Sie wollen die institutionelle Ordnung verändern, die Aufgaben, Regeln und Machtfigurationen neu organisieren. Auf den Trümmern von Privilegien, Nepotismus und Korruption wollen sie eine neue Ordnung errichten. Dennoch sind Revolutionen keineswegs so radikal, wie es zunächst den Anschein hat. Weder verändern sie alles auf einmal, noch schaffen sie Macht und Stellvertretung tatsächlich ab. Nach dem Sturm auf die Zentrale geht die Alltagsarbeit weiter. Das Ordnungsprinzip der Repräsentation verschwindet keineswegs. Ob Monarchie, Aristokratie oder Demokratie, ob elitäre, bürokratische oder korporative Herrschaft, jede dieser

23 Nicht zu vergessen sind hier auch jene Massenrevolten, die sich im Namen traditioneller Autoritäten auf die Säuberung unliebsamer lokaler Eliten beschränken. Sie genießen das Wohlwollen der Machtspitzen, denen der Aufstand die Blutarbeit gegen die Emporkömmlinge abnimmt.

Ordnungsformen, die nach einem Umschwung herauskommen kann, ist eine Herrschaft der Stellvertretung. Nicht zuletzt hängt die Effektivität des Aufstands von einer wohlorganisierten Minderheit ab, die nach dem Umsturz das Personal der neuen Herrschaft stellt. Die Entfremdung, wie sie jede Delegation mit sich bringt, ist in jedem revolutionären Prozeß angelegt. Obwohl die Revolution den Machtabstand aufzuheben verspricht, ist die Entfremdung geradezu eine Bedingung der Revolution. Es gehört zur unhintergehbaren Dialektik der Revolution, daß sie jene Entfremdung erneut schafft, die sie beseitigen will.

Welches sind die Bedingungen erfolgreicher Revolutionen? Wer eine Revolution anzetteln will, ist auf Menschen angewiesen, die zur sozialen Bewegung bereit sind, er braucht eine Organisation, die die Bewegungen koordiniert, und er benötigt Machtmittel, um das alte Regime aus dem Sattel zu heben. All dies nützt freilich wenig, wenn es keine Gelegenheit gibt, um diese Mittel einzusetzen. Ohne *revolutionäre Situation* keine Revolution. Dafür müssen zumindest vier Bedingungen erfüllt sein: Der Niedergang des alten Regimes, eine breite Unzufriedenheit mit dem abgewirtschafteten Vertretungssystem, eine Ideologie, die dem Aufstand Sinn verleiht, und eine Organisation, die die Aktionen lenkt.

Nicht die Revolution schwächt die Repräsentation, sondern der Autoritätsschwund der Stellvertreter, die *Dekadenz der Machtelite*, stärkt die Revolution. Revolutionen brechen aus, wenn die Macht auf der Straße liegt, weil die alte Elite nicht mehr Herr im eigenen Hause ist. Sie hat ihre manipulative Geschicklichkeit verloren, ihr Selbstvertrauen, ihren Zusammenhalt oder ihre Handlungsfähigkeit. Sie wirkt untätig und schwach, die Finanzmittel drohen auszugehen, die Leistungen, die ihr bislang Legitimität verschafft haben, bleibt sie schuldig. Immer tiefer verstrickt sie sich in diplomatische Wendemanöver, die keinerlei Orientierung mehr erkennen lassen. Weder sorgt sie für die Selbsterhaltung der Gruppe, noch repräsentiert sie einen kollektiven Willen, ihre Aktivitäten schützen offenbar nur noch ihre eigenen Privilegien. Die Elite spricht und handelt nur noch für sich selbst.

Der Handlungshemmung entspricht die soziale Isolation. Eliten, die kurz vor der Abdankung stehen, sind im Begriff, die äußere Unterstützung wie auch die ihres eigenen Apparats zu verlieren. Die Marionetten werden fallengelassen, die mittleren Ränge weigern sich zusehends, die Befehle auszuführen, die Fachleute halten ihre Expertisen zurück und die Parteisoldaten sabotieren die Eintreibung der Beiträge und die Mobilisierung der Mitglieder. Stäbe und Gremien kündigen die Mitwirkung auf, die Hilfstruppe schrumpft auf die Palastgarde zusammen, die Organisation, die die Oligarchie getragen hat, ist paralysiert. Die *Agonie des Apparats* schafft ein Handlungs- und Machtvakuum, in das die Aufständischen hineinstoßen können. Daß in Eliten, die dem Untergang geweiht sind, die Füchse über die Löwen, die Diplomaten und Manipulateure über Polizei und Militär obsiegt haben, hat seine Ursache in der strukturellen Schwäche einer Repräsentation, der der organisatorische Unterbau bereits abhanden gekommen ist. Zur Repression, die die Opposition niederhalten, die Unbotmäßigen aus dem Verband hinausjagen und die aufflackernden Feuer austreten könnte, reichen einfach die Gewaltmittel nicht mehr.

Es ist nur die Kehrseite dieses Prozesses, wenn sich die Elite mehr und mehr nach außen abschließt und in den eigenen Bunker zurückzieht. Vertretung verliert ihre öffentliche Qualität, sie verkommt, sofern sie überhaupt noch stattfindet, zur reinen Privatsache. Die Interaktion zwischen Repräsentanten und Repräsentierten wird eingestellt, der Kontakt abgebrochen. Damit ruiniert die Oligarchie selbst das System, das sie trägt. Im Zustand der Kommunikationslosigkeit ist sie kein Adressat mehr für Wünsche, Ansprüche oder Protest. Wenn die Vertreter nicht mehr reagieren, ja sogar glauben, ihre Nichtreaktion nicht einmal rechtfertigen zu müssen, wird es für die Vertretenen sinnlos, Appelle an sie zu richten. Es ist nicht nur so, daß sich die Repräsentanten ihrer politischen Pflichten entledigen. Mit ihrer Ignoranz stoßen sie die Rebellen auf sich selbst zurück. Und nichts schürt die Unzufriedenheit mehr, als dem Protest mit blasierter Mißachtung zu begegnen.

Indem sich die Oligarchie in eine geschlossene Kaste verwandelt, verliert sie die Fähigkeit, die Führer der Opposition rechtzeitig in ihren Kreis aufzunehmen, gegenläufige Strömungen aufzusaugen und den stabilisierenden Mechanismus der *Elitenzirkulation* in Gang zu halten. Oligarchien, die ihre Systemgrenzen offen halten und Konkurrenz zulassen, haben meist keine Revolution zu fürchten. Die Rivalität bindet die Kräfte der Konkurrenten und sichert die formale Stellung der Vertreter. Sie koppelt die Publikumsfraktionen an die jeweiligen Führer, die ihren Gefolgsleuten

Aufstiegschancen versprechen. Elitenzirkulation beschränkt sich nämlich in der Regel keineswegs auf den Wechsel des Spitzenpersonals. Sie versorgt auch den Troß der Anhänger mit neuen Ämtern und Privilegien. Ohne eine Gefolgschaft kann niemand aufsteigen. Und wenn er oben ist, will sie auch entlohnt werden, um ihrem Führer treu bleiben zu können. Wird dieser soziale Mechanismus durch Intransigenz angehalten, schaufelt sich das alte Regime sein eigenes Grab. Undurchlässige Standesschranken versperren den friedlichen, legalen Weg der Veränderung. Geschlossene Reihen zum Schutz der hergebrachten Privilegien blocken die Aufsteiger ab und treiben sie in den Widerstand. Die Elite verspielt die Chance, neuen Bedürfnissen vorzugreifen und ihre Vertretungspolitik daran anzupassen. Insofern haben Revolutionen zunächst keine andere Funktion, als den Kreislauf der Eliten und ihrer Anhängerschaft gegen das alte Regime erneut in Gang zu setzen.

Der Niedergang der Oligarchie fördert die *Unzufriedenheit des Publikums*. Die Zwischenvertreter, Funktionäre und aufrechten Parteisoldaten fühlen sich um den Lohn ihrer Arbeit betrogen, da ihnen der Aufstieg nach oben verwehrt ist. Unter den aufmerksamen Wächtern macht sich Unmut über allzu durchsichtige Vertuschungsmanöver breit. Die Klienten und Nutznießer, die ihre Herren bislang unterstützt haben, fordern vergeblich die versprochenen Gegenleistungen ein und steigern nach und nach ihre Forderungen. Die schweigende Mehrheit zieht sich vollends in die Gleichgültigkeit zurück. Die Rhetorik der Repräsentation findet kaum mehr Folgebereitschaft. Keine Hand hebt sich mehr zum Beifall. Nun gewinnt jene Minderheit an Einfluß, die bereits unter normalen Umständen um jeden Preis Veränderungen angestrebt hatte. Sie wächst in dem Maße, wie die Zahl der prinzipiellen Reformgegner sinkt. Für den Umsturz ist es keineswegs notwendig, daß alle einer Meinung sind. Unzufriedenheit kann vielerlei Gründe haben. Ausschlaggebend ist vielmehr, daß niemand mehr für das alte Regime ein lobendes Wort der Verteidigung findet.

Verbreiten kann sich die Unzufriedenheit allerdings nur, sobald die Zuschauer zu handeln beginnen. Wer an der Expansion des Protests interessiert ist, muß kommunikative Verbindungen knüpfen und Kontaktkanäle aufbauen, die das Publikum aus der Serialität herausführen. Revolutionen benötigen ein kollektives Gefühl der Solidarität und Betroffenheit. Je größer die Zahl, desto

leichter fällt die Aufkündigung des gewohnten Gehorsams. Große Zahlen befreien am ehesten von unbefragten Traditionen der Fügsamkeit, sie geben Rückhalt und Sicherheit und verringern die Angst vor den Palastwächtern. Sie verleihen Macht, indem sie das Gefühl der Zusammengehörigkeit stärken. Die Gemeinschaft der vielen ersetzt die Bindung an die alten Autoritäten. Sie übernimmt die Entlastung, die durch den Niedergang der Repräsentation verlorenzugehen droht. Zugleich steigern große Zahlen die emotionale Spannung, die zur Aktion drängt. Die Kontakte verdichten sich, Gerüchte laufen hin und her, Mißtrauen ufert aus, so daß nunmehr alles, was die Repräsentanten tun, augenblicklich als Provokation ausgelegt werden kann. Der soziale Zusammenhang, der auf diese Weise entsteht, ist zunächst nur locker geknüpft. Die Ansammlung der Unzufriedenen ist überaus heterogen. Was sie eint, ist der Bruch mit der organisierten Ranghierarchie, der Ungehorsam gegenüber den Regeln des Schweigens, die fluktuierende, laterale Kommunikation, die Verdichtung der Kontakte zwischen Menschen, die einander nur von Ferne kennen. Aber schon dies markiert eine Zäsur in der Geschichte der Stellvertretung. Die vagierende Öffentlichkeit läßt sich mit den alten sozialen Trennungen kaum mehr in Einklang bringen. Sie schert sich nicht um die angestammten Ungewißheiten und Geheimnisse, sie dringt in abgedichtete Bezirke ein, und plötzlich sind Akten im Gespräch, von denen niemand wußte, daß es sie gibt. Der dramatischen Aktion, die die Machtfrage stellen wird, geht diese *Revolution der Kommunikation* voraus, diese Emanzipation vom auferlegten Zustand des sprachlosen Nebeneinander.
Die revolutionäre Aufhebung der Serialität tendiert ins Totale. Der Protest macht sich auf die Suche nach einer Massenbasis, die ihn stützt und trägt. Denn die Masse ist die Macht der Opposition, ihre Mobilisierung das Instrument der Gegenmacht. Gleichzeitig jedoch erzwingt der Protest eine Entscheidung. Entweder ist man dafür oder dagegen, *tertium non datur*. Während das alte Vertretungsregime das Publikum in mehrere Segmente zerlegte, duldet die Revolte nur begeisterte Zustimmung oder haßerfüllte Ablehnung. Jede Bewegung, die wahrhaft revolutionär ist, geht aufs Ganze. Sie pocht darauf, das gesamte Gemeinwesen zu vertreten, und sie präsentiert sich als die einzig denkbare Alternative zum Status quo. Die große Zahl, die sie mobilisiert, begründet ihren Anspruch, die Interessen aller zu repräsentieren. »Gegen das

Ganze wird im Namen des Ganzen angegangen, legitimiert durch die Negation des ›falschen‹ Ganzen« (Rammstedt 1978, S. 163). Indem sich der Protest die Vertretung des Allgemeinen anmaßt, verpflichtet er sich selbst dazu, fortwährend die Bewegung in Bewegung zu halten. Und er verpflichtet alle anderen dazu, sich in die Marschkolonne einzureihen. Wer sich verweigert, ist entweder unbelehrbar, moralisch degeneriert oder ein ausgemachter Wasserträger des alten Regimes, ein Volksverräter, ein Kandidat fürs Schafott. Die Polarisierung des Konflikts gestattet keine Neutralität, keine abgestufte Teilnahme, keine reservierte Sympathie, sondern nur bedingungslose Folgebereitschaft. Es ist dieser Anspruch auf *totale Stellvertretung*, der der Revolte Einheit und Schlagkraft verleiht und der zugleich den Keim der Repression in sich trägt. Der Schutz, den Serialität gewährt, ist dahin. Rückzug bedeutet Verrat, Gleichgültigkeit ist Fahnenflucht.
Der alten Rhetorik der Repräsentation setzt die Bewegung ihre *Ideologie* entgegen. Sie formuliert den Totalitätsanspruch der Revolution und entwirft das utopische Gegenbild. Revolutionäre Ideologien geben der Kommunikation in den Ansammlungen Sinn und Ziel. Sie begnügen sich nicht damit, die alten Repräsentanten anzuprangern, sondern thematisieren die Ursachen der Krise und greifen dadurch das System insgesamt an. Ihr politisches Gegenvokabular deutet die Situation um und stellt den Freibrief für den Ungehorsam aus. Nicht die Rebellen, die gegen ihre Herren aufstehen, verletzen die Regeln, sondern die Herren haben die alte Ordnung zerstört und ihre Werte verraten. Illegale Aktionen sind deshalb nicht nur erlaubt, sie sind geradezu geboten, um der Korruption und Repression ein Ende zu machen. Sonderlich originell und innovativ muß die Verkündigung dabei keineswegs sein. Je ungewohnter und fremdartiger die Werte nämlich sind, die die Ideologie auf ihre Fahnen schreibt, desto schwieriger ist die Mobilisierung. Oftmals greift die Propaganda daher auf Vorstellungen zurück, die sich über Jahre im diskursiven Untergrund entwickelt haben, oder sie benutzt einfach die alten Ideen, die von der überkommenen Rhetorik entwertet wurden und die sie nun in neuem Sprachgewande wiederauferstehen läßt. Zudem dürfen die Visionen und Ideale weder allzu konkret noch zu verschwommen sein. Vage Versprechungen schaffen keine Orientierung und nehmen den Anhängern nicht die Angst vor der Freiheit, die die Euphorie der Befreiung nur überdeckt. Präzise

Ziele und Pläne wiederum lassen sich schwerlich den unabsehbaren Wechselfällen anpassen und verschrecken soziale Interessengruppen, die sich unter dem engen Mantel der Ideologie nicht recht wiederfinden, deren Unterstützung jedoch unverzichtbar ist. Aus diesem Grunde ist die Ideologie der Revolution kein Programm, das um Mitglieder wirbt, keine Repräsentation spezifischer Gruppen, sondern ein Reservoir von Halbwahrheiten und Selbsttäuschungen, von eingängigen Parolen und treffsicheren Kampfwörtern, die alles und nichts versprechen und eben deshalb totale Wahrheit beanspruchen.

Die Ideologie entsteht nicht auf der Straße. Sie ist das Betriebsmittel der Intellektuellen, der selbsternannten Avantgarde, die sich über die vielen erhebt und ihnen die Richtung weist. Die Ideologen sind das Sprachrohr der Bewegung. Sie artikulieren den Protest, treiben ihn an, sprechen für ihn. Je größer der Zulauf, je lauter der Befehl, desto stärker der Glaube. Das Ausmaß der Mobilisierung beweist die Wahrheit der Ideologie. Masse ist das Kriterium dafür, ob eine Aussage stimmt oder nicht. Denn die Masse selbst ist es, die die neue Wahrheit schafft, die die Geltung der Ideologie praktisch herstellt. Die *Propaganda* der Avantgarde hat kein anderes Ziel als die Verwirklichung ihrer Prophezeiung. Sie will eine einheitliche Definition der Situation durchsetzen, in der alle an das glauben, was die Propaganda behauptet. Indem sie die Zuhörer auf ihre Linie zwingt, schafft sie tatsächlich die Situation, die sie vorausgesagt hat. Die Propaganda, diese Rhetorik einer selbsternannten Stellvertretung, bescheidet sich keineswegs mit der Darstellung der Situation. Sie ist kognitiv, emotional und praktisch in einem. Sie will die Massen ergreifen, den Boden für die Agitation bereiten, die Soldaten der Revolution ins Gefecht treiben. Indem sie die Lage erklärt, verändert sie die Situation. Propaganda ist Tat. So bringt die Revolution nicht nur eine totale Stellvertretung hervor, die keine Abweichung duldet, sie kreiert zudem eine praktische Rhetorik der Mobilmachung, in der wohlbekannte Muster der Repräsentation wiederkehren. Die Ideologen, die das alte Regime von der Macht ausgeschlossen hatte, verkörpern das Gehirn der Bewegung. Ihre Propaganda ersetzt den Sinn, den die überkommene Ordnung verloren hat. Sie gehören zu dem Personal, das nach dem Umsturz die Vollmacht erhalten wird, die neue Ordnung in Wort und Schrift zu fixieren und die Übeltäter öffentlich zu brandmarken.

Die Propaganda stellt die Machtfrage, aber sie entscheidet sie nicht. Dies erledigt die *Organisation der Revolution*. Nicht prominente oder charismatische Führerfiguren, die die Bewegung verkörpern, geben am Ende den Ausschlag, sondern der organisatorische Mittelbau aus lokalen Aktivisten, Deputierten oder Truppführern, die vor Ort die Macht mobilisieren. Die mitreißende Rede mag das Fußvolk aufpeitschen, doch sie ersetzt nicht die praktische Koordination der Kräfte, den gezielten Einsatz der Macht. Revolutionen machen Arbeit, sie erfordern kontinuierliche Kontakte und Absprachen. Informationen, Stimmungsberichte und Lagepläne müssen ausgetauscht und abgestimmt, Hilfstruppen müssen ausgehoben und zum Kampfort transportiert werden. Waffen und Symbole sind zu beschaffen, Motivation, Mut und Entschlossenheit. Die Repräsentanten der zahllosen Gruppen, der Komitees und Gremien müssen zu einer einheitlichen Körperschaft zusammengeschlossen werden, um den Platz der alten Vertretungsorgane einnehmen zu können. Damit der Protest nicht verpufft, damit sich die Ansammlung nicht tatenlos auflöst, muß sie sich in eine Versammlung transformieren, in einen Rat der Delegierten am runden Tisch, der für die Gruppen verbindliche Entscheidungen trifft. Noch bevor die alte Ordnung zersprengt wird, wächst aus ihrem Schoße ein neuer politischer Körper heran, der die Gegenmacht konzentriert, ein neuer *Gegenapparat* von Basis- und Zwischengremien, der die Bewegung repräsentiert und die Unruhen kanalisiert. Je weiter sich der Protest verbreitet, je mehr den Fahnen folgen, desto unerläßlicher sind Delegationsinstanzen, die die Peripherie mit dem Zentrum verknüpfen. Sie richten keine Appelle mehr an das alte Regime, sondern übersenden der Zentrale ihre Nachrichten und agitieren die Gruppen, denen sie entwachsen sind. Die Räte sind intermediäre Instanzen, zugleich Kampforgane der Kollektive und Repräsentanten des neuen Ganzen, Vermittler von Sonder- und Gesamtinteressen, Instrumente der Aufklärung und des Befehls. Es ist dieser Doppelcharakter der neuen Institutionen, der den Keim der politischen Entfremdung in sich trägt. Zuerst sind sie Organe der Befreiung und Disziplin, des Aufstands und der Koordination, später, nachdem die Revolution gesiegt hat, werden sie zu Transmissionsriemen der neuen Zentrale verkommen, zu Verwaltungsgehilfen der neuen Herrschaft.
Neben der politischen Gegenorganisation verlangen Revolutio-

nen bewaffnete Einheiten des unmittelbaren Zwangs. Ohne Gewalt keine Revolution. In nahezu jeder modernen Gesellschaft steht eine Organisation bereit, die sowohl über Menschen als auch über Disziplin und Gewaltmittel verfügt: das *Militär*. Es ist wenig erstaunlich, daß zahlreiche historische Aufstände vom Militär ausgelöst, getragen und schließlich zum Erfolg geführt wurden, eine Tatsache, die häufig nur wenig Beachtung findet.[24] Im Gegensatz zu allen anderen sozialen Gruppen hat die Armee die Machtressourcen für einen Umsturz ständig deponiert. Was ihr fehlt, ist allein die Motivation. Wird nun jedoch auch sie von der Krise und der politischen Propaganda ergriffen, stehen der Aktion allenfalls noch alte Treueschwüre im Wege. Und sobald auch diese zerbrochen sind, weil sich die Niederlagen häufen, weil Prestige und Belohnung ausbleiben, bedarf es nur noch einiger Stoßtrupps, um die Palastwächter außer Gefecht zu setzen, die alten Herren in Gewahrsam zu nehmen und die Medien der Kommunikation zu besetzen. Ein Bündnis von Ideologie, politischen Körperschaften und Militär ist schlechterdings unaufhaltbar. Seine Übermacht sorgt dafür, daß sich Gewalt, Rache und Blutvergießen in Grenzen halten.

Anders ist die Lage, sobald das Militär selbst in Auflösung begriffen ist, sich in die Neutralität zurückzieht oder weitgehend geschlossen im Dienst der alten Ordnung verbleibt. Je loyaler die Armee, desto unvermeidbarer der Bürgerkrieg und desto größer der Zwang zur Organisation eines Gegenheers. Je illoyaler sie ist, desto aussichtsreicher auch der Volksaufstand und desto einfacher die Aufstellung der *Revolutionsgarden*, die nur die abtrünnigen Soldaten in ihre Reihen aufzunehmen brauchen. Zusammen mit den politischen Komitees bilden sie den organisierten Kern der Bewegung, eine apparative Infrastruktur aus Kadern, Vertretern und Kampftrupps, die die Entscheidung herbeiführen und absichern. Dabei gewinnen keineswegs nur die politischen Organe delegative Funktionen. Es sind gerade die Soldaten und Polizisten der Revolution, die die Volksmacht repräsentieren. Im Namen

24 Dies mag damit zusammenhängen, daß die Gesellschaftstheorie den Akzent auf die sozialen Ursachen von Revolutionen setzt und militärische Aktionen als bloße Palastrevolten unzufriedener Obristen abtut. Dagegen war den Praktikern der Revolution die ausschlaggebende Rolle des Militärs stets bewußt.

aller halten sie die strategisch wichtigen Punkte besetzt und schreiten gegen Plünderungen und Exzesse ein. Stellvertretend für alle marschieren die Kolonnen durch die Straßen, bejubelt von der Bevölkerung, das Symbol des Aufstands an Waffen und Uniform geheftet. Für die neue Ordnung verteidigen sie die eroberten Gebiete, wie sie zuvor schon den letzten, generalstabsmäßig geplanten Angriff auf das Palais gestartet hatten. Die Armee verkörpert die neue Macht und beschützt sie gegen neue und alte Widersacher. Sie führt stellvertretende Militäraktionen durch, in denen sich das Fußvolk der Revolution wiedererkennt, ohne zu bemerken, daß dieser Apparat eine Waffengewalt in Händen hält, die unverzüglich gegen alle gerichtet werden kann, die sich mit dem neuen Regime nicht abfinden und den revolutionären Prozeß weitertreiben wollen.

Sieht man von den alten Einheiten einmal ab, die auch auf der Seite des Aufstands ihre Befehls- und Kontrollstruktur bewahrt haben, so zeichnet sich die Organisation der Revolution zumeist durch hohe *Flexibilität*, *Offenheit* und *Personalität* aus. Der Gegenapparat, die Versammlungsorgane und Kadergruppen sind keine Kopien der alten Institutionen. Ihre Organisation ist wenig formalisiert, geregelte Mitgliedschaften gibt es nur in Ansätzen, die Aufgaben werden nach der aktuellen Lage verteilt, der dramatische Wechsel der Situationen erlaubt gar keine stabilen Verfahren. Für spontane Sonderaufträge werden Gruppen ad hoc zusammengestellt. Wer gerade abkömmlich ist, wird dorthin entsandt, wo Not am Mann ist. Gewählt wird nicht durch geheime Stimmabgabe, sondern durch öffentliche Akklamation. Kontrolle vollzieht sich nicht nach gesatzten Regeln, sondern nach unmittelbaren politischen Erfolgskriterien. Zu standardisierter und zentralisierter Administration ist die Lage ohnehin zu turbulent. Ansehen und Autorität gründen nicht in Amt oder Ausbildung, sondern in persönlichem Engagement und Vertrauen. Oftmals werden erprobte Kämpfer aus den Zeiten des Untergrunds an die Bewegungsspitze gestellt, neben die Aktivisten, die sich durch Mut und Organisationstalent hervortun, und jene Ideologen, die neben der Fähigkeit zur Propaganda auch die Gabe zu raschen Entscheidungen besitzen.

Erst wenn alles vorbei ist, wenn die Unruhe abgeebbt ist, schlägt die Stunde der Verwalter, der neuen Funktionäre und Apparatschiks. Erst jetzt werden die Mitgliedschaftsregeln der Zuverlässigkeit und Ergebenheit installiert, die Techniker der Macht und Kontrolle eingestellt, die Aufgaben dauerhaft verteilt, horizontale Kommunikationen gekappt und die Entscheidungskompetenzen neu zentralisiert. Die Repräsentanten der Bewegung werden zu Gallionsfiguren degradiert, der Kaderverband in eine Massenorganisation transformiert, die fluktuierende Öffentlichkeit zensiert, die politischen Organe in Befehlsempfänger der Zentrale umgewandelt. Die Delegierten werden von den Kollektiven abgetrennt und zu unabhängigen Instanzen erhoben, die keine Gruppen mehr vertreten, sondern lediglich den Geist der Revolution. Je stabiler die Umwelt wird, je übersichtlicher die Ereignisketten ablaufen und je stärker der neue Apparat das Geschehen steuern kann, desto rigider, unpersönlicher und geschlossener wird die Organisation. Eben weil das revolutionäre System durch breite Unterstützung alle Macht in die Hand bekommen hat, kann es sich nun daran machen, seine Umwelt zu befrieden, die Revolution zu beenden und sich von seinen Trägern zu befreien. Der Aufstieg der neuen Herrschaft verläuft parallel zum Niedergang der Bewegung. Doch die Wurzeln dieser Herrschaft waren im revolutionären Prozeß selbst schon angelegt, in der totalen, ungeteilten Stellvertretung, in der Usurpation des Sinns durch die Ideologie und der propagandistischen Form der Mobilmachung, in der Entwicklung der Gegenrepräsentation und in der Auslieferung der Gewaltmittel an das Militär der Revolution. Das Drehbuch der Oligarchie und der politischen Entfremdung beginnt keineswegs erst, nachdem Ruhe eingekehrt ist. Es war niemals aufgehoben, auch nicht während des Sturzes der alten Repräsentanten. Und es bleibt solange in Kraft, wie die letzte Revolution, die Aufhebung jeder Stellvertretung, noch aussteht.

IV. Koalition

Im Streit gegen andere steht niemand gern allein. Man sucht nach Partnern, die einem behilflich sind, nach Verbündeten, mit denen man sich zusammenschließen kann. Koalitionen versprechen einen Ausgleich, wenn nicht gar eine Umkehrung der Machtverteilung. Indem die Alliierten ihr Handeln abstimmen und ihre Mittel kombinieren, verschieben sie die Gewichte auf dem Spielfeld. Koalitionen sind ein überaus preiswertes Verfahren, um mit einer konstanten Anzahl von Trümpfen ein Optimum an Macht zu gewinnen. Man findet sie nicht nur zwischen den Mitgliedern sozialer Gruppen, sondern auch zwischen Verbänden, Parteien oder Staaten. Und weil Allianzen sich bereits bezahlt machen, bevor man dem Gegner mühsam etwas abgerungen hat, tun sich mitunter auch Partner zusammen, von denen kaum jemand annehmen konnte, daß sie irgend etwas gemeinsam hätten.

Neben der Gruppen-, Konflikt- und Demokratietheorie hat sich auch die Organisationsforschung mit Koalitionen befaßt. Auf der Suche nach den Zielen sozialer Organisationen entdeckte man vielfältige und oftmals widerstreitende Interessen. Zahlreiche Systeme scheinen nichts anderes zu sein als locker verknüpfte Netzwerke, wo Menschen mit ganz unterschiedlichen Neigungen zusammenkommen. Sie ähneln eher einer Arena rivalisierender Allianzen als einem hierarchisch festgefügten Gehäuse. Was sie als ihre Ziele ausgeben, ist Sache dominanter Koalitionen, die den Unterlegenen ihre Absichten aufdrängen, um sie sodann als Ziele der gesamten Organisation zu proklamieren.[1] Organisationsziele sind mithin stets eine Frage der Koalitionsmacht. So aufschlußreich diese Sichtweise auch ist, ihr Augenmerk beschränkt sich auf die wechselnden Bündnisse im Fertigbau der Organisation. Da sie soziale Organisation kaum als Prozeß versteht, entgehen ihr zumeist die sozialen Vorgänge, die Bündnisse hervorbringen, am Leben erhalten oder zerstören. Um jedoch das Potential der Organisationstheorie für eine allgemeine Soziologie der Koalition nicht zu verschenken, kehren die folgenden Studien deshalb die

1 Erinnert sei z. B. an die Studien von Cyert/March 1963, Hickson u. a. 1971, Child 1972, Pfeffer/Salancik 1974.

Perspektive um. Sie fragen weniger nach Koalitionen in Organisationen, als nach der sozialen Organisation von Koalitionen, nach der Koalition als einer Vergesellschaftungsform eigener Art. Ihr Thema sind die Strukturen und Typen sozialer Bündnisse, die Prozesse ihrer Entstehung und die Gefahren, denen sie ausgesetzt sind und die am Ende für ihren Zerfall verantwortlich sind.

1. Die Struktur der Koalition

Sobald Dritte die Bühne betreten, verändert sich der soziale Konflikt grundlegend. Er überspringt die einsame Dyade und wendet sich dem Dritten zu. Jener löst eine *Konkurrenz* aus, die den direkten Zwist überlagert und verschärft. Damit er sich nicht auf die Gegenseite schlägt, muß man ihn mit Angeboten ködern. Man wirbt um ihn, sucht nach Gemeinsamkeiten, verhandelt über die Bedingungen einer Koalition. Gleichzeitig setzt man alles daran, den Rivalen auszustechen, man denunziert ihn, bringt ihn in Mißkredit, sucht ihn in die Isolation abzudrängen. Die Triade fächert die taktischen Aktionen auf. Mit dem Dritten sucht man die Zusammenarbeit, gegen den Zweiten geht der Kampf weiter. Der Machtprozeß ist jetzt direkt und indirekt zugleich. Der Erste und Zweite sind einander feindlich und buhlen deshalb um den Dritten. Und weil sie untereinander konkurrieren, sind sie einander feindlich. Der Dritte ist Mittel und Ziel des Konflikts.
Während des Wettbewerbs kann der Dritte gelassen abwarten. Doch sobald er sich einer Seite anschließt, ist die Rivalität bis auf weiteres entschieden. Nun ersetzt Kooperation die Konkurrenz, tritt die Abstimmung an die Stelle der Propaganda. Von einer Allianz spricht man üblicherweise, wenn Akteure in einer gemischten Konstellation ihre Trümpfe zusammenlegen, um etwas zu erreichen, von dem sie glauben, daß es allein, ohne einen Partner, nicht zu realisieren ist (vgl. Gamson 1968, S. 530). Anders als in reinen Koordinations- und Konfliktspielen (vgl. Schelling 1958) ist hier nichts zu gewinnen, ohne daß der Gegner etwas verliert und der Sieger seinem Partner etwas von der Beute abgibt. Die Auseinandersetzung mit dem einen verlangt die Zusammenarbeit mit dem anderen. Der Streit erzeugt nicht nur Trennung und Dissoziation, ebenso schafft er Verbindung und Gesellschaft, eine *gemischte Figuration* aus Gegnerschaft und Partnerschaft.

Kooperation und Konflikt lassen sich jedoch nicht umstandslos mit den inneren und äußeren Beziehungen einer Koalition identifizieren. Sowenig den Gegnern jegliche Übereinstimmung fehlt, sowenig herrscht zwischen Verbündeten immerzu harmonisches Einvernehmen. Auch Allianzen bergen Spannungen und Gegensätze in sich. Zusammenhalt ist für sie ein ständiges Problem, und zwar nicht nur wegen der erheblichen Distanzen, die zwischen selbständigen Partnern gang und gäbe sind, sondern auch wegen der Abwerbepropaganda des Kontrahenten, der die Konkurrenz fortsetzen will. Koalitionen sind hochgradig zerbrechlich und müssen daher immer wieder repariert und geschützt werden.

Im Vordergrund der Partnerschaft steht der äußere Gegensatz. Man findet zueinander, weil man gemeinsam mehr zu erreichen glaubt als allein. Koalitionen unterstehen dem Primat der Außenorientierung, sie sind *strategische Kooperationen,* die vornehmlich gegen etwas, nicht für etwas sind (vgl. Liska 1962, S. 12). Gefühle der Zusammengehörigkeit können ein Bündnis stärken, sie bringen es aber nicht hervor. Im Gegensatz zur strikten Kooperation, der es allein um die Sache geht (vgl. Sofsky 1983, S. 252ff.), zielt die strategische Zusammenarbeit auf Macht und Sieg. Zwar verkünden die Alliierten, zumal vor den Augen eines kritischen Publikums, unentwegt die strenge Sachlichkeit ihrer Arbeit. In Wahrheit jedoch verhalten sie sich ungemein flexibel, passen sich den jeweiligen Umständen an oder unterdrücken zusammen Entscheidungen, um Opposition gar nicht erst aufkommen zu lassen. Koalitionen erfordern zwar Arbeit, auch Arbeit an sich selbst, aber diese Arbeit ist in spezifischer Weise entsachlicht, überformt durch die äußere Gegnerschaft.

Wie bei sozialen Gruppen variieren auch bei Koalitionen die Grade der Gemeinsamkeit. Die Skala reicht von dem spontanen, auf einen Interaktionsabschnitt begrenzten Zusammenschluß über befristete Zweckbündnisse bis zur institutionell verfestigten Allianz. Manche Bündnisse zerfallen schon beim leisesten Anzeichen einer Verschiedenheit, andere setzen sich aus früheren Erzfeinden zusammen, die sich nur zur Selbsterhaltung auf das »kollektive Minimum« (Simmel 1968, S. 241) der Verteidigung einigen können. Protokoalitionen erkunden erst einmal die Chancen einer dauerhaften Zusammenarbeit, bevor sie endgültig den Bund besiegeln. Rationale Allianzen bleiben gerade so lange intakt, wie ihr Ziel in Reichweite bleibt. Trotz dieser typologischen

Vielfalt, von der noch zu sprechen sein wird, ist die Koalition ein Sozialitätstypus sui generis. Die ihr eigentümliche Struktur der *Zusammengehörigkeit* läßt sich zeigen, wenn man sie von den Gemeinsamkeiten abhebt, wie sie in sozialen Gruppen anzutreffen sind (vgl. Tyrell 1983, S. 82 f.).

Auch Koalitionen kennen ein Gefühl der *Zugehörigkeit*, das allerdings nicht wechselseitiger Sympathie entspringt, sondern der gemeinsamen Aversion gegen den anderen. Das »Wir« der Allianz stellt sich gegen das »Ihr«, es gründet nicht auf der unverwechselbaren Einzigartigkeit der Partner, sondern auf dem äußeren Gegensatz. Da es um die Wirkung nach außen geht, zählt nicht die innere Verbindung, sondern die Verbindlichkeit der Verbindung. Und weil nur ein Mindestmaß an Verläßlichkeit nötig ist, braucht man bei Bündnissen so wählerisch nicht zu sein. Koalitionen gleichen eher einer Vernunftehe als einer intimen Partnerschaft. Als Person ist der andere ohne weiteres ersetzbar. Dies sichert Beweglichkeit und mindert Abhängigkeit. Je geringer nämlich die Ansprüche an Sympathie sind, desto zahlreicher die Alternativen bei der Partnerwahl.

Die dosierte Interpersonalität, mit der Allianzen auszukommen pflegen, vermeidet soziale Exklusivität. Auch Koalitionen ziehen eine Grenzlinie zur Umwelt und bilden ein *locker geknüpftes System*, von dem andere ausgeschlossen sind. Aber diese Zusammengehörigkeit stellt sich nicht symbiotisch gegen den Rest der Welt. Es mag bei Koalitionswechseln hin und wieder persönliche Enttäuschungen geben, aber die Aufkündigung der Gemeinsamkeit bedeutet nicht das Ende der Welt. Die Grenzen sind offener als bei Primärgruppen, offenkundige Mißerfolge rechtfertigen Austritt und Seitenwechsel allemal. Es ist diese grundsätzliche *Instrumentalität* der Partnerschaft, die die Machtfiguration in Bewegung hält, eine Konstellation, die für Gruppen absolut ruinös wäre.

Koalitionen beruhen auf gemeinsamen Interessen, nicht auf der Gemeinsamkeit der Interessen. Die Kongruenz der Relevanzen bleibt unvollständig und versteht sich niemals von selbst. Im Gegenteil: Was gemeinsam wichtig sein soll, ist ein Thema fortwährender Annäherungen und Abstoßungen, Angebote und Ablehnungen. Die Kompromisse, die dabei erzielt werden, blenden vielerlei aus und werden im Verlauf des politischen Prozesses häufig umgedeutet oder verändert. Bei aller Instrumentalität sind Allian-

zen jedoch selten reine Zweckvereine. Oftmals sind ihre Ziele diffus, ihre Programme undurchsichtig. Das thematische Interesse ist vorwiegend negativ gegen andere gerichtet, positive Ziele bedürfen besonderer Anstrengung. So hält man sich eher an den äußeren Widerspruch als an die innere Übereinstimmung.
Bei Kompromissen treffen sich Verbündete nur selten in der Mitte. Meist sind einige stärker als die anderen, und zwar nicht nur wegen der Trümpfe, die sie in die Allianz eingebracht haben, sondern vor allem wegen ihrer Stellung in der Machtfiguration. Welche Verhandlungsmacht einer hat, verdankt er der Anzahl seiner Koalitionsalternativen. Können auch andere ihm zu Macht und Mehrheit verhelfen, verschiebt sich das Koalitionsprogramm zwangsläufig in seine Richtung. Um die sozialen *Ungleichheiten* zu kompensieren und das Bündnis auch für Unterlegene attraktiv zu halten, installieren die Parteien oftmals Verteilungsregeln, die die jeweiligen Ansprüche festlegen. Ob Erfolge und Mißerfolge formell gleich oder nach den individuellen Beiträgen verbucht werden, ist zunächst nicht entscheidend. Bedeutsamer ist die Funktion dieser Regeln der Gerechtigkeit. Sie lösen nämlich die soziale Frage, wie die Leistungen zu bewerten und die Gewinne zu verteilen sind. Und solange auch die Benachteiligten diesen Regeln zustimmen und von der Beute mehr erhalten, als sie allein jemals bekommen würden, können auch sie mit den Ungleichheiten leben.
Brisanter ist dagegen ein anderes Strukturproblem. Eine Koalition ist keine Assoziation freier Brüder. Soll sie schlagkräftig sein, so müssen die Verbündeten ihre Sonderinteressen dem gemeinsamen Arbeitskonsens unterwerfen. Dem steht das Interesse an Selbständigkeit entgegen, an der eigenen Freiheit und Identität. Welchen Sinn hätte es auch, sich zum Zwecke der Selbsterhaltung zu vereinigen, wenn anschließend ein Koalitionsdiktat jede Freiheit kostet? *Selbstbehauptung* ist für jede Koalition ein Dauerproblem, das nur durch soziale Abstände, Arbeitsteilung und Toleranz zu lösen ist. Auch in Koalitionen ist die Organisation der Arbeit der Probierstein für die Freiheit in der Solidarität.
Zeitlich fordert Zusammengehörigkeit Dauer und Bestand. Sieht man vom punktuellen Zusammenspiel in einer interaktiven Episode ab, so tendieren Koalitionen zur *Transsituativität*. Man kann nur mit jemandem rechnen, wenn man sich über die aktuelle Situation hinaus aufeinander verlassen kann, wenn die Gemeinsam-

keit die Gegenwart überdauert. So gründen Allianzen einerseits auf gemeinsamer Vergangenheit, andererseits jedoch auf der begründeten Erwartung zukünftiger Treue. Die Abstimmung der Spielzüge macht ja überhaupt nur Sinn, wenn man von der Transsituativität des sozialen Verhältnisses ausgehen kann. Ist die Beziehung erst einmal etabliert, kann sie dann auch vereinzelte Seitensprünge oder Koketterien mit den Rivalen verkraften.

Wie zuverlässig die Gemeinsamkeit letztlich ist, zeigt sich freilich erst im Angesicht der fremden Macht, in der direkten Konfrontation mit dem Gegner. Zusammengehörigkeit drängt hier nicht, wie in der Gruppe, auf beständiges Zusammenkommen und Zusammensein, sondern auf den praktischen Beweis im Konflikt. Sicherlich brauchen Koalitionen ab und zu eine Bestätigung ihres Zusammenhaltes. Doch die Probe aufs Exempel ist die Auseinandersetzung. Die Außenorientierung fordert Einmütigkeit, Standfestigkeit und Beharrlichkeit vor der Gefahr. Einverständnis während der Planung kann purer Selbstbetrug sein; wie weit das Bündnis trägt, zeigt sich erst, wenn im Ernstfall die Waffen klirren.

Obwohl Allianzen auf eine instrumentelle Freundschaft zurückgreifen können, kommen sie auf Dauer ohne Organisation kaum aus. Je größer die beteiligten Parteien und je umfassender das Bündnisnetz, desto dringlicher wird der institutionelle Unterbau eines *Koalitionsapparats.* Hierzu entwickeln die Partner eigene Verfahren. Abstimmungsregeln sorgen für die nötigen Entscheidungen, Konsultationsregeln verteilen die Informationen, Arbeitsprogramme ordnen die Zuständigkeiten, Fraktionsverbote unterbinden ruinöse Gruppenbildungen. Man teilt die Arbeit, richtet Koordinationsgremien ein, trifft sich regelmäßig zur Strategiedebatte und beauftragt bewährte Sprecher mit dem externen Streit. Organisationen können in einzelne Koalitionen zerfallen, aber umgekehrt sind Koalitionen häufig auch die Keimzellen sozialer Organisationen (vgl. Gamson 1968, S. 533). Der Apparat lenkt die Aufmerksamkeit nach innen und avanciert zum Brennpunkt aller weiteren Aktivitäten (vgl. Groenings 1970, S. 461). Nach und nach gelingt es dem Verwaltungsstab, sich abzuschotten und die Umwelt zu neutralisieren. So ergeht es der Allianz wie den meisten inerten Organisationen. Ging es anfangs um strategische Vorteile, so diktiert nun der Apparat das Hauptziel der Koalition: die Erhaltung ihrer selbst.

Als Sozialtypus rangiert die Koalition zwischen Gruppe und formaler Organisation. Mit der Gruppe teilt sie das Prinzip der Partnerschaft, mit der Organisation eine gewisse Austauschbarkeit der Parteien. Von der Gruppe trennt sie der Primat der strategischen Außenorientierung und die Instrumentalität der sozialen Beziehungen. Von der Organisation unterscheidet sie sich durch die hohe Labilität des Systems und die lockere Verknüpfung der Elemente. Die Arbeit der Allianzen unterliegt den Erfordernissen des Kampfes, die Kompromisse, die sie hervorbringen, richten sich nach der strategischen Position der mächtigsten Instanzen. Auch den klassischen Problemen der Sozialordnung gibt die Koalition eine spezifische Färbung. Bündnisse vertragen Ungleichheiten, sofern nur jeder Beteiligte am Ende mehr erhält als er individuell jemals bekäme. Sie verlangen Disziplin und erlegen sich Freiheitsbeschränkungen auf, damit nicht jeder einzelne der fremden Übermacht ohnmächtig ausgeliefert ist und seine Freiheiten vollständig verliert. Und sie fordern von ihren Mitgliedern Verläßlichkeit und Treue, ohne auf brüderliche Selbstaufgabe oder innige Gemeinschaftsgefühle zu pochen. Ihre Struktur ist höchst geschmeidig und elastisch, offen und beweglich. Vielleicht ist dies der Grund, weshalb so viele Koalitionen die soziale Welt bevölkern und so vielfältige Gestalten annehmen können.

2. Koalitionstypen

Typologien sollen nicht nur die Mannigfaltigkeit der Wirklichkeit sortieren, sie sollen auch den Blick für die empirische Vielfalt schärfen. Dies kann man den vorliegenden Koalitionstheorien aus der Sozialpsychologie und Politologie schwerlich nachsagen. Sie sind nämlich oftmals so restriktiv angelegt, daß wichtige Modi der sozialen Zusammengehörigkeit von vornherein aus der Betrachtung ausgeblendet werden. Ihre Prämissen und Hypothesen verwenden nämlich Kriterien, die soziologisch wenig sinnadäquat sind.

Ressourcentheorien der Koalition beginnen mit der plausiblen Intuition, daß Allianzen Überlegenheit anstreben, zugleich aber überflüssige Nutznießer auszuschalten versuchen. Einem Bündnis geht es danach entweder um die Sicherung maximaler Dominanz (vgl. Caplow 1956), um die Maximierung der Gewinne mit der geringsten Ressourcenkombination (vgl. Gamson 1961) oder aber um eine hinreichende Größe im politischen Feld (vgl. Riker 1962). Zu Recht lenken diese Theorien den Blick auf die figurative Verteilung der Macht, doch sie unterstellen sowohl die unzweideutige Meßbarkeit der sozialen Gewinne als auch die unbeschränkte Anwendbarkeit der Trümpfe. Siege sind stets total, an einer konstanten Gewinnsumme von Punkten, Posten oder Regierungsämtern ablesbar. Die Verteilung der Karten, der Stimmen und Sitze, ist jedermann durchsichtig, die Spielregeln allen bekannt. Davon kann in vielen sozialen Figurationen allerdings keine Rede sein. Häufig wissen die Alliierten gar nicht, wer welche verwendbaren Machtmittel hat, ja mitunter kennen sie nicht einmal ihre eigenen Ressourcen genau. Obwohl strategisch ausgerichtet, setzt nicht jedes Bündnis auf Sieg. Zusammengehörigkeit kann ebenso aus emotionaler Aversion resultieren, aus sozialer Nachbarschaft oder einer aktuellen Notlage. Typologisch übersieht die Ressourcentheorie daher sowohl übergroße Sicherheitsbündnisse als auch die Minderheitskoalitionen, die gar keine Siege erringen, sondern lediglich einer erdrückenden Übermacht standhalten wollen. Ganz undenkbar scheinen ihr schließlich Koalitionen zu sein, die um jeden Preis ihre ideologische Einheit bewahren möchten und deshalb mit Absicht auf Vorteile verzichten.

Ressourcentheorien unterschlagen den sozialen Prozeß der Koalitionsbildung, *Verhandlungstheorien* dagegen (vgl. Komorita/Chertkoff 1973; Leiserson 1968) widmen sich ganz dem Austausch der Offerten und Drohungen. Während der Partnerwahl wird über die spätere Gewinnauszahlung debattiert, man wägt Alternativen ab oder stellt, falls sich der andere sträubt, die Angebote Dritter heraus. Am Ende einigt man sich auf einen Kompromiß, der niemanden in Versuchung führt, aus dem Pakt auszuscheren. Man beschränkt die Teilnehmerzahl aufs strategisch notwendige Minimum und verteilt nach dem Sieg die Anteile so, daß die schwächeren Partner nicht leer ausgehen. Koalitionen ergeben sich hier aus einem linearen Verhandlungsprozeß, in dem es nicht um eine Sache, sondern allein um Sieg und Beute geht. Der strategische Kalkül überformt die Zusammenarbeit vollständig. Sein einziges Ziel sind Macht und Majorität.

Der experimentellen Veranstaltung einfacher Gewinnspiele entgehen allerdings die spezifische Sachlichkeit der Zusammenarbeit und die wiederkehrenden, häufig rotierenden Verhandlungsprozesse. Vor allem jedoch ignoriert die Verhandlungstheorie die sozialen Bedingungen, die *nicht-kontraktuellen Elemente* der Koalitionssituation. Weder lassen sich soziale Gewinne beliebig zerteilen, noch bringt nur sozialer Austausch Bündnisse hervor. Nicht selten preßt sozialer Druck die Partner zusammen, zwingen auferlegte Abhängigkeiten zur Gemeinsamkeit. Alte Bindungen, Zeitdruck, organisierte Kooperation oder öffentliche Selbstverpflichtungen zeichnen den Zusammenschluß vor, den die Akteure nur noch auszuführen haben. Das Modell der freien Partnerwahl ist ein Mythos. Soziale Strukturen zeichnen Koalitionen vor und schränken von vornherein die Alternativen ein. So unterschlägt die Verhandlungstheorie alle Koalitionsformen, die aufgrund institutioneller Regeln oder auch nur aufgrund purer Gewohnheit entstehen.

Präferenztheorien[2] beschreiben Koalitionen in Begriffen des politischen Abstands und der inneren Homogenität. Nicht Beuteanteile, Ämter oder soziale Überlegenheit halten Allianzen zusammen, sondern benachbarte Ideologien in einem ein- oder mehrdimensionalen Machtraum (vgl. Taylor/Laver 1973). Danach finden diejenigen zueinander, die in der Figuration unmittelbar nebeneinander stehen. Die Extrempunkte liegen möglichst eng beieinander, damit das Bündnis alle umfaßt, die sich innerhalb der Präferenzzone bewegen. Allianzen tendieren zu kompakten ideologischen Einheiten, zu konsistenten Interessenverbänden, in denen jeder bemüht ist, ins Zentrum der gemeinsamen Koalitionspolitik zu gelangen. Je kleiner nämlich der Abstand zwischen den Flügelleuten ist, desto größer die Wahrscheinlichkeit, daß das Koalitionsprogramm mit den Absichten aller Partner übereinstimmt.

Anders als die Verhandlungstheorie thematisiert das Präferenzkonzept zumindest einen Aspekt der Situation: die *ideologische Nähe* und Ähnlichkeit. Die Grenzen des Koalitionssystems fallen zusammen mit der Verträglichkeit der Überzeugungen, seine Kohärenz verdankt es kollektiven Vorstellungen und Werten. Je enger die Wahlverwandtschaft, desto schwieriger wird später der Partnerwechsel. So ökonomisch diese Theorie auf den ersten Blick erscheinen mag, sie arbeitet mit überaus voraussetzungsreichen

2 Winden (1984, S. 146 f.) subsumiert unter dem Titel »Präferenztheorie« sowohl die »Minimal-range-Theorien« von Leiserson (1966) und Axelrod (1970) als auch de Swaans (1973) »Policy-distance-Theorie«.

Annahmen. Sie rechnet nämlich mit einer relativ statischen Skala politischer Optionen, mit eindeutig markierten Positionen und kongruenten Situationsdefinitionen. Erst wenn alle Beteiligten in ihren Fremd- und Selbstbildern übereinstimmen, wenn also jeder weiß, wo er selbst und wo die anderen stehen, kommen jene Bündnisse zustande, die die Präferenztheorie voraussagt. Aber nicht einmal in demokratischen Systemen können die Parteien mit fixen Positionen rechnen. Sie operieren vielmehr mit hochdiffusen und flexiblen Vorstellungen, um sich am Distanzspiel überhaupt beteiligen zu können. Obendrein sind kollektive Akteure alles andere als ideologisch geschlossene Kaderverbände. Interne Fraktionen streben in vielerlei Richtungen, und manche Flügelleute stehen der Nachbarpartei näher als den eigenen Zentristen. Politische Ähnlichkeit ist keine notwendige Bedingung für die Koalitionsbildung.

Obgleich Präferenztheorien den Zusammenhang von figurativer Stellung und innerer Kohäsion in den Blick nehmen, übersehen sie Formen der Zusammengehörigkeit, die eine Koalitionstypologie zu berücksichtigen hat. Dies wird deutlich, wenn man die Idee der sozialen Ähnlichkeit einmal auf organisierte Handlungsfelder überträgt. Soziale Distanz bemißt sich hier nicht an einem ideologischen Spektrum, sondern an der Positionshierarchie oder an der Arbeitskooperation. Nach der Präferenztheorie wären nur Bündnisse zwischen benachbarten Statusstufen, Abteilungen oder Arbeitsgruppen denkbar. Ausgeschlossen sind hingegen jene großen Koalitionen, mit denen Organisationen auf Notlagen zu reagieren pflegen, sowie themenbegrenzte Spontanallianzen zwischen Leitung und Belegschaft unter bewußter Mißachtung der Mittelstufen. Auch begrenzte Zweckbündnisse weit entfernter Partner kommen nicht in den Blick, ebenso antagonistische Koalitionen, die trotz extremer Gegensätze gemeinsame Sache machen.

Weder die Verteilung der Macht, der Verhandlungsverlauf noch die soziale Entfernung eignen sich als Typisierungskriterium. Diese Gesichtspunkte erfassen lediglich einige Bündnisformen und sind in ihrem soziologischen Gehalt allzu beschränkt. Spätere Erfolge sagen nichts über die Struktur eines sozialen Gebildes, der Umfang des sozialen Kreises gibt keinen Aufschluß über den Modus der Partnerschaft, ideologische Nachbarschaft spielt bei vielen sozialen Koalitionen kaum eine Rolle. Es liegt daher nahe, Koalitionen nach ihrem zentralen sozialen Strukturprinzip zu unterscheiden, nach dem Grad der sozialen Organisation und der *sozialen Gemeinsamkeit.* Danach ergeben sich nun die folgenden Koalitionstypen.

(1) *Serielle Koalitionen* werden lediglich von einer kollektiven Stimmungslage zusammengehalten. Ohne gemeinsam zu arbeiten oder zu kämpfen, fühlt man sich einig. Der Partner ist nur ein Nebenmann in der Reihe. Wer sich in einer Warteschlange vordrängelt, stößt unweigerlich auf abweisende Blicke der Wartenden, auf ganz unkoordinierte, aber parallele Signale offener Mißbilligung. In Organisationen treffen Innovationen häufig auf eine diffuse Ablehnungsfront, die kaum innere Verbindungen aufweist. Die Lohnarbeiterschaft eines Großbetriebs, die das Kapital zu einer seriellen, zufälligen Menge zusammengebündelt hat, ist sich einig in der Aversion gegen Vorgesetzte und Management. Die serielle Allianz wird stets von außen konstituiert, durch einen fremden Dritten, der die Parallelaktion provoziert. Ihre Basis ist eine soziale Struktur des Zufalls und der Überzahl, ihre Zeitskala reicht vom flüchtigen Zusammenspiel in einzelnen Situationen bis zur langlebigen Mitgliedschaft in der Organisation. Nur beim Konflikt tauchen diese Parallelaktionen auf, um sogleich wieder, wenn der Gegensatz erledigt ist, im seriellen Nebeneinander zu verschwinden.

(2) Serielle Koalitionen existieren nur in der Addition der Aktionen, interaktive *Spontanbündnisse* hingegen zeigen bereits erste Ansätze einer wechselseitigen Orientierung. Nacheinander schlagen die Verbündeten in dieselbe Kerbe. Einer imitiert den anderen, ergänzt und unterstützt ihn mit Mimik und Gestik, springt im Ernstfall für ihn in die Bresche. All dies geschieht ganz unvorbereitet, ohne vorherige Abstimmung, Verhandlung oder Planung. Spontane Allianzen sind nur Episoden im sozialen Prozeß, geboren aus der aktuellen Situation, mit deren Ende sie sofort vergehen. Das Tempo solcher Verbindungen ist geradezu atemberaubend. Manche Allianzen währen nur wenige Sekunden, so daß die Beteiligten nicht einmal bemerken, daß sie sich in der Zwischenzeit vereinigt und wieder getrennt haben. Es ist, als verliefen solche Koalitionsprozesse hinter dem Rücken der Handelnden, als seien diese nur Marionetten eines bewußtlosen Spiels. Wie solche Bündnisse entstehen und vergehen, demonstriert die folgende Gesprächsanalyse einer Interaktionssequenz.

Fallstudie: Der Streit um die Druckfarbe

Eines Tages kam es während der Arbeitsbesprechung, die in dem alternativen Druckereibetrieb jeden Morgen abgehalten wurde, zu einer kurzen Auseinandersetzung über die Bestellung der Druckfarbe, die für die zahlreichen Aufträge des Hauptkunden Rieselmeier benötigt wurde. Da diese Spezialfarbe nur in Kontingenten von zwanzig Kilo zu erwerben war, hatte man einige Tage zuvor, nach längerer Debatte, beschlossen, wegen des finanziellen Aufwands auf eine Bestellung zu verzichten und statt dessen die jeweils nötige Farbmenge selbst zu mischen. Diese Aufgabe stellt einem erfahrenen Drucker keinerlei Probleme, wenn nur das Rezept stimmt. Um einen kleinen Vorrat anzulegen, hatte der Prokurist (P), der im Betrieb das »Mädchen für alles« spielt, bereits ein Kilo Farbe angerührt. Um so größer war die Überraschung, als der Geschäftsführer (G) an diesem Morgen die Farbbestellung erneut zur Diskussion stellte, obwohl er die Entscheidung selbst stillschweigend mitgetragen hatte. Neben (P) und (G) waren in der folgenden Sequenz die beiden Drucker (D1, D2), der Verarbeiter (V) sowie als Publikum die beiden Repromonteurinnen (R1, R2) beteiligt. Nachdem sich (G) und (D1) gerade darauf verständigt hatten, einen Auftrag Rieselmeiers mit der üblichen Farbe zu drucken, begann (G)[3]:

(1) G: dann solltet ihr euch endlich mal überlegen ob ihr jetzt Farbe bestellt oder nich'
(2) D1: *was* Farbe bestellt'
(3) V: (p) Rieselmeier
(
(4) G: wegen Rieselmeier
(5) D1: prrrh (prustet)
(
(6) D2: prrrh (f) dunkelkupfer hab ich neulich erst gesagt da hieß es wieder *nee*, da müßn wir so viel nehmen (entrüstet)
(
(7) D1: (f) ham wir doch drüber *gesprochen* daß wir *zuviel* abnehmen müssen, (1.9)
(8) V: (p) wob mhäh
(

3 Zur Erläuterung der Transkriptionszeichen vgl. oben S. 119, Anm. 40.

(9) G: ich- *weiß* nich, ich bin mittlerweile der Meinung- daß

(

(10) P: (f) Mensch ich hab en Kilo angerührt von dem Scheißzeug jetzt letztens,

( )

(11) D1: (p) mhm

(12) P: wir müssen *zwanzig Kilo* bestellen

( )

(13) G: (p) jah

(14) P: das is doch n–/

(

(15) D1: (f) ham wir doch drüber gesprochen, (1.5) is doch *geklärt*, is es das *nicht* mehr'

(

(16) D2: (p) man muß trotzdem anrührn (ärgerlich)

(17) D1: nee.

(18) P: deswegen hab ich doch en Kilo angerührt daß man nich immer wieder–/

(

(19) D1: s Rezept steht doch das is doch kein Problem, oder habn die irgendwas gesagt wegen der Farbe' oder habn/

( )

(20) P: immer wieder nh nh *Joghurtbecher* vollmacht da (alle lachen außer D1 und D2)

(21) R1: dim dim

(22) D1: (f) ja habn die was gesagt wegen der Farbe' (sachlich) (allgemeines Gelächter)

(23) R2: (lachend) (p) das hab ich doch auch schon mal gehört, peinlich ne

(

(24) G: nein ham se nich (lachend)

(25) D1: na dann is gut

(26) G: bloß- äh in letzter Zeit fällt mir das auf daß wir jeden Tag einmal Rieselmeier drucken

(27) D1: (p) ja; is doch gut, is doch gut,

(28) P: is doch Farbe genug

(

(29) D1: is doch gut (2.3) *nee* 20 Kilo stell ich davon nich hin; das seh ich überhaupt nich ein; (p) Quatsch. (G wendet sich mit dem nächsten Auftrag an R2)

Die Sequenz gibt ein lehrreiches Beispiel für spontane Koalitionsmanöver. (G) beginnt mit einer mahnenden *Aufforderung* (1), die eine Front eröffnet zwischen ihm, dem vorausschauenden Organisator, und den zögerlichen Druckern. Sie hätten sich angeblich um die notwendige Entscheidung herumgedrückt und die leidige Angelegenheit verschleppt. Diese Eröffnung ist so geschickt wie doppelbödig. Denn de facto stellt (G) den längst gefällten Entschluß erneut zur Disposition und nimmt seine damalige Zustimmung zurück. Er kündigt den Gruppenkonsens auf, indem er ihn stillschweigend verleugnet und eine offene Sachlage vorgibt. Zudem inszeniert er seine Option, indem er an die Verantwortung der anderen appelliert. Natürlich sind die formulierten Alternativen bloßer Schein. Die zuständigen Drucker sollen nicht weiter überlegen, sie sollen endlich die Farbe bestellen. Da eine direkte Anweisung gegen alle Umgangsformen verstoßen und den Schein demokratischer Egalität ankratzen würde, verkleidet er seine Ermahnung. Er hebt den Konsens auf, schiebt den anderen Untätigkeit in die Schuhe, wechselt hinter dieser Fassade seine Meinung und drängt auf Ausführung. Schlagartig ist das alte, längst erledigt geglaubte Streitthema ins Zentrum der Situation gerückt und eine neue Runde im Machtspiel eröffnet.

Damit trifft er freilich auf den vereinten *Widerspruch* von (D1), (D2) und (P), deren Reaktionen indes ganz ohne Plan und Abstimmung erfolgen. Zuerst opponiert (D1), der sich unmittelbar angegriffen fühlt. Seine elliptische Bemerkung (2), die wie eine Frage aussieht, ist kaum weniger mehrdeutig als (G)s Invektive. Sie spiegelt imitativ den Vorredner, ohne jedoch dessen Spiel sogleich mitzuspielen. (D1) denkt gar nicht daran, irgendein Versäumnis einzugestehen, ja, er scheint nicht einmal bereit zu sein, das leidige Farbthema zu akzeptieren. Abwehrend mimt er den Ahnungslosen. Wieso wärmt (G) nochmals eine Sache auf, die längst geklärt ist, was soll das? Anstatt die Aufforderung zu übernehmen, gibt er die Initiative zurück und läßt (G) von sich abprallen. Ganz habituell, ohne jeden Kalkül, blockt er den Anwurf ab, gewinnt Zeit und bringt den Gegner in Zugzwang. Nun liegt es an (G), das Thema erneut zu etablieren und seine Aktion sozial akzeptabel zu machen.

An dieser Stelle kommt es zu einem ersten Spontanbündnis. (V), der sich an (G) anzulehnen pflegt und ihm häufig die Stichwörter liefert, wittert intuitiv, daß (G) auf Widerstand trifft. Zugleich mit ihm nennt er den Namen des Kunden (3) und stellt sich seitlich versetzt hinter ihn. Beide nehmen (D1)s Bemerkung allzu wörtlich. Sie tun so, als habe jener nichts anderes getan, als eine sachliche Rückfrage zu stellen. Nur die erstaunliche *Parallelität* ihrer Reaktionen weist darauf hin, daß die Lage alles andere als harmonisch ist.

Die Gegenkoalition läßt nicht lange auf sich warten. Wie sich (V) unaufgefordert zu (G)s Verstärker gemacht hat, so finden jetzt die beiden Drucker unwillkürlich zu einer *expressiven Koalition* zueinander. Gleichzeitig platzen aus ihnen Unmut und Ärger heraus, das synchrone Gepruste ist eine gemeinsame Geste (5, 6). Noch ehe (D1), an den sich (V) und (G) ja gewendet haben, ansetzen kann, poltert sein Partner los. Im Brustton der Entrüstung empört er sich über (G)s offenkundigen Meinungswechsel. In der Sache stimmt er völlig zu, auch er ist für die Bestellung, weil er sich beim Farbmischen etwas unsicher fühlt. Den Gruppenbeschluß damals hatte er nur zähneknirschend hingenommen, gegen alle anderen. Doch nun hat (G) plötzlich seine Meinung gewechselt. Erst wird man zurückgewiesen, was schon ärgerlich genug ist, dann findet man sich langsam damit ab, und jetzt wird einem, zumal mit einem Vorwurf, der eigene Vorschlag serviert – das ist der Hintergrund für (D2)s vehementen Protest.

Ganz andere Motive hat sein Kollege. Er war seinerzeit gegen die Bestellung, mit (G) und den anderen. Aber jetzt kündigt jener einfach den mühselig erreichten Gruppenkonsens auf. Daher betont (D1) in (7) mit durchaus sachlichem, aber bestimmtem Ton die alte Vereinbarung und erinnert (G) an sein früheres Wort. Obwohl sie in dieser Sache gegensätzliche Interessen haben, stehen die beiden Drucker, die auch sonst häufig zusammenhalten, geschlossen gegen (G). Bis in Ausdruck und Wortwahl gleichen sich ihre Vorwürfe. Und obwohl jeder seine Akzente setzt, schlagen sie spontan in dieselbe Kerbe. (G) hat nun nicht mehr nur das Farbthema zu begründen, sondern obendrein auch seinen Meinungswechsel zu legitimieren. Die Gegenfront, die er selbst provoziert hat, ist nun aufgebaut, gemeinsam haben ihn die Drucker als Missetäter bloßgestellt. Die erste Runde geht an sie.

Nach kurzer Bedenkzeit will (G) sich rechtfertigen. Verunsichert ob des unerwarteten Widerstands versucht er, seinen Meinungswandel mit einer veränderten Sachlage zu erklären. Zuvor jedoch wiederholt sich das erste Koalitionsmuster. (V) will erneut für (G) in die Bresche springen, ein Vorhaben, das kläglich mißlingt und von (G) sofort abgebrochen wird. (V) agiert wie eine ungebetene

Hilfskraft, wie ein schwacher Diener, der seinem Chef beistehen möchte. (G) hat dieses ungerufene Sprachrohr, diesen anlehnungswilligen Partner keineswegs nötig, obwohl seine Rechtfertigung im Ansatz stecken bleibt (9).

Bevor er nämlich seinen Zug zu Ende bringen kann, fährt ihm (P) derart in die Parade, daß er bis auf weiteres außer Gefecht gesetzt wird. Erregt erinnert (P) an die vereinbarte Regelung und an den Farbvorrat, den er selbst angemischt hat (10, 12, 14). Mit (D1) ist er gegen die Bestellung und wird von dem Drucker daher umgehend bestätigt (11). Weshalb jetzt diese Aufforderung, wenn der Engpaß längst behoben ist? So resolut greift (P) an, daß seinem Gegenüber nur noch der Rückzug bleibt (13). Dagegen gewinnt (D1)s abschließende Bestärkung fast einen sachlichen und versöhnlichen Unterton (15).

Mit (P)s kraftvoller Intervention haben sich die Gewichte endgültig zuungunsten (G)s verschoben. Sieht man von seiner schwächlichen Hilfskraft, die nie mehr das Wort erlangen wird, einmal ab, so steht er völlig allein. Von verschiedenen Standorten aus zielen (P) und die Drucker auf ihn. Ohne jede Absprache starten sie mit divergenten Motiven, um sich erst am Gegner zu treffen. Dieser ist Anlaß und Brennpunkt ihrer Angriffe, der *Angelpunkt des Bündnisses.* Nachdem (D1) den Oppositionsweg markiert hat, preschen (D2) und (P) nacheinander vor (6, 10), individuell und ganz monologisch, aber beide von (D1) nachträglich gedeckt (7, 15). Er ist in diesem Spontanbündnis der einzige, der seine Aufmerksamkeit auch seinen Genossen widmet, ihre Monologe bestätigt und ergänzt, und zwar in beiden Fällen mit derselben Formulierung. Doch so einig man in der Stimmung gegen (G) ist, in der Sache ist man keineswegs derselben Meinung. Kaum ist (G)s Ermahnung erfolgreich abgewehrt, bricht die Gemeinsamkeit auseinander.

Zuerst schert (D2) aus der situativen Koalition aus. Auch er ist gegen (G), doch insgeheim teilt er dessen Sichtweise und nutzt daher die Gelegenheit, seinen Unmut über den Gruppenbeschluß kund zu tun. Sein unwilliges, kaum vernehmbares Gemurre (16) genügt, um die Aufmerksamkeit von dem abgeschlagenen Verlierer (G) abzulenken und die alten Divergenzen hervorzukehren. Nachdem der Gegner erledigt ist, zerreißt sofort das innere Band des Dreierbundes. Nur (D1) und (P) ziehen jetzt noch an einem Strang, nicht mehr gegen (G), sondern gegen (D2). In einer konzertierten Aktion blockieren sie jeden weiteren Einspruch, zuerst (D1) in (17), sodann betont (P) seine Vorratswirtschaft (18, 20), bis schließlich (D1) seinen Kollegen, dessen Arbeitsproblem ihm wohlvertraut ist, mit dem Hinweis auf das fertige Mischrezept beschwichtigt. Trotz gemeinsamer Wirkung streben die Aktionen dieser Allianz in ganz verschiedene Richtungen. (D1) interessiert sich nämlich eigentlich dafür, ob eine Kundenbeschwerde (G) umgestimmt hat (15, 19, 22), während (P) mittlerweile so in Fahrt geraten ist, daß er die ganze Angelegenheit auf Kosten (D2)s ins Lächerliche zieht (20). Damit entspannt er die Situation, bagatellisiert den Zwist, erntet jedoch neben allgemeiner Heiterkeit auch einen ironischen Tusch (21) und einen spitzen Kommentar aus dem Publikum (23). Zwar bestehen beide auf dem alten Gruppenbeschluß, zuerst gegen (G) und (V), dann gegen (D2), doch ihre Handlungsweisen driften zusehends auseinander. Je schwächer der Gegner, desto mehr lockern sich die Koalitionsbande. (P) drängt sich nach vorn und sucht soziale Pluspunkte, (D1) hingegen will eine sachliche Auskunft über die Korrektheit seiner Arbeit. Nachdem man zusammen jede Revision, ja jede weitere Debatte abgewehrt hat, geht jeder wieder seiner Wege. Die Allianz löst sich auf.

Erst im dritten Anlauf gelingt es (D1) endlich, mit verstärkter Lautstärke seine Rückfrage an den Mann zu bringen (22). Während das Gelächter um sich greift, bleibt er als einziger ernst bei der Sache. In seiner Frage schwingt Unsicherheit, ja Besorgnis mit. Spätestens zu diesem Zeitpunkt ist die Ad-hoc-Koalition beendet. Ihre Basis ist die gemeinsame Entrüstung gewesen, die nun in Scherz und Ernst zerfällt. In der Abschlußsequenz wird der sachliche Konsens nurmehr kurz *zitiert.* (G) nimmt seine Aufforderung, die alles ausgelöst hatte, mit einer erklärenden Entschuldigung zurück (26), (D1) verbucht mit Erleichterung, daß keinerlei Beanstandung vorliegt und alles in Ordnung ist (25, 27). (P) weist nochmals auf den Farbvorrat hin, bis schließlich (D1) den Endpunkt setzt (29). (G) ist am vereinten Widerstand von (D1) und (P) gescheitert, und am Ende ist es der Drucker, der das letzte Wort hat.

Dieser kurze, kaum eine Minute währende Schlagabtausch zeigt mehrere Formen und Stadien spontaner Koalitionen. Bereits im Ansatz stecken bleibt das kraftlose *redundante Hilfsbündnis* zwischen (G) und (V), da der ungebetene Diener erst gar nicht den

Status des Partners erlangt. Ungerufene Bundesgenossen, die der andere ablehnt, sind sozial überflüssig. Sie verstoßen gegen ein Grundgesetz sozialer Koalitionen: die Wechselseitigkeit der Partnerschaft. Wer sich dem anderen andient und ihm das Wort aus dem Mund nimmt, beweist keine Selbständigkeit, auf die man zählen könnte. Ein bloßes Sprachrohr ist als Genosse wertlos, ist eher eine Last denn eine Hilfe.

Die synchronen Akkorde einer redundanten Allianz sind strikt zu unterscheiden von den gleichzeitigen kollektiven Gesten einer *expressiven Koalition.* Abwehr und Protest zeigen sich in parallelen, unkoordinierten, aber trotzdem gleichsinnigen Handlungen. Man agiert in dieselbe Richtung, reagiert auf dasselbe Vorkommnis, obwohl die Absichten durchaus voneinander abweichen. In *einer* Expression finden die Akteure zusammen, für den Augenblick der Empörung sind sie eins. Ihre soziale Einheit liegt im Ausdruck selbst.

Ein *konvergentes Bündnis,* wie es hier zwischen (D1) und (P) zu beobachten ist, zeigt weniger spontanen Zusammenklang. Ihm fehlt der restlose, imitative Zusammenhalt des Ausdrucks. Die Individuen starten von verschiedenen Standorten, mit heterogenen Motiven, um sich erst am gemeinsamen Gegner zu vereinen. Er ist der Zielpunkt ihrer Handlungen, die Kerbe, in die sie schlagen. Da man zuvor keine gemeinsame Strategie verabredet hat, überschneiden, ja neutralisieren sich die getrennten Bewegungen. Im Eifer des Gefechts übertönt einer den anderen, fällt ihm ins Wort oder kommt ihm zuvor. Allerdings finden sich hier erste Ansätze kooperativer Arbeitsteilung. Während einer den aggressiven Part übernimmt, schaltet der andere frühzeitig auf Sachlichkeit um. Bleibt dem einen das Wort im Halse stecken, springt rasch der andere ein. Solche *Blitzkoordinationen* verlangen allerdings, daß man sein Augenmerk nicht nur auf den Gegner heftet, sondern nebenbei zur Seite schaut, den Partner unterstützt, bestätigt oder vorlaufen läßt. Trotz dieser Gemeinsamkeit zerbricht das konvergente Bündnis in dem Moment, wo der Gegner geschlagen ist. Die innere Divergenz tritt hervor, der äußere Brennpunkt der Partnerschaft erlischt.

Falls sich der Gegner auf seinem Rückzug nochmals meldet, kann man auf aufgelöste Bündnisse nochmals zurückkommen. Obwohl die Schlacht längst geschlagen ist, können interaktive Koalitionen am Ende zitiert werden, um den Abschluß zu fixieren. Vom früheren Engagement ist dabei kaum mehr etwas zu spüren. Man bestätigt einander aus der Ferne und tut so, als bestünde das Bündnis weiter, damit sich der Gegner endgültig geschlagen gibt. Die *zitierte Koalition* eignet sich besonders für siegreiche Verbindungen, denen weitere Anlässe zur Zusammenarbeit fehlen. Sie signalisiert, daß man im Falle eines Falles erneut gemeinsam marschieren könnte. Sie ist mithin nichts anderes als eine Allianz nach dem Ende der Allianz.

*

Spontane Koalitionen werden durch einzelne Anlässe ausgelöst. Nicht Pläne oder Kalküle, sondern Widerfahrnisse bringen sie hervor. Sie bezeichnen die Brennpunkte, auf die die Handlungen zulaufen und die Partner sich konzentrieren. Sie stiften die soziale Einheit. Doch so vergänglich die Anlässe, so kurzlebig sind auch die Koalitionen. Verschwindet das Ereignis, vergeht auch die Allianz. Ist die Gefahr vorüber, zerfällt der Zusammenhalt. Der Zusammenschluß kann höchst intensiv sein und alle Kräfte verknüpfen, aber er gründet allein auf der externen Gegnerschaft. Das Koalitionsprogramm enthält nur einen einzigen Punkt. Ist der Übergriff abgewehrt, so ist auch das thematische Reservoir erschöpft.

(3) *Antagonistische Bündnisse* überstehen meist eine Reihe von Situationen. Wer sich mit seinem Erzfeind zusammentut, um einer Übermacht zu widerstehen oder einen gefährlichen Emporkömmling rechtzeitig abzuwehren, ist sich in der Regel dessen gewiß, daß er über den eigenen Schatten springt und seinen Partner im Auge behalten muß. Das Bündnis will wohlüberlegt sein, die alte Feindschaft schärft die Aufmerksamkeit für Chancen und Kosten des Paktes. Weil zwischen den Antagonisten prekäre Verhältnisse herrschen, markiert der zeitweilige Zusammenschluß eine eindeutige Zäsur in ihrer Geschichte. Die Notlage drängt ihnen wider Willen die Zusammenarbeit auf. Aber eine gewisse Dauer erlangt diese Koalitionsform, weil die gemeinsame Arbeit alte Feindseligkeiten abmildert und weil niemand nur für einen Moment über seinen Schatten springt.

Schutz- und Trutzbünde versammeln manchmal auch Parteien, die einander spinnefeind sind. Da sie ihre Ziele jenseits der üblichen Interessensphäre haben, können sie selbst extreme ideologische Distanzen überbrücken. Nach dem Kampf tritt man wieder in die frühere Distanz zurück. Antagonistische Koalitionen bauen nicht auf sozialen Ähnlichkeiten auf. Ihr Interesse beschränkt sich aufs defensive Minimum, auf die nackte Selbsterhaltung oder die Wahrung des gewohnten Kräftegleichgewichts. Darüber hinaus wollen sie aber auch Dritte niederhalten, um ihre internen Rivalitäten zu sichern. Bei aller Konkurrenz schließen sich Privatunternehmen zu Industrieverbänden zusammen, um jene Kräfte zu unterdrücken, die ihre freie Konkurrenz beseitigen könnten. Scheinbar paradox ist schließlich folgende Konstellation: Man tut sich zusammen, weil man sich bis aufs Messer zu bekämpfen pflegt. Eine parteiinterne Opposition, die die eigene Regierung des Verrats bezichtigt, ihr also vorwirft, sich längst auf die Feindesseite geschlagen zu haben, macht gerade mit diesem Feind gemeinsame Sache, um die Identität der Partei zu verteidigen und die eigene Regierung zu stürzen (vgl. Simmel 1968, S. 242). Bitterste Feindschaft verhindert nicht nur nicht die Bildung einer Koalition. In manchen Fällen ist es die Feindschaft selbst, die die Allianz ins Leben ruft.

(4) Das Ende antagonistischer Allianzen ist absehbar. Die Sprengkräfte sind nur zeitweilig in die Arsenale verbannt. Um frühzeitig die Tragfähigkeit einer Allianz abzuklären, können sich die Partner mit *Protokoalitionen* behelfen. Dies sind Verabredungen auf Widerruf, explorative Partnerschaften, Allianzen vor der Allianz. Sie bestehen meistens aus persönlichen Kontakten, die von allen Beteiligten mit höchster Diskretion behandelt werden. Nicht aktuelle Zwangslagen führen die Akteure zueinander, sondern die gemeinsame Vorsicht. Man klopft zuerst die Einheit fest, bevor alles öffentlich wird. Dabei drehen sich die Verhandlungen keineswegs nur um Machtfragen, sondern auch um Sachprobleme. Man versucht, Absprachen zu treffen, verbindliche Programme festzuschreiben, weitere Partner anzuwerben oder skeptische Opponenten vom Wert der Koalition zu überzeugen. Man definiert Essentials und erprobt den Zusammenhalt an kritischen Testfällen, man tauscht Vetorechte aus, vertagt offene Probleme auf später und löst strittige Personalfragen durch die Zusage persönlicher Vorteile.

Protokoalitionen bieten nur eine lockere Einheit, die den Rückzug offenläßt. Sie eignen sich zur allmählichen Annäherung oder auch zur Sondierung der gegenseitigen Koalitionsbereitschaft. Wer unumstößliche Programme scheut, wer auf grundsätzlichen

Unterschieden besteht oder mit erheblichen Widerständen in den eigenen Reihen zu rechnen hat, tastet sich vorsichtig an den anderen heran, hält versuchsweise bei Entscheidungen still, oder schließt ein vorläufiges Tolerierungsabkommen. Damit stellt man auf jeden Fall sicher, daß der Gegner nicht zum Zuge kommt. Gefährdet sind Protokoalitionen indes nicht nur durch die Opposition in beiden Lagern, sondern auch durch die Zurückhaltung der Partner. Da jeder sich die Hintertür offen hält, ist im Ernstfall auf den anderen nur wenig Verlaß. Er ist ein unsicherer Kantonist, und bisweilen reicht ein kleines Mißverständnis oder ein vorwitziger Profilierungsversuch, um der Koalition den Garaus zu machen, bevor sie recht begonnen hat.

(5) Wenn der äußere Konflikt abnimmt und die Gegenseite zurückweicht, steigt der Bedarf nach sachlicher Zusammengehörigkeit, nach einem Arbeitskonsens. Programmatische Übereinstimmung ist ein funktionales Äquivalent für soziale Gegnerschaft. Nicht umsonst haben Koalitionen, deren Themenreservoir zur Neige geht, jedes Interesse daran, den Streit erneut anzufachen und den Kontrahenten nicht völlig zu schwächen. Einen Ausweg bietet hier der Abschluß eines *Zweckbündnisses.* Es gewinnt seinen Zusammenhalt durch eine gewisse Übereinstimmung in der Sache. Zweckbündnisse sind Allianzen auf Zeit, verkoppelt durch ein gemeinsames Programm oder einen strategischen Plan.

Von außen kann der Beobachter jedem sozialen System irgendeinen Zweck zusprechen. Für Zweckbündnisse ist jedoch entscheidend, daß die Beteiligten selbst ihre Verbindung zweckrational kalkulieren. Ihnen ist die Allianz lediglich ein soziales Instrument, das seinen Wert sofort verliert, wenn es seinen Zweck erfüllt hat oder sich als unzweckmäßig herausstellt. Diese nüchterne Zusammengehörigkeit verträgt weder ideologische Überhitzung noch überzogene Ansprüche an Gemeinschaft. Man arbeitet zusammen, weil man so weiter kommt als allein, und man arbeitet mit dem zusammen, der einem nützlich ist. Nicht nur das Bündnis, auch der Verbündete ist Mittel zum Zweck. Diese *wechselseitige Instrumentalisierung* schließt individuelle Selbständigkeit keineswegs aus. Gerade die Sachlichkeit der Zweckverbindung gibt Raum für Debatten um strategische Alternativen, ja sie gestattet durchaus eigensinnige Ideen, soweit sie nur zum gemeinsamen Vorteil sind. Nur wenn einer Alleingänge startet und den Partner auszubeuten beginnt, wird das Band überstrapaziert. Zweckbündnisse scheitern meistens daran, daß einer den anderen benutzt, ohne daß umgekehrt der andere den einen benutzen kann.

(6) Zweckbündnisse wollen in überschaubarer Zukunft etwas erreichen. Dafür gehen sie in die Offensive und erhöhen das Aktivitätsniveau. Ganz anders ist es bei einer *prophylaktisch-defensiven Allianz.* Sie zielt nicht auf neue Vorteile, sondern auf die Verhinderung neuer Nachteile. Sie will Konflikten aus dem Wege gehen, um weitere Niederlagen zu vermeiden. Während Zweckbündnisse Engagement und Zielstrebigkeit verlangen, ist für die Verteidigung des Status quo nur ein Mindestmaß an Handlungsaufwand nötig. Etwas durchzusetzen verbraucht mehr Kraft als etwas auszusitzen. Defensive Koalitionen sind preiswert in ihrem Ressourcenbedarf, ein ökonomischer Umstand, den sich auch Mindermächtige zunutze machen, wenn sie sich zu langfristigen Verliererbündnissen zusammentun, um die Kosten der Unterlegenheit untereinander aufzuteilen und die Gegenseite von Übergriffen abzuhalten. Nicht Not und Streit stiften hier die Zusammengehörigkeit, sondern die vorauseilende Angst, das gemeinsame Bedürfnis, für den Ernstfall rechtzeitig die Bataillone versammelt zu haben. Um sich selbst zu erhalten, brauchen solche Bündnisse daher ab und zu eine ungefährliche, berechenbare Auseinandersetzung, die die Angst bestätigt und das Gefühl bestärkt, nicht grundlos beisammen zu sein.

(7) Dauerhafte Koalitionen kommen ohne Organisation kaum aus. Ziele müssen bestimmt, taktische Manöver abgesprochen, der Machteinsatz koordiniert werden. Im Konflikt ist Organisation selbst eine wesentliche Ressource. Sie verknüpft die verstreuten Potentiale der Partner zu kompakter Schlagkraft. *Organisierte Bündnisse* installieren einen Apparat, der die Zusammengehörigkeit an verbindliche Arbeitsregeln bindet. Die Alliierten teilen die Aufgaben untereinander auf, betrauen ihre Fachleute mit Sonderaufgaben und bevollmächtigen zentrale Ausschüsse mit der Steuerung der Koalitionspolitik. Dies reduziert nicht nur die Komplexität der eigenen Ziele, sondern vermindert auch die inneren Spannungen. Jeder erhält sein Ressort, in das ihm niemand hineinzureden hat. Andererseits verlangt die Arbeitsteilung bekanntlich nach Kontrolle. Damit die Spezialgebiete nicht auseinanderdriften, setzt man auf höherer Ebene regelmäßige Koalitionsgespräche an. Und damit keiner eine allzu eigensinnige Sonderpolitik betreibt, wählt die Allianz aus ihrer Mitte ein Team oder einen

Steuermann, der die Einhaltung des Bündnisprogramms überwacht.

In der Organisation erreicht die Allianz Dauergeltung. Der Apparat tritt den Verbündeten mit eigenen Ansprüchen entgegen. Das Bündnis erscheint als objektives soziales Gebilde. Je größer die angelagerte Bürokratie, desto höher ist der *Objektivitätsgrad* der Koalition. Damit befreit sie sich mehr und mehr von aktuellen Anlässen. Ist ihr Zweck erfüllt, das Programm in die Tat umgesetzt, sucht der Apparat sogleich nach weiteren Aufgaben und Gemeinsamkeiten. Selbst wenn der Themenvorrat ausgeschöpft ist, läuft der Betrieb oftmals so lange weiter, bis ein neuer Partner gefunden ist, der dem Apparat neue Arbeit verschafft. Das organisatorische Gehäuse der Koalition sorgt für Kontinuität und stellt sich ihrer Auflösung entgegen. Ihre Identität liegt nämlich jetzt nicht mehr im gemeinsamen Ziel, sondern in dem Interesse des Apparates an sich selbst. Ohne Verlust der Identität kann man weitermachen, obwohl die Ziele längst ausgegangen sind.

(8) Organisierte Allianzen überdauern den aktuellen Zweck. Der Streit testet nur die Leistungsfähigkeit des Apparates und die Verläßlichkeit des Zusammenhalts. Dennoch können die Regeln verändert oder umgeworfen, die Organisation aufgelöst werden. Trotz ihrer institutionellen Trägheit erlangen organisierte Koalitionen daher niemals die innere Kohärenz *habitueller Bündnisse.* Diese beruhen nämlich nicht auf vorgegebenen Regeln, sondern auf eingefahrenen Regelmäßigkeiten, auf fraglosen Gewohnheiten. Man hält zusammen, weil man immer schon zusammengehalten hat. Verhandlungen, Verträge oder Bündniseide, die die Gemeinsamkeit explizit machen würden, sind schlichtweg überflüssig. Ein Wechsel zur Gegenseite ist undenkbar, weil der Abstand schier unüberbrückbar erscheint. Ohne unmittelbaren Anlaß fühlt man sich zusammengehörig, aufgrund langjähriger gemeinsamer Erfahrung, gleicher sozialer Stellung oder wegen der gleichen Mentalität, die ihren Ursprung in der gleichen Lebensweise hat.

Das Fundament habitueller Allianzen ist kein Machtkalkül, sondern der Alltag einer Lebensform. Man ist Partner, weil man auch sonst Genosse ist, ob es etwas einbringt oder nicht. Bündnisse dieses Typs sperren sich gegen die Berechnung von Sieg und Niederlage, sie operieren jenseits des Nutzenkalküls. Ihr Zusammenhalt entspringt nicht einem Handlungsplan, sondern der gegenseitigen Nachahmung. Ihr primäres Machtmittel ist die Macht der Gewohnheit. Sie garantiert Verläßlichkeit, Gleichsinnigkeit, Eintracht. Als Trumpf im Machtspiel ist dies keinesfalls zu unterschätzen. Übergriffe, Eroberungen oder auch nur Neuerungen, die althergebrachte Gewohnheiten antasten, enden an der Mauer des kollektiven Habitus. Und ist gar der Widerstand selbst zur Gewohnheit geworden, so ist dieses Bündnis nur mit extrem hohem Aufwand zu zerschlagen.

Die Skala der strategischen Partnerschaft reicht von der gemeinsamen Stimmungslage der seriellen Koalition über die Rationalität des Zweckbündnisses bis zur habituellen Koalition mit ihren kollektiven Gewohnheiten. Soziale Zusammengehörigkeit kann mithin vielerlei Gestalten annehmen: Sie kann in einem einmaligen Gefühlsausdruck zutage treten, in der Notgemeinschaft unversöhnlicher Gegner, in der Diskretion einer Protokoalition oder in dem geregelten Betrieb eines Bündnisapparats. Zur selben Zeit können sich in einer komplexen Machtfiguration ganz unterschiedliche Koalitionen gegenüberstehen. Während eine Seite noch damit beschäftigt ist, den Sprung von der Protokoalition zum Zweckbündnis auszuhandeln, bildet die Gegenseite längst einen kompakten Angriffspakt. Während das Zweckbündnis gerade dabei ist, seinen Apparat aufzubauen, findet sich das serielle Kollektiv zu ersten spontanen Aktionen zusammen. Und während das eine Lager eisern seine gewohnten Privilegien verteidigt, schließen sich alte Erzfeinde zu einem Bündnis zusammen, um das alte Regime endlich beiseite zu räumen. Machtfigurationen sind häufig nichts anderes als fließende Koalitionsprozesse, fortlaufende Übergänge von einer Koalitionsform zur anderen, Verschiebungen zwischen aufsteigenden und absinkenden Bündnissen. Eine soziologische Koalitionstheorie kann sich daher nicht mit einem statischen Bild der Zusammengehörigkeit zufriedengeben. Sie hat Koalitionen als soziale Prozesse zu begreifen, die von den Akteuren unter gewissen Bedingungen in Gang gesetzt, erhalten oder abgebrochen werden.

3. Koalitionsbildung

Um eine Koalition zu gründen, braucht man anscheinend nur ein paar wohlüberlegte Entscheidungen zu treffen. Zuerst beschließt man, ob man abwarten oder auf Partnersuche gehen will, dann vergleicht man die Angebote, gibt einige Versprechen ab und unterzeichnet schließlich den Vertrag. Jeder Schritt wird begleitet von Lagebeurteilungen und Zuschreibungen, die das soziale Verhältnis ordnen. Großzügige Offerten zeigen, wieviel einem der andere wert ist, Ablehnungen schrauben den Beitrittspreis in die Höhe und veranlassen ihn dazu, sich weiter umzusehen. Was für den einen dringlich ist, ist für den anderen bloß eine Bagatelle. Was sich der eine mühsam als Zugeständnis abringt, ist für den anderen schlicht eine Zumutung. Ob der Pakt letztlich besiegelt wird, ist demnach eine Frage der gegenseitigen Annäherung und Situationsdefinitionen (vgl. Psathas/Stryker 1965).

Entscheidungen setzen Fakten für die Zukunft. Aber nicht alle Koalitionen gründen auf dem Wechselspiel von Angebot und Nachfrage. Vielfach schlittern die Menschen in ihre Allianzen hinein, ohne überhaupt Entschlüsse zu treffen. Denn wie sich die Partner Gelegenheiten schaffen, um zueinander zu kommen, so suchen die Gelegenheiten sich auch die Partner, die zueinander finden können. Häufig entstehen Koalitionen in Situationen, in denen nichts mehr zu verhandeln ist. Das Machtfeld ist abgesteckt, die Trümpfe sind verteilt, die Kontaktlinien gezogen, die Normen und Gemeinsamkeiten gelten. Die sozialen Strukturen regeln das Handeln. Auch die Manöver der Koalitionsbildung stellen keineswegs alles auf einmal zur Disposition. Das Bündnis entsteht in einer Situation und arbeitet zugleich gegen sie. Diese Bedingungen und Prozesse der Koalitionsbildung werden im folgenden analysiert.

3.1. Kontaktlinien und Kanalarbeit

Zahlreiche Bündnisse scheitern bereits an fehlenden Verbindungsleitungen. Die Menschen kennen einander nur von Ferne, die sozialen Abstände sind kaum zu überbrücken, die Grenzen nicht zu überschreiten. Daß Übereinstimmung dennoch möglich wäre, entzieht sich der direkten Erfahrung. Nur Vermittler und Grenzgänger, die zwischen den Revieren hin- und her pendeln, bemerken die Kongruenzen. Nicht weil man zerstritten wäre, geht man aneinander vorbei, sondern weil im Zustand der Anonymität die Kanäle fehlen, über die man Kontakt finden könnte.

Kontaktlinien stiften gegenseitige *Erreichbarkeit.* Wo keine Kanäle der Kommunikation eingerichtet sind, kann man andere auch nicht benachrichtigen, geschweige denn Angebote austauschen oder Koalitionen verabreden. Entscheidend sind dabei nicht die direkten Anschlüsse. Kontakte können ebenso indirekt über Vermittler zustande kommen, über Boten oder ehrliche Makler. Daß jeder mit jedem reden, jeder gegen jeden streiten, jeder sich mit jedem verbünden könnte, ist ohnehin die Ausnahme. Erst wenn der Draht ganz abgerissen ist, herrscht jene Fremdheit, die Kontakte von vornherein verhindert. Wo Begegnungen dagegen alltäglich sind, lassen sich im Streitfall auch taktische Optionen austauschen. Hier finden Allianzen unmittelbar Anschluß an bewährte Verbindungen.

Organisierte Handlungsfelder haben ein Netz *offizieller Kanäle.* Über die Dienstwege der Hierarchie werden Anweisungen und Störmeldungen gesendet. Horizontale Linien, die nicht weniger offiziell sind, dienen der Abstimmung zwischen Abteilungen und Arbeitsgruppen. Über die Dienstwege werden Entscheidungen vorbereitet und autorisiert, Einwände zu Protokoll gegeben oder Zwischenbescheide vermerkt. Solche Kanäle sind normativ abgesichert. Man muß sie benutzen, um Entschlüsse überhaupt zustande zu bringen. Außerdem erleichtern diese Kanäle die soziale Kontrolle. Wo eine Akte geblieben ist, wo eine Entscheidung festhängt, dies läßt sich unschwer feststellen, solange nur der Dienstweg eingehalten worden ist. Die Transparenz der Kanäle sichert die geordnete Abwicklung der Geschäfte. Für heikle taktische Absprachen eignen sie sich jedoch kaum. Schriftlichkeit sorgt zwar für Kooperation und verpflichtet auf den Buchstaben der Dokumente, aber sie eröffnet auch ungehinderten Zugang zu den Interna. Was nicht für aller Augen und Ohren bestimmt ist, muß daher aus dem offiziellen Kanal herausgehalten werden.

Kaum weniger wichtig für die soziale Ordnung ist der *Ignoranzkanal.* Er schützt die Haupttätigkeiten, indem er alles aufnimmt, was nicht zur Sache gehört. Er sammelt alles auf, was in den Papierkorb wandern soll. Unwichtige Arbeitsfehler und Versäumnisse, tolerable Störfälle und persönliche Eigenheiten, all dies wird gemeinsam abgefiltert und in den Ignoranzbereich der Situation[4] abgeleitet. Der offizielle Kanal leitet das weiter, was Aufmerksamkeit verdient, der Ignoranzkanal all das, was Unaufmerksamkeit fordert.

Die Filter zwischen beiden Kanälen sind keineswegs undurchlässig. Irrelevantes kann plötzlich höchste Bedeutung erlangen, Nebensächlichkeiten können unversehens zur Hauptsache werden. Der Filter wird durchlöchert, der Zeichenstrom zurückgeleitet. Verdrängter Ärger schwappt plötzlich hoch und überschwemmt die Kooperation, eine Zeitbombe explodiert und wird zum Brennpunkt von Konflikten und Koalitionen. Man redet nun offen, worüber man bislang tunlichst geschwiegen hat, schiebt Verantwortung hin und her oder bemerkt plötzlich ungeahnte Gemeinsamkeiten. Wer Streitigkeiten verhindern will, schiebt sie in den Ignoranzkanal. Wer seiner lange erduldeten Benachteiligung überdrüssig ist, bringt sie offen zur Sprache. Und wer auf Gemeinsamkeiten aus ist, weist darauf hin, wie sehr man sich bislang darin einig gewesen ist, gewisse Dinge zu übersehen. Wie Menschen durch offizielle Kanäle verknüpft sind, so sind sie auch durch das verbunden, was sie zusammen ignorieren.

Für ihre Organisation benötigen Allianzen beide Kanäle. Um zu sondieren, wie weit die Gemeinsamkeiten reichen, spricht man zunächst nur das an, wofür man Konsens erwartet. Die heiklen Punkte, die einen trennen könnten, werden erst einmal abgeblendet. Danach öffnet man langsam die Schleuse und stellt sich nach und nach den offenen Fragen. Koalitionsmanöver beginnen mit der Betonung von Konsens, nicht von Dissens. Die strategische Außenorientierung läßt viele Kleinigkeiten beiseite. Anders als sozialen Gruppen, die auf umfassende Übereinstimmung aus sind, reichen Koalitionen schmale Kongruenzen. Der Rest wird in Rechnung gestellt und abgefiltert. Kanalarbeit heißt daher zuerst: Gewichtung und Sortierung von Verträglichkeiten, Abdrängen von Störfaktoren und Konzentration aufs Gemeinsame. So nutzen die Partner den Ignoranzkanal, um ihre Verbindung zu sichern.

4 Zur phänomenologischen Begründung der Ignoranz in der Struktur des Wahrnehmungsfeldes vgl. Sofsky 1983, S. 199 ff.

Eine andere Aufgabe hat der *Beziehungskanal*. Er übermittelt jene sozialen Zeichen, mit denen die Menschen ihr soziales Verhältnis organisieren. Man gibt zu verstehen, für wen man den anderen hält, was man von ihm erwartet und welchen Status man ihm zubilligt. Man zeigt, welchen Umgangsstil man pflegen möchte, wie man sich und den anderen einschätzt. Über den Beziehungskanal werden Zuschreibungen gesendet, Zeichen der Anerkennung oder Ablehnung, der Nähe oder Distanz. All dies geschieht meist nebenbei, nicht als expliziter Akt, sondern parallel zur Sache, um die es geht.

Beziehungskanäle sind auch für Koalitionen unverzichtbar. Ohne sie gäbe es kein Vertrauen, keine Gefühle der Gemeinsamkeit und keine Ordnung der Rollen. Selbst die strikte Sachlichkeit eines Zweckbündnisses kommt ohne Symbole gegenseitiger Wertschätzung nicht aus. Es gibt sogar Bündnisse, die hauptsächlich auf diesem Kanal beruhen. Habituelle Allianzen, die überhaupt keine Verhandlungen führen, wissen sich einig, weil sich die Partner immer schon nahe fühlten, ohne jemals darüber ein Wort verloren zu haben. Wer solche festgefügten Bündnisse aufsprengen will, muß das Netz der kameradschaftlichen Organisation zerreißen.

Sollen Koalitionskontakte fremden Blicken vorenthalten werden, benötigt man einen *verdeckten Kanal* (vgl. Goffman 1977, 240 ff.). Er gestattet Gespräche hinter den Kulissen. Kleine Dienstwege überspringen offizielle Positionen und eignen sich daher für rasche und delikate Kontakte. Tempovorteile treffen sich hier mit den Vorteilen sozialer Exklusivität. Allerdings verlangen solche Kanäle auch gewisse Sicherheiten. Sender wie Adressat müssen darauf bauen können, daß keiner etwas preisgibt. Bevor das erste Wort zur Sache fällt, trifft man deshalb vorab die Vereinbarung, das Treffen, wie immer es ausgeht, in jedem Fall vertraulich zu behandeln. Dritte dürfen weder erfahren, was geredet wurde, noch daß überhaupt etwas geredet wurde. Wirklich geheim ist nur das geheime Geheimnis. Wer weiß, daß Gespräche stattgefunden haben, kann alles daran setzen, an die Papiere zu kommen. Wer davon jedoch gar nichts weiß, schöpft auch keinen Verdacht und kommt gar nicht auf den Gedanken, daß Papiere existieren könnten.

Das Paradigma der verdeckten Kommunikation ist die *Intrige*. Intrigen sind Koalitionen, von deren Existenz nur die Alliierten wissen. Heimlich spricht man sich ab, um anschließend in der

Öffentlichkeit getrennt zu marschieren. Unversehens sieht sich der Gegner zwei Fronten gegenüber, ohne zu ahnen, daß sie im Untergrund durch einen Kanal verbunden sind. Jeder Partner scheint selbständig zu sein. Alles kommt hier darauf an, nichts zu verraten. Virtuose Intriganten bringen es sogar fertig, vor aller Augen einen Streit vom Zaun zu brechen und einander zugleich augenzwinkernd zu versichern, alles sei bloß eine Aufführung fürs mißtrauische Publikum. Solche Dramaturgie der Intrige verlangt höchstes Fingerspitzengefühl und absolute Disziplin. Ein falsches Wort, eine falsche Geste, und das Bündnis fliegt auf. Öffentlichkeit ist der ärgste Feind des Geheimbundes, Mißtrauen der Ruin der Intrige.

Das Geheimnis verbindet. Es verpflichtet zu Vertraulichkeit. Wer etwas verlauten läßt, diskreditiert sich als loyaler Partner. Andererseits sind verdeckte Kanäle aber auch soziale Druckmittel. Man kann den Partner gefügig halten, wenn man durchsickern läßt, andere hätten insgeheim ihr Interesse an einer Allianz bekundet. Für derlei Manöver taugen freilich nur einfache und offene Geheimnisse. Wer es sich leisten kann, seinen Partner zu verärgern, vereinbart mit Dritten ein heimliches Treffen und läßt dies von interessierter Seite lancieren. Damit versetzt man seinen Verbündeten in Panik und zwingt ihn zu Zugeständnissen. So sind verdeckte Kanäle nach außen Trümpfe im inneren Koalitionsspiel.

Auf Dauer sind verdeckte Kanäle jedoch riskant. Offizielle Verhandlungen liegen offen zutage, Geheimbeschlüsse hingegen lassen die Partner miteinander allein. Zwar kann man sich auf dem verdeckten Kanal ohne Gesichtsverlust zurückziehen, falls die Sondierungen scheitern. Doch wenn die Koalition festgeschrieben ist, kann jeder behaupten, man habe in Wahrheit etwas ganz anderes beschlossen als das, was der andere gerade tut. Ohne Zeugen ist keine Anklage beweisbar. Nicht umsonst suchen Allianzen nach den ersten Runden umgehend das Licht der Öffentlichkeit, um ihr Programm zu verkünden. Damit zeigen sie nicht nur Verbundenheit und Stärke, vor aller Augen verpflichten sie sich gegenseitig. Wer jetzt noch die Gespräche abbricht, gerät unweigerlich unter Erklärungsdruck. Und welcher Gegner hat schon Interesse an einem Partner, der sein Fähnlein allzu rasch nach dem Wind dreht? Öffentlichkeit ist ein Medium, das Allianzen zusammenschweißt. Das Kommuniqué koppelt die Verbündeten aneinander.

Der *Kanalmodus* sortiert Relevanzen und Zugänglichkeiten. Er regelt, welche Botschaften gesendet werden können. Wo kein verdeckter Kanal existiert, gibt es auch keine Intrigen. Wo offizielle Kanäle fehlen, läßt sich kein dauerhaftes Arbeitsbündnis herstellen. Wo die Beziehungskanäle unterbrochen sind, entsteht auch kein Vertrauen. Daher rührt der ewige Streit zwischen Formalität und Informalität, von dem keine Organisation verschont bleibt. Es ist ein Streit um Bündnischancen, um die Möglichkeiten strategischer Zusammenarbeit. Das Personal totaler Organisationen erlaubt Kommunikation nur auf offiziellen Kanälen. Die Insassen dagegen meiden diese Kanäle und ziehen ihre Beziehungslinien verdeckt. Behörden dringen auf strikte Schriftlichkeit. Andere Absprachen zählen nicht. Doch die Beamten verständigen sich auch zwischen Tür und Angel. Unsichere oder despotische Vorgesetzte, die alles in eigener Regie behalten wollen, unterbinden jede inoffizielle Aktion. Und Saboteure achten darauf, daß nichts den verdeckten Kanal verläßt. Über die Kanalmodi regelt die Organisation also die Haupt- und Nebensachen, die legalen und illegalen Themen von Koalitionen.
Eine andere Funktion hat die *kommunikative Struktur*. Sie legt fest, welche Stationen eine Nachricht passieren muß und wie die Informationsmacht verteilt ist. Legt man die bekannten Strukturmodelle[5] zugrunde, so lassen sich unschwer Ausgangspositionen für die Koalitionsbildung kennzeichnen. In einer Linie, sei sie vertikal oder horizontal, können die Außenstellen einander nur über alle Zwischenstellen erreichen. Ohne Meister und Bereichsleiter hört die Geschäftsführung nichts von dem, was sich unter den Arbeitern abspielt und umgekehrt. In einer Gabel verzweigt sich die Linie an einer Stelle in zwei Richtungen. Ein Teamchef sammelt die Ergebnisse seiner Gruppe und leitet sie dann gebündelt nach oben weiter. In einem Stern sind alle Randfiguren auf die Zentralstelle verwiesen. Der Koordinator zieht alle Informationen an sich, ohne daß die anderen direkt miteinander in Verbindung treten können. Im Kreis kann jeder sich nach zwei Seiten

5 Vgl. zusammenfassend Scott 1986, S. 207 ff. Es braucht nicht betont zu werden, daß das reale Geflecht der Kommunikationslinien stets komplizierter ist als die allgemeinen Modelle. Auch was offizielle Organigramme als Koordinationsstruktur vorschreiben, hat mit der Vielfalt überkreuzender und doppelgleisiger Linien häufig nur wenig zu tun.

wenden, ohne daß eine Integrationsfigur in der Mitte steht. Im Netz hat jeder mit jedem Kontakt.

Es liegt auf der Hand, daß Nachbarn leichter zueinander finden können als Fremde. *Nachbarschaft* prädestiniert zur Partnerschaft. Ohne Umwege kann man miteinander reden und sich abstimmen. Umgekehrt ist die Nachbarschaft aber auch besonders anfällig für Streit und Zank. Der ärgste Kampf tobt meist zwischen denen, die kein Puffer voneinander abhält. Direkte Kontakte fördern sowohl die Kooperation als auch den Konflikt. Deshalb ist es wichtig, wieviele Nachbarn man an seiner Seite hat. Je mehr Nachbarn, desto freier ist man bei der Partnerwahl, je weniger Nachbarn, desto größer die Abhängigkeit und die Verstrikkung in persönliche Zwistigkeiten.

Randfiguren an der Systemgrenze haben den kleinsten Spielraum. Verläuft die Konfliktlinie direkt vor ihrer Haustür, geraten sie zwangsläufig ins Abseits. Das einzige, was sie mit der Figuration verbindet, ist der Streit mit dem Vormann. Liegt das Konfliktzentrum jedoch anderswo, kann sich die Randfigur heraushalten oder mit ihrem einzigen Nachbarn zusammengehen. Da ihr sonst keine Kanäle zur Verfügung stehen, ist sie dessen Informationspolitik auf Gedeih und Verderb ausgeliefert. Was im sozialen Feld vor sich geht, erfährt sie nur über ihn. Am Ende der Straße hört man nicht, was in der Straße geschieht.

Als Bündnispartner sind Randfiguren keineswegs unattraktiv. Das *Randbündnis* an der Peripherie hat den Rücken frei. Das Hinterland fest im Griff, kann es sich ganz auf die Front im System konzentrieren. Ein Randbündnis an der Hierarchiespitze kämpft nur nach unten, eine Basisallianz nur nach oben. Während die Speerspitze den Streit ausficht, liefert der Hintermann Nachschub, Munition, Argumente oder Motivation. Da er als Randfigur nicht direkt eingreifen kann, ist er auch keinen Abwerbemanövern ausgesetzt, die die Allianz spalten könnten. Bündnisse tun daher gut daran, ihre Randfiguren am Rand zu lassen. So kann man nach vorn schauen und sie damit beauftragen, den nächsten Schlag vorzubereiten.

In einer bevorzugten Lage befinden sich die *Zwischenfiguren.* Sie haben zwei Chancen der Partnerwahl, nach rechts oder links, nach oben oder unten. Fällt eine Seite aus, bleibt die andere. Darin liegt ihr Vorteil gegenüber den Randfiguren. Hinzu kommt ihre Blokkademacht. Allein oder gemeinsam können sie den Informations-

fluß unterbrechen oder die Nachrichten frisieren. Kein Empfänger kann kontrollieren, was der Absender wirklich gemeint hat, wenn Zwischenleute den Gang der Botschaft steuern. In Linien-, Gabel- und Kreisstrukturen können sie allemal die Verbindungen kappen und die Kontakte verschleppen. Ihre Informationsmacht beruht nicht auf einem Wissensmonopol, sondern auf ihrer figurativen Stellung, auf ihrer Regulierungsmacht über den Kanal.
Der Zwischenmann betätigt sich als Bote oder Vermittler. Ohne ihn würde jeder Streit verpuffen. Er kann den neutralen Emissär spielen, den Schlichter oder Richter. Er kann die Schläge abfedern, den Kanal abdichten, den Kampf lahmlegen oder, falls er stark genug ist, zwischen die Streithähne treten und seine Nachbarn auf ihre Plätze verweisen. Nimmt der Streit jedoch überhand, bedrohen ihn Kugeln von beiden Seiten. Über ihn hinweg wird der Konflikt kurzgeschaltet. So gerät er häufig in die Gefahr, zwischen den Fronten zerrieben zu werden. Beide Seiten zerren an ihm, wollen ihn einfangen, zumindest aber neutralisieren. Und je mächtiger seine Nebenleute sind, desto rascher wird der Zwischenmann zum Spielball ihrer Koalitionsmanöver.
Zwischenleute vermitteln indirekte Konflikte, doch sie verbinden auch Alliierte. Will ein Nachbar jemanden auf der anderen Seite gewinnen, so muß er die Zwischenfigur vorschicken. Sie führt das Vorgespräch und bringt anschließend die Nachbarn an einen Tisch. Sie verknüpft die Koalitionslinien und sichert sie ab. Auf diese Weise gerät sie jedoch in eine prekäre Stellung. Sie changiert zwischen Neutralität und Parteilichkeit, Anlehnung und Selbständigkeit. Trotz ihrer Blockademacht ist ihre Stellung strukturell ambivalent. Sie ist anfällig für Pressionen und Anreize, eine Lage, der sie sich nur entziehen kann, wenn sie ihre Unabhängigkeit wahrt und nach beiden Seiten offen bleibt.
Anders als Randbündnisse haben *Zwischenallianzen* den Rücken keineswegs frei. Mittelmächten droht stets der Zweifrontenkrieg. Es ist kein Wunder, daß sie alles daran setzen, ihren Machtbereich wenigstens bis zu einer Systemgrenze auszudehnen oder eine Seite zu neutralisieren. Fruchtet diese Methode nicht, kann man immer noch versuchen, Verbindungen zwischen den Randfiguren zu kappen. In stabilen Linien-, Gabel- oder Sternstrukturen fällt dies nicht schwer, in Kreisstrukturen ist es aussichtslos. Da der Kreis weder Rand- noch Zentralfiguren, sondern nur Zwischenleute kennt, kann der Gegner immer versuchen, über die andere Seite den

Kreis zu schließen.[6] So entsteht eine bemerkenswerte Konstellation. Die Konfliktlinie verdoppelt sich, der Kreis zerfällt in zwei Lager, die beide einen Doppelkrieg gegeneinander führen. Jede Allianz streitet an zwei Fronten, mit zwei Speerspitzen. Die Partner stehen Rücken an Rücken, die Gegner Brust an Brust.

Die *Zentralfigur* steht im Mittelpunkt von Gabel- und Sternstrukturen. Ohne sie geht nichts. Was immer gesagt wird, der Zentralmann erfährt alles, als einziger von allen. Er erlangt ein Wissensmonopol. Die anderen müssen zuerst mit ihm reden, wenn sie mit jemandem Kontakt aufnehmen wollen. Er jedoch kann sich nach allen Richtungen wenden. Zentralität vereinigt die größte Informationsmacht mit der größten Freiheit. Auch wenn zwei Nachbarn sich verweigern, bleiben immer noch dritte und vierte. Eine Randfigur kann das System verlassen, ohne daß es zusammenbricht, eine Zwischenfigur kann man zu umgehen versuchen, die Zentralfigur jedoch ist die tragende Säule, von der alles abhängt.

Als Alliierter ist der Zentralmann unverzichtbar. Keine Koalition kann ihn entbehren. Doch zugleich ist er der unsicherste Kantonist. Keiner kann wie er die Seiten wechseln. Er ist der geborene Verräter. So ist derjenige, auf den man am meisten angewiesen ist, zugleich derjenige, auf den man sich am wenigsten verlassen kann.

Die Freiheit der Zentralfigur hat freilich ihre Kehrseite. Wer in der Mitte sitzt, gerät leicht zwischen alle Stühle. Er hat keinerlei Rükkendeckung. Von allen Flanken droht ihm Gefahr. Zwischenbündnisse kämpfen nur an zwei Fronten, *Zentralbündnisse* dagegen an mehreren gleichzeitig. Sie können sich nur halten, wenn sie sich einigeln oder aufblähen. Die Igeltaktik verbarrikadiert alle Kanäle zur Peripherie, die Expansionstaktik zieht die Nachbarn nacheinander in das Bündnis hinein. Doch je mehr sich um das Zentrum scharen, desto größer die internen Probleme. Das Wachstum erhöht die Differenzen und die Zerbrechlichkeit der Allianz.

Netzstrukturen kennen weder Rand- noch Zentralfiguren. Jeder

6 Umgekehrt bietet der Kreis auch besondere Chancen zur Entschärfung von Konflikten. Kontrahenten ohne unmittelbaren Kontakt sind auf beiden Seiten von Vermittlern eingerahmt, die die Auseinandersetzung abpuffern können. Der Zwischenmann steht nicht allein und ist daher auch kein Spielball. Kurzum: Kreise neutralisieren den indirekten Konflikt, indem sie nicht die Vermittler, sondern die Streithähne isolieren.

kann mit jedem in Kontakt treten. Keiner hat einen Machtvorsprung. Jeder ist gleichermaßen erreichbar. Die Kommunikation überkreuzt das Handlungsfeld, ohne daß einer die Kreuzungen überwacht. Im Netz ist jeder frei: jeder mit jedem, und jeder gegen jeden. Man kann sich zum Nebenmann wenden oder zur Gegenseite, man kann andere direkt ansprechen oder über Zwischenstellen. Deshalb ist im Netz auch niemand vor dem anderen sicher. Wenn sich aber jeder aufdrängen kann, verliert man den Schutz, den die Randfigur genießt: von Zumutungen und Konflikten unbehelligt zu bleiben. Daß keiner einen Vorteil hat, kann für den einzelnen durchaus von Nachteil sein. Im Netz ist es schier unmöglich, in Ruhe gelassen zu werden.
Für die Partnerwahl bietet das Netz ungeahnte Chancen und zahllose Risiken. Die Kehrseite der eigenen Freiheit ist die der anderen. Der Verbündete kann immerzu ausscheren, interne Botschaften weitergeben, Alternativen nutzen. Koalitionen bemühen sich deshalb darum, ihre Außenkontakte zu zentralisieren und das soziale Netz einzureißen, um die individuellen Kanäle auszutrocknen. Darin liegt ihre soziale *Destruktivität.* Einerseits verdichten sie ihre inneren Kontakte, andererseits verdünnen sie die externen Beziehungen und zerstören die Leitungen zur Gegenseite. Am Ende stehen sich nurmehr zwei Lager gegenüber, zwischen denen ein einziger Konfliktkanal verläuft. Polarisierung bezieht sich nicht nur auf die Sache, sie betrifft zuerst die Kontaktstruktur. Alle unsicheren Drähte werden gekappt, die zu Neutralen ebenso wie die zu den Vermittlern. Es gibt nur noch eine Kampflinie, an deren Endpunkten geschlossene Bataillone Aufstellung nehmen. Das Bündnis wird zur sozialen Insel. Je abgeschirmter es ist, desto starrer sind seine Aktionen. Je unübersichtlicher dagegen seine Außenkontakte sind, desto labiler ist es, aber desto größer sind auch die Chancen, den Konflikt zu entschärfen und ihn auf Seitenkanäle und Nebenschauplätze zu verlagern. Das Netz begünstigt die Koalitionsbildung und bedroht sie zugleich. Es fördert den Streit und verteilt ihn über das Feld. Viele neue Allianzen verdanken ihre Existenz diesem Netz und unternehmen sofort alles, um es zu zerreißen.

Nicht jeder, der über einen Kanal zu erreichen ist, ist als Partner willkommen. Soll die Zusammenarbeit einen Sinn haben, so muß der andere etwas mitbringen, was einem selbst fehlt. Auch wenn Sieg und Gewinn in weiter Ferne liegen, der Koalitionsbildung liegt stets ein einfaches Motiv zugrunde. Man geht mit jemandem zusammen, wenn man sich selbst für zu schwach hält, um die eigenen Interessen wahren zu können. Eine Koalition ist ein Investitionspool, aus dem man gemeinsam die Kraft schöpft, die man allein entbehrt. Wer so stark ist, daß er alles allein durchsetzen kann, braucht keine Genossen. Und wer sich vollkommen ohnmächtig fühlt und keinerlei Hoffnung hat, für den ist auch fremde Hilfe sinnlos. Der Despot benötigt keine Allianz, dem Paria nützt auch ein Bündnis nichts.

Allerdings wissen die wenigsten, wie die Trümpfe wirklich verteilt sind. Häufig täuschen sie sich über die eigene Macht und die der anderen. Dabei geht es keineswegs nur um Kraft und Stärke, sondern auch um die situative Anwendbarkeit der Ressourcen. Nicht alle Trümpfe stechen zur selben Zeit. Soll einer überredet werden, braucht man Partner mit Argumenten. Drohpotentiale nützen da wenig. Soll die Amtskompetenz des Gegners beschnitten werden, braucht man Lobredner, die den Abgesetzten symbolisch entschädigen und ihn dort hinschicken, wo er wenig Schaden anrichten kann. Die Partnerwahl richtet sich nicht nach der wirklichen Macht, sondern immer nach der Macht, die die Partner für real halten.

Weil sich die Koalitionsbildung auf die *Bilder der Macht* stützt, kann jeder sich anders zur Schau stellen als er tatsächlich ist. Wer sich attraktiv machen will, gewährt einen kurzen Einblick in seine guten Karten, die Nieten verbirgt er. Um seinen Beitrittspreis hochzuschrauben, demonstriert er Überlegenheit und Entschlossenheit. Wer sich dagegen heraushalten will, macht sich kleiner als er ist. Damit ihn die anderen in Ruhe lassen, mimt er den Verzagten und Unentschiedenen. Die Machtbilder sind manipulierbar. Das Pokerspiel soll Interesse erregen, die Preise hochtreiben, Attraktivität inszenieren. Aber es soll auch abschrecken und die Werber abhalten.

Machtbilder sind keinesfalls bloße Illusion. Welche Chancen sich der Dramaturgie bieten, hängt vornehmlich von der Transparenz der figurativen Machtquellen ab. Amts- und Disziplinarmacht des Vorgesetzten sind bekannt. Wenn man ihn auf die eigene Seite zieht, weiß man, was man gewinnt. Die Wissensmacht des Experten ist dagegen viel unüberschaubarer. Sie beruht ja gerade darauf, daß man glaubt, jener wüßte etwas, was man selbst nicht weiß. Was er wirklich weiß und kann, entzieht sich der Überprüfung. Daher rührt die Aura von Autorität, die jene umgibt, die über eine Ungewißheitszone regieren. Je formalisierter die Machtstruktur, desto durchsichtiger ist sie. Im Dunkelfeld der inoffiziellen Macht jedoch kursieren Gerüchte, vage Zuschreibungen, Vermutungen. Hier stehen Bündnisse bisweilen auf tönernen Füßen, wenn sich nachträglich herausstellt, daß der Partner so stark gar nicht ist, wie es anfangs den Anschein hatte.

Die Machtbilder addieren sich zu einem Panorama der Figuration. Man identifiziert den Stärksten und Schwächsten, vergleicht und gewichtet die Potentiale aller Akteure. Man erkennt den Tyrannen und die Hilfstruppe, man stellt Gleichheiten und Asymmetrien fest und verortet in diesem Gefüge sich selbst. Diese alltägliche Machtmessung zeichnet eine kognitive Landkarte der Macht, aus der sich der eigene Koalitionsbedarf ergibt. Die Figuration markiert nämlich *strategische Positionen* für das Koalitionsspiel, verteilt die Chancen für Siege und Niederlagen, und legt fest, welche Verhandlungsmacht die einzelnen zur Verfügung haben.

Den geringsten Bedarf nach Unterstützung hat der Diktator. Er regiert unangefochten. Welches Bündnis sich auch immer zusammenfindet, er behält die absolute Mehrheit. *Diktatorische Macht* läßt sich koalitionstheoretisch genau definieren: Unabhängig davon, wer sich zusammenschließt und wie steil das Machtgefälle ist, der Diktator (A) ist immer stärker als die Allianz:

I. $A > B$; $B = C$; $A > (B + C)$.

II. $A > B > C$; $A > (B + C)$.

Kein Bündnis kann den Tyrannen stürzen. Auch gemeinsam sind die Unterlegenen machtlos. Der Despot dagegen braucht keine Verbündeten, eine Koalition ist ihm nur lästig. Attraktiv würde sie für ihn nur, wenn sie ihm mehr einbrächte als er an den Verbündeten abgeben müßte. Dafür allerdings kann es mancherlei Gründe geben. Diktatoren gehen Bündnisse ein, um nicht in die Isolation zu geraten, um ihre Legitimation aufzubessern oder um eine Hilfstruppe zu gewinnen, die ihnen die Dreckarbeit der Repression abnimmt und dafür mit Privilegien entlohnt wird. So hält der Tyrann seine Hände sauber und gewinnt die Autorität des Souverän. Häufig wechselt er seine Partner spontan, nach freier Willkür, und hält sie damit in Fügsamkeit und Abhängigkeit. Immerzu müssen die Hilfsleute fürchten, plötzlich ausgetauscht zu werden. Um ihre Vorteile nicht zu verlieren, gehorchen sie dem kleinsten Wink. Die Unterdrückten wiederum können darauf hoffen, irgendwann einmal aufzurücken. So schürt der Despot die Konkurrenz um die wenigen Hilfsstellen, um sich alle gefügig zu halten. Er spielt sie gegeneinander aus und unterbindet dadurch von vornherein jede Gegenkoalition.

In einer ganz anderen Lage befindet sich der Schwächste (C). Auf den ersten Blick scheint er mit dem Zweiten zusammen nichts gewinnen zu können. In einer Diktatur steht die Allianz (B + C) stets auf der Verlustseite. Doch die Verlierer von heute sind die Sieger von morgen. Eine Koalition mit B mindert die Ausbeutung und schützt vor despotischer Übermacht. Bliebe er allein, wäre er beiden hilflos ausgeliefert. Die *Allianz der Kleinen* schließt mit Absicht den Stärksten aus, um ihn sozial zu disqualifizieren. Zwar läßt sie ihn unangetastet, doch er verliert seine Hilfstruppe und kann die Untergebenen nicht mehr aufeinander hetzen. Auf mittlere Sicht ist die Gegenkoalition der Schwachen die einzige Methode, um der Tyrannis des Teilens und Herrschens zu entgehen.

Die Verliererallianz greift auf andere Machtquellen zurück als der Tyrann. Jener kann unbeschränkt drohen, strafen und verletzen. Er ist gefürchtet wegen seiner schier unangreifbaren Sanktionsgewalt. Die Unterlegenen dagegen stützen sich auf Vertrauen und Kameradschaft, auf das Geheimnis und das Bewußtsein der Unterlegenheit. Der Diktator steht allein, die Beherrschten sitzen zusammen und gewinnen ihr Selbstbewußtsein aus ihrem gemeinsamen Leid. Ihre einzige Kraft ist ihr Zusammenhalt, ihre Solidarität. Man warnt einander, duckt sich oder flüchtet zusammen, verteilt die Last auf mehrere Schultern.

Gegenkoalitionen sind höchst anfällig. Der Despot kann dazwischen fahren, die Partner auseinanderjagen und in die Verbannung schicken. Dafür braucht er jedoch zusätzlichen Machtaufwand, die Macht zur Destruktion des Sozialen. Anstatt die Gruppe zu kontrollieren, muß er sie zerstreuen und atomisieren. Dies aber widerspricht seinem Interesse an überschaubaren Machtbereichen. Um seine Divisionen nicht zu zersplittern und den Machteinsatz gering zu halten, liegt ihm an der Konzentration der Unterworfenen. Die Technik des Teilens und Herrschens findet dort ihre Grenze, wo die Einheit des sozialen Körpers auf dem Spiel steht und ein zentralisierter Gegner einfacher zu beherrschen ist als unzählige, weit verstreute Teilgruppen. Lokale Händel verbrauchen mehr Energie als ein organisierter Gegner, dem man einfach die Spitze abbrechen kann. Differenzierte Systeme sind ungleich schwerer zu regieren als kompakte, obwohl die soziale Verdichtung bekanntlich ihre eigenen Gefahren birgt. Die Kunst der diktatorischen Destruktivmacht besteht paradoxerweise in der Desorganisation organisierter Ohnmacht.

Ungefährlicher ist für den Despoten eine Koalition. Kann er den Schwächsten einbinden, so erspart er sich die aktive Serialisierung. Für den Schwächsten wiederum ist der Despot keineswegs unattraktiv. Er gewinnt nämlich einen, wenn auch schmalen Anteil an dessen Übermacht. Er partizipiert am Prestige des Tyrannen. So entstehen manchmal *Jüngerallianzen* (A + C), Bündnisse zwischen Macht und Ohnmacht, zwischen Despot und Gefolgschaft. Die Schwächsten scharen sich um den Stärksten, als färbe dessen Macht auf ihr graues Dasein ab. Solche Jüngerallianzen sind um so wahrscheinlicher, je unangreifbarer der Tyrann und je größer die Kluft zur Verliererallianz (B + C) ist. Anders gesagt: Je schwächer der Tyrann, desto eher tun sich die Beherrschten zusammen.

Aus der Perspektive des Zweiten sieht die Konstellation etwas anders aus. Er profitiert nämlich von der Ausbeutung des Schwächsten, ein Vorteil, den er einbüßen würde, falls er mit diesem zusammenginge. Für den Mittleren ist ein Verliererbündnis ein reines Verlustgeschäft. Daher orientiert er sich nach oben und dient sich dem Despoten an. Niemand ist konservativer auf seinen geringen Vorsprung bedacht als der Zwischenmann. Er ist der geborene Kollaborateur, der Verräter der Schwachen. Wenn aber in Zukunft der Despot einmal gestürzt wird, gilt die ärgste Rache seinen Helfern und Dienern. Dies hat er im Auge zu behalten. Je schwächer der Diktator wird, desto eher begibt sich der Zweite nach unten. Je unangreifbarer das Regime jedoch ist, desto größer ist seine Bereitschaft, an den Privilegien der Tyrannei teilzuhaben.

Der Despot übertrumpft jede Allianz. Beim *dyadischen Gleichgewicht* hingegen neutralisieren sich beide Seiten. Beide verfügen über die Vetomacht, Entscheidungen des Gegners zu blockieren. Der Machtkampf in der Figuration erstarrt zu einem Patt.

III. $A > B; B = C; A = (B + C)$.

IV. $A > B > C; A = (B + C)$.

Der Überlegene ist allein so stark wie die anderen zusammen. Was sie gemeinsam beschließen, kann er jederzeit abwehren. Die Gegenkoalition (B + C) stößt an die Grenze seines Veto. Sie kann all ihre Mittel einsetzen, sagt der Erste Nein, war alles vergebens. Aber die Vetomacht ist nur eine negative Macht zum eigenen Schutz. Sie reicht zwar dazu, Nachteile zu verhindern, aber nicht dazu, Vorteile durchzusetzen. Denn das Bündnis hat gleichfalls Vetomacht. Die Verhinderungsmacht ist gegenseitig. So ist keine Seite in der Lage, sich durchzusetzen, aber jede Seite kann die andere abblocken. Beide entmachten sich gegenseitig.

Dennoch bleibt eine Asymmetrie. Die Vetomacht des Ersten ist eine andere als die der Koalition. Der Erste hat die Abwehrmacht allein, Zweite und Dritte nur zusammen. Sie müssen sich verbünden, um ihm standzuhalten, werden aber niemals stark genug, um seinen Widerstand zu brechen. Sie brauchen die Kooperation, um gleichzuziehen, während er nicht mehr zu bremsen ist, wenn er sich verbündet. Denn eine Allianz unter seiner Führung gewinnt immer: $(A + B) > C; (A + C) > B$.

Es ist nur die Kehrseite dieser Konstellation, daß ein Siegerbündnis auf den Ersten keinesfalls verzichten kann. Er hat die strategische Mehrheit, ohne ihn ist nichts zu gewinnen. Wer sich tatsächlich durchsetzen will, muß sich ihm anschließen. Er jedoch kann sich seinen Genossen aussuchen und ihm mehr versprechen als nur den Machtausgleich. Besonders willkommen ist ihm der Schwächste, der bei der Aufteilung der Beute weniger beanspruchen kann als der Zweite. Andererseits hat der Mächtige hier ein Bündnis nötiger als der absolute Despot. Er muß nämlich die Vetomacht der Gegenkoalition fürchten. So schlägt er mit einem Alliierten zwei Fliegen mit einer Klappe. Er verhindert das Gegenbündnis und sichert sich, auch wenn er etwas abgeben muß, auf Dauer die Überlegenheit. Die Waagschale neigt sich zu seiner Seite in dem Augenblick, da die Gegenkoalition zerfällt und einer überwechselt, wenn also die Asymmetrie, die dem Gleichgewicht insgeheim zugrunde liegt, offen zutage tritt.

Im dyadischen Gleichgewicht erreicht die Allianz der Schwachen nur ein Patt. In einer Figuration der *relativen Überlegenheit* gelingt ihr die Revolution, die Umkehrung der Asymmetrie.

V. $A > B; B = C; A < (B + C)$.

VI. A > B > C; A < (B + C).

Der Erste übertrifft die anderen nur, solange sie vereinzelt sind. Er hat lediglich die relative Mehrheit, die ihm freilich wenig nützt, wenn jene sich zusammenschließen. Gegen die Allianz ist er machtlos. Sie bootet ihn aus. Er kann sich auf seine Sanktionsgewalt besinnen oder sich auf seine Autorität berufen, gegen die geschlossene Front kommt er nicht an. In der Solidarität der Schwachen liegt die Schwäche des Starken. Was aber ist zu tun, falls eine Revolution droht? Repression verschärft nur die Lage und treibt die Unterdrückten noch enger zusammen, Rückzug läßt sich als Schwäche auslegen und provoziert erst recht neue Angriffe. So bleiben drei Strategien: die Individualisierung, die Bildung einer reformistischen oder einer konservativen Allianz.[7]

Die *Individualisierung* verwendet die Technik der sozialen Serialisierung. Sie trocknet Verbindungskanäle aus, trennt die Parteien, lockt den einen mit Privilegien und degradiert den anderen. Sie teilt Kompetenzen auf und staffelt sie in einer Hierarchie, sie dezentralisiert die Aufgaben und zentralisiert die Koordination. Im Prinzip sind es dieselben Verfahren des Teilens und Herrschens, mit denen der Despot die Schwachen niederhält. Doch der Tyrann handelt aus Vorsicht, er zerschlägt die Koalition beizeiten, um nie in die Enge zu geraten. Der relativ Mächtige dagegen ist vom Erfolg dieser Strategie vollkommen abhängig. Sie ist für ihn eine Frage des Überlebens. Der Tyrann kann die Gegengruppe gelassen beobachten. Sie kann sowieso nichts ausrichten. Der relativ Mächtige gerät schon bei den allerersten Anzeichen einer Zusammenrottung in Panik. So hat derjenige, der eine Koalition um jeden Preis verhindern muß, zugleich die wenigsten Machtmittel und die wenigste Zeit dafür.

Als Alternative bietet sich der *reformistische Pakt* mit dem Schwächsten an: (A + C) > B. Dieses Bündnis reduziert die Kosten der Individualisierung, da sie den sozialen Zusammenhang wahrt. Der Stärkste nimmt den Schwächsten auf, beteiligt ihn an seiner Übermacht und beseitigt dadurch alle revolutionären Avancen. Erfolgreiche Organisationsreformen zeigen häufig diese

7 Zur Unterscheidung dieser Koalitionstypen vgl. Bacharach/Lawler 1980, S. 69. Die Autoren beziehen sich jedoch nicht auf eine Figuration der relativen Überlegenheit, sondern auf eine zentralisierte Herrschaft, die eher einer Diktatur entspricht.

Koalitionsstruktur. Spitze und Basis revidieren zusammen die Kommandostruktur auf Kosten der Mitte. Die Basis wird aufgewertet und erhält eine gewisse Selbständigkeit für operative Entscheidungen, um ihre Initiative und Motivation zu erhöhen. So wird die Unzufriedenheit abgebogen, die Leitung gewinnt eine loyale Hilfstruppe, die keinen Gedanken mehr darauf verschwendet, sich mit der Mitte zusammenzutun und die Führung abzusetzen.

Solche Reformen sind freilich kostspielig, weil sie die Mitte entmachten, ohne die keine Hierarchie funktionieren kann. Nicht selten blockieren die Mittelränge die Reformen und stellen sich zwischen Basis und Spitze. Die Entschlüsse versanden, verschwinden, werden einfach nicht umgesetzt, so daß schließlich nur das konventionelle Modell der *konservativen Koalition* bleibt: $(A + B) > C$. Dafür ist die Mitte immer zu haben. Bei Reformen und Revolutionen muß sie um ihren Anteil an der Ausbeutung der Schwachen bangen. Bleibt es jedoch beim Status quo, behält sie ihre Privilegien. Während die reformistische Koalition von zwei Seiten die Mitte in die Zange nimmt, verschiebt die konservative Allianz die Konfliktlinie nach unten. Die Reform wird gleichsam niedergedrückt, die alte Hierarchie bleibt in Kraft.

Fallstudie: Partizipation zwischen Reform und Hierarchie

Organisationsreformen, die Entscheidungsrechte nach unten verlagern wollen, rühren an die angestammten Kompetenzmonopole der hierarchischen Mittelränge. Es ist kein Wunder, daß sich die Mitte gegen solche Maßnahmen zu sperren pflegt, es sei denn, sie wird ihrerseits mit Zuständigkeiten entschädigt, die sie von der Spitze erhält. Um die Blockademacht der Mittelpositionen zu durchbrechen, ist entweder eine reformistische Zangenkoalition von Basis und Spitze erforderlich oder aber ein revolutionäres Bündnis von Mitte und Basis, das nach und nach die Entscheidungsrechte von oben nach unten zieht. Ein konservatives Bündnis von Leitung und Mitte kann dagegen jede Reform frühzeitig sabotieren. Indes, so eindeutig diese Alternativen im Modell der sozialen Hierarchie sind, die soziale Realität ist meist komplizierter. Oftmals gibt es mehrere, einander widerstrebende Koalitionstendenzen gleichzeitig, und manchmal stellt sich erst am Ende einer Reformgeschichte heraus, welche Allianz letztlich den Ausschlag gegeben hat. Ein solches Wechselspiel der Allianzen sei am Ablauf eines mehrjährigen Beteiligungsprojekts demonstriert.[8] Am Anfang steht ein reformistisches Bündnis. Nach Absprache mit der Geschäftsführung und dem Betriebsrat wird das Partizipationsprojekt in der Abteilung Maschinenbau eines süddeutschen Metallbetriebs angesiedelt. Weder der zuständige Bereichsleiter noch die fünf Werkmeister werden bei der Entscheidung gefragt. Daß ihr Arbeits- und Machtbereich umgestaltet werden soll, erfahren sie erst, nachdem alles feststeht. Die Reformziele formuliert eine Gruppe von Wissenschaftlern (Wg). Sie will neue Beteiligungsstrukturen entwickeln, den Einfluß der Arbeiter erhöhen und ihre Qualifikationen entwickeln. Als institutionelles Kernstück werden fünf Arbeitsgruppen gebildet, die sich auf gemeinsame Probleme und Lösungen verständigen sollen, um ihre Vorschläge sodann, nach Abstimmung mit dem Betriebsrat, mit den offiziellen Instanzen zu verhandeln. Die Vorgesetzten sind von diesen Gruppen ausgeschlossen und werden nur im Bedarfsfall hinzugezogen. So entsteht unter ihren Augen eine Ungewißheitszone, in die sie kaum Einblick haben, eine Kommunikationsstruktur an der Basis, deren Folgen schwerlich absehbar sind. Von der Geschäftsleitung wird all dies wohlwollend geduldet. Sie läßt die Gruppen gewähren, ohne jedoch das von den Experten verfolgte Reformprogramm selbst voranzutreiben. Ihr Interesse geht nämlich in Wahrheit in eine andere Richtung. Sie will vor allem das Betriebsklima in der Abteilung entgiften, die hohe Fluktuation zurückschrauben und Motivationsdefizite ausgleichen, die offenkundig, und darin ist man sich einig, durch das autokratische Abteilungsregime des Bereichsleiters und einiger Meister verursacht sind. So kommt zu Beginn eine Zangenkoalition zustande, die zwar die Probleme ähnlich sieht, in den Zielen und Methoden jedoch wenig Kongruenz aufweist. Was für die Leitung das Hauptziel ist, ist für (Wg) eher ein Nebenprodukt der Organisationsentwicklung. Und für die Arbeiter bietet das Projekt die

8 Die Fallstudie beruht auf einer Sekundäranalyse des Projektberichts von Girschner u. a. (1984), der Primäranalyse von Interviews, Gruppen- und Seminarprotokollen sowie einigen Gesprächen zwei Jahre nach Ende des Projekts.

seltene Gelegenheit, während der bezahlten Arbeitszeit ausführlich eigene Arbeitsprobleme und -konflikte besprechen und die eine oder andere Verbesserung endlich durchsetzen zu können. Ob sie im Ernstfall tatsächlich auf die Rückendeckung der Leitung setzen können, ist nach aller Erfahrung jedoch mehr als zweifelhaft. Sozial verknüpft wird dieses lockere Reformbündnis nämlich nicht durch gemeinsame Gremien von Basis und Spitze, sondern lediglich durch die Wissenschaftler und den Betriebsrat. Sie sind die Zwischeninstanzen, die das Projekt hauptamtlich betreiben und sich im Bedarfsfall der Unterstützung von oben versichern. Die Reformarbeit geschieht allein an der Basis, die Spitze hält vorerst still und wartet ab, was herauskommt. Für sie erschöpft sich die Partnerschaft darin, das Projekt zu etablieren und ihm in der Abteilung offizielle Legitimität zu verschaffen.

Von den Mittelrängen wird das ganze Vorhaben als Bedrohung ihrer Macht- und Arbeitsroutinen beargwöhnt. Schon die Tatsache, daß ihre Abteilung offenbar als reformbedürftig betrachtet wird, bedeutet eine direkte Kritik ihrer gewohnten Führungspraxis. Dabei bilden Bereichsleiter und Meister jedoch keineswegs eine geschlossene Gegenfront. Trotz des massiven Eingriffs in ihren Machtbereich reagieren sie ganz individuell. Die gemeinsame Betroffenheit reicht nicht für die Bildung einer Gegenkoalition. Die einen Meister betonen verbal ihre Zustimmung zu dem Projekt, verweigern in der Praxis aber konsequent die Zusammenarbeit. Die anderen entwickeln im Lauf der Zeit zusehends Widerstände, ohne jedoch die praktische Kooperation aufzukündigen. Diese Paradoxie der Kooperationsmuster erklärt sich aus der unterschiedlichen Machtstellung der einzelnen Meister in der Abteilungshierarchie. Die starken Meister, die die Rückendeckung des Bereichsleiters genießen, müssen einen Machtverlust erst bei einem grundlegenden Revirement der Abteilungs- und Koalitionsstruktur befürchten und können sich daher in Detailfragen kooperationsbereit zeigen. Dagegen sind die schwachen Meister, die zwischen den Fronten lavieren, durch die neuen Arbeitergruppen viel unmittelbarer bedroht. Da jede Veränderung ihre ohnehin prekäre Position unterminieren kann, dürfen sie es einerseits mit den Gruppen nicht verderben, andererseits müssen sie jede Veränderung frühzeitig blockieren. Daher signalisieren sie verbal Aufgeschlossenheit und wehren zugleich praktisch jede Mitarbeit ab. Während die starken Meister es sich leisten können, ihre Skepsis offen zu äußern, würde dies die schwachen Meister noch angreifbarer machen. Je stärker sich ein Meister von seinem Vorgesetzten gedeckt fühlt, desto größer ist seine Bereitschaft zur Mitwirkung, je isolierter er sich jedoch fühlt, desto größer seine Reserve.

Ähnlich ist die Lage des Bereichsleiters. Zwar hat ihm die Geschäftsleitung die Unterstützung keineswegs aufgekündigt, aber was sie für das Reformprojekt letztlich einzusetzen bereit ist, entzieht sich sicherer Prognose. Die abwartende Zurückhaltung seiner Vorgesetzten ist auch für ihn schwer kalkulierbar. Daher agiert er überaus vorsichtig und verlegt sich auf eine passive Strategie des Machterhalts. Wie die schwachen Meister verbirgt er seinen Widerstand hinter demonstrativer Sympathie und Kooperationsbereitschaft. Er arrangiert sich mit dem Unvermeidlichen, indem er Wohlwollen bekundet, ohne sich in irgendeiner Weise zu exponieren. Offenbar vertraut er auf die Trägheit der eingefahrenen Entscheidungspraxis. Solange die Reform nicht seine zentrale Machtquelle, seine funktionale Unersetzbarkeit und Zentralität angreift, sieht er keinen Anlaß zur direkten Konfrontation. Bis auf weiteres nimmt er die Aktivitäten an der Abteilungsbasis als historische Episode hin, gegen die man auf Zeit spielen kann.

Diese Passivität gibt er erst auf, als die Vorschläge der Arbeitergruppen seine Zuständigkeit für die Arbeitsorganisation berühren. Die Behandlung eines detaillierten Plans zum Umbau der Werkshalle verschleppt er zunächst, macht dann zögernd einige Einwände geltend und prescht erst vor, als die Gruppe seinen Bedenken ausführlich widerspricht. Plötzlich zieht er einen Alternativplan aus der Schublade, der die Gruppe in die Defensive zwingt. Sie kontert mit einem externen Gutachten, das auf Vermittlung der Wissenschaftler eingeholt wird. Auf der Gesamtkonferenz aller Beteiligten setzt sich schließlich keine Seite durch. Die Geschäftsführung favorisiert, nicht zuletzt aus sozialen Gründen, einen Kompromiß, beauftragt jedoch den Bereichsleiter mit der konkreten Umsetzung der Vorschläge, eine Entscheidung, die für die Koalitionsstruktur überaus aufschlußreich ist. Einerseits billigt die Geschäftsführung das Projekt in der Abteilung und votiert für ein Abkommen, das die Vorschläge der Arbeitergruppen anerkennt. Insoweit steht sie mit einem Bein weiterhin in der Reformallianz. Mit dem anderen Bein jedoch steht sie in der traditionellen konservativen Koalition der hierarchischen Oberränge und stützt ihren Bereichsleiter. Sie vermeidet den Konflikt mit beiden

Seiten und erspart so ihrem Untergebenen eine eindeutige Niederlage. Doch was wie vermittelnde Schlichtung aussieht, erweist sich im nachhinein als Sieg des alten Abteilungsregimes. Unter den gegebenen Bedingungen bedeutet Neutralität nämlich Parteinahme. So unentschieden die Geschäftsleitung in der Sache ist, sozial schlägt sie sich letztlich auf die Seite ihres Bereichsleiters. Er erhält die Federführung bei der Umsetzung eines Plans, der seinen Interessen und Konzeptionen in wesentlichen Punkten zuwiderläuft. Die Hierarchie schlägt gegen die Reform durch.
Ausgestattet mit dieser Vollmacht kehrt der Bereichsleiter zu seiner früheren Verzögerungstaktik zurück. Zuerst bespricht er sich mit den Meistern, ohne die Arbeiter zu beteiligen. Dann verspricht er die Bildung einer Umsetzungsgruppe, die er aber nie einberuft. Ein Ultimatum, das ihm die Wissenschaftler zusammen mit der betroffenen Arbeitergruppe stellen, läßt er einfach verstreichen. Erst eine förmliche Beschwerde zwingt ihn zu öffentlicher Rechtfertigung. Die Geschäftsleitung akzeptiert zwar die Beschwerde über den Verfahrensverstoß, spielt die Vorwürfe jedoch herunter und nimmt ihren Bereichsleiter in Schutz. Zur Durchsetzung neuer Entscheidungsregeln reicht der öffentliche Druck ohnehin nicht. Die Vorschläge der Arbeiter, in monatelanger Arbeit mühsam erstellt, bleiben folgenlos, am Ende breitet sich Resignation aus, am Status quo ändert sich kaum etwas. Zwar ist es ihnen gelungen, das Konzept ihres Vorgesetzten zu verhindern, doch für die Durchsetzung des eigenen Plans reicht ihre Gegenmacht nicht aus. Der Bereichsleiter hat die Zusammenarbeit systematisch verweigert und dafür die Rückendeckung der Geschäftsleitung erhalten. Die konservative Basiskoalition der Mitte mit der Spitze hat auch diese Runde des Reformprojekts für sich entschieden.
Bei der Auseinandersetzung um den Hallenumbau spielten die Meister nur eine Statistenrolle. Die Hauptfront verlief hier zwischen dem Bereichsleiter und dem reformistischen Kernbündnis von Arbeitern und Wissenschaftlern. Die Führungsmisere jedoch, deretwegen das Projekt von der Geschäftsleitung in der Abteilung plaziert wurde, ist ohne die Mitwirkung der Meister auf keinen Fall zu bewältigen. Nachdem man sie anfangs umgangen hat, um keine unabsehbaren Konfrontationen auszulösen, richtet man schließlich eine zweite Reforminstitution ein, die die Meister für das Projekt gewinnen und das Machtgefälle in der Hierarchie abmildern soll. Das Forum der regelmäßigen Arbeiter-Meister-Be-

sprechungen ist dazu gedacht, die persönlichen Streitigkeiten zu verringern und sachliche Zusammenarbeit zu lernen. Solange die Anwesenheit der (Wg) den befürchteten Eklat in den Sitzungen verhindert, werden die eingefahrenen Führungskonflikte weitgehend neutralisiert. Als sich aber die Schlichter aus dem Gremium zurückziehen, schlägt die Definitionsmacht der Meister durch. Zusehends geraten die Arbeitsgespräche zu Instruktionsveranstaltungen. Sie verlieren ihren Charakter als Exklave und werden von den gewohnten Alltagskonflikten überschwemmt. Eine Beteiligung an Entscheidungen findet nicht statt. Die autokratischen Übergriffe des Bereichsleiters werden von den Meistern nach unten verlängert. Ohne formale Reorganisation der gesamten Leitungsstruktur scheint eine Lösung der Führungsprobleme unmöglich zu sein.

Da der Beitritt der Meister zur Reformallianz an den alten Konfliktgewohnheiten scheitert, startet (Wg) ein weiteres Koalitionsmanöver. Sie will der ausufernden Amtsmacht des Bereichsleiters begegnen, indem sie die Meister zu einer hierarchischen Gegenkoalition zusammenzuschließen versucht. Der Kalkül ist einfach. Falls die Meister ihre formalen Kompetenzen und Fachkenntnisse zu einem Team zusammenlegen, könnten sie sich gemeinsam zur Wehr setzen und auf der Einhaltung des Instanzenzugs bestehen, der von ihrem Vorgesetzten fortwährend ignoriert wird. Ein Kollegialorgan würde dessen Spaltungsmanöver durchkreuzen und ihnen kollektive Selbständigkeit verschaffen, so daß sie auch die Partizipationsansprüche der Arbeiter besser verkraften könnten. Eine horizontale Allianz aller Meister ist, so die Idee, nicht nur ein Gegengewicht gegen den Bereichsleiter, sie ist auch die Voraussetzung für die Kooperation mit den Arbeitern, für eine revolutionäre Koalition von Mitte und Basis gegen die Abteilungsspitze. Da sich die reformistische Zangenkoalition als wenig tragfähig erwiesen hat, bleibt als Ausweg nur eine revolutionäre Basiskoalition. Geplant ist mithin ein gestaffelter Prozeß der Koalitionsbildung: zuerst das Bündnis der Meister untereinander, dann eine Allianz mit den Arbeitern gegen die Spitze.

Der Plan scheitert am Widerstand der konservativen Allianz von Geschäfts- und Bereichsleitung und an der individuellen Abhängigkeit der Meister von ihrem Vorgesetzten. Auf einem externen Seminar schlägt (Wg) den Beteiligten ein detailliertes Konzept zur Reform der hierarchischen Kompetenzstruktur vor. Die einzelnen Meistereien sollen präziser abgegrenzt und ein Arbeitsbereich, die Elektromontage, zu einem eigenständigen Meisterbereich aufgewertet werden. Von der Bereichsleitung sollen die Meister neue Befugnisse erhalten, ein erweitertes Zeichnungsrecht für innerbetriebliche Aufträge und ein autonomes Budgetrecht. Das Kollegialorgan soll für die Personalentwicklung, Einarbeitung und die Kontrolle der Arbeitssicherheit zuständig werden, gleichzeitig aber auch dazu verpflichtet werden, die Arbeitsorganisation einvernehmlich mit den neuen Arbeitergruppen zu regeln. Auf diese Weise würden sich die Entscheidungsrechte von oben nach unten verschieben. Die Arbeiter entschieden über die Arbeitsorganisation mit. Die Meister würden für diesen Kontrollverlust mit zusätzlichen Kompetenzen entschädigt. Nur der Bereichsleiter ginge leer aus. Er soll sich hinfort langfristigen und übergreifenden Planungsaufgaben widmen. Verlieren würde nur er, die Meister gewännen größeren Spielraum nach oben und verlören nach unten an Befehlsmacht, die Arbeiter schließlich gewännen das, was der Bereichsleiter verlieren würde. In der hierarchischen Triade würde sich die Macht so verschieben, daß sie in der Mitte weitgehend konstant bliebe.

Die Meister, die zunächst allein diskutieren und zu jedem Punkt eine gemeinsame Stellungnahme erarbeiten, lehnen die meisten Vorschläge ab. Die Demokratisierung der Arbeitsplanung trifft erwartungsgemäß auf erheblichen Widerstand. Die Einführung eines Kollegialorgans sei überflüssig, die bisherige Bereichseinteilung zweckmäßig und ausreichend. Nur dem erweiterten Budget- und Zeichnungsrecht stimmen sie zu, insgesamt eine durchaus machtrationale Bewertung. Abgaben nach unten lehnen sie ab, Gewinne von oben finden ihren Beifall. Doch das gemeinsame Votum ist nur von kurzer Dauer, die Koalition gegen den Bereichsleiter nur eine situative Episode. Als im Plenum das Zeichnungsrecht zur Debatte steht und der Bereichsleiter deutliche Vorbehalte formuliert, bricht die Front sogleich zusammen. Erst fällt der eine Meister um, dann die anderen, am Schluß bleibt nur einer standhaft, der seinen Kollegen umgehend Feigheit und Wankelmut vorwirft. Einer schwenkt geschwind auf die Position seines Vorgesetzten ein und nimmt mit der Empathie des Gehilfen dessen Einwände vorweg. Er betätigt sich als dessen Sprachrohr und erntet dafür auch sofort Lob und Anerkennung. Ein anderer, der Montagemeister, laviert zwischen den Fronten, will es mit keiner Seite verderben und versichert sich fortwährend mit ängstlichen Seitenblicken der Zustimmung seines Vorgesetzten. Allein der Elektromeister beruft sich auf seine Sachkompetenz und verteidigt den zuvor getroffenen Gruppenbeschluß. Damit steht er freilich allein auf weiter Flur. Schon bei der ersten Bewährungsprobe bricht das Zweckbündnis der Meister auseinander. Jeder agiert individuell, nicht der Bereichsleiter ist der Hauptgegner, sondern die Wissenschaftler, die alles verändern und den Status der Arbeiter auf ihre Kosten aufwerten wollen.

Für das Scheitern der Koalitionsbildung gibt es mehrere Gründe. Erstens sind Bündnisse, die von außen initiiert werden und nicht von den Beteiligten selbst, wenig dauerhaft, es sei denn, daß ihnen besonders lukrative Vorteile winken. Den Anreiz schätzen die Meister hier jedoch offenbar nicht sonderlich hoch ein. Auch wenn man Macht schwerlich quantitativ messen kann, sie hätten zwar von oben zusätzliche Kompetenzen gewinnen können, zugleich jedoch wesentliche Bestandteile ihrer Amtsmacht nach unten abgeben müssen. Die Beute, die man ihnen in Aussicht stellt, würde die Kosten kaum aufwiegen, die die offene Auseinandersetzung mit dem Vorgesetzten und die endlosen Abstimmungskonflikte mit den Arbeitern mit sich bringen würden. Lieber weniger Verantwortung und die gelegentlichen Übergriffe von oben als ein Kooperationszwang nach unten, lieber die gewohnte Macht nach unten als der Verlust jeder Rückendeckung von oben. Nach diesem hierarchischen Machtkalkül lohnt sich die Gruppenbildung einfach nicht.

Der zweite Grund liegt in der gestaffelten Abhängigkeit der einzelnen Meister von ihrem Vorgesetzten. Während dem lavierenden Montagemeister ein Bündnis noch einen gewissen Rückhalt nach beiden Seiten verschafft hätte, riskierte der Adlatus des Bereichsleiters die Protektion seines Vorgesetzten und schwächte damit seine eigene Stellung. Er würde sich jemanden zum Feind machen, an dessen Machtfülle er partizipiert. Der Elektromeister schließlich, der mit anerkannter Sachkompetenz eine Ungewißheitszone regiert, würde durch ein Kollegialorgan stärker in hierarchische Entscheidungsprozesse eingebunden und verlöre dadurch an Selbständigkeit und Unabhängigkeit. So steht der Meisterkoalition eine hochdifferenzierte Interessenstruktur entgegen, die sich aus den individuellen Abhängigkeiten in der Hierarchie ergibt.

Drittens stehen der Allianz die Regelungen der Arbeitsorganisation im Wege. Da die Aufgabenbereiche der Meister seriell angeordnet sind, beschränkt sich der Kooperationsbedarf auf routinemäßige Terminabsprachen und spontane Koordinationen nachgeordneter Arbeitsvollzüge. Jede Meisterei ist als Kostenstelle organisiert, so daß jeder, trotz minimaler Zeichnungsbefugnisse, nominell über einen überschaubaren Entscheidungsbereich verfügt. Dieses betriebliche Kontrollsystem fördert die Konkurrenz unter den Meistern. Wer am sparsamsten wirtschaftet, kann mit der Anerkennung des Vorgesetzten rechnen. Der institutionalisierten Serialität der Mittelränge entspricht ein Bereichsegoismus, der Kollegialität auf ein Mindestmaß reduziert. So fürchten die Meister, falls sie sich in geplanter Weise zusammentun, nicht nur vertikale, sondern auch horizontale Konflikte. Das Kollegialorgan öffnet der gegenseitigen Einmischung Tür und Tor und unterminiert den mühsam abgeschotteten Machtbereich. Jeder müßte individuelle Kompetenzen an das gemeinsame Bündnis abgeben. Aus ihrer Sicht bedeutet die Gruppenbildung keinen kollektiven Machtzuwachs, sondern einen individuellen Machtverlust.
Der sachlichen Rivalität entsprechen persönliche Spannungen und Animositäten. Die Koalition scheitert viertens auch an der interpersonalen Struktur. Die Meister sind keine natürliche Gruppe, die nur auf die formelle Einigung wartet. Wo sie können, gehen sie sich aus dem Wege, und sie arbeiten nur dort zusammen, wo es unvermeidlich ist. Obwohl sie gemeinsam unter der Autokratie des Bereichsleiters leiden, manövrieren sie ihn unbeabsichtigt in die Rolle des Schiedsrichters hinein. Um sich nicht gegenseitig bekämpfen zu müssen, gehorchen sie seinen Anordnungen. Die Unterwerfung unter den Dritten bewahrt sie vor heillosen persönlichen Auseinandersetzungen. Dies würde ein formelles Kollegialorgan aufs Spiel setzen. Es würde die Entlastung durch die Anordnungsmacht des Vorgesetzten kosten und unabsehbare persönliche Streitigkeiten freisetzen, von denen man bislang meist verschont geblieben ist.
Schließlich mißlingt die Koalitionsbildung wegen einer situativen Gegenkoalition von Geschäfts- und Bereichsleitung. Obwohl sich (Wg) im Vorfeld des Seminars mit der Leitung über die Führungsmisere durchaus geeinigt hatte, pendelt sich während der Debatte die konservative Koalition nahezu problemlos wieder ein – eine Entwicklung, die sich bis in den Diskussionsverlauf und die Ver-

teilung der Redebeiträge verfolgen läßt. Die strukturelle Hierarchie setzt sich in hierarchischen Interaktionsmustern fort. Zuerst führt (Wg) nacheinander die Reformvorschläge in die Debatte ein, der Geschäftsführer nimmt sie auf und bespricht mit dem Bereichsleiter ihre Zweckmäßigkeit. Sodann modifiziert er die Einwände seines Untergebenen geringfügig, anschließend vertreten sie gemeinsam ihre Position, wobei der Bereichsleiter seinem Vorgesetzten die Wortführung überlassen kann. Mit zyklischer Gleichförmigkeit verlagert sich die Debatte nach den Eingangsstatements der Wissenschaftler und den Voten der Meister auf die hierarchische Spitzenebene. Der Diskussionsablauf konterkariert geradezu naturwüchsig den strategischen Sinn der Veranstaltung. Die Geschäftsleitung schützt den Bereichsleiter vor jedem Machtverlust. Zusammen ziehen sie die heiklen Themen auf ihre Ebene und entscheiden gemeinsam über Vorschläge, die ihm gefährlich werden könnten. Noch ehe sich die ohnehin zerbrechliche Meistergruppe bewähren könnte, ist das Streitthema nach oben gewandert. Sie kann nur noch abwarten, was die Spitze beschließt. Selbst wenn sie geschlossen aufgetreten wäre, um Boden gut zu machen, hätte sie zuerst den hierarchischen Transfer der Entscheidungsfragen blockieren müssen. So wiederholt sich während der Debatte die paradoxe Konstellation aus der ersten fehlgeschlagenen Reformrunde. Die hierarchische Spitze entscheidet letztlich selbst darüber, ob sie entmachtet werden soll.

Um nicht im Streit auseinanderzugehen, einigt man sich zum Abschluß auf ein Kommuniqué, das zu nichts verpflichtet. An die Meister wird appelliert, die Zusammenarbeit mit den Arbeitsgruppen zu pflegen. Dafür soll eine paritätisch besetzte Umsetzungsgruppe gebildet werden, die jedoch nur ein einziges Mal tagen wird. Später trifft der Betriebsrat eine befristete Betriebsvereinbarung mit der Geschäftsleitung, die die Arbeitergruppen als Organe des betrieblichen Vorschlagswesens festschreibt. Doch nach dem Rückzug der hauptamtlichen Reformer verkommt diese Institution zu einer Hülse ohne relevante Aktion. Die Arbeiter-Meister-Besprechungen werden gleichfalls beibehalten, jedoch der Initiative der Meister übergeben. Nach einem externen Schulungskurs rufen nur zwei Meister dieses Gremium zu regelmäßigen Instruktionssitzungen ein. Die Stellung des Bereichsleiters bleibt weitgehend unangefochten. Er bleibt im Amt, bis er in Rente geht.

Die Reform scheitert an dem, was sie reformieren wollte. Obwohl es anfangs gelingt, mit abwartendem Wohlwollen der Spitze die Basis neu zu organisieren, fehlt ihr am Ende die Durchschlagskraft gegen die Hierarchie. Wo die Geschäftsleitung letztlich steht, ob in der reformistischen oder konservativen Allianz, ist lange Zeit niemandem klar, vermutlich nicht einmal ihr selbst. Das Reformbündnis findet keine institutionelle Gemeinsamkeit. Der Abstand zwischen Basis und Spitze wird nicht überbrückt, weder durch ein gemeinsames Gremium noch durch einen hauptamtlichen Reformstab, den die Leitung mit den nötigen Vollmachten ausstattet. Eine Gruppe externer Promotoren ist dafür kein Ersatz. Um das Vertrauen der Arbeiter zu gewinnen, muß sie weitgehend deren Perspektive übernehmen und ihre Unabhängigkeit von der Spitze betonen. So entsteht zwar ein Solidaritätskern zwischen Arbeitern und Wissenschaftlern, doch was für die Basisorganisation von Vorteil ist, erweist sich im figurativen Machtspiel als strategischer Nachteil. Im Konflikt mit der Mitte fehlt der Rückhalt durch die Spitze. Deshalb bleibt die Zange der reformistischen Allianz stumpf.

So zerrissen die Reformkoalition ist, so aussichtslos ist der Versuch einer revolutionären Allianz von Basis und Mitte gegen das Abteilungsregime. Über einen Kooperationsappell kommt sie nicht hinaus, da eine wesentliche Voraussetzung, die Einigung der Meister, schon im Ansatz steckenbleibt. Ihre Gruppenbildung scheitert an der geringen Attraktivität des Bündnisses, an der eingefahrenen Gegnerschaft mit den Arbeitern und an den Abhängigkeiten in der Hierarchie. Die Kosten der Revolution hätten, so ihr Interessenkalkül, die Kosten der gegenwärtigen Despotie keineswegs aufgewogen. Solange die Hilfstruppe vom Status quo profitiert, sieht sie keinerlei Anlaß, mit ihren Gegnern zusammenzugehen.

So setzt sich am Ende die konservative Koalition der Spitze mit der Mitte durch. Wenn es ernst wird, unterstützt die Geschäftsleitung ihren Mittelbau. Zwar versucht sie, halbherzige Kompromisse herbeizuführen und zwischen den Fronten zu schlichten, doch unter den Bedingungen des hierarchischen Machtgefälles bedeutet diese Neutralität stets eine Parteinahme für den Stärkeren. Ihre Bindung an die Reformallianz ist so gering, daß sie die traditionelle konservative Allianz keinesfalls aufgeben kann. Sie schützt ihren Untergebenen, weil er trotz der Führungsmisere unentbehrlich ist. Nicht das Reformbündnis ist in diesem Feld die dominante Koalition, sondern die Allianz der oberen Ränge. Sie entscheidet, was verändert wird und was nicht. Vereinzelte Vorschläge, die in ihrem Interesse sind, übernimmt sie. Was die Hierarchie jedoch umkrempeln könnte, wird abgeblockt, abgewiegelt oder einfach ausgesessen. Die Reform, die die Kompetenzen nach unten verlagern wollte, findet ihre Grenze an dem Bündnis der Amtsmacht, die für den Fortbestand ihrer selbst sorgt.

*

Je flacher das Machtgefälle ist, desto konservativer verhält sich der Mächtige. Um sicher zu gehen, setzt er auf eine Hilfstruppe, der er Sonderprämien verspricht, um sie an sich zu binden. Nur wenn er fest im Sattel sitzt, kann er Reformen riskieren und sich mit dem Schwächsten zu einer *minimalen Gewinnkoalition* verbünden. Reformistische Allianzen entstehen nicht, wenn der Starke schwach ist, sondern wenn er so stark ist, daß er es mit der Mitte verderben kann. Die Idee dieses Koalitionstyps ist so einfach wie bestechend. Sie verteilt den größtmöglichen Gewinn auf möglichst wenige Partner. Für den Stärksten bietet sie den Vorteil, daß der Schwächste als Verbündeter nur wenig von der Reformbeute beanspruchen kann. Jener aber kann froh sein, daß er überhaupt etwas bekommt und nicht hoffnungslos dem konservativen Bündnis des Ersten und Zweiten ausgeliefert bleibt.

Besonders labil sind Figurationen mit gleicher Machtverteilung. Jeder ist so stark wie der andere, und jede Koalition, die gebildet wird, erringt den Sieg.

VII. $A = B = C; (A + B) > C, (A + C) > B, (B + C) > A.$

Im *triadischen Gleichgewicht* hat keiner die Macht, aber jede Koalition gewinnt automatisch. Jeder kann mit dem gleichen Nachdruck drohen und mit den gleichen Angeboten locken. Jeder ist so attraktiv und so gefährdet wie der andere. Die Koalitionsprozesse gewinnen eine ungeahnte Dramatik. Jeder kämpft ums Überleben, die Angebote überkreuzen sich, werden aufgestockt, bis zum eigenen Ruin. Wenn nur Koalitionen gewinnen, Einzelgänger dagegen nur verlieren können, muß jeder sehen, daß er sich, um welchen Preis auch immer, mit irgend jemandem zusammenschließt. Daher die Wahllosigkeit der Werbung und Partnerwahl. Es kommt nicht darauf an, mit wem man zusammengeht, es kommt allein darauf an, daß man überhaupt mit jemandem zusammengeht. Der Zeitdruck ist immens. Man muß dem anderen zuvorkommen, damit kein Gegenbündnis zustande kommt. Wer am schnellsten das höchste Angebot einreicht, erhält den Zuschlag. Koalitionsbildung gleicht hier einer Auktion. Man steigert sich gegenseitig hoch, bis am Ende der Dritte mehr erhält als er eigentlich wert ist. Obwohl anfangs alle gleich sind, entsteht in der Koalition neue Ungleichheit. Der mühselig eingeworbene Partner bekommt wesentlich mehr als ihm zusteht, einfach deswegen, weil er unentbehrlich ist und eine Gegenallianz den eigenen Untergang bedeutet.

Noch größer ist das Übergewicht des Dritten bei einem *Patt der Supermächte*. Neutralisieren sich zwei nahezu gleich starke Mächte, reicht ein minimaler Machtzuwachs für den Sieg. Obwohl er der Kleinste im Bunde ist und seine Machtfülle nicht im geringsten an die der Großen heranreicht, spielt er die Schlüsselrolle, das Zünglein an der Waage.

VIII. $A = B$, $A > C$; $(A + C) > B$.

Am Streit der Großen freut sich der Kleine. Sie befehden sich aufs heftigste, aber keiner gewinnt. Dazu brauchen sie den Kleinen, der sich dem einen zuwenden kann oder dem anderen. Verlieren kann er dabei nie. Wer ihm das beste Angebot macht und den größten Spielraum gewährt, dem reicht er die Hand. Gelassen kann er abwarten, wie sie sich gegenseitig hochtreiben. Sie können die Beitrittsprämie so weit erhöhen, wie sie wollen, ob er einwilligt, liegt jenseits ihrer Macht. Trotz seiner Unterlegenheit sind die Supermächte ihm gegenüber strategisch im Nachteil.

Allerdings hat die Konkurrenz eine nicht überschreitbare Grenze. Treibt es der Kleine zu weit, besinnen sich die Supermächte plötzlich auf sich selbst. Sind seine Forderungen allzu unverschämt, stellen sie ihren Antagonismus zurück und beenden ihre Rivalität. Nichts hat der Kleine mehr zu fürchten als die große Koalition der Mächtigen. Sie drängt ihn in die Isolation und unterwirft ihn gnadenloser Ausbeutung. Ihre Übermacht ist grenzenlos. Zwar kann sie, um ihre Flügel zusammenzuhalten, nur das tun, was ihrem kleinsten gemeinsamen Nenner entspricht, aber sie kann alles unterdrücken, was diesem Nenner zuwiderläuft. Nichts zu entscheiden ist eine Spezialität der großen Allianz. Schon wegen ihrer inneren Labilität muß sie zahlreiche Streitsachen vertagen. Nach außen jedoch hat sie diktatorische Übermacht. Sie kann jede Opposition niederhalten, jedes Thema totschweigen.

Darauf hat sich der Kleine einzurichten. Um nicht frühzeitig ins Hintertreffen zu geraten, lauert er auf jede Annäherung zwischen den Großen. Er gelobt Fairneß und Bescheidenheit, achtet wachsam auf alle Divergenzen zwischen den Mächtigen und legt weitere Minen zwischen die Frontlinien, indem er sich als wahrer Interpret ihrer Sonderinteressen gebärdet. Die Verschärfung des Konflikts liegt ganz in seinem Interesse. Aber zugleich muß er den Kontakt zu beiden Seiten wahren. Schlägt er sich vorzeitig einer Partei zu, liefert er sich aus. Seine Strategie verknüpft daher Bescheidenheit und Zurückhaltung mit Diffamierung und Polemik. Denn seine Macht steigt in dem Maße, wie er unabkömmlich wird und die Chancen der großen Koalition schwinden. Anstatt die Streithähne zu versöhnen, schürt er den Streit. Und je ruinöser dieser Streit wird, desto höher sein Beitrittspreis.

Die Partner gewinnen Macht, wenn sie ihre Ressourcen zu einer Koalition zusammenlegen. Aber nicht alle Trümpfe sind für den Sieg gleich notwendig. Wo es um absolute Stimmenmehrheit geht, reicht eine einzige Stimme. Für eine relative Mehrheit ist nicht einmal die Hälfte der Voten erforderlich. Und wenn alle anderen zerstritten sind, genügt bereits ein minimaler Vorsprung, um sich durchzusetzen. Gleichwohl finden sich häufig einzelne Parteien, die noch auf den Zug der Macht aufspringen wollen, obwohl die Allianz längst stark genug ist. Die Trittbrettfahrer und Mitläufer schielen auf die Beute, ohne viel beitragen zu können. Sie dienen sich an, buhlen um Sympathie, plustern sich auf, obwohl sie ganz entbehrlich sind. Im Koalitionskampf sind sie überflüssige Spieler. Jedes siegreiche Bündnis kommt ohne sie aus.

IX. $A > B > C > D$; $(A + B) > (C + D)$, $(A + C) > (B + D)$, $(A + D) < (B + C)$.

In der *hierarchischen Machtstaffelung* ist mit dem Schwächsten (D) nichts zu gewinnen. Er bringt nur Niederlagen ein. Wer aber im Zweierbündnis nur verlieren kann, setzt alles daran, sich an fremde Siegerbündnisse anzuhängen, an die revolutionäre Allianz $[A < (B + C + D)]$, die konservative $[(A + B + D) > C]$ oder die reformistische Koalition $[(A + C + D) > B]$. Keinesfalls darf er den Anschluß verpassen, denn sonst hat er das Nachsehen. Da er nicht sonderlich beliebt ist, verfolgt der *Mitläufer* aufmerksam, wer in den Zug einsteigt und wann er abfährt. Um dem Verdacht zu entgehen, sich erst zu entscheiden, wenn die Mannschaft vollzählig ist, mischt er sich frühzeitig ein. Flugs ist er zur Stelle, wenn er eine Annäherung bemerkt. Rechtzeitiges Timing ist hier alles. Der Trittbrettfahrer darf weder zu früh noch zu spät kommen. Steigt er vorzeitig ein, könnte es der falsche Zug sein, verspätet er sich, sieht er nur noch die Schlußlichter.

Zu Hilfe kommt dem Mitläufer die Undurchsichtigkeit der Machtverteilung. In komplexen Organisationen lassen sich die Ressourcen kaum so genau identifizieren wie in einer parlamentarischen Demokratie, wo die Stimmenzahl Stärke und Schwäche genau bezeichnet. Jenseits der offiziellen Amtsmacht ist schwerlich abzuschätzen, wie zentral eine Stellung im Wirrwarr der Kontakte tatsächlich ist, wie unersetzbar einer wirklich ist oder über welche Ungewißheiten jemand regiert. Wer hier frühzeitig seine Unterstützung anbietet, wird eher willkommen geheißen als eine marginale Partei im politischen System. Vor Fallen und Reinfällen bewahrt hier nur reichhaltiges Organisationswissen. Es verhindert den Schaden, der zu entstehen pflegt, wenn man den Mitläufer nachträglich wieder ausschließen muß.

Vergleicht man die verschiedenen Machtfelder, so zeigt sich, wie die jeweiligen strukturellen Arrangements Koalitionsbedarf und Bündnischancen verteilen. Unangefochten ist der Mächtige lediglich in der Diktatur und im dyadischen Gleichgewicht. Hier ist er unverzichtbar und hat zugleich die meisten Optionen für eine Allianz. Mit maximaler *Verhandlungsmacht* kann er nicht nur das Handlungsfeld, sondern auch seine Koalition kontrollieren. Die anderen können gemeinsam nur verlieren, ihn allenfalls neutralisieren.

Von dieser Überlegenheit ist in den anderen Konstellationen nicht mehr viel übrig. Sobald die Asymmetrie auf eine relative Überlegenheit zusammenschrumpft, können kleine Koalitionen den Mächtigen übertrumpfen. Aus dem Verliererbündnis wird eine Gewinnkoalition (B + C), die gerade den Mächtigen von der Beute ausschließt. Seine Stärke schlägt in Schwäche um. Alle können gewinnen, auch der Schwächste, der von der stärksten Allianz ausgeschlossen ist. Zusammen mit dem Zweiten ist er dem Mächtigen überlegen. Im übrigen ist der Schwächste niemals so schwach, wie es zunächst den Anschein hat. Zwar ist er von der großen Koalition (A + B) ausgeschlossen, doch als Partner ist er durchaus gesucht, da er leichter zu kontrollieren ist und weniger Beuteanteile einstreichen kann als der Zweite. Wo der Machtvorsprung einer minimalen Gewinnkoalition [(A + C), (B + C)] aus-

reicht, ist er besonders attraktiv. Solche Figurationen machen ihn stärker als er ursprünglich war.
Andererseits kann der Schwächste niemals einer großen Koalition angehören. Große Koalitionen sind nur möglich, wenn die Macht gestaffelt ist, wenn es also einen Schwächsten gibt. Sind die Unterlegenen nämlich gleich stark (B = C), gibt es stets zwei gleichmächtige Siegerbündnisse. Anders gesagt: Wenn Macht hierarchisch abgestuft ist, kann der Schwächste niemals Mitglied der stärksten Koalition werden, und zwar unabhängig davon, wie stark der Stärkste jeweils ist. Seine besondere Unterlegenheit besteht nicht nur darin, daß er an letzter Stelle steht, sondern daß ihm die Sicherheiten und Reichtümer der stärksten Allianz auf immer versagt bleiben.
Bündnisse transformieren die gegebene Machtstruktur. Indem die Partner ihre Trümpfe kombinieren, erschließen sie eine neue Machtquelle. Die Macht der Allianz ist größer als die Summe der investierten Ressourcen. Die Koalition disponiert kollektiv über ihre Mittel und verzettelt sich nicht in aufreibenden Einzelkämpfen. Der Gegner trifft nicht mehr auf vereinzelten Widerstand, sondern auf eine geschlossene Front. Die Allianz nutzt die *Macht der Organisation.*[9] Sie teilt die Aufgaben und übergibt sie ihren Fachleuten, sie spart Zeit und Energie, koordiniert Angriff und Abwehr. Die strategische Kooperation ist eine Produktivkraft eigener Art. Darin ist jede Allianz dem individuellen Gegner überlegen. Gewiß brauchen Debatten und Abstimmungen ihre Zeit, und manche Bündnisse sind derart mit sich selbst beschäftigt, daß sie eine effektive Außenpolitik kaum mehr zustande bringen. Aber eine kompakte Organisation steigert ihre Erfolgsaussichten in einem Ausmaß, wie es der einzelne niemals vermag.
Dem kollektiven Machtgewinn steht allerdings der Freiheitsverlust des Individuums gegenüber. Wer sich mit anderen zusammentut, verliert einen Teil seiner Selbständigkeit und *Unabhängigkeit.* Er kann nicht mehr tun, was er will. Dieser Verlust an Autonomie ist keinesfalls zu unterschätzen. Denn Unabhängigkeit ist selbst eine besondere Form sozialer Macht. Frei von Bindungen ist der Selbständige ganz auf sich gestellt. Er verzichtet auf die Güter, die ihm die Allianz verspricht, und begnügt sich mit

9 Zur produktiven Überlegenheit solidarischer Gruppierungen vgl. auch Popitz 1968, S. 19 ff.

dem, was er hat. Zwar reicht seine Kraft nicht dazu, fremden Widerstand zu brechen, doch Unabhängigkeit verschafft genügend Souveränität, um niemandem glauben oder gar gehorchen zu müssen. Unabhängigkeit ist eine negative Form der Macht. Sie befreit von der Ohnmacht, ausgeliefert zu sein. Die Hilfe des Ungebundenen muß man erbitten. Er kann sie verweigern, gnädig gewähren oder sie sich teuer bezahlen lassen.[10]

Je unübersichtlicher der Streit und je labiler die Positionen, desto stärker wird derjenige, der gelassen seine Bahn zieht. Unberührt vom Auf und Nieder der Parteien, hält er nur an sich selber fest. So gewinnt er Respekt und Autorität, allein durch seine Standfestigkeit. Während die anderen sich hilfesuchend an ihre Partner ketten, behält er den Kopf frei. Der lachende Dritte, der Unparteiische wächst zwischen den Fronten empor, während die anderen in permanente Scharmützel verstrickt sind. Je mehr sie wanken oder hin und her pendeln, desto eher verwandelt sich die negative Unabhängigkeit in positive Freiheit. Sie würde er verlieren, wenn er es ihnen gleichtäte und sich mit einem von ihnen gemein machte.

Mit dem Koalitionsbeitritt des Unabhängigen verändert sich das Machtgefüge grundlegend. Welcher Seite er sich auch zugesellt, sobald er sich entschieden hat, gibt es keine freien Parteien mehr, um die man werben könnte. Alle weiteren Annäherungen scheitern, nicht wegen blockierter Kontaktlinien, sondern weil jeder sich an eine Allianz gebunden hat. Zeugen und Zuschauer, Vermittler oder Schlichter, alle haben sich unter den Mantel einer Koalition verkrochen. Mit dem Ende des Dritten sind alle Bündnismöglichkeiten ausgetrocknet. Alle haben sich entschieden. Die Figuration zerfällt in zwei Lager. Wie Koalitionen das soziale Netz einreißen, wenn sie ihre äußeren Kontakte zentralisieren, so zerstören sie auch die Stellung des Dritten. Sie reduzieren die

10 Vom Unabhängigen ist der Wankelmütige strikt zu unterscheiden, der im Handlungsfeld umherirrt, weil er noch keinen Standort gefunden hat. Ihm fehlt gänzlich das Selbstbewußtsein der Unabhängigkeit. Er weiß nicht wohin, ob nach rechts oder links. Erst pokert er hier, dann verpflichtet er sich dort, um sich sogleich wieder zurückzuziehen. Der Unabhängige ist unparteiisch, der Wankelmütige ergreift jedermanns Partei. Seine Zuverlässigkeit ist minimal, weil ihm jede innere Souveränität fehlt. Stets bleibt er ein unsicherer Kantonist, während auf den Unabhängigen, wenn er sich denn entscheidet, absoluter Verlaß ist.

Triade auf die Dyade. Nun gilt der simple binäre Schematismus des sozialen Antagonismus (vgl. Caplow 1971, S. 601), die manichäische Opposition von Schwarz und Weiß: Der Freund meines Freundes ist auch mein Freund. Der Freund meines Feindes ist auch mein Feind. Der Feind meines Freundes ist auch mein Feind, und der Feind meines Feindes ist mein Freund.

3.3. Gemeinsamkeiten

Obwohl die Kontaktlinien gezogen und die Landkarten der Macht skizziert sind, läßt das Bündnis noch auf sich warten. Den Partnern fehlt noch ein Reservoir an Gemeinsamkeiten. Damit sie sich vertragen, müssen ihre Absichten verträglich sein. Zwar ist der Konsensbedarf von Koalitionen längst nicht so hoch wie in sozialen Gruppen. Bisweilen reicht schon die Feststellung, einen gemeinsamen Gegner zu haben. Doch als dauerhafte Arbeitsgrundlage braucht man nicht nur Vertrauen und Widerstandskraft, sondern auch das Gefühl, zusammen an einem Strang zu ziehen.

Einer Meinung zu sein, ist noch keine Koalition. Viele teilen dieselbe Weltsicht, ohne sich jemals zusammenzuschließen. Umgekehrt behindert Meinungsvielfalt zwar die Koalitionsbildung, aber sie verhindert sie nicht. Solange man den Gegner im Visier hat, ist es ohne Belang, welche Werte und Überzeugungen der andere sonst noch hat. Wie es eine Stufenleiter der Zusammengehörigkeit gibt, so gibt es auch eine *Stufenleiter der Gemeinsamkeiten.* Sie reicht von bloßer Verträglichkeit über Ähnlichkeiten, Parallelen, Überschneidungen bis zur Kongruenz der Relevanzen. Je mehr sich die Koalition nach außen wendet, desto geringer ist ihr Bedürfnis nach innerer Einheit, aber je mehr die Innenpolitik ins Blickfeld rückt, desto drängender wird nach Gemeinsamkeiten gefragt. Der Krieg läßt innere Dissonanzen vergessen, der Friedenszustand dagegen fordert Konsonanz und Konsens.

Kollektive Vorstellungen beruhen auf der Kollektivität sozialer Tatsachen. Gemeinsame Ziele ergeben sich nicht aus willkürlichen Entscheidungen, sondern aus den sozialen Strukturen und Mentalitäten. *Soziale Ähnlichkeiten* ermöglichen die Wahlverwandtschaft. Dabei können ganz unterschiedliche Bande die Koalition zusammenhalten: ein gemeinsames Machtinteresse oder Sicherheitsbedürfnis, ideologische Parallelen oder kollektive Betroffenheit. Solche Gemeinsamkeiten bilden die Basis praktischer Verhandlungen. Daß Bündnisse überhaupt gemeinsame Ziele entwikkeln können, verdanken sie diesen sozialen Tatsachen.

Unbelastet von Gemeinschaftsbedürfnissen sind Koalitionen, denen es allein um Macht oder Gewinn geht. Sie werden nicht von kollektiven Weltbildern geleitet, sondern von Siegeswillen und Beutegier, vom gemeinsamen *Interesse an der Macht.* Willkommen ist jeder, der wichtige Ressourcen mitbringt. Was er sonst denkt oder glaubt, ist zweitrangig. Trittbrettfahrern wird unbarmherzig die Tür gewiesen, überflüssige Mitstreiter werden kaltschnäuzig vertrieben. Sie sind nur lästig auf dem Weg nach vorn. Die Partnerschaft wird radikal entmischt, von allen persönlichen und traditionalen Aspekten gereinigt und strikt auf ihren Nutzen reduziert. Die sozialen Kategorien sind instrumentell und strategisch, die Zusammenarbeit bloß ein Mittel zum Sieg.

Das *strategische Muster* kennt zwei grundlegende Varianten: den Willen zu maximaler Dominanz oder zu maximalem Gewinn. Wer das Gefälle steigern und seinen Machtbereich lückenlos regieren will, zieht in der Regel schwache Partner vor (vgl. Caplow 1956). Damit sichert er seine Herrschaft nach außen und innen. Er regiert über die Figuration *und* über das Bündnis. Stärkere oder gleich Mächtige würden dem nur im Wege stehen. Es reicht der Kleine, der gerade noch die Mehrheit verschafft, im Bündnis jedoch wenig zu melden hat. Große Koalitionen würden wegen ihrer Organisationsprobleme nur Macht und Energie kosten. Verliererbündnisse scheiden a priori aus. Sie bringen nichts ein.

Strategisches Denken ist kein Privileg der Mächtigen. Daß der Überlegene einen kleinen Mitstreiter findet, liegt keineswegs an Zwang oder Gewalt. Die Jünger des Diktators, die Helfershelfer der Macht, die kleinen Lieferanten und Wasserträger, alle wollen sie ihre Lage aufbessern und andere aus dem Feld schlagen. Nach Überlegenheit zu streben wäre eine Illusion, nach Maximierung der Einsätze keineswegs. Die minimale Gewinnkoalition, die der strategischen Orientierung am nächsten kommt, verlangt nicht von allen den bedingungslosen Willen zur Macht. Auch wer mit seinen bescheidenen Mitteln maximale Vorteile herausschlagen will, denkt in diesem Kalkül. Mit innerer Reserve gesteht er dem Mächtigen seine Überlegenheit zu; solange er mehr erhält als zuvor, geht die Willfährigkeit in Ordnung. Bereitwillig unterwirft er sich der Macht, weil er von ihr profitiert, weil er etwas bekommt, was ihm ohne Gehorsam unerreichbar wäre. Der Herrschaftswillen des Mächtigen und der Egoismus des Schwachen ergänzen sich aufs trefflichste. Beide ersparen sich den Aufwand ideologischer Gemeinsamkeit oder persönlicher Gemeinschaft. Jeder ist für den anderen lediglich Mittel zum Zweck, der Knecht für den Herrn und der Herr für den Knecht. Der Knecht gibt dem Herrn die Macht über alle, der Herr übergibt dem Knecht die Waffen zur Ausbeutung des Gegners. Als Hilfsknappe ist der Knecht stets mehr als nur ein Knecht.

Strategische Denkmuster sind in Organisationen ungleich verteilt. Natürlich ist im Prinzip jedermann in der Lage, die Machtspiele mitzuspielen. Doch nur eine Minderzahl ist Tag für Tag damit beschäftigt, ihre Machtspiele bewußt zu spielen. Wo eine Maschine zu konstruieren oder zu bedienen ist, regiert zwar technische Sachlichkeit, aber keine soziale Instrumentalität. Wo die Kameradschaft gepflegt wird, ist man zwar in allerlei persönliche Kleinkriege verwickelt, aber nicht unbedingt in Machtkämpfe. Anders verhält es sich bei Positionen mit politischer und strategischer Qualität. Wo ökonomische und politische Entscheidungen zu treffen, wo andere Menschen zu führen, Interessen oder Produkte zu verkaufen sind, versteht sich der *Habitus sozialer Instrumentalität* von selbst. Macht und Gewinn sind hier Beruf. Untergebene, obzwar hautnah mit einer Vormacht konfrontiert und mit den Techniken des alltäglichen Arbeitskampfes durchaus vertraut, haben weniger mit Machtfragen zu tun als ihre Vorgesetzten. Während sie ihre Sache bearbeiten, arbeiten jene an ihrer Macht. Die vertikale Spezialisierung der Arbeit, die Aufspaltung in Leitung und Ausführung, verteilt auch die Mentalitäten, an die strategische Machtallianzen anknüpfen können.

Das Machtinteresse ist eine distanzierte Gemeinsamkeit. Das Verhältnis wirkt kühl und sachlich, strikt beschränkt aufs Wesentliche und Nötigste. Indes, es ist wie mit den meisten Extremen. Unversehens schlagen sie ins Gegenteil um. Die Zweckrationalität des Knechts bricht plötzlich zusammen. Zunächst hatte er den Herrn aus sicherer Entfernung beobachtet und kaltblütig abgewogen, was ihm sein Gehorsam einbringt. Doch nun packt ihn die Identifizierung. Die Macht, an der er teilhat, fasziniert ihn, strahlt auf ihn aus, nimmt ihn gefangen. Erst einmal auf den Geschmack gekommen, strebt er nach mehr. Der Knecht will werden wie der

Herr. Er ahmt ihn nach, bewegt sich wie er, spricht wie er, handelt und denkt wie er. Der kleine Hilfsmann mausert sich zum kleinen Tyrannen. Die Koalition, zunächst als reines Zweckbündnis zum Machtgewinn gemeint, verwandelt sich in einen *mimetischen Verband.* Der Mächtige bestimmt den Verhaltensstil, sein Habitus wird allen zum Vorbild. Die Allianz erreicht einen neuen Aggregatzustand, einen Zustand der emotionalen Assimilation. Nun verwirrt es den Jünger, wenn der ideale Herr sich einmal eine Blöße gibt, und der Herr ist bitter enttäuscht, falls der Knecht seinen Fetischdienst aufkündigt und sich wieder auf sein nacktes Interesse besinnt.

Taktische Machtkalküle fördern die Aggressivität. Sie richten sich gegen eine Opposition und entwerfen Pläne für die Zukunft. Strategisches Denken ist ein primär futurisches Bewußtsein. Es will nach vorn. Dieser zeitliche Akzent verschiebt sich, sobald die *soziale Sicherheit* in den Vordergrund tritt. Nun geht es nicht um Eroberung, sondern um die Bewahrung des Status quo. Jetzt ist das Ziel die Erhaltung der Besitzstände, die Vermeidung drohenden Unheils, allenfalls noch ein maßvoller, gemächlicher Fortschritt. Sicherheitsbündnisse interessieren sich eher für Gegenwart und Vergangenheit als für die Zukunft. Bewahren kann man ja nur, was man hat. Darin liegt, jenseits aller Sachthemen, der konservative Grundton, der diesen Allianzen eigen zu sein pflegt.

Die größte Sicherheit verspricht die Erfahrung. Was man kennt, das hat man. Daher hält man sich an den, der einem vertraut ist, mit dem man schon immer zusammen war. Erfolgreiche Mannschaften trennt man nicht, doch auch erfolglose Partner klammern sich häufig aneinander, nicht weil es keinen Ersatz gäbe, sondern weil der Wechsel zu riskant erscheint. Obwohl kaum etwas zu gewinnen ist, weiß man so immerhin, woran man ist. Die gemeinsame Vorgeschichte verbindet. An Gewohntem festzuhalten, hat durchaus einen rationalen Sinn. Es entlastet von den Unwägbarkeiten des Neuen. Wer kann schon mit Sicherheit voraussagen, daß ein neues Bündnis nicht alsbald scheitern wird, so daß man anschließend alleine dasteht? Deshalb läßt man alles, wie es ist. Die Zukunft der Koalition ist ihre Vergangenheit.

Wenn Geschichte nichts mehr einbringt, bietet sich eine andere Technik an. Um sich abzusichern, rafft man alle Ressourcen zusammen, die sich auftreiben lassen. Jeder Mitstreiter ist willkommen, selbst die Trittbrettfahrer finden ein Heimatrecht. Die Allianz kann nicht groß genug sein. Es gilt das Kriterium der *maximalen Ressourcen* (vgl. Schneider 1977, S. 79). Obgleich der Vorsprung auch mit geringerem Aufwand zu erreichen wäre, will man jedes Risiko vermeiden und die Verantwortung auf möglichst viele Schultern verteilen. So entstehen *Surplus-Koalitionen* (vgl. Schofield 1984, S. 300), die mächtiger sind, als sie sein müßten, und mehr Mitglieder vereinigen, als sie tatsächlich benötigen. Gründe dafür lassen sich unschwer finden. In Notlagen hilft manchmal nur noch die konzentrierte Anstrengung aller Kräfte, unpopuläre Entscheidungen, die alle in ihrer Existenz betreffen, sollen auch von allen getragen werden. Bei konfliktträchtigen Innovationen bezieht man frühzeitig alle ein, damit hinterher keiner sagen kann, er habe es schon immer gewußt. So ist am Ende niemand alleine schuld. Mitunter ist es auch bloß die Unsicherheit über die eigene Stärke, die nach allseitiger Harmonie verlangt. Soziale Krisen, Legitimationsdruck oder Konsensbedarf produzieren eine Sicherheitspolitik, die Allianzen so aufbläht, daß am Ende regelrechte Allparteienbündnisse herauskommen.

Fallstudie: Unternehmen COSA – oder der unendliche Marsch der Allparteienkoalition

Es beginnt mit einer Idee. Der Direktor einer westdeutschen Stadtverwaltung, inspiriert vom Reformmodell der Organisationsentwicklung, sucht einen Amtsbereich, wo er seine Vorstellungen verwirklichen kann. Der Zeitpunkt ist günstig. Soeben hat das Hauptamt, das für die Rationalisierung der Verwaltung zuständig ist, ein interessantes Angebot erhalten, ein Computerprogramm für das seit Jahren überlastete Sozialamt. Was liegt näher, als die Mitarbeiter an der Technikeinführung zu beteiligen und dafür öffentliche Fördermittel des Ministeriums einzuwerben? Technik plus Humanisierung der Arbeit und dazu weitere Personalstellen von fremder Hand, dieser Idee kann der Verwaltungschef schwerlich widerstehen. Das Projekt COSA (Computerunterstützte Sachbearbeitung) ist geboren.[11]

11 Die Fallstudie stützt sich auf Verhandlungsprotokolle und narrative

Der Idee folgt die Konferenz. Dazu ruft der Direktor mehrere Instanzen zusammen: die Leiter des Haupt- und des Sozialamts, den externen Anbieter des Computerprogramms, die Experten des örtlichen Rechenzentrums sowie zwei Soziologen, die seit mehreren Monaten mit der Organisationsentwicklung einer anderen Ämtergruppe befaßt sind. Die Informatiker erörtern das vorliegende Angebot, der Stadtdirektor und die Soziologen plädieren gemeinsam für das Reformexperiment. Das Hauptamt trägt die Idee seines Vorgesetzten ohne ersichtliche Begeisterung mit, das Sozialamt jedoch knüpft seine Zustimmung an gewisse Bedingungen: COSA dürfe die ohnehin überforderten Sachbearbeiter nicht noch zusätzlich belasten, die alten Kapazitätsberechnungen des Hauptamtes müßten vom Tisch und außerdem sei das gesamte Projekt nur mit neuen Planstellen durchführbar. Dabei steht noch keineswegs zur Debatte, ob COSA wirklich stattfinden soll. Zu entscheiden ist lediglich, ob die Stadt überhaupt einen Antrag an das Ministerium richten und sich einem überregionalen Projektverbund mehrerer Kommunen anschließen soll, die ebenfalls ihre Sozialämter technisieren wollen. Sehr viel weiter wird man auch in den nächsten vier Jahren nicht kommen. Unternehmen COSA ist keine praktische Technikeinführung, sondern ein sozialer Koalitionsprozeß in einer Bürokratie, bei dem es allein um die Beantragung von Drittmitteln für den Technikeinsatz geht.
Partizipation ohne Zustimmung der betroffenen Mitarbeiter ist ein Widerspruch in sich. Daher deutet der Verwaltungschef schon frühzeitig eine Entscheidungsregel an, die jedoch erst später klar und verbindlich werden wird. Den Sachbearbeitern im Sozialamt soll ein kollektives Vetorecht nach dem ersten Erprobungsjahr eingeräumt werden. Sagen sie dann Nein, wird das Projekt abgebrochen. Überdies ist bereits für den Antrag die Einwilligung der Personalvertretung zwingend vorgeschrieben. So bleibt nach dieser ersten Runde nichts anderes übrig, als den Personalrat für das Projekt zu gewinnen. Ohne Zustimmung aller, ohne eine Koalition aller Parteien ist COSA nicht auf den Weg zu bringen.

Intensivinterviews mit den wichtigsten Beteiligten. Um den mehrjährigen Prozeß aus verschiedenen Perspektiven zu rekonstruieren, wurde jeder Gesprächspartner zu Erzählungen über einzelne Ereignisse ermuntert. Die folgende Geschichte beruht auf einer vergleichenden Interpretation der Zeugenaussagen unter dem Aspekt der Koalitionsbildung.

Dies geschieht wenige Tage später. Der Personalrat (PR) ist völlig überrascht. »Also da wurde im Grunde genommen schon durch so einen Schneeball eine Lawine ausgelöst, und uns hat man dann dazwischen reingeworfen, weil die angenommen haben, daß wir bei neuen Technologien sowieso kritisch sind.« Obwohl den Interessenvertretern signalisiert wird, daß man von ihrer Zustimmung abhängig ist, nehmen sie das neue Projekt auf der gewohnten Konfliktfolie wahr. Für sie ist COSA eine Ausgeburt des Hauptamtes, dieser »Krönung der Stadtverwaltung«, dessen Rationalisierungspolitik bisher stets Personal reduziert hat. Alle Versprechen in der Vergangenheit seien nichts als »leere Luftblasen« gewesen. Höchste Vorsicht ist also geboten.

Das Hauptamt ist der natürliche Gegner des Personalrats. Die Allparteienkoalition, die von der hierarchischen Spitze angesteuert wird, ist durchzogen von alten Konfliktlinien. Das Sozialamt verlangt die Aufhebung der restriktiven Kapazitätsberechnungen, der Personalrat mißtraut der Rationalisierungsagentur aus Erfahrung und Prinzip. Unabgesprochen monieren beide Opponenten dieselben Probleme: die heillose Überlastung des Sozialamts und die unzureichende Stellenbewertung und -planung. Da aber COSA nur mit Zustimmung der Personalvertretung beantragt werden kann, spielt (PR) erst einmal auf Zeit und testet aus, wie weit sich der Beitrittspreis zur Koalition in die Höhe treiben läßt. Und um den eigenen Wählern nicht in den Rücken zu fallen, bindet das Vertretungsorgan sein Votum an den Willen der betroffenen Amtsbelegschaft. Eine delikate Konstellation: Einerseits dürfen die Sachbearbeiter nicht umstandslos für COSA votieren, denn dann ist jede Trumpfkarte im Beitrittspoker verspielt. Andererseits dürfen sie jedoch auch nicht endgültig ablehnen, weil man dann ihre Zustimmung nicht mehr gegen Zugeständnisse eintauschen kann. Die Koalitionsbildung wird überlagert durch den Kalkül taktischer Delegationspolitik.

Zuerst beruft (PR) zwei Personalversammlungen ein. Auf der ersten propagieren die Verfechter von COSA ihr Projekt, auf der zweiten warnt ein Experte der Gewerkschaft vor den Risiken. Die Belegschaft wird auf die Taktik des Personalrats eingeschworen: Mit wenigen Gegenstimmen lehnen die Sachbearbeiter COSA ab. Eine spätere Zustimmung wird an einen Katalog von Forderungen geknüpft, die der Personalrat wenig später dem Verwaltungschef präsentiert. Insoweit geht die politische Rechnung auf. Das

Abstimmungsurteil der Belegschaft bleibt ein Trumpf im Machtspiel des Koalitionsbeitritts.
Beim Stadtdirektor beißt man allerdings auf Granit. Er versteht das Projekt als großzügiges Beteiligungsangebot und weigert sich beharrlich, ein Junktim für die Zustimmung des Personalrats anzuerkennen. Die Forderungen nach zusätzlichem Personal, nach formeller Absicherung der Beteiligung und nach einer generellen Dienstvereinbarung über die Arbeitszeiten am Bildschirm lehnt er in mündlicher Verhandlung rundum ab. Für ihn ist der Forderungskatalog ein durchsichtiges Erpressungsmanöver. Nur eine spätere Überprüfung des Personalbedarfs im Sozialamt stellt er in Aussicht, ein Zugeständnis, das freilich kaum einklagbar ist. Derart abgeblockt, tritt der Personalrat den Rückzug an, um keinen Eklat auszulösen. Nochmals sollen die Sachbearbeiter selbst entscheiden, ob sie ihre Ablehnung aufrechterhalten. Denn mittlerweile hat sich der Widerstand etwas abgemildert. Ein externer Berater aus der Gewerkschaftszentrale hat die Unterstützung von COSA empfohlen, weil die Organisationsentwicklung frühzeitige Einflußchancen auf die Software verspricht, ein politisches Ziel, das man bislang immer vergeblich eingeklagt hat.
Doch die Amtsbelegschaft bleibt in Opposition. Obwohl der Stadtdirektor auf der dritten Personalversammlung eine flammende Propagandarede für COSA hält, erteilt sie dem Vorhaben erneut eine Abfuhr. Das Ergebnis ist denkbar knapp: 31 Ja- und 36 Neinstimmen. Das Amt ist gespalten, die Meinungen gehen quer durch die Zimmer: Die einen hoffen auf Arbeitserleichterung und Höherqualifizierung, die anderen fürchten Abqualifizierung, Gewohnheitsverluste und zusätzliche Überlastung. Die Entscheidung wirkt wie ein Tritt ins Wespennest. Der Verwaltungschef ist erbost, weil man seinem guten Willen mißtraut, der Personalrat sieht die Kooperation mit der Hierarchie gefährdet und befürchtet nun einen autokratischen Technikeinsatz von oben. Der Leiter des Sozialamts sorgt sich um die Stellung seines Amtes, falls in Zukunft das Hauptamt bei Personal- und Materialforderungen auf stur stellen wird. Die Situation scheint verfahren. Eilig setzt man sich zusammen, um den Schaden zu reparieren. Der Personalrat fühlt sich widerwillig an das Votum der Belegschaft gebunden. Da öffnet ihm der Direktor einen Ausweg. Er verfaßt einen Brief, der nochmals seine Position bekräftigt: kein Junktim, keine Dienstvereinbarung, vielleicht ein bis zwei neue

Stellen, dafür aber das Vetorecht der Beteiligten nach dem ersten Erprobungsjahr. Und damit das Schreiben seine Wirkung nicht verfehlt, droht er unter der Hand, eine nochmalige Ablehnung könne bei späteren Fragen seine Konzessionsbereitschaft aufs Spiel setzen. Diese Drohung ist die schriftliche Einlaßkarte für den Koalitionsbeitritt.

Der Leiter des Sozialamts eilt von Tür zu Tür, um in individuellen Gesprächen seine Sachbearbeiter umzustimmen. Der Personalrat erklärt die Ablehnung für vorläufig und beruft eine vierte Versammlung ein. Den Brief des Stadtdirektors deutet er als neue Sachlage um, die eine erneute Abstimmung erfordere. Obwohl de facto keinerlei Zugeständnisse gemacht wurden, verkauft er die schriftliche Form als Entgegenkommen. Und um ganz sicher zu gehen und die Form zu wahren, läßt er erst einmal abstimmen, ob man überhaupt noch einmal abstimmen soll. Das Ergebnis ist positiv: 44 Ja, 19 Nein. Weniger überzeugend ist jedoch das Schlußvotum: 38 zu 27 Stimmen jetzt für COSA. Wenige Wechselwähler, die ihrem Amtsleiter einen persönlichen Gefallen tun wollen, geben am Ende den Ausschlag. Der örtliche Personalrat bleibt gespalten. Einer stimmt zu, der andere enthält sich. Aber nun kann der Personalrat der Allparteienkoalition beitreten, ohne sein Gesicht zu verlieren. Von seinem Forderungskatalog hat er außer dem schriftlichen Vetorecht nichts erreicht. Aber niemand kann sagen, er habe der Belegschaft eine Beteiligungschance verweigert oder sie gar einer autoritären Technikeinführung ausgesetzt.

Die Allparteienkoalition, die auf diese Weise zustande kommt, ist trotz allseitiger Erleichterung alles andere als homogen. Zu verschieden sind die Interessen, Kenntnisse und Befürchtungen, als daß sie zu sozialer Einheit verschmelzen könnten. Wirklich überzeugt von COSA, diesem integrierten Konzept von Technikeinführung und Organisationsentwicklung, ist außer dem Verwaltungschef nämlich niemand. Das Hauptamt spielt notgedrungen mit, weil das Projekt neue Finanzmittel verspricht, Partizipation ist ihm eher ein Dorn im Auge. Der Leiter des Sozialamts spielt mit, weil sich an der Überlastung endlich etwas ändern muß und weil er keine unwägbaren Nachteile in Kauf nehmen will. Der Personalrat spielt zähneknirschend mit, weil er die Gefahr eines hierarchisch gesteuerten Technikeinsatzes verhindern will. Der Anbieter des Computerprogramms will sein Programm verkaufen, an Beteiligung liegt ihm nichts. Die Fachleute des Rechenzentrums spielen mit, weil sie durch den externen Anbieter nicht ausgebootet werden wollen. Den Soziologen ist vor allem an ihrem Partizipationsmodell gelegen. Die Sachbearbeiter schwanken zwischen Mißtrauen und Hoffnung. Manche wollen einfach nur einen Computer zur Arbeitsentlastung, andere wollen um keinen Preis die neue Technik, und fast allen ist das Beteiligungsmodell, das ihnen propagandistisch verkauft wurde, weder glaubwürdig noch attraktiv. Im Amt herrschen in den nächsten Wochen Ärger und Zorn. Die Gegner werfen dem Personalrat Inkorrektheit beim Verfahren und den Wechselwählern persönlichen Opportunismus vor. Sie fühlen sich ausgetrickst, während die Befürworter froh sind, daß alles überstanden ist. Die Zustimmung hat das Amt polarisiert. Dies ist der soziale Preis für die Beteiligung an einer Koalition, deren Basis nicht mehr als das kollektive Minimum umfaßt.

Nachdem das Allparteienbündnis besiegelt ist, beginnt die normale Arbeit. COSA, der Fokus der Koalition, kehrt dorthin zurück, woher es gekommen ist. Der Chef des Hauptamtes wird zum offiziellen Projektleiter ernannt und erhält die Federführung für die Vorbereitung des Antrags. Seine Behörde übernimmt die Finanz- und Personalplanung, die Außenkontakte mit dem Projektträger und den anderen Kommunen. Das Handlungszentrum verlagert sich zurück in die Hierarchie. Die Betroffenen haben ihre Schuldigkeit getan. Alles weitere geht über den Dienstweg. Die einzige Institution, in der das Bündnis überlebt, ist ein gemischtes Koordinationsgremium. Ohne jemals offiziell eingerichtet worden zu sein, entwickelt es sich neben der Hierarchie zu einem stabilen Forum der Bündnispolitik. Von Fall zu Fall kommen hier die Leiter des Haupt- und des Sozialamts, ein Mitarbeiter der Organisationsabteilung, ein Vertreter des Gesamtpersonalrats, die örtlichen Personalräte, Vertreter des externen Rechenzentrums sowie die Begleitforscher zusammen, um jeweils aktuelle Probleme des Konzepts zu debattieren. Dies ändert freilich nichts daran, daß nun das Hauptamt »im Untergrund arbeitet«, wie es ein Personalrat treffend formuliert. Der fehlende Informationsfluß wird nachträglich von mehreren Seiten moniert. Trotz des zentralen Komitees liegt die Hauptarbeit bei der Bürokratie. War es zuvor die Delegationsfiguration, so ist es jetzt die hierarchische Arbeitsteilung, die das Bündnis überformt. Im Detail weiß kein Bündnispartner genau, wie der aktuelle Stand der Dinge ist, was

externe Gespräche ergeben haben, ob das Hauptamt tatsächlich arbeitet oder nicht. Für die meisten Alliierten sind die Chancen der Koalition und die konkrete Programmarbeit alles andere als durchsichtig.
Die inneren Unwägbarkeiten hindern das Bündnis freilich nicht daran, nach außen geschlossen aufzutreten. Auf einer Gutachtersitzung mit allen Beteiligten des Projektverbundes präsentieren die Antipoden der Allianz, Hauptamt und Personalrat, zusammen das gemeinsame Vorhaben. Kein Partner signalisiert Vorbehalte in der Öffentlichkeit oder setzt Akzente, die Zweifel am gemeinsamen Willen schüren könnten. Selbst der Leiter des Hauptamtes, der intern gegen das Partizipationsmodell immer wieder Vorbehalte anmeldet, läßt nach außen keinerlei Reserven durchblicken. Die außenpolitische Selbstdarstellung zwingt zur Einigkeit, die im Innern keineswegs gegeben ist. Im Hin und Her der Antragsfassungen, der mehrmaligen Überarbeitungsrunden läßt sich das Hauptamt nämlich Zeit, nicht nur wegen zahlreicher sachlicher Unklarheiten, sondern auch wegen grundsätzlicher Skepsis. So schleppt sich die Arbeit über mehrere Monate dahin. Viermal revidiert man den Antrag, fährt durch die Lande, um sich andernorts sachkundig zu machen, und wartet auf Zwischenbescheide und Korrekturvorschläge. Keiner der Partner forciert die Entwicklung. Gelegentlich fragt man nach, ohne Neues zu erfahren. Fortschritte sind schwerlich erkennbar. Das Vorhaben scheint im Sande zu verlaufen, das Reformbündnis scheint sich im Räderwerk der bürokratischen Routine aufzulösen.
Inmitten dieser Pause platzt die Bombe. Auf einer Routinesitzung des Koalitionsgremiums präsentieren die Spezialisten des kommunalen Rechenzentrums (RZ) ein Alternativkonzept, das alle bisherigen Vorstellungen über den Haufen wirft. Seit Monaten haben sie heimlich an einer landeseinheitlichen Lösung für die Sozialämter mitgearbeitet, ohne jedoch irgend jemanden in der Verwaltung zu benachrichtigen. Erst als ihr Konzept eines zentralen Dialogverfahrens halbwegs ausgereift ist, wagen sie sich an die Bündnisöffentlichkeit – und lösen damit allseits Erstaunen, Ärger und Empörung aus. In der beschwichtigenden Diktion des Hauptamtsleiters, der selbst im Verwaltungsrat des Rechenzentrums sitzt, hört sich die Szene im nachhinein so an: »Und da sind wir alle so ein bißchen überrascht worden. Als das auf den Tisch kam, schlug das ein wie eine Bombe. Denn wir hatten mit denen

regelmäßig zum Thema COSA zusammengesessen, bei etlichen Besprechungen, und irgendwann hörten wir dann, da läuft jetzt noch was anderes, wo das Rechenzentrum auch mitarbeitet. Da gab es auch so ein bißchen Eklat beim Direktor, in so einer Besprechung, auch auf uns, warum uns nichts, wo wir öfter auf dem kleinen Dienstweg mit den Leuten korrespondieren, warum uns das nicht gesagt wurde. Da hätte man doch sensibel sein müssen, einerseits COSA und parallel ein anderes Verfahren dazu. Da sind also dann doch mal harte Worte gefallen, daß die parallel arbeiten, wohl auch so nach dem Motto Konkurrenz, wollen doch mal sehen, ob wir nicht auch so was wie COSA können oder noch besser. Kann man ja machen, hätte man natürlich sagen müssen, allen, und das haben wir denen schon so ein bißchen übelgenommen, wir hätten das wissen müssen. Na, im nachhinein heißt es, ich habe es Ihnen doch telefonisch gesagt. Das ist nicht sauber gelaufen.« Der Verwaltungschef fühlt sich persönlich hintergangen und legt formell Beschwerde ein. Die Übeltäter versuchen sich mit dem Hinweis herauszureden, vorher schon ihre Entwicklungsarbeit erwähnt zu haben. Die Sitzung endet in Peinlichkeit, das Hauptamt erhält den Auftrag, die neue Sachlage zu klären und zusammen mit (RZ) die Alternativen zu prüfen.
Der Sache nach bietet das neue Konzept durchaus einige Vorteile. Es verspricht gegenüber dem ungewissen, kostspieligen und langwierigen Projekt COSA sowohl Zeit- als auch Sicherheitsgewinne. Seine technische Machbarkeit ist absehbar und kalkulierbar, angesichts des aktuellen Überlastungsdrucks im Sozialamt ein nicht zu unterschätzender Faktor. Im übrigen ist es eingebunden in eine landesweite Planung, so daß ein politischer Alleingang der Stadt vermieden wird. Während der Anbieter von COSA Programmprobleme mit immer neuen Versprechen und vagen Ideen kaschiert und zusehends an Glaubwürdigkeit einbüßt, stehen hinter dem Alternativkonzept die vertrauten Fachleute, mit denen man seit Jahren solide Zusammenarbeit pflegt. Mit Organisationsentwicklung und Partizipation hat es freilich nichts weiter zu tun. Das Implementationsmuster ist weitgehend konventionell. Die Techniker entwickeln und führen das Verfahren ein, die betroffenen Sachbearbeiter können allenfalls noch Details korrigieren. So stellt das neue Konzept folgende Alternative: Technische Sicherheit mit minimaler Partizipation oder technische Ungewißheit samt den Risiken sozialer Beteiligung.

Für die soziale Einheit der Reformkoalition bringt dieser Vorstoß einige Folgeprobleme mit sich. Würde man COSA verwerfen und dem neuen Vorschlag folgen, so verlöre man nicht nur das Gesicht nach außen, gegenüber dem Ministerium, dem Projektverbund und der politischen Öffentlichkeit. Man riskierte zugleich den inneren Zusammenhalt. Die den Betroffenen mühsam abgetrotzte Zustimmung wäre dahin, der Personalrat sähe alle seine Befürchtungen bestätigt, alle Beteiligungsversprechen erwiesen sich als leeres Gerede, und die monatelangen Debatten, Propagandaaktionen und Antragskorrekturen stellten sich im nachhinein als überflüssige Arbeit heraus. Die Allianz hätte kein gemeinsames Programm mehr, die Implementation würde, wie eh und je, zu einer Sache der Hierarchie mit all ihren Akzeptanzproblemen. Dennoch plädiert das Hauptamt in einer ausgewogenen Expertise für das Prinzip Sicherheit, für die neue technische Alternative, die die Beteiligung vor Ort auf ein Minimum reduziert.
Der Personalrat hat eine ganz andere Sicht der Lage. Während das Hauptamt den Anbieter von COSA für einen unsicheren Kantonisten hält, von dem man sich keinesfalls abhängig machen darf, setzt der Personalrat ganz auf die Autorität des externen Fachmanns. Er habe bei Fachgesprächen die Techniker des (RZ) vor allen gründlich blamiert. Deren Konzept sei weder hinreichend leistungsfähig noch bedienerfreundlich, Einfluß auf die Entwicklung sei ohnehin nur eine »Seifenblase«, ein leeres Wort, kurzum: das Ganze sei eine »große Kröte«, die man, wie bei allen Technikeinführungen in der Vergangenheit, schlucken solle. Aus der Perspektive des Personalrats sind Hauptamt und (RZ) altbekannte Bündnispartner der hierarchischen Rationalisierung. Schon deswegen votiert er für COSA. So droht der Allparteienallianz das Ende, falls die Entscheidung gegen COSA und für die neue Alternative fällt.
Der Affront des (RZ) verändert die soziale Konstellation der Allianz. Unversehens sind die technischen Spezialisten aus der Gemeinsamkeit ausgeschert. Das Koalitionsprogramm COSA wird nochmals zur Disposition gestellt und in den hierarchischen Dienstweg zurückgeleitet. Nicht das Bündnisgremium entscheidet über die Alternativen. Das Hauptamt, das dem ganzen Unternehmen seit Beginn zurückhaltend gegenübersteht, wird mit der Expertise beauftragt. Und am Ende urteilt der Stadtdirektor allein, ohne weitere Konsultation. Allerdings entscheidet er sich

gegen die Bürokratie, gegen das Hauptamt und für die Fortsetzung von COSA, gegen die technische Sicherheit und für das soziale und politische Risiko. Dieser Beschluß ist erstaunlich genug. Er wendet sich gegen die hauseigenen Fachleute und bestätigt das Bündnisprogramm. Die hierarchische Spitze präferiert die Idee der Basisbeteiligung und erweist sich als wahrer Sachwalter der Allianz gegen die Konventionalisten der Mitte. Anders gesagt: Nicht das Bündnis beharrt auf seinem Programm, sondern der Chef des Apparats. Das (RZ) soll seine Alternative weiterentwikkeln, abhalten kann man es davon nicht, das Hauptamt aber hat weiterhin COSA zu verfolgen. Nach zwei Jahren landet der soziale Prozeß, wo er einst begonnen hatte: bei der Spitze, die nochmals beschließt, was sie damals schon beschlossen hatte.
Nach dieser dramatischen Runde kehrt der Alltag wieder ein. Die Aktivitäten flauen ab, die Arbeit am Antrag verebbt. Monate später erst findet der Verwaltungschef per Zufall ein Schreiben auf dem Tisch, in dem der Anbieter von COSA eine lauffähige Programmfassung in Aussicht stellt. Dies nimmt er zum Anlaß, nochmals eine Sitzung einzuberufen, um sich nach dem Stand der Dinge zu erkundigen. Es stellt sich heraus, daß das zuständige Hauptamt über ein halbes Jahr lang nichts unternommen hat, um einen neuen Antrag fertigzustellen. Der Direktor geht förmlich »in die Luft« und »haut das Hauptamt in die Pfanne«, so ein Beobachter. Schließlich sei er es, der die Prioritäten zu setzen habe und nicht das Hauptamt. Dessen offensichtliche Verzögerungstaktik zerstöre das Vertrauensverhältnis zu den Mitarbeitern im Sozialamt. Die Front gegen den untreuen Bündnispartner ist geschlossen, der Personalrat moniert erneut den fehlenden Informationsfluß, der Sozialdezernent und der Leiter des Sozialamtes machen sich nochmals für COSA stark. Der Direktor setzt seinem Hauptamt ein Ultimatum, und nach einigen Wochen wird der Antrag dann endlich abgesandt.
Mittlerweile jedoch ist alles zu spät. Das Vorhaben wird vom Ministerium wegen fehlender Mittel abgelehnt. Da in den anderen Städten die Erprobung längst fortgeschritten ist, verspricht man sich keine zusätzlichen Erkenntnisse mehr. Unterdessen hat auch die Leitung der Verwaltung gewechselt. Der neue Direktor fühlt sich jedoch an die Zusagen seines Vorgängers gebunden und setzt weiterhin auf Partizipation. Obwohl das technische Konzept passé ist, hat der Koalitionsprozeß gewisse Fakten gesetzt, hinter die

man nicht mehr zurück kann. Nun kommt die sichere Alternative des Rechenzentrums zum Zuge, verkoppelt mit Organisationsentwicklung. Auch das Vetorecht der Sachbearbeiter im Sozialamt ist keineswegs außer Kraft. Praktische Bedeutung hat es allerdings noch nicht erlangt. Denn auch viereinhalb Jahre nach Beginn der unendlichen Koalitionsgeschichte hat sich noch nichts getan. Die beiden hauptamtlichen Organisationsentwickler, die in der Zwischenzeit eingestellt wurden, haben zwar die Probleme des Amtes notiert, doch es gibt keine Umsetzungsgruppe, und in den Arbeitsräumen des Amtes steht kein einziger Computer.

Der endlose Prozeß dieser Allparteienkoalition zeigt eine bemerkenswerte Zähigkeit. Er zieht sich über Jahre, ohne daß das Programm der Allianz, Finanzmittel für eine partizipative Technikeinführung zu erlangen, erreicht wird. Es gibt Hochphasen emsiger Arbeit, der Konsultation und des Konflikts und dazwischen lange Perioden der Passivität und Teilnahmslosigkeit. Der Bündnisprozeß bewegt sich gleichsam in Wellen: zuerst die dramatischen Aktivitäten, bis der Vertrag von allen gebilligt ist, dann die schleppende Alltagsarbeit des Apparats, die zweimal durch dramatische Ereignisse unterbrochen wird. Der erste Eklat kostet die Mitwirkung der örtlichen Techniker und wirft das Bündnis auf sein Anfangsstadium zurück. Der zweite Eklat beschleunigt die Arbeit und führt nach zweieinhalb Jahren endlich zum Abschluß des Antragsverfahrens. Konflikte wirken hier wie soziale Motoren, die das Aktivitätsniveau zeitweilig hochtreiben und den sozialen Prozeß forcieren.

Die Ursachen der Prozeßwellen geben einige Hinweise auf die allgemeine Dynamik von Allparteienallianzen. Das thematische Reservoir derartiger Koalitionen ist naturgemäß kleiner als bei begrenzten Bündnissen, nicht wegen des offenen Widerstreits von Interessen, sondern wegen des quantitativen Umfangs des sozialen Kreises. Je größer die Anzahl der verbündeten Parteien, desto geringer die Schnittmenge der Gemeinsamkeiten. Worauf man sich einigen kann, ist für die meisten nur eine Nebensache, woran keiner sein Herz hängt. Was die Koalition an sozialer Absicherung gewinnt, verliert sie an Engagement und Handlungsbereitschaft. Kompatibel ist nur ein Minimum, und für dieses Minimum lohnt die Arbeit nicht. Daß Allparteienbündnisse in Trägheit verfallen, liegt nicht an unlösbaren Antagonismen, sondern daran, daß die Ziele, die sie zustande bringen, nur wenig Begeisterung

auslösen. Die Verbündeten spielen mit, widerwillig oder einer Not gehorchend, weil sie Nachteile vermeiden wollen oder sich geringfügige Vorteile versprechen. Wenn aber der Anreiz gegen Null tendiert, ist keiner bereit, freiwillig die Sache in die Hand zu nehmen. Die Allparteienallianz verkommt zu einer Koalition von Mitläufern, denen der Anführer fehlt.
Zustatten kommen der Koalition jedoch ihre hochgradig unklaren Ziele. Gegen fremde Finanzmittel hat keiner etwas. Was aber am Ende des Projekts herauskommen wird, weiß niemand. Die technischen Detailprobleme übersehen nicht einmal die Spezialisten. Und wie Partizipation bei der Entwicklung der Software funktionieren soll, ist gleichfalls undurchsichtig. Das Hauptamt befürchtet eine Einmischung in seine Gewohnheiten der Rationalisierung. Der Personalrat sieht lediglich eine vage Einflußchance, der Leiter des Sozialamts erhofft sich eine Verbesserung der Gruppendynamik, manche Sachbearbeiter halten das Ganze nur für zeitraubendes Gerede. Da unklare Ziele auch die Befürchtungen und Hoffnungen vage lassen, ist eine gewisse soziale Verträglichkeit möglich. Was unbekannt ist, löst auch keinen unlösbaren Streit aus. Doch was sich nicht eindeutig vorstellen läßt, kann auch nicht wirklich angestrebt werden. Der Wille, etwas auszuprobieren, ersetzt nicht das konkrete Arbeitsziel. Vagheit sorgt zwar dafür, daß man überhaupt zusammenkommt, nicht aber dafür, daß man zusammenbleibt. Denn die Mitläufer wissen einfach nicht, wohin sie laufen sollen.
Koalitionen entstehen nicht auf einer tabula rasa. Das soziale Feld ist vorgegeben und institutionell verfestigt. Der Bündnisprozeß wird von drei Konstellationen überformt: von alten Konfliktfronten gegen das Hauptamt, von der bürokratischen Hierarchie und von der Delegationsstruktur. Die Frontlinien werden zwar durchlöchert, aber dies fordert aufwendige Verhandlungsrunden und verzögert den Prozeß der Koalitionsbildung erheblich. Die Struktur der Stellvertretung verleitet zu einem dramatischen Poker um den Beitrittspreis, der außer dem Vetorecht nichts einbringt. Aber dieses Vetorecht ist nichts anderes als die Erlaubnis, zu einem vorbestimmten Zeitpunkt das gemeinsame Bündnisprogramm aufkündigen zu dürfen. So kommt ein zentraler Partner hinzu, nur weil er den Freibrief erhält, alsbald wieder gehen zu können. Unangefochten bleibt schließlich das Regiment der Hierarchie. Die Wellentäler des Koalitionsprozesses fallen zusammen mit den

Arbeitsphasen des Hauptamtes. Nur zu bereitwillig überträgt das Bündnis der Mitläufer seine Arbeit an den Apparat. In dieser Selbstbeschränkung ist das Koordinationsgremium der Verschleppungspolitik des Hauptamts vollständig ausgeliefert. Die Allianz führt ein Schattendasein neben der Hierarchie und liefert sich jenem Partner aus, der insgeheim beträchtliche Widerstände gegen das Bündnisprogramm hat. Derjenige soll vorangehen, der daran am wenigsten Interesse hat. So ist es am Ende nicht die Allparteienkoalition, die für den Erhalt ihrer selbst sorgt, sondern die hierarchische Spitze, die gegen alle Anfechtungen das fortsetzen will, was sie anfangs selbst initiiert hat.

*

Sicherheit ist teuer. Es kostet Zeit, Energie und Organisation, alle überzeugen und motivieren zu wollen. Übergroße Koalitionen, obwohl auf äußere Sicherheit bedacht, verschwenden den größten Teil ihrer Aktivitäten damit, sich selbst zu organisieren. Ihre Koordinationsprobleme wachsen mit dem Umfang des sozialen Kreises. Jeder kommt zu Wort, damit bloß kein Sonderinteresse untergeht. Anschließend muß man selbst die obskursten Richtungen auf eine Linie bringen. Je mehr Köpfe versammelt sind, desto kleiner wird der Anteil, den jeder einzelne in Aussicht hat. Daher tendiert die Motivation gegen Null. Und wenn die Köpfe nichts anderes verbindet als das Bedürfnis nach Sekurität, verfällt die Allianz rasch in Untätigkeit. Wer nichts tut, macht auch nichts falsch. Die Sitzungen ziehen sich endlos in die Länge, es regiert die Diktatur des Sitzfleischs. Wer am längsten ausharrt, setzt sich durch. Doch beim nächsten Termin klagen die anderen, sie seien übergangen worden. Die Diskussion beginnt erneut, die Allianz paralysiert sich selbst.

Einen Ausweg verspricht nur der Verzicht auf Einstimmigkeit und die Zentralisation der Entscheidungsautorität. Nach und nach werden überflüssige Mitglieder an den Rand gedrängt. Damit das überfüllte Boot nicht umkippt, wird die Besatzung radikal verkleinert. Im Zentralausschuß verständigen sich nur noch die Stellvertreter, die Gruppen werden zu Zuschauern degradiert. Die Elite jedoch beklagt den Immobilismus der Allianz, deren Ausdruck und Motor sie ist. Das Gremium der Spitzenrepräsentanten bildet ein Bündnis im Bündnis, eine *Koalition zweiten Grades,* die nun allein die Beschlüsse faßt. Zuerst hatte man alle zusammengerufen, um kein Risiko einzugehen, am Ende trifft sich eine kleine, exklusive Schar, deren Hauptrisiko kaum mehr der äußere Gegner ist, sondern der Unmut der schweigenden Mehrheit in den eigenen Reihen.

Obgleich nurmehr die Steuerleute das Sagen haben, sollen alle glauben, sie säßen in einem Boot. Will man sich verspätete und nutzlose Appelle an eine fiktive Gemeinsamkeit ersparen, achtet man frühzeitig auf eine gewisse Vereinbarkeit der Ideologien. Jede Gruppe schleppt das Gepäck ihrer Prinzipien und Überzeugungen in das Bündnis hinein. Obwohl keineswegs alle Bündnisformen auf ideologische Kongruenz angewiesen sind, tut man sich leichter, wenn man annehmen kann, der Partner sehe die Welt ähnlich wie man selbst. *Ideologische Nachbarschaft* läßt manche Meinungsverschiedenheit in Detailfragen verkraften.

Andererseits ist ideologische Distanz kein Grund, attraktive Chancen auszuschlagen. In der Not kennen auch Allianzen keine Moral. Steht die Existenz der Organisation auf dem Spiel, scheuen nicht einmal die ärgsten Feinde vor einem antagonistischen Bündnis zurück. Winkt lohnende Beute, bilden sich unheilige Allianzen, die alle ideologischen Divergenzen zurückstellen.[12] Ohnehin nützt alle Prinzipientreue nichts, wenn sie sich nicht in Tagespolitik umsetzen läßt. Allianzen wirken hier mitunter recht heilsam. Sie nötigen die Moralapostel zu pragmatischen Kompromissen und zwingen sie zur Zusammenarbeit, die das Realitätsprinzip stärkt. Der Widerstand der Wirklichkeit holt die Weltanschauungen auf den Boden der Tatsachen zurück.

Die Bedeutung der Ideologien wechselt mit der Selbstbindung der beteiligten Gruppen. Moralischer Rigorismus als Identitätsstütze führt meist ins Abseits. Mit Prinzipientreue ist keine handlungsfähige Koalition zu gründen. Nicht minder riskant sind andererseits Opportunisten, die keinerlei innere Substanz erkennen lassen. Ihnen fehlt die Zuverlässigkeit, auf die Bündnisse bauen müssen. Was kann dafür garantieren, daß der andere sich nicht davonmacht, sobald es brenzlig wird? Ein Verhältnis mit einem Opportunisten ist kaum denkbar, solange er nicht einmal ein Verhältnis

12 Ein bekanntes historisches Beispiel ist der Pakt zwischen Hitler und Stalin. Ideologisch waren beide Todfeinde. Doch das hat sie nicht daran gehindert, Polen unter sich aufzuteilen und sich an der Demarkationslinie die Hand zu reichen.

zu sich selber hat. Um glaubwürdig zu erscheinen, muß man sich daher einer Doppelstrategie der Selbstdarstellung bedienen. Einerseits präsentiert man sich so, als habe man gewisse Grundüberzeugungen, die man standhaft verteidigen wird. Andererseits ist es zweckmäßig, einen dosierten Pragmatismus an den Tag zu legen, um überhaupt kooperieren zu können. Erst opportunistische Prinzipientreue macht den Partner kalkulierbar, die Zusammenarbeit flexibel, die Koalition aktionsfähig.

Ideologische Flexibilität ist nicht zuletzt eine Frage der *Gruppenhomogenität.* Bündnisse von Großkollektiven haben stets mit internen Fraktionen zu rechnen, die um die Auslegung des Koalitionsprogramms streiten. Radikale Flügelleute fordern eine härtere Gangart oder klagen die Parteigrundsätze gegen die Koalition ein. Vorteile scheinen hier kleine Kaderverbände mit hohem Zentralisationsgrad zu haben. Sie können kurzfristig Abkommen treffen und sich akuten Situationswechseln anpassen. Weder für den Beitritt noch für den Austritt benötigen sie eine demokratische Legitimation. Je zentralisierter die Gruppe, desto rascher kann sie agieren. Dem steht indes der spezifische Verhandlungsvorteil demokratischer Eliten und komplexer Verbände gegenüber. Innere Differenzierung erlaubt eine dosierte Fühlungnahme mit dem zukünftigen Partner. Auf mittlerer Ebene kann man erste Kontakte knüpfen und die Flügelleute vorschicken, die dem Alliierten am nächsten stehen, bevor dann die Spitze offiziell die Verhandlungen aufnimmt.[13] Während der Debatte kann man die eigene Basis als Druckmittel ins Spiel bringen, die ja den Koalitionsvertrag ratifizieren muß. Und schließlich eröffnet ideologischer Pluralismus mehr Kontaktlinien und Bündnischancen als das geschlossene Weltbild der Kadertruppe. Was jene durch Zentralisation an Tempo und Flexibilität gewinnt, verliert sie durch ideologische Starrheit.[14] Die Allerweltspartei dagegen erschließt mit ih-

13 Eine besonders raffinierte Methode von Organisationseliten, die trotz inneren Widerstands eine Allianz anstreben, nimmt den genau entgegengesetzten Weg. Sie schicken jene Flügelleute vor, die dem Partner am fernsten stehen, um sie von Anfang an in das Vorhaben einzubinden und ihre Opposition schon im Ansatz zu ersticken. Keiner kann späterhin sagen, er habe nichts gewußt und sei übergangen worden.

14 Insbesondere kommunistische Parteien, die Einheit durch Klarheit auf ihre Fahnen schreiben, werden häufig von der Angst befallen, sie könnten sich korrumpieren, wenn sie mit anderen Parteien zusammen-

rer ideologischen Diffusität zahlreiche Verbindungen, die ihre Unbeweglichkeit nahezu aufwiegen.

Je mehr die Ideologie das Bündnis bestimmt, desto kleiner sein Umfang. Große Koalitionen vertragen keine Aufladung mit Weltbildern und Prinzipien. Ihr Rahmen ist der gemeinsame Pragmatismus. Ideologische Bündnisse hingegen nehmen nur Gruppen mit Linientreue auf. Sie verengen den politischen Raum, indem sie seine Extrempunkte möglichst dicht nebeneinander setzen. So entstehen *geschlossene Kleinkoalitionen*, deren Mitglieder sich auf Tuchfühlung um die Bündnismitte scharen. Ihr hoher Integrationsgrad ist ein wichtiger Vorteil. Jeder Partner kann sich an die offizielle Koalitionspolitik anschmiegen.[15] Je kürzer die Bandbreite, desto näher die Mitte. Und je kleiner der ideologische Abstand, desto leichter können sich alle Beteiligten mit der gemeinsamen Bündnispolitik identifizieren.

Innerhalb der Koalition versucht jeder, zum Dreh- und Angelpunkt der Flügel zu werden. *Ideologische Zentralität* verschafft eine privilegierte Definitionsmacht für die Bündnispolitik. Ähnlich der Zentralität im Kontaktnetz schlägt sie die Brücke zwischen den Ufern. Die Zentralgruppe balanciert die Divergenzen aus, mahnt zur Einigkeit, beschwört die Koalitionsdisziplin und versucht, den ideologischen Mittelwert zu fixieren, eine Aufgabe, die ständigen Ausgleich erfordert. Zieht nämlich der rechte Flügel, verschiebt sich das Zentrum nach rechts. Zieht der linke Flügel der Allianz, rückt es nach links. Jeder will in die Mitte gelangen, zugleich rechte und linke Partner neben sich haben. Nur wenn man selbst in der Mitte steht, deckt sich die eigene Position mit der der Allianz.[16] Oftmals ist es eine kleine Gruppe, die diese

gehen. Ihre ideologische Berührungsangst stilisiert den ideologischen Nachbarn zum Hauptfeind, wie man aus der Geschichte der Weimarer Republik oder der stalinistischen KP Frankreichs leicht sehen kann.

15 Dies ist die Grundidee der »Minimal-range-Theorie« von Leiserson (1966) und Axelrod (1970), die jedoch von einem Majoritätsbedarf ausgeht und ideologisch kompakte Minderheitskoalitionen aus der Betrachtung ausschließt. Zur weiteren Kritik vgl. auch Winden 1984, S. 147 ff.

16 Vgl. auch de Swaans Konzept des »pivot actor« im parlamentarischen System. Danach wird eine Partei dann zum Mittelpunkt, »when the absolute difference between the combined votes (weights) of members on his right and of members on his left is not greater than his own

Stellung erlangt. Sie ist nämlich beweglicher als die trägen Großkollektive an ihrer Seite. Zwar steht sie häufig im Geruch des Wankelmuts, in Wahrheit tut sie dasselbe wie die anderen. Auch diese wollen ihren Standpunkt zum gemeinsamen Mittelpunkt machen. Nur ist die Kleingruppe anpassungsfähiger, ja sie verkörpert geradezu den Geist der Koalition, wenn sie an allseitige Kompromißfähigkeit appelliert. Jenseits der Gruppenideologien sorgt sie dafür, daß die Allianz ihre eigene Ideologie entwickelt: die Ideologie der Ausgewogenheit, des Pragmatismus, die Parole, nur an die Sache und niemals an Ideologien gebunden zu sein.

Ideologische Gemeinsamkeit schafft nur eine oberflächliche Konvergenz, einen Überbau für die Tagesgeschäfte. Was nützt alle programmatische Übereinstimmung, wenn es um die Details geht? Der Beifall zur Sonntagsrede besagt nichts über die Koalitionsarbeit am Werktag. Soll die Allianz Bestand haben, benötigt sie mehr als den ideologischen Gleichklang. Verbündete, die künftigen Krisen wirklich vorbeugen wollen, achten deshalb auf die *soziale Konsistenz* der Koalition. Sie stellen die Gewinn- und Machtchancen zurück und verschieben ihre Aufmerksamkeit nach innen, von der Gegnerschaft zur Partnerschaft. Die soziale Entmischung, wie sie für Machtkoalitionen charakteristisch ist, wird schrittweise zurückgenommen. Vorrang hat nun die persönliche Verläßlichkeit, die Zusammengehörigkeit, die gute Zusammenarbeit.

Am einfachsten steigert man die Konsistenz durch eine *Reduktion der Mitgliederzahl.*[17] Wenige Genossen erhöhen nicht nur den individuellen Beuteanteil, sie lassen sich auch einfacher steuern. Kleine Koalitionen sind überschaubar, Abweichungen rasch zu erkennen. Die Konsultation verläuft rasch, ohne hierarchische Umwege, Vorschläge werden umgehend bearbeitet, ohne daß sich einer übergangen fühlt. Dies steigert Motivation und Engagement. Während große Verbände oftmals in Passivität erstarren und ihre Machtpotentiale ungenutzt verfallen lassen, gleichen kompakte Bündnisse ihre Machtdefizite durch Beweglichkeit und Handlungsfähigkeit aus. Sie können alle Ressourcen mobilisieren und koordiniert einsetzen. Nach und nach entwickelt sich die

weight: the actor may ›swing the vote‹, or he ›holds the balance‹« (de Swaan 1973, S. 89).

17 Vgl. dazu auch Willis 1962 und Komorita 1974.

Allianz zu einer verschworenen Gemeinschaft, zu der nur Zugang erhält, wer alle Prüfungen unbeschadet überstanden hat. Sie gewinnt ihre Stärke nicht durch die vollen Arsenale, die die Mitglieder aufgefüllt haben, sondern durch die Konzentration des Engagements. Die Macht kleiner Koalitionen ist nicht Masse, sondern Klasse.

Konsistenz läßt sich auch durch strikte *Egalisierung* erzielen. Nichts hält in Friedenszeiten mehr zusammen als das Gefühl der Gleichheit. Sie vermeidet Rivalitäten und erschwert die Elitenbildung. Alle haben die gleichen Rechte und Pflichten, jeder hat die gleiche Vetomacht wie der andere. Im internen Verkehr gilt rigoros das Prinzip des Äquivalenztauschs: Gleiches gegen Gleiches. Unterschiede kompensiert man durch Ausgleichszahlungen. Keiner darf übervorteilt, benachteiligt, abgespeist werden. So vorteilhaft Egalität für den inneren Zusammenhalt ist, so kostspielig ist sie jedoch für den äußeren Konflikt. Gleiche Vetomacht droht den Verband kampfunfähig zu machen. In der Schlacht ist keine Zeit für lange Debatten. Und wenn alle gleich wichtig sind, ist jeder austauschbar. Da jeder für den anderen in die Bresche springen kann, ist keiner sicher, ob er tatsächlich gebraucht wird. Und schließlich muß die Gleichheit auch organisiert und überwacht werden. Differenzierungen müssen abgewehrt, Anzeichen von Ungleichheit unterdrückt werden. Dies übernehmen häufig besondere Wächter, die im Namen der Egalität jeden terrorisieren, der sich Vorteile erschleichen oder einfach nur seine Selbständigkeit unter Beweis stellen will.

Egalitäre Bündnisse können häufig auf Gleichheiten zurückgreifen, die ihnen die Organisation bereitgestellt hat. Organisation schafft ja nicht nur vertikale Hierarchien, sondern auch horizontale Ähnlichkeiten. Die segmentale Arbeitsteilung erzeugt gleiche Teilaufgaben, die Standardisierung gleiche Verrichtungen. Die Zentralisation produziert gleiche Machtlosigkeit, und die Hierarchie definiert mehrere Parallelpositionen auf gleicher Rangstufe. Gleiche Ausbildung, ähnliches Qualifikationsniveau und gleiche Rollen führen die Akteure zusammen (vgl. Hage 1980, S. 90ff.). So bahnt die organisatorische Steuerung selbst die Wege der Koalitionsbildung. Man hält sich an Partner derselben Rangstufe, des gleichen Prestiges, derselben Abteilung. Auch die Untergeordneten bleiben untereinander und orientieren sich an ihrer Ebene. Sich an die Vorgesetzten anzulehnen oder sich mit den Unterstellten gemein zu machen, gilt als Verrat an der Bezugsgruppe. Nach Überlegenheit zu streben und die Autorität nachzuäffen, verletzt die Gemeinschaft, eigenes Meinungsprofil bedroht die Konsistenz der Allianz.

Die Egalisierung kostet oft einen hohen Preis. Werden alle Unterschiede eingeebnet, entsteht eine *perverse Gleichheit,* die nur noch uniforme Anpassung duldet. Je rigider die Moral der Gleichheit, desto gefährdeter die Individualität; Eigensinn wird bestraft, Selbstdarstellung als Profilsucht verurteilt. Es kursieren Dolchstoßlegenden, Intrigen gegen Übeltäter, Anzeigen zum Ausschluß. Diese Nivellierung schlägt auf den Verband selbst zurück. Sein starrer Konventionalismus, das Beharren auf etablierten Gemeinsamkeiten nur um der Gemeinsamkeit willen, verhindert flexible Antworten auf wechselnde Situationen. Denkverbote blokkieren Originalität, Kontaktverbote betonieren das Bündnis in seinen eigenen Mauern ein. Gleichheitsgebote kosten Machtchancen, weil man keine Stärkeren duldet, die der Allianz entscheidende Vorsprünge verschaffen könnten. Soziale Homogenität kann auch Gewinnchancen kosten.

Schutzbündnisse orientieren sich an einer anderen Wahlverwandtschaft: an der Gemeinsamkeit der Gefahr und dem *Interesse an Selbsterhaltung.* Ihr Ziel ist weder Machtgewinn noch innere Einheit, sondern Schutz vor fremder Expansion. Ihr Organisationsprinzip ist nicht Egalität, sondern Fraternität, nicht Treue, sondern Vertrauen, nicht Kongruenz, sondern Solidarität. Mit Sicherheitskoalitionen teilen sie die Aversion gegen Risiken. Ihre pessimistische Weltsicht rechnet stets mit dem Schlimmsten. Doch das Streben nach Garantien zielt nicht auf Übermacht oder vollständige Kontrolle. Alle erreichbaren Ressourcen horten zu wollen, ist der Schutzkoalition fremd. Sie rechnet sich nämlich gar keine Sieg-, sondern nur Verteidigungschancen aus. Sie will nur mühsam erkämpfte Besitzstände sichern und das eigene Revier abschirmen. Insoweit ist der Schutzbund das pure Gegenteil der Machtallianz. Während jene Eroberungszüge unternimmt, im Handlungsfeld umherstreift und der Beute nachjagt, verschanzt sich der Bund in seiner Festung. Wie eine seßhafte Bürgerschaft wartet er dort den Angriff der Nomadenhorden ab.

Die schärfste Waffe gegen Aggressionen ist die *Solidarität.* Während der Diktator herrscht, indem er die Allianzen zerteilt, helfen die Genossen einander, indem sie ihre Güter untereinander verteilen. Nicht Teilen und Herrschen, sondern Helfen und Teilen ist der Grundsatz der Brüderlichkeit. Wer nichts hat, bekommt von den anderen etwas ab. Wer etwas übrig hat, gibt es denen, die nichts haben. Ist einer in Gefahr, springen ihm die anderen zur Seite, liegt einer am Boden, richten die anderen ihn auf. Rückt der Gegner heran, warnt einer den anderen. Durchstöbern die Horden das Revier, versteckt man den anderen, bis die Luft wieder rein ist. Dabei bedeutet Solidarität weder Kollektivismus noch Altruismus. Weder opfert sie das Selbst auf der Schädelstätte der Gleichheit noch verschenkt sie es zum Wohle der Gemeinschaft. Brüderlichkeit ist ein Verhältnis auf Gegenseitigkeit. Heute ist es der eine, der die Hilfe erhält, morgen der andere. Es ist die Dankbarkeit, die Ungleichheiten ausgleicht, das Wissen um die Abhängigkeit voneinander. Eigennutz ist damit durchaus verträglich. Die Gabe liegt im wohlverstandenen Eigeninteresse. Sie hält den Genossen an, sich alsbald erkenntlich zu zeigen. Diese dosierte Form der Egalität unterscheidet sich grundsätzlich vom forcierten Nivellement der egalitären Einheitskoalition. Hier wird nicht Gleiches mit Gleichem vergolten und Assimilation auch gegen Widerstreben durchgesetzt. Die Gleichheit ergibt sich vielmehr im Laufe der Zeit aus dem Wechsel der Bedürftigkeit. Sie läßt Platz für Individualität. Die kollektive Selbstbehauptung wäre ganz sinnlos, ginge sie auf Kosten der individuellen Selbsterhaltung. Man soll nicht gleich sein, sondern egalitär handeln. Die einzelnen schützen sich selbst unter dem Schild der Allianz, und das Bündnis schützt sich, indem es jeden einzelnen beschützt.

Neben Ähnlichkeiten erzeugt die Organisation auch Kerne der Solidarität. Sie markiert Zonen der Sicherheit und Gefahr, der Gewißheit und Ungewißheit. Manche Mitglieder setzt sie materiellen oder sozialen Gefährdungen aus, bedroht sie mit Strafe, Degradierung, Entlassung. Organisationen beseitigen nicht nur Unwägbarkeiten, sie schaffen auch neue. Das Lohnverhältnis befreit von persönlicher Willkür und übergibt die Menschen dem Spiel unüberschaubarer Marktkräfte. Die Regeln der Disziplin stellen das Verhalten auf Dauer, machen es berechenbar und degradieren die Menschen zu Marionetten, die zwar wissen, woran sie sind, aber nicht mehr wissen, wer sie sind. Das Entscheidungsmonopol der Eliten erspart den Geführten die Last der Verantwortung und macht sie zu Opfern unvorhersehbarer Entscheidungen. Einerseits stabilisiert die Organisation das soziale Handlungsgefüge, andererseits steigert sie die Gefahren. Organisation ist immer auch Risikoorganisation.

Schutzbündnisse entstehen dort, wo die Gefahren am größten sind und man auf Gedeih und Verderb aufeinander angewiesen ist. Die Feuerwehrleute der Organisation, die unter Zeitdruck brisante Aufgaben zu meistern haben, Arbeitsgruppen mit hoher Verantwortung für Material, Technik und Ablauf, sie alle sind Horte solidarischer Koalitionen. Sie kultivieren ihr Sonderwissen und behalten es weitgehend für sich. Gegen Übergriffe schützen sie sich mit einer Informationssperre, die nur schwer zu durchlöchern ist. Nicht anders verfährt man bei sozialen Gefahren. Man stimmt sich ab und zieht diskrete Verbindungslinien, zu denen Fremde keinen Zutritt haben. Kameradschaften, die durch Umorganisation gefährdet werden, verschwören sich zu einer Gemeinschaft. Die *erzwungene Solidarität* umfaßt keineswegs alle. Sie erstreckt sich nur auf den exklusiven Kern der Genossen. Außenstehenden wird nicht geholfen. Auch darin liegt die Differenz zwischen der Nächstenliebe und der strategischen Solidarität einer Schutzgemeinschaft.

Solidarität hat eine systematische Grenze. Sie ist nur möglich, solange die Gefahr das soziale Verhältnis nicht überwältigt hat. Wenn keiner mehr etwas hat, gibt es auch nichts zu teilen, wenn alle am Boden liegen, kann keiner den anderen stützen. Besitzlose sind keine Brüder. Sie plündern, wessen sie habhaft werden können. Unwissende sind keine Genossen. Sie irren kopflos umher. Hilflose sind keine Verbündeten. Sie hocken erstarrt in der Ecke. Katastrophen erzeugen Panik, nicht Beistand. In Sackgassen ohne Notausgang schlagen die Menschen um sich. Brüderlichkeit erfordert Abstand zur Gefahr, eine Objektivation der Situation, eine Distanz zu sich selbst. Man kann sich gemeinsam nur schützen, solange die Mauer hält. Zerbirst sie, stiebt die Gruppe auseinander. Man kann dem anderen nur vertrauen, solange er sich selbst vertraut, solange sein Selbstbewußtsein noch intakt ist. Und man kann sich selbst nur erhalten, wenn man sich noch nicht verloren hat.

Für die Partnersuche gilt häufig ein normativer Rahmen, der festlegt, welche Verbindungen erlaubt oder verboten, akzeptabel oder illegitim sind. Er regelt die Kontaktchancen und gibt vor, was gerecht ist, wie die Gewinne verrechnet und die Prämien zugeteilt werden sollen. Neben expliziten Normen prägen auch Gepflogenheiten das Handlungsfeld. Auch sie haben normative Kraft und sind durch Sanktionen gestützt. Wer einen Kontakt knüpft, der unter Tabu steht, muß mit Verachtung und Strafe rechnen. Obwohl man miteinander könnte, darf man nicht. Will man trotzdem, muß man die Normen und Gewohnheiten selbst zum Konfliktthema erklären.

In Diktaturen sind Allianzen generell untersagt. Das *Verbot der Koalitions- und Versammlungsfreiheit* soll undurchsichtige Gruppierungen unterbinden. Bündnisse gelten als Gefahr für die soziale Ordnung. Wachsam verfolgen die Machtgehilfen jede Annäherung, patrouillieren auf den Kanälen, stürmen die Versammlungsräume. Wer zusammen an der Ecke steht, kann immer etwas im Schilde führen. In seiner radikalsten Form erstreckt sich das Koalitionsverbot keineswegs nur auf Interessengruppen. Es betrifft jede soziale Gruppierung, jede Ansammlung. Erlaubt sind lediglich offizielle Aufmärsche des Betriebs, der Partei. Daher beginnt die Koalitionsbildung häufig mit dem Kampf gegen die erzwungene Serialität, gegen die oktroyierte Vereinzelung. Vor allen weiteren Zielen muß die Allianz zunächst ihre Zulassung, ihre Legitimität erstreiten.

Koalitionsverbote drängen den Bund in den Untergrund der Illegalität. Wer sich vereinigen will, muß dies heimlich tun. So zählt oft schon der geheime Kontakt als Akt des Widerstands, obwohl die Gruppe sonst gar nichts anrichtet. So sehr müssen sich die Genossen mit ihrer Tarnung beschäftigen, daß für die Außenwirkung weder Zeit noch Energie bleibt. Der *Geheimbund* wird zum Selbstzweck. Er entwirft unzählige Geheimpläne, trifft vielerlei Schutzmaßnahmen, dichtet sein Dunkelfeld ab – und verliert den Kontakt zur Realität. Die obskursten Aufstands- und Attentatspläne, die herrlichsten Träume und Utopien gedeihen nur im Arkanum, im Schatten der Tyrannis. Das Versammlungsverbot hat einen paradoxen Effekt. Die Verschwörer kämpfen lediglich um ihren Selbsterhalt, allenfalls noch um die Anerkennung ihres Bun-

des. Der Diktator dagegen verliert die Übersicht über seine Gegner und fürchtet sie deshalb um so mehr, obwohl sie in Wahrheit recht harmlos sind. Koalitionsfreiheit ist daher nicht nur ein Gebot der Liberalität, sondern auch der politischen Klugheit.
Ob eine Koalitionschance überhaupt ins Blickfeld rückt, hängt nicht zuletzt von den Konventionen der *sozialen Kultur* ab. Wo die Tugend des Individualismus herrscht, kommt keiner auf die Idee, fremde Hilfe in Anspruch zu nehmen. Jeder ist gehalten, seine Angelegenheiten allein durchzufechten. Wer auf der Strecke bleibt, hat Pech gehabt, dafür aber seine Ehre gewahrt. Jeder hat die Verantwortung zu tragen, die ihm aufgetragen ist. Sie auf fremde Schultern abwälzen zu wollen, ist charakterlos. Und wer sich Spießgesellen anwirbt, die ihm den Rücken stärken, ist ein Feigling. Stehen dagegen normative Konfliktverbote hoch im Kurs, verstoßen Koalitionen wider den Kult der Gemeinschaft. Harmonismus verträgt keine strategische Zusammenarbeit. Wer mit Gleichgesinnten einen Vorteil sucht, stört die Friedhofsruhe und übertritt das innere Versammlungsverbot. Jeder soll jeden lieben, befiehlt der Gemeinschaftsgeist. Je mehr die Gruppe ihren Zerfall fürchtet, desto härter verfolgt sie den Störenfried. Unerbittlich setzt sie ihm nach, prügelt auf ihn ein, verstößt ihn aus ihrer Mitte. Indem sie ihre Gemeinschaft verteidigt, hebt sie aber ihr eigenes Verbot auf. Denn die Gruppe schließt selbst einen Pakt gegen die inneren Widersacher. Der Harmonismus forciert den Kampf für die Gemeinschaft und endet, da er jeden Konflikt unterdrücken will, im Terror.
Kaum weniger anrüchig sind Bündnisse, wo ideologische Rechtgläubigkeit regiert. Fremde Partner verwässern hier nur die eigene Position. Leichter hat man es da schon, wo Identität nicht mit Grundsatztreue verwechselt wird. Begrenzter Opportunismus ist hier durchaus statthaft. In all diesen Fällen definieren politische Gepflogenheiten und Werte die Bündnischancen. Sie bezeichnen *konstitutive Regeln* der Koalitionsbildung. Diese steuern nicht nur die Beitrittsmodalitäten, sondern auch die Zulassung der Allianz zum Konflikt. Föderationen müssen als Streitpartei bestätigt sein, damit sie als soziale Tatsache gelten. Ein Gegner, der die Verbindung schlichtweg ignoriert, ein Publikum, das den Pakt für illegitim hält, bürdet der Koalition eine zusätzliche Beweislast auf. Sie muß nun öffentlich nachweisen, daß sie zu Recht besteht. Illegitime Bündnisse haben meist allerhand damit zu tun, sich

selbst zu erklären und erst einmal Anerkennung zu finden. Demonstrationen von Macht sind dabei keineswegs nutzlos. Sie zeigen den Umstehenden, daß man sich um die alten Standards wenig schert und sich stark genug fühlt, neue zu setzen. Die konstitutiven Regeln werden nicht einfach reproduziert, sie sind selbst Streitthema im Machtprozeß.

Zu den Konstitutionsregeln gehören vor allem die Teilnahmerechte und Distanznormen des Konflikts. Nicht jeder ist als Bündnisgenosse zugelassen. Soll der Streit den Gruppenrahmen wahren, sind alle Kontakte mit Außenstehenden tabu. Im Innern mag man sich trefflich streiten und allerlei Absprachen treffen, nach außen zu gehen, ist pure Treulosigkeit. Man könnte ja Beifall von der falschen Seite ernten und so Zwiespalt in der Gruppe säen. Geschlossene Gruppen dulden zwar den Zank hinter verschlossenen Türen, aber keine äußere Rückendeckung. Hier gerät jeder, der die Tür auch nur einen Spalt weit öffnet, in den Verdacht, die innere Einheit zerstören zu wollen. Die Exklusivitätsnormen, auf die sich die Gruppe stützt, umgrenzen das Konfliktfeld und bestimmen den Kreis möglicher Bündnispartner.

Es ist nur eine Variante dieses sozialen Mechanismus, wenn durch organisatorische Rangdifferenzen solche Bündnisse untersagt werden, die horizontale und vertikale Abstände überspringen. Allianzen sind nur innerhalb der Statusgruppe erlaubt. Wer sich nach oben orientiert, ist ein Kollaborateur, wer auf die Zustimmung unterer Ebenen erpicht ist, ergibt sich der Kumpelei. Koalitionen bedrohen das Positionsgefüge, unterminieren die Statushierarchie, die Stabilität der Eliten und die Gewohnheiten der Kollegialität. Nicht anders verhält es sich in politischen Systemen, in denen eine Gemeinsamkeit der Demokraten beschworen wird. Die etablierten Parteien, die über Jahre mit wechselnder Besetzung die Macht monopolisiert haben, halten sich gegenseitig für koalitionsfähig. Neulinge und Außenseiter jedoch tragen von vornherein den Makel illegitimer Radikalität. Mit ihnen Kontakt aufzunehmen, mit ihnen Stillhalteabkommen zu vereinbaren oder gar die Regierungsposten zu teilen, kündigt den althergebrachten Konsens auf. Künftige Oppositionen propagieren daher vehement den Ausschluß des Neulings aus dem gewohnten Machtspiel. Sie wollen ihn diskreditieren und mit dem Sack zugleich den Esel, den alten Widersacher treffen. Sie verteilen Noten in Demokratie und spielen sich als besorgte Hüter des Grundkonsens auf.

Doch hinter aller normativen Verbrämung steckt nur die wohlbekannte Strategie: die Gegenkoalition zu spalten, um selbst am Ruder zu bleiben.
Konstitutive Regeln legen fest, ob Koalitionen zugelassen sind und wer sich zusammentun darf. *Regulative Regeln* dagegen bestimmen, wie man sich zu verbünden hat. Bei der Partnersuche ist keineswegs alles erlaubt. Einen Kandidaten diskret anzuschwärzen oder öffentlich zu denunzieren, gilt bisweilen als unlauterer Wettbewerb, zumal wenn sich der Denunziant anschließend selbst an den Denunzierten heranmacht. Allzu aggressive Werbekampagnen verstoßen gegen die guten Sitten, weil sie etwas versprechen, wovon alle wissen, daß es nicht zu halten ist. Neben Verleumdung und Demagogie sind es vor allem Korruption und Bestechung, die bisweilen Mißfallen erregen. *Korruption* ist ja nichts anderes, als einen Partner durch Vorauszahlungen gefügig zu machen, obwohl die Beute noch gar nicht zu verteilen ist. Sie bindet den Nutznießer auf Gedeih und Verderb an den Spender und nimmt ihm damit jede weitere Koalitionschance. Kommt nämlich alles heraus, fliegt er aus dem Machtspiel heraus. Andererseits gerät auch der Wohltäter in eine riskante Lage. Der Beschenkte kann ihn gleichfalls auffliegen lassen und erpressen, Korruption ist ein Geschäft auf Gegenseitigkeit. Eine schmutzige Hand wäscht die andere. Beide Seiten sind zum Schweigen verpflichtet, damit niemand sieht, mit welch verbotenen Ketten sie aneinander gefesselt sind. Denn nichts verbindet mehr als das gemeinsame Verbrechen. Partnerschaften, die auf Korruption beruhen, brechen erst auseinander, wenn einer freies Geleit erhält oder als Kronzeuge ungestraft bleibt.
Verbindlichkeit kennzeichnet auch das Versprechen. Lange vor der Unterzeichnung des Vertrages legen die Gruppen fest, wem sie die Hand reichen wollen. Sie verpflichten sich zu einer Koalition, und zwar nicht nur vor dem Partner, sondern auch vor Gegner und Publikum. Meist sind derartige *Koalitionsversprechen* an gewisse Bedingungen geknüpft, an einige Essentials, die auf jeden Fall ins Programm aufzunehmen sind. Mit derlei Versprechen bindet man sich selbst. Sie verpflichten zu Konsequenzen und markieren ein überprüfbares Kriterium der Glaubwürdigkeit. Je glaubhafter das Versprechen, desto geringer die Koalitionsfreiheit. Wer das Versprechen bricht, diskreditiert sich selbst und riskiert, nun auch von der Gegenseite abgelehnt zu werden. So entstehen

mitunter bizarre Konstellationen. Alle lehnen den Wortbrüchigen ab, der enttäuschte Partner ebenso wie der erfreute Gegner. Der Opportunist steht allein, weil er offenbar nur auf den eigenen Vorteil bedacht ist. Gleichzeitig jedoch umwirbt man ihn insgeheim, weil ohne ihn nichts zu gewinnen ist. Es ist wie mit anderen Seitenwechseln. Sie bringen den Übeltäter in den Verdacht, nicht nur einmal, sondern immer treulos zu sein. Bündniswechsel werden als Charakterfrage gehandelt. So ist das Dementi eines Koalitionsversprechens stets eine aufwendige Veranstaltung. Denn im Grunde schließt das Versprechen ein *Bündnis vor dem Bündnis*, eine Protokoalition vor der offiziellen Koalition. Es ist nicht nur ein Versprechen, es ist selbst schon eine Verbindung. Nach der Wahl noch über das Programm zu verhandeln, ist nur eine Formsache, die dem Publikum vorspiegelt, es sei noch nichts entschieden.

Sind die Verhandlungen in Gang, treten andere Normen in Kraft. Jetzt geht es um die Standards, nach denen Erfolg und Mißerfolg, Einsatz und Ertrag zu verrechnen sind. Die Regeln der *distributiven Gerechtigkeit* (vgl. Komorita/Brinberg 1977) regeln die Maßstäbe für die Verteilung der Beute, für die Gleichheit der Partner. Paritätsnormen verlangen von allen Verbündeten gleichen Einsatz. Dafür erhält jeder das Gleiche, ungeachtet der Ressourcen, die er zur Verfügung hat. Diese formelle Gleichheit bevorzugt eindeutig den Schwächeren. Er bekommt so viel wie der Starke, obwohl er weniger geleistet hat. Mächtige setzen deswegen lieber auf Equity-Normen. Sie gebieten nämlich eine proportionale Gewinnverteilung. Wer mehr getan hat, soll auch mehr bekommen. Wer nichts beigetragen hat, erhält auch nichts. Und wer als Stärkster zum Wohle der Föderation alle seine Ressourcen mobilisiert hat, der soll auch entsprechend belohnt werden. Für die Wahl kleiner Partner gibt es mithin einen handfesten und normativ gebotenen Grund. Je kleiner der Partner, desto weniger steht ihm zu, desto größer ist der eigene Anteil.

Koalitionsverhandlungen sind auch Normenkonflikte zwischen paritätischer und proportionaler Gleichheit. Kompromisse sind indes ohne weiteres denkbar. Der Kleine bekommt etwas mehr, als er einbringt, der Große etwas weniger, als ihm von Hause aus zusteht. Doch je länger die Allianz besteht, desto eher pendelt sie sich auf die formelle Gleichheit ein.[18] Gemeinsam hat man alle Kämpfe durchgestanden, die Partnerschaft hat sich bewährt, jeder hat Motivation und Einsatz gezeigt. Die anfänglichen Statusdifferenzen wurden nach und nach eingeebnet, die persönlichen Bande gefestigt. Erfolgreiche Allianzen haben ihr eigenes Gesetz. Die Ungleichheit tritt hinter die Zusammenarbeit zurück. Gelungene Kooperation duldet keine Vormacht, bei der nur einer befiehlt und kassiert und der andere nur gehorcht und leer ausgeht. Der egalitäre Grundzug, der jeder dauerhaften Zusammenarbeit innewohnt, schlägt schließlich auch auf die Verteilung der Erträge zurück. Denn nun ist es eine Bestätigung der guten Zusammenarbeit, daß jeder das Gleiche erhält wie der andere.

3.5. Anlässe und Themenarbeit

Koalitionen benötigen eine Sache, die sie verfolgen oder bewahren wollen. Die Zusammenarbeit wird durch Anlässe gestiftet und durch Programme auf Dauer gestellt. Die thematische Aufgabe bindet die Aktivitäten aneinander und verleiht dem Bündnis ein sinnhaftes Zentrum. Daran bemißt sich, was wichtig und was zu vernachlässigen ist, welche Bedeutungen die Situation hat und welche Interessen miteinander vereinbar sind. Mit der Definition der Situation schaffen die Alliierten einen Fokus für ihre Kooperation.

Im Zentrum der Koalitionssituation müssen nicht ausführliche Pläne oder Programme stehen. Seriellen Bündnissen reicht gewöhnlich ein äußerer Anlaß, um sich spontan zusammenzufinden. Verschwindet er, zerfällt auch die Koalition. Allianzen, die auf Gewohnheiten gründen, brauchen weder Anlässe noch besondere Sachthemen. Sie setzen nur fort, was sie schon immer getan haben. Einen expliziten Konsens über die Agenda verlangen nur Koalitionen, die aktuelle Anlässe überdauern wollen, ohne jedoch auf ein Reservoir gewohnter Gemeinsamkeiten zurückgreifen zu können. Je geringer der äußere Druck ist, desto dringlicher die innere Übereinstimmung in der Sache.

In der Wahl ihrer Themen sind Koalitionen alles andere als frei. Offene Situationen ohne auferlegte Relevanzen sind in organisier-

18 Vgl. Anderson 1967 sowie zusammenfassend Baker 1981, S. 639 f.

ten Handlungsfeldern die Ausnahme. Neben Regeln und Kommunikationskanälen sind auch Streitthemen und Essentials vorgegeben. Koalitionen sind zwar *umweltoffene Systeme,* aber sie agieren nur selten in offenen Situationen. Weil ihre Grenzen durchlässig, im Anfangsstadium geradezu porös sind, schlagen die Aktionen des Gegners häufig unmittelbar durch und überformen die Themenarbeit. Um hier Selbständigkeit zu gewinnen, muß die Allianz ihren inneren Kern abpuffern, die Grenzen abdichten und neue Themen selbst besetzen. Themenarbeit heißt zuerst, sich äußerem Druck entgegenzustellen, vorgegebene Relevanzen umzubauen und eine eigene Sachposition zu entwickeln. Will eine Allianz nicht wechselnden Anlässen ausgeliefert bleiben, muß sie Zeit und Unabhängigkeit gewinnen. Obwohl von äußerem Druck zusammengedrängt, ist ihr erster Programmpunkt die Emanzipation von der Umwelt.

Gelegenheiten erzeugen Koalitionen, aber ebenso erschaffen sich Koalitionen ihre Gelegenheiten. Bündnisse sind selbst Mechanismen der sozialen und kognitiven Ordnung. Wer sich mit anderen zusammentut, sortiert automatisch die Situation nach Themen, die auch für den Partner von Bedeutung sind. Er wechselt die Perspektiven und betrachtet aus der Sicht der anderen die Situation. Eine Allianz besteht nicht erst, wenn alles klar ist, sie klärt vielmehr selbst die Situation auf. Die Koalitionsbildung selbst verringert die Unwägbarkeiten. Ereignisse werden zu Anlässen erklärt und Nebensächlichkeiten abgedrängt. Gegner werden identifiziert und Partner ausgewählt. Berechenbarkeit ist eine notwendige Bedingung für eine stabile Allianz, doch das Bündnis erzeugt auch selbst Berechenbarkeit, einfach dadurch, daß es existiert.

Die Themen einer Koalition unterscheiden sich nach ihrer Dringlichkeit und Folgeträchtigkeit, nach ihrer Eindeutigkeit und Verbindlichkeit. Auf diese vier Aspekte beziehen sich die Methoden, mit denen Themen bearbeitet und Situationen strategisch definiert werden. Damit organisieren die Partner ihre Zusammenarbeit, grenzen sich von ihrer Umgebung ab und verschaffen sich Richtlinien des Handelns.

Dringlich sind Ereignisse, die nicht zu übersehen sind. Es muß etwas geschehen. Die Koalition steht unter akutem Zugzwang. Alle Meinungsverschiedenheiten müssen beiseite geschoben werden, sonst ist alles zu spät. Gefordert sind Tempo, Besonnenheit

und gemeinsame Entschlußkraft. Häufig verkürzt sich der Horizont auf einen einzigen Punkt: Abwehr, Mobilisierung aller Kräfte, Aktion. Was essentiell ist, bestimmen nicht die Verbündeten, sondern die Situation. Unter Aktualitätsdruck gilt: Zusammenhalt um jeden Preis, ungeachtet aller Distanzen. Die Dringlichkeit erzwingt selbst den Zusammenschluß.
Dagegen hilft oft nur die Neutralisierung der Sachzwänge. Das Bündnis muß auf Zeit spielen und die Angelegenheit herabstufen. Um sachliche Alternativen geht es dabei zunächst gar nicht, nur um Verzögerung oder Blockierung. Die Kommunikationskanäle werden unterbrochen, um den Konflikt abzustoppen. Formelle Regeln werden gegen die überraschende Maßnahme in Anschlag gebracht. Nichts kann so eilig sein, daß es erprobte Verfahren über Bord wirft. Die Aktenlage wird so lange erörtert, bis der Termin verstrichen ist, alle Aspekte werden so ausgewalzt, daß jeder Entschluß als sachwidrig erscheinen muß. Zeitgewinn ist hier oberstes Gebot. Man schafft künstliche Unklarheiten, verzögert die Maßnahmen und erlangt damit Spielraum für eigene Vorschläge. Das Manöver ist freilich nicht ohne Probleme. Nachdem die Entscheidung erfolgreich blockiert ist, liegt es am Bündnis, sein defensives Minimum zu verlassen und sachliche Alternativen zu präsentieren.
Nimmt der Außendruck ab, verschiebt sich die Dringlichkeit ins Koalitionssystem. Es muß nun selbst sagen, was ihm dringlich erscheint. Steht hinreichend Zeit zur Verfügung, gilt nun das gemächliche Prinzip des »first things first«. Man sondiert, was jeder für dringlich hält, legt Reihenfolgen und Termine fest, vertagt die Nebensachen oder übergibt sie einem Ausschuß. Die innere *Zeitpolitik* der Allianz operiert mit denselben Techniken der Dringlichkeit wie die Außenpolitik. Jeder versucht, seine Probleme in den Vordergrund zu schieben und die der anderen zurückzustellen. Man konstruiert Sachzwänge, dramatisiert den Entscheidungsdruck und bagatellisiert alles andere. Da auch Koalitionen nicht alles auf einmal anpacken können, gilt die Konkurrenz weniger dem Gehalt einer Sache als vielmehr dem Zeitpunkt ihrer Behandlung. Im Vordergrund stehen akzeptable Fristen und Termine. Die eigenen Themen werden hochgespielt, um als erster an die Reihe zu kommen, aus einem einfachen Grund: Da keiner mit Sicherheit voraussagen kann, wie lange die lockeren Koalitionsbande halten werden, will jeder als erster in den Genuß seiner

Ziele kommen. Um diesen Definitionskonflikt aufzulösen, gibt es eine einfache Methode. Jeder tut so, als käme später auch der andere an die Reihe. Man verspricht einander, eine Zeitlang beisammen zu bleiben, und erklärt schließlich nur jene Themen für dringlich, die sozial verträglich sind. Nicht die Erfordernisse der Sache bestimmen, was sachgerecht ist, sondern der Handel um Zeit und soziale Gerechtigkeit.

Die Themen der Situation werden nicht nur nach Dringlichkeiten klassifiziert, sondern auch nach ihrer *Tragweite*. Man beurteilt den Arbeits- und Zeitaufwand, die Erfolgs- und Gewinnchancen, die Folgen für Macht und Solidarität. Aussichtslose Vorhaben oder individuelle Steckenpferde werden vertagt, abgewiesen oder kurzerhand ignoriert, obwohl man damit die Teilnahme jener Partner riskiert, die mit hohem Engagement ihre Utopien eingebracht haben. Am Ende dieser Abfilterung kommen dann jene Themen heraus, die sich die Allianz selbst als ihre *Ziele* setzt. Ziele sollen zukünftiges Handeln festlegen, sie sind Vorstellungen darüber, was man zusammen durchsetzen oder verhindern will, kurz: was als Resultat der Bündnispolitik herauskommen soll. Diese Vorstellungen können für Koalitionen mehrere Funktionen erfüllen.

Erstens kann man mit Zielen seine Aktivitäten kognitiv ordnen. Mit einem Ziel vor Augen gewinnt das kollektive Handeln Richtung und Orientierung. Handlungsschritte lassen sich planen, Reihenfolgen festlegen und Taktiken gegen den Gegner entwikkeln. Wenn man weiß, was man will, kann man seine Ressourcen zusammensuchen und gemeinsame Handlungspfade entwerfen. Zweitens dienen Koalitionsziele auch zur Motivierung der Mitglieder. Sie binden die Partner aneinander, liefern ihnen eine ideologische Waffe, mit der sie die Gegenseite bezwingen und das umstehende Publikum auf ihre Seite ziehen können. Läuft einer erkennbar mit der Fahne voran, können sich andere in den Marschtrupp einreihen. Drittens eignen sich Ziele auch zur Rechtfertigung dessen, was man bereits getan hat. Nachträglich erhalten Aktionen Sinn und Grund. Fordert das Umfeld rationales Handeln, so muß auch die Allianz Ziele nachweisen, um akzeptiert zu werden. Manchmal versorgt sie sich im nachhinein mit Zielen, um keinen Verdacht zu erregen. Die Kontrollfrage, weshalb man immerzu die Köpfe zusammensteckt, läßt sich am einfachsten kontern, wenn man ein Arbeitsziel parat hat, das sich allgemeiner Anerkennung erfreut. Schließlich kann man viertens mit Zielen auch die Effektivität der Bündnisarbeit bewerten. Sie geben ein Kriterium für die Beurteilung des eigenen Tuns. Daß sich Koalitionen Ziele setzen, versteht sich also keineswegs von selbst. Nur wenn ein Bedarf nach kognitiver Ordnung, nach gegenseitiger Motivierung, nach Rechtfertigung oder nachträglicher Erfolgskontrolle besteht, suchen sie sich Themen, die sie als ihre Ziele proklamieren.

Ziele finden nur selten einhellige Zustimmung. Sowenig Organisationen einheitliche Ziele aufweisen, denen alle Mitglieder nachstreben, sowenig laufen Verbündete hinter der einen Fahne her. Wie die dominante Koalition der Organisation ihre Interessen aufprägt, so erklärt auch innerhalb der Allianz eine Machtgruppe ihre Vorstellungen zur Richtschnur der Koalitionspolitik. Andere Absichten werden mit Ausgleichszahlungen oder Extrazuwendungen abgetan. Eine Managementgruppe, die ihre Wachstumsziele umsetzen will, entschädigt die Aktionäre mit einer Dividendengarantie. Der Stammbelegschaft, auf die sie bei ihren Plänen angewiesen ist, zahlt sie großzügige Prämien. Was für den einen ein Ziel ist, ist für den anderen häufig nur ein Kompensationsgeschäft. Gleichwohl erlangt das Bündnis auf diese Weise einen akzeptierten Handlungskurs.

Koalitionen sind soziale Systeme, die hauptsächlich damit beschäftigt sind, sich den jeweiligen Umständen anzupassen, um angesichts fremder Bedrohung zu überleben. Zumal in der Anfangsphase, wenn das soziale Netz noch undicht ist, verwenden sie ihre Energien vornehmlich zur Sicherung ihrer selbst. Ziele sind hier nur opportun, sofern sie dem Fortbestand dienen. Sie stehen unter der Prämisse der Selbsterhaltung. Gerade weil Koalitionen feindlichen Manövern weit stärker ausgesetzt sind als andere soziale Gebilde, bleibt ihnen häufig nichts anderes übrig, als alle Ressourcen für die eigene Existenz zu mobilisieren, eine offenkundige Zielverschiebung: Anstatt ein Machtmittel für gemeinsame Ziele zu sein, wird die Koalition zum Ziel ihrer selbst.

Die Themen und Ziele der Koalition sind selten eindeutig und klar. *Unklarheiten* entstehen nicht nur aus fehlenden Informationen, undurchsichtigen Technologien oder turbulenten Umwelten, sondern vor allem aus der sozialen Konfliktstellung. Die Absichten des Gegners sind häufig schwer zu erkennen, ja gute Gegner zeichnen sich gerade dadurch aus, daß man über ihre Absichten im unklaren ist. Allianzen kämpfen gegen eine Zone der Ungewißheit, die der Gegner fortwährend erzeugt und abschirmt, gegen gezielte Finten und Täuschungsmanöver, Intrigen oder Spaltungsmaßnahmen. Und wenn die Gegenseite sogar selbst nicht recht weiß, was sie eigentlich will und wer ihr tatsächlich verbunden ist, kann auch die Koalition schwerlich abschätzen, was sie sich eigentlich vornehmen kann.

Diffuse Konflikt- und mehrdeutige Sachlagen erzeugen mitunter *organisierte Anarchien.*[19] Anstatt konsistente Ziele zu produzieren, wechseln Allianzen fortwährend ihre Domänen, um Raum für neue Interessen zu gewinnen. Sie löschen Brennpunkte aus und lassen sich auf Themen ein, die fernab ihrer erklärten Ziele liegen. Die sozialen Abstände variieren von Fall zu Fall. Die einen scharen sich um die eine Sache, die anderen um eine andere. Die soziale Struktur gleicht einem Netz von Gummibändern, das sich zusammenzieht und wieder ausdehnt. Statt präzise Taktiken einzuschlagen, sammeln sich in der Arena der Koalition vielfältige Probleme, Lösungen, Beteiligte und Wahlmöglichkeiten, deren Kombination oft ganz zufällig ist. Fern davon, rational Probleme zu lösen, gleicht das Bündnis eher einer Mülltonne von Entschlüssen, die nach Problemen fahnden, von Meinungen, die nach geeigneten Situationen Ausschau halten, von Lösungen, die nach Fragen forschen, von Verbündeten, die nach Arbeit suchen.

Was auf den ersten Blick jeder Rationalität zu widersprechen scheint, ist in Wahrheit eine Bedingung für das Überleben neuer Bündnisse. Unklarheiten bieten nämlich eine Reihe von Vorteilen: Zunächst gestatten sie *kognitive Flexibilität.* Vagheiten lassen Spielraum für Interpretationen. Vergangene und gegenwärtige Ereignisse können im Lichte einer vermuteten Zukunft umgedeutet werden. Wäre alles klar, so wäre auch die Zukunft absehbar und die Prognose relativ sicher. Wenn aber die Bedeutung aktueller Anlässe offen bleibt, lassen sich die Geschichten umschreiben. Darüber braucht man sich jetzt nicht zu einigen. So erspart sich die Koalition die hohen Kosten akuter Kompromißzwänge.

19 Vgl. Cohen u. a. 1972. Die Autoren kennzeichnen mit diesem Begriff vor allem das Strukturchaos in öffentlichen, pädagogischen oder illegitimen Organisationen. Er paßt jedoch ebensogut auf die Koalitionsbildung, und zwar besonders unter den Bedingungen sozialer und sachlicher Intransparenz.

Ferner sorgen Unklarheiten für die *Kontinuität* der Themenarbeit. Wenn alles entschieden und die Ziele festgelegt sind, hat eine Koalition manchmal nicht mehr allzuviel zu tun. Ist ihr Machtvorsprung uneinholbar und die Realisierung der Ziele nurmehr eine Formsache, verlieren dominante Koalitionen rasch an innerer Schubkraft. Damit die Kräfte nicht erlahmen, braucht die Allianz neue Aufgaben. Solange Entscheidungen in der Schwebe bleiben und Ziele noch zu konkretisieren sind, ist sie beschäftigt. Zusammenarbeit ist nämlich ein fortlaufender Prozeß der Abstimmung, weniger eine Sache gemeinsamer Ziele. So kann es leicht vorkommen, daß einzelne Verbündete die Ziele variabel halten, um die Kooperation auf Dauer zu stellen und die Machtstellung, die ihnen die Allianz verschafft hat, zu bewahren.

Unklarheiten können zudem bei der *sozialen Integration* der Verbündeten behilflich sein. Nur wenn die Ziele vage bleiben, sind Kompromisse möglich, in die jede Seite ihre Interessen hineinlesen kann. Vielen Koalitionen ohne verbindliche Kollektivziele reicht der Konsens, Kompromisse basteln zu wollen. Obwohl grundsätzliche Differenzen unübersehbar sind, unterstellen sie Übereinstimmung über die Methode ihrer Aufhebung. Kongruenz in der Sache ist damit kaum zu erreichen. Aber alle auf einen strikten Plan einschwören zu wollen, würde nur das gerade geknüpfte Netz zerreißen. Offene Ziele lassen die Systemgrenzen dagegen durchlässig, so daß weitere Partner hinzustoßen und die Koalitionsbasis erweitern können. Unklarheit scheint eine wesentliche Bedingung für die Versammlung aller Kräfte zu sein.

Unklare Vorhaben vermeiden schließlich auch rigide Urteile über die Koalitionspolitik. Die Effektivität programmgemäß überprüfen zu wollen, wäre für unterlegene Allianzen der sichere Tod. Mit *vagen Erfolgskriterien* dagegen lassen sich Rückschläge und Mißerfolge leichter zu Fortschritten und Zwischenzielen uminterpretieren. Man kann beisammen bleiben, obwohl bisher nicht viel herausgekommen ist. Man hat Zeit für neue Anläufe und Aktionen, kann bescheidene Gewinne als Siege verbuchen und sich weiterhin aneinander festhalten. Schon im Anfangsstadium einen präzisen Weg vorzuzeichnen, setzt die Allianz frühzeitig unter massiven und ruinösen Erfolgsdruck. So tun Koalitionen stets gut daran, sich nicht allzuviel vorzunehmen.

Trotz der unverkennbaren Vorteile unklarer Ziele kommen Koalitionen ohne ein Mindestmaß an Verbindlichkeiten schwerlich aus.

Die Arbeit läßt sich gar nicht organisieren, wenn nichts zu bearbeiten ist. Auch wenn nicht recht absehbar ist, wohin alles führen soll, muß man wenigstens so tun, als wüßte jeder, worauf es ankommt und was er zu tun hat. Dieser Arbeitskonsens ist reine Fiktion, aber eine überaus wirksame Fiktion. Denn sobald jeder tatsächlich daran glaubt, kann jeder mit seiner Arbeit beginnen.
Ein *fiktiver Arbeitskonsens* verlangt keine positive Verständigung. Damit sich die Verbündeten vertragen, müssen lediglich ihre Vorstellungen miteinander verträglich sein (vgl. McCall/Simmons 1974, S. 157ff.). Die Übereinstimmung ist vornehmlich negativ, sie schließt nur grundsätzliche Divergenzen aus. Koalitionen sind nämlich bereits arbeitsfähig, sobald die strittigen Themen beiseite geräumt sind und der Zündstoff sicher verwahrt ist. Um Dissens zu vermeiden, baut man den Themenbereich um und erklärt das zur gemeinsamen Aufgabe, was keine Verstimmungen hervorruft. Man testet gegenseitig ab, woran jedem das Herz hängt, stuft individuelle Essentials herunter, spaltet die Themen auf. Vieles wandert so auf Nimmerwiedersehen in den Papierkorb. Wovon einer trotzdem nicht lassen will, wird der Zukunft anvertraut. Was bei dieser Themenauslese übrig bleibt, gilt hinfort als Programm der Koalition. Es umfaßt all die Tatbestände, Aufgaben und Ziele, die keine Zwietracht säen.
Alle Sprengsätze zu entschärfen ist freilich eine aufwendige und gefährliche Arbeit. Die Themen zu Beginn allzu demokratisch auswählen zu wollen, ist allemal inopportun. Wenn alles gleich bedeutsam ist, muß auch das Abwegigste besprochen werden. Wenn alles geäußert wird, muß fortwährend begründet werden, was nicht weiter der Rede wert ist. Und wer einmal zu Wort gekommen ist, läßt sich schwerlich damit abspeisen, seine Ansprüche seien ganz und gar unvertretbar. All dies kostet erhebliche Geduld und Überredungskraft. Verbindlichkeiten lassen sich so kaum erzielen. Koalitionen kürzen daher die Themenauslese häufig durch eine einfache Technik ab. Sie starten durch und flüchten nach vorn. Verbindlich ist das, was dringlich ist. Sie beginnen mit irgendeiner Sache, hinter der alle stehen können. Auch mit vollkommen Nebensächlichem kann man erst einmal arbeiten. Weiteres ergibt sich dann von selbst. Einfach mit der Arbeit anzufangen, erspart lästige Kontroversen. Ist man nämlich erst einmal mit einer Sache beschäftigt, sind automatisch andere Themen ausgeschlossen. Was gerade akzeptabel ist, wird gemacht;

und was gemacht wird, ist deswegen akzeptabel. Verbindlich wird somit nicht das, was man mit viel Mühe ausgesucht hat, verbindlich wird etwas dadurch, daß man es tut.
Auf mittlere Sicht muß sich die Koalition allerdings wieder nach außen wenden. Nachdem der Anfangspunkt passiert ist, stellt sich unweigerlich die Frage, womit es weitergehen und ob man sich weiterhin mit Nebensachen aufhalten soll. War die erste Testarbeit ein Fehlschlag, dürften die Bäume kaum in den Himmel wachsen. Brachte sie indes etwas ein, kann man sich größere Projekte vornehmen. Erst nachdem die Anfangsgewinne gesichert und das Startkapital aufgestockt ist, können striktere Verbindlichkeiten eingegangen werden. Nun definieren Bündnisse *strategische Essentials.* Im Unterschied zu den vagen, oftmals zufälligen Vorhaben der Anfangsphase sind Essentials Handlungsziele von höchstem Geltungsgrad. An sie heftet sich die soziale Identität der Allianz, ihr Selbstverständnis innerhalb der politischen Figuration. Essentials ketten die Verbündeten aneinander und grenzen sie dauerhaft nach außen ab. Sie umreißen einen Rahmen der Zugehörigkeit und Loyalität. An ihnen wird der sachliche Ertrag der Bündnisarbeit abgelesen und der Einsatz der Partner gemessen. Obwohl auch Essentials im Wechsel der Situationen häufig bis zur Unkenntlichkeit umgedeutet werden müssen, kann vorläufig jeder so tun, als ziehe jeder an demselben Strang, als sei der Prozeß der Koalitionsbildung beendet.

4. Stabilität und Zerfall

Koalitionen stehen auf unsicheren Fundamenten. Ihnen fehlt sowohl der emotionale Zement, der soziale Gruppen zusammenhält, als auch das Positionsgefüge formaler Organisationen. Weder auf Gefühlen noch auf Regeln können sie ihre Mauern errichten. Die Fenster und Türen sind weit geöffnet, Zuschauer beäugen aufmerksam die Fassaden der Legitimation, Gegner suchen nach Spalten im Mauerwerk, um heimlich Sprengsätze zu verstecken. Mehr als andere soziale Gebilde sind Koalitionen chronisch vom Zerfall bedroht und zur Reparatur ihrer selbst angehalten.
Der stetige Druck, der auf Allianzen lastet, kommt von zwei Seiten. Einerseits stellt die Umwelt Bündnisse vor wechselnde Sachlagen und überraschende Konstellationen. Neue Akteure treten

auf, Widersacher wollen das Kräfteverhältnis zu ihren Gunsten verschieben, das abwartende Publikum kann sich schlagartig einer Seite anschließen. Darauf müssen Koalitionen antworten. Ihre Außenpolitik hat es keineswegs nur mit einem Gegner zu tun. Die gesamte Machtfiguration will beachtet und nach Gefahren abgesucht werden.

Andererseits sind es innere Verwerfungen, die das Bündnisgefüge aufbrechen. Machtverschiebungen bedrohen die soziale Gleichheit, Einheitszwänge unterdrücken Identität und Autonomie. Die Arbeitsteilung spaltet den Zusammenhalt, Fraktionsbildung zersprengt die Solidarität. Niederlagen lassen am Sinn der Zusammenarbeit zweifeln, Volltreffer verbrauchen allzu rasch das Arsenal an Gemeinsamkeiten. Neben externen Vorkehrungen treffen Koalitionen daher auch interne Maßnahmen für ihren Fortbestand. Dabei hängen Außen- und Innenpolitik aufs engste zusammen. Äußere Schadensabwehr kann im Innern neue Gefahren heraufbeschwören, die nun ihrerseits zusätzliche Maßnahmen erfordern. Um nach außen handlungsfähig zu bleiben, zentralisieren Koalitionen oftmals die Entscheidungsautorität und zerstören damit die innere Solidarität. Um die brachliegenden Ressourcen jedoch nicht zu verschenken, installieren sie aufwendige Beteiligungsverfahren, die das Bündnis jedoch außerstande setzen, die Tempovorteile des Gegners aufzuholen. So geraten Koalitionen bisweilen in Teufelskreise von Gefahren und Maßnahmen. Da sie stets unter den Auspizien von Macht und Ohnmacht agieren, ist *Selbsterhaltung* ihre Hauptaufgabe. Nur sie sichert die Bedingungen ihres Erfolges: die Macht des Kollektivs.

4.1. Gefahren

Manches Unheil kommt auf leisen Sohlen. Solange es mit den Geschäften wie gewohnt vorangeht, ist anscheinend nichts zu befürchten. Wenn aber die Erfolge ausbleiben, ist es meist schon zu spät. Längst hat sich eine geräuschlose Erosion vollzogen, die unbemerkt an den Fundamenten der Partnerschaft gearbeitet hat. Einer *Pathologie sozialer Koalitionen* geht es nicht so sehr um einmalige Unfälle und hochdramatische Ereignisse, sondern um jene stillen pathogenen Prozesse, die, da sie häufig unbeachtet bleiben, um so größere Zerstörungskraft in sich bergen. Dabei sind nicht alle Bündnisformen für alle Gefahren gleichermaßen anfällig. Zweckbündnisse können ideologische Divergenzen recht gut verkraften, Machtbündnisse vertragen mehr Ungewißheiten als Schutzbündnisse. Spontane Koalitionen ohne Apparat haben gar keine Arbeitsprobleme zu beheben: Sie lösen sich auf, bevor die Arbeit beginnt. Was eine Gefahr ist, bemißt sich nicht nur an dem, was eine Allianz als Gefahr registriert, sondern zuerst an ihrer Konstitution, an dem, was sie in ihrem Innersten zusammenhält.

Zahllose Gefahren umlauern das Bündnis. Es ist wenig erfolgversprechend, die Vielfalt äußerer und innerer Umstände durchzugehen, um alle denkbaren Gefahrenquellen aufzulisten. Statt dessen ist von den typischen Bestandsproblemen des Systems auszugehen. Ereignisse und Prozesse sind ja nicht per se Gefahren, sie sind immer nur Gefahren für eine Koalition. Der Referenzpunkt der Pathologie ist das Bündnis selbst. Es ist in seinem Überleben bedroht, wenn es seine Orientierung verliert, wenn die Gleichheit zerstört wird, die Identität, Autonomie und Solidarität der Verbündeten, oder wenn die Zusammenarbeit ihren Sinn einbüßt, weil Effektivität und Erfolg ausbleiben.

Sicherheit verschafft Orientierung, *Ungewißheit* erzeugt Ratlosigkeit und Unentschlossenheit. Für Koalitionen aber ist Handlungsfähigkeit unabdingbar. Als politische Konfliktparteien sind sie direkten Angriffen ausgesetzt und können fortwährend übervorteilt oder niedergestreckt werden. Orientierungskrisen treffen sie deshalb härter als andere soziale Systeme, deren Grenzen undurchlässiger sind und die nicht inmitten eines Konfliktfelds stehen. Undurchsichtige Situationen blockieren das strategische Handeln, rapide Konfliktwechsel machen verletzbar. Ungeachtet anderer Ziele haben Koalitionen daher ein ausgeprägtes Interesse an stabilen Umwelten. Um ihre Arbeit planen und ihre Bataillone wirksam einsetzen zu können, benötigen sie kalkulierbare Konstellationen. Dieser heimliche Konservativismus ist ein Grundzug offener Systeme, die in Machtkämpfe verstrickt sind.

Ungewißheiten ergeben sich zunächst aus der *Unvollständigkeit der Koalitionsmacht.* Auch dominante Allianzen, die ihr Machtfeld weitgehend unter Kontrolle haben, sind nicht vor Intransparenzen gefeit. Was der Gegner jeweils im Schilde führt, ist schwer voraussagbar. Welche Trümpfe er in der Hinterhand hält, läßt sich kaum feststellen. Dagegen hilft entweder gezielte Spionage oder

die öffentliche Aufforderung, die Karten auf den Tisch zu legen. Unwägbar sind ferner die sozialen Verflechtungen in der Machtfiguration. Bündnisse stehen vor einem Publikum, dessen Wankelmut sprichwörtlich ist. Bleibt es neutral, schenkt es seine Sympathie der Opposition oder unterstützt es die Allianz? Wie kann man es beschwichtigen oder für die Koalition einnehmen? Welche Verbindungen bestehen zwischen den Neutralen und der Gegenseite? Je komplexer das Machtfeld, je heterogener seine Einheiten sind, desto mehr Ungewißheiten machen der Allianz zu schaffen. Daher ihr Interesse an starken Gegnern und klaren Fronten. Ein konzentriertes Heer von Angreifern ist leichter aufzureiben als eine Unzahl kleiner Trupps, die hier und da auftauchen, ein Scharmützel liefern, sogleich wieder verschwinden und so die eigenen Kräfte aufsplittern.
Eine weitere Quelle der Ungewißheit ist die *Evolution der Umwelt,* die die Machtfiguration umschließt. Damit sind alle Parteien gleichermaßen konfrontiert. Neue Probleme, neue Sachlagen und Entscheidungszwänge dringen von außen in den laufenden Konflikt ein. Bekanntlich gehört es zur Kunst jeder Machtpolitik, diese Prozesse auszunutzen und rechtzeitig, vor dem Konkurrenten, die neuen Themen zu besetzen, auch wenn sie mit den ursprünglichen Absichten gar nichts zu tun haben. Man muß lästige und unproduktive Routinen über Bord werfen, um durch Wandel überleben zu können. Unruhige und turbulente Umwelten (vgl. Emery/Trist 1965) erschüttern, ohne daß der Gegner die Hand im Spiel hat, das Gefüge der Gewißheiten. Obwohl die Kausalketten unübersichtlich und die Handlungsfolgen schwer zu kalkulieren sind, muß man handeln, häufig auf bloßen Verdacht. Eine kluge Bündnispolitik betreibt nicht nur Gegnerspionage, sie unterhält auch Außenstäbe, deren Antennen sensibel die Entwicklungen der Umwelt aufzeichnen.
Unberechenbar ist bisweilen auch der Verbündete. Zwar verbinden Gefahren und gemeinsame Bedürfnisse. Doch auf keine Partnerschaft ist weniger Verlaß als auf diejenige, die vorwiegend auf individuellen strategischen Interessen beruht. Freiwillig bleibt der andere nur solange dabei, wie es ihm nützt. Vertrauen kann man allenfalls seinem Egoismus und seiner Beutegier. Hält er im Ernstfall den Pressionen stand, ergreift er die Flucht oder läuft er über? Will man das Bündnis nicht in eine totale Institution verwandeln, kann man ihn schwerlich daran hindern, seinen anderen Ver-

pflichtungen nachzukommen und seine Außenkontakte zu pflegen. Alliierter zu sein, ist nur eine Rolle unter anderen. Immer steht der Partner mit einem Bein außerhalb der Partnerschaft. Die doppelte Kontingenz jeder Sozialität, die unhintergehbare Freiheit des anderen, etwas anderes zu tun, als vereinbart und versprochen wurde, ist eine unerschöpfliche Quelle der Unsicherheit.
Ungewißheiten zerstören Allianzen nicht sofort. Bevor die Akteure den Kopf verlieren, behelfen sie sich mit Wohlvertrautem. Unsicherheit erzeugt Angst, und Angst bewirkt rituelles Verhalten oder ideologischen Dogmatismus. Es ist nicht so sehr die Orientierungslosigkeit, die das Bündnis zerstört, sondern das starrsinnige Festhalten an überlebten Strukturen und Vorstellungen. Anstatt die Informationskapazität auszubauen, laterale Kommunikationskanäle einzurichten und Flexibilität zur Regel zu machen, reagieren Koalitionen auf zunehmende Turbulenzen vielfach mit der Propagierung übergeordneter Werte, an die sie sich klammern können. Wankelmütige sollen auf unerfüllbare Utopien oder ein fiktives Gemeinwohl eingeschworen, unklare Situationen durch rigorose Normierung gelöst werden. Kognitive Unsicherheit ist die Geburtsstätte des Moralismus. Orientierungskrisen fördern *Immobilismus* und Ignoranz. Aber dies ist das Gegenteil dessen, was tatsächlich nötig ist. Die Koalition verstrickt sich in eine paradoxe Situation. Sie stellt strikte Leitlinien auf, die sich im Wandel der Situationen keinesfalls durchhalten lassen. Sie zerstört ihre Handlungsfähigkeit, indem sie sich selbst festlegt und eine rigorose Identität aufbaut, die keine Anpassung mehr erlaubt.
Ungewißheiten können Koalitionen nicht nur lähmen, sie können auch die soziale Gleichheit unterhöhlen. Finden sich erfahrene Spezialisten, die Unklarheiten rasch aufklären, beherzte Draufgänger, die die Risiken einfach beiseite fegen, ist der Grundstein der *Ungleichheit* gelegt. Kontrollmonopole über bedrohliche Ungewißheiten sind auch in Koalitionen eine Startrampe des Machtgewinns. Was das Bündnis dadurch an Aktionsfähigkeit zurückgewinnt, büßt es an Gemeinsamkeit ein. Das Gefühl der Egalität löst sich auf. Damit verliert die Allianz ein wesentliches Bindemittel. Ungleichheit untergräbt die Zusammenarbeit und markiert Differenzen, die sich leicht zu Gegensätzen, ja zu Antagonismen entwickeln können. Die Macht, gegen die man sich zusammengetan hat, kehrt unter den Alliierten in neuem Gewande wieder.

Ungleichheit hat mehrere Ursachen: die Unersetzbarkeit einzelner Ressourcen, ideologische und kommunikative Zentralität und die Ausbeutung des Partners. *Unersetzbarkeiten* erzeugen eine Rangordnung des Gehorsams. Auf wen, sei es wegen seines Wissens, seiner Konflikterfahrung oder seiner Machtmittel, nicht verzichtet werden kann, der kann die anderen in Abhängigkeit halten und Fügsamkeit erzwingen. Schon die Andeutung, er könne seine Bataillone abziehen, genügt, um die anderen zur Koalitionsraison zu rufen. Er kann die Richtlinien der Bündnispolitik bestimmen und seine Sonderinteressen durchsetzen. Im Extremfall werden die anderen zu Zuschauern degradiert, die ehrfürchtig seiner solistischen Außenpolitik zu applaudieren haben. Auch wenn er sie wegen des Koalitionsklimas hin und wieder konsultiert und ihnen großzügig Mitsprache gewährt, müssen sie letztlich tun, was er will. Allerdings hängt die Macht der Unersetzbarkeit davon ab, wie groß der figurative Machtabstand zur Gegenseite ist. Großmächte in einem Patt benötigen kleinere Partner. Wenn es auf jede Stimme, auf jeden Soldaten, auf jede Arbeitskraft ankommt, ist auch die Supermacht auf Hilfstruppen angewiesen. Je größer jedoch das Gefälle in der Figuration ist, desto größer ist die Ungleichheit in der Koalition. Je überlegener das Bündnis nach außen ist, desto überlegener ist auch die stärkste Partei in seiner Mitte.

Zentralität im Kommunikationsnetz oder im ideologischen Spektrum verleiht uneinholbare Privilegien bei Entscheidungen. Zentrale Figuren fassen die peripheren Aktivitäten zusammen und richten sie nach außen. Sie bewerten, was geht und was nicht. Bei ihnen konzentrieren sich Initiativ-, Kontroll- und Bewertungsfunktionen. Wer in der Mitte sitzt, kann Verbindungen schaffen und unterbrechen. Er kann die Flügelleute auseinanderhalten, aber ebenso die Gruppen ins eigene Schlepptau nehmen. Er ist die Stelle der inneren Befriedung, des Kompromisses und der externen Vertretung. Für diese Handlungsfähigkeit zahlt die Koalition mit abgestufter Ungleichheit. Je weiter man vom Zentrum entfernt ist, desto geringer der Einfluß. Die Kehrseite der Zentralität ist Marginalität. Ohne Peripherie kein Zentrum, ohne Seitenflügel kein Drehpunkt. Eine gewisse Duldung der Extreme liegt daher ganz im Interesse der Mitte. Sie liefern das willkommene Zerrbild, an dem das Zentrum seinen Realismus, seine Ausgewogenheit, ja seine Unverzichtbarkeit beweisen kann. Gäbe es keine Radikalen in die Schranken zu weisen, verlöre es den Nimbus, Garant des Ganzen zu sein. Zentristen verstärken deshalb hin und wieder die Flügel, nicht nur, um sie gegeneinander auszuspielen, sondern auch, um sich selbst als entschiedene Schlichter in Szene zu setzen.

Endgültig zerstört wird die Gleichheit durch interne *Ausbeutung*. Die einen tun mehr als die anderen und erhalten dennoch weniger. Manche tun gar nichts und streichen trotzdem den Großteil der Beute ein. Viele arbeiten bis zum Umfallen und haben gleichwohl nichts zu sagen. Spätestens bei der Verteilung der Gewinne entscheidet sich, welche Arbeit belohnt wird. Ganz im Belieben der Allianz steht diese Bewertung freilich nicht. Es hängt vielmehr vom Wandel der Umwelt ab, wessen Ressourcen geschätzt und wessen Arbeit für wertlos erachtet wird. Es ist der externe Machtprozeß, der die Trümpfe und Leistungen bestätigt oder entwertet. Umfangreiche Sachkenntnisse begründen keinen hohen Honoraranspruch, wenn Drohmittel anderer den Ausschlag gegeben haben. Gründliche Arbeit bringt nichts ein, wenn allein der geniale Schachzug eines einzelnen Strategen den Sieg eingebracht hat. Die Geltung der inneren Gleichheits- und Gerechtigkeitsnormen wird durch den externen Machtprozeß immer wieder revidiert. Obwohl die Partner ihre Aufwendungen und Erträge vergleichen, hat die Ausbeutung ihre Legitimation im Erfolg. Wer mit geringstem Aufwand den Sieg garantiert, erwirbt mehr Anspruchsrechte als alle anderen, die gewissenhaft ihre Arbeit verrichten. Ausgleichszahlungen sind dafür nur ein spärlicher Ersatz. Sie prämieren nicht die geleistete Zusammenarbeit, sondern nur die Tatsache, daß man zufällig zur rechten Zeit auf der richtigen Seite war.

Das dritte Kardinalproblem von Koalitionen ist die Selbständigkeit der verbündeten Parteien. Im Gegensatz zu sozialen Gruppen, die ohne kollektive Identität auf Dauer kaum überleben können, bleiben Koalitionen überzogene Ansprüche an emotionale Geschlossenheit erspart. Doch je stärker der externe Druck, je rigider die Konsensregeln und Einheitszwänge werden, desto bedrohter sind Freiheit und Identität. Nicht Heterogenität zerstört hier die soziale Einheit, sondern der *Verlust der Identität*. Der kleine Partner wird vom größeren aufgesogen. Eigene Vorstellungen werden bis zur Unkenntlichkeit entstellt. Im Getriebe der Alltagsgeschäfte gehen die Besonderheiten unter, und das Publikum hat zusehends Schwierigkeiten, die Allerweltsparteien auseinanderzuhalten. Was auf wessen Konto geht, wem Schuld und Verdienst zukommen, wer welches Profil hat, dies verschwindet unter dem Mantel der Gemeinsamkeit, der alle Differenzen umhüllt.

Einheitszwänge nivellieren die Unterschiede und Abstände, auf die es der Identität ankommt. Ohne Distanz gibt es keine Möglichkeit, sich selbst mit fremden Augen zu sehen und ein Selbstbild zu skizzieren. Ohne Abstand zur Situation lassen sich keine praktischen Handlungsalternativen entwerfen. Ohne ideologischen Dissens ist es unmöglich, ein eigenständiges Profil zu entwickeln. Darauf ist die erfolgreiche Zusammenarbeit jedoch dringend angewiesen. Vertrauen ist ja nur gerechtfertigt, wenn es einem selbständigen Alliierten gelten kann. Auf Opportunisten, die immer mit den Wölfen heulen, ist ebensowenig Verlaß wie auf devote Assistenten, die nur tun, was man ihnen sagt. Gerade die strategische Assoziation benötigt selbständige Parteien, denen man auch im Ernstfall trauen kann. Dem anderen mit Dauerkontrollen die Freiheit zu nehmen, ruiniert nur seine Einsatzbereitschaft, provoziert ihn zu heimlichem Widerstand und treibt ihn letztlich dem Dritten in die Arme.

Einheitszwänge entstehen durch äußere und innere Prozesse. Nimmt der *externe Druck* zu, weil der Machtvorsprung dahinschmilzt oder sich unbewältigte Sachprobleme auftürmen, verdichtet sich der Zusammenhang. Gleichsam mechanisch steigert Außendruck den Innendruck der Koalition. Die Bewegungsspielräume verengen sich, alle müssen jetzt zusammenhalten. Die Übermacht des Gegners schlägt auf das Binnenverhältnis unmittelbar durch. Im Friedenszustand können Alliierte in einem unentschiedenen Zustand verharren und ihre Profile zeichnen, der Krieg duldet keine Verzagtheit und Eigenmächtigkeit. Sich da noch vom Partner absetzen zu wollen, reißt die Frontlinie auf und öffnet den Eindringlingen Tür und Tor.

Wegen akuter Überlebensgefahr zeitweilig auf den eigenen Willen verzichten zu müssen, läßt sich notfalls verschmerzen. Weniger akzeptabel sind hingegen jene Zwänge, die Bündnisse ihren Mitgliedern selbst auferlegen. Verfestigt sich der fiktive Arbeitskonsens zu einer allgemeinen Konsensregel, hat jeder zuzustimmen. *Konsenszwänge*, die meist von mächtigen Wortführern durchgesetzt werden, erbringen nur widerwillige Fügsamkeit. Die Einstimmigkeit, obwohl offiziell fixiert, ist bloßer Schein. Oftmals ist es dem gemeinsamen Vorhaben zuträglicher, einen Beschluß mit einfacher Mehrheit zu fällen, als von allen Beifall zu fordern. Minderheiten, die notorisch um ihr Profil besorgt zu sein pflegen, können so wenigstens bei ihrer Meinung bleiben und müssen keine Grundsätze aufgeben. Kaum weniger fatal sind jedoch auch solche Kompromißzwänge, die man keiner Machtelite anlasten kann. Der vielgerühmte Vorzug demokratischer Verfahren, Extreme durch Verhandlungen zu neutralisieren, schlägt dort zu ihrem Nachteil aus, wo die Konturen unscharf werden oder ganz und gar verschwinden. Wenn im Namen der Einheit nur noch das kollektive Minimum zu erreichen ist, verliert die Koalition Identität und Profil. Wer jetzt noch Charakter zeigen will, muß sich nicht nur von seinem Partner, sondern von der Allianz insgesamt absetzen.

Auch das Organisationsprinzip des demokratischen Zentralismus, das von elitären Kaderparteien und Massenorganisationen gleichermaßen praktiziert wird, beschneidet die Autonomie. Zunächst läßt die Spitze die Meinungsvielfalt zu Wort kommen, anschließend wird entschieden, und jeder, auch die Opposition, ist gehalten, wider die eigene Überzeugung den Entschluß zu vertreten. Die Darstellungen zeigen allerdings wenig Glaubwürdigkeit, da sich die Darsteller mit Positionen identifizieren müssen, die sie Stunden zuvor noch heftig bekämpft haben. Vollends unerträglich wird es schließlich, sobald Koalitionen neben einheitlicher Außendarstellung auch noch uniforme Überzeugungen diktieren. *Ideologischer Harmonismus* tilgt noch die letzte Nische der Selbständigkeit: die Chance zur mentalen Reserve. Alle sollen dasselbe glauben und jeden Buchstaben des Programms unterschreiben. Die Koalitionspolitik erstarrt zur Schablone, Immobilismus wird zum Bündnisprogramm, Wissen wird durch Rechtgläubigkeit, Denken durch Gebetsformeln ersetzt.

Mit Freiheitsberaubung ist Solidarität nicht zu erreichen. Brüderlichkeit läßt sich nicht erzwingen. Die Diktatur der Einheit schließt nicht zusammen, sondern treibt auseinander. Mit der Zeit rücken die Verbündeten voneinander ab, Profilneurosen grassieren, Zweifel an der Bündnistreue schleichen sich ein. Obwohl die Koalitionsbande nur locker geknüpft sind, gibt es auch für Allianzen einen Schwellenwert des sozialen Abstands, der *inneren Entfremdung*. Wenn einer nicht mehr weiß, was der andere denkt, wenn keiner mehr dem anderen traut, ist die Solidarität zerbrochen. Ein zuverlässiger Indikator hierfür sind Dauerappelle an die Koalitionsdisziplin und hilflose Beschwörungen der Gemeinsamkeit. Sie klagen Vertrauen ein und drehen zugleich weiter an der Schraube des Mißtrauens. Noch die geringste Eigenständigkeit, die man zuvor augenzwinkernd hingenommen hatte, steigert den Argwohn. Die Toleranzen schrumpfen zusammen. Die Entfernungen sind unübersehbar. Solange die Feinde vor den Toren stehen, können sich Koalitionen über Jahre hinweg in einem Zustand innerer Entfremdung weiterschleppen. Doch sobald sie nurmehr damit beschäftigt sind, die Entfremdung durch Druck zu beheben, sind ihre Stunden gezählt. Solidaritätszwänge bewirken Rückzug und Austritt. Gehorsam erfolgt nurmehr unter Vorbehalt, Hilfe nur mit Widerwillen. Das Engagement verkommt zur Pflichtübung, bis jeder darauf wartet, daß der andere als erster abspringt.

Mildern läßt sich die Entfremdung nur, wenn man sie an ihren sozialen Wurzeln packt. Nicht Egoismus und persönliche Antipathie sind die Hauptfeinde der Solidarität, sondern die Prozesse der Organisation: Arbeitsteilung, Fraktionsbildung und Differenzierung.

Die Teilung der Koalitionsarbeit nutzt Fachwissen und Übungsgewinne. Wenn ein Bündnis schneller und besser arbeitet als sein Widerpart, gewinnt es Zeit und freie Arbeitskraft für neue Aufgaben. Lassen sich die Alltagsgeschäfte mit Routine erledigen, werden Ressourcen frei für konzeptionelle Themen- und Programmarbeit. Eine Außenpolitik, die die Nase vorn haben will, ist ohne innere Spezialisierung kaum denkbar. Dennoch hat die *Arbeitsteilung* eine Kehrseite. Sie verlangt nicht nur, wie in jeder Organisation, sachliche Abstimmung, sondern auch politische Koordination. Je mehr die Bündnisarbeit Fachleuten anvertraut wird, desto weniger werden Sachfragen als Machtfragen behandelt. Arbeitsteilung versachlicht die Arbeit und entpolitisiert sie zugleich. Der Gesamtwille tritt in den Hintergrund, die Gegnerschaft, die für die Solidarität konstitutiv ist, verliert an Bedeutung. Zweifellos verhindert ein sachgerecht arbeitender Apparat manche politische Dummheit. Doch die Facharbeit ist der Ruin der Machtpolitik. Der Fachmann hat lediglich sein Spezialgebiet im Auge. Er weicht die Fronten auf und schlägt gefährliche Brücken zu den Experten der Gegenseite. Politik, die Kunst des Möglichen, kapituliert vor sogenannten Sachzwängen. Koalitionen tun daher gut daran, ihre Stäbe in die Schranken zu weisen. Pure Sachlichkeit ist nicht nur der Tod der Politik, sondern auch der strategischen Bündnissolidarität.

Arbeitsteilung entpolitisiert das Bündnis, *Fraktionsbildung* hingegen entsachlicht die Arbeit. Die Wirkung der Zirkel und Fraktionen für das Bündnisgefüge ist zweischneidig. Sonderinteressen zusammenzufassen erleichtert einerseits die Dauerverhandlungen, mit denen Allianzen sich reproduzieren. Drei oder vier Fraktionsführer können sich leichter verständigen als Hunderte von Abgeordneten. Andererseits jedoch konkurrieren die Fraktionen um das Zentrum der Koalitionspolitik. Jede will in die Mitte gelangen. Das soziale Problem der Integration verdoppelt sich. Denn nun müssen bereits die Fraktionen diszipliniert werden. Je größer die Anzahl der Kreise, Interessengemeinschaften und politischen Clubs, desto mühseliger und zeitraubender die Abstimmung. Unter dem weiten Dach der Allianz vollzieht sich ein freies Spiel der Machtkräfte. Bei jeder Sachentscheidung wird um Einfluß gefeilscht. Zustimmung, obwohl sachlich angezeigt, wird zu einem Tauschmittel, zu einem Zugeständnis, das man sich teuer abkaufen läßt. Was die Mitglieder an Solidarität in ihrer Fraktion gewinnen, verliert die Koalition an sozialer Einheit. Jeder fühlt sich nurmehr seiner Teilgruppe zugehörig, nicht der Allianz insgesamt. Und oftmals verhärtet der innere Machtstreit die Fronten derart, daß sich am Ende Betonfraktionen gegenüberstehen, die ohne Sachverstand zusammenhalten, ja sogar bewußt in Kauf nehmen, daß die Allianz Fehlentscheidungen trifft oder in Agonie verfällt.

Hinzu kommen weitere Formen der *politischen Differenzierung*. Es gibt die erprobten Streithähne, die die Außenstellen der Koalitionen besetzt halten und jeden Strauß mit dem Gegner ausfechten. Es gibt den Troß, der sie mit Munition versorgt, jedoch nie direkte Feindberührung hat. Es gibt eine Avantgarde, die radikale Maßnahmen aus der sicheren zweiten Linie fordert, Flügelleute, denen die ganze Richtung nicht paßt, notorische Bremser, die das Risiko scheuen, Trittbrettfahrer und Mitläufer, deren Ambitionen sich darin erschöpfen, für nichts möglichst viel einzustreichen. Und es gibt ein inneres Publikum, das mehr oder minder aufmerksam beobachtet, was das Entscheidungszentrum jeweils ausgeheckt hat. Auf den hinteren Bänken wartet es ab, bis es als Stimmvieh gerufen wird. Mit ideologischen Differenzen haben diese Unterschiede meist wenig zu tun. Den Ausschlag geben hier Beteiligungsrechte, Einfluß und Motivation. Während der Generalstab die strategische Linie formuliert und seine Vorhut ins Gefecht schickt, regt sich auf den hinteren Bänken nur vereinzelt Unmut. Während sich der Troß abrackert, warten Mitläufer und Publikum ab. Weder hat jeder die gleiche Stimme noch ist jede Tätigkeit gleich wichtig. Eine grundlegende Bedingung der Solidarität ist damit aufgehoben: die Reziprozität von Geben und Nehmen, von Leistung und Gegenleistung, die Achtung vor jeder einzelnen Stimme. Entfremdung entspringt nicht nur aus Unfreiheit, sondern auch aus sozialer Ungleichheit.

Ist die Solidarität von innen ausgehöhlt, hat der Gegner leichtes Spiel. Seine *Abwerbemanöver* zielen nicht auf das Zentrum, sondern auf die Risse in der Partnerschaft. Er legt Köder aus, verspricht attraktive Belohnungen, Einfluß oder Posten. Er baut Brücken für Überläufer, ermuntert die Trittbrettfahrer zum Umstieg. Seine Propagandaaktionen liefern den Abtrünnigen Rechtfertigungen und Entschuldigungen für den Seitenwechsel. All dies fruchtet allerdings wenig, solange die Abstände in der Allianz noch gering sind. Von außen lassen sich Partnerschaften nur mit extremem Aufwand aufsprengen. Damit der andere überwechselt, müssen ihn unerträgliche Zustände von innen heraustreiben. Während für den internen Zusammenhalt die externe Gegnerschaft ausschlaggebend ist, entscheidet über den Koalitionswechsel, wie brüchig das Binnenverhältnis ist.

Die pathogenen Prozesse des Orientierungs-, Gleichheits-, Freiheits- und Solidaritätsverlustes kulminieren im *Sinnverlust der Koalitionsarbeit.* Bündnisse produzieren weder Güter noch leisten sie Dienste. Ihre Tätigkeiten zielen auf Macht, Sicherheit, Gewinn oder Beute. Dies ist der Zweck der strategischen Zusammenarbeit, der Maßstab für Sinn, Erfolg und Effektivität. Der Sinnverlust muß dabei keineswegs an unüberwindbaren Widerständen der Gegenseite liegen. Verliererkoalitionen überstehen häufig eine Niederlage nach der anderen, ohne daß sie ihre Arbeit einstellen. Solange sich ihre Lage nicht grundlegend verschlechtert, bleiben sie aktiv. Schon die Zusammengehörigkeit verbuchen die Partner als Erfolg. Verluste und Fehlschläge lassen sich trefflich im Kollektiv verarbeiten. Die Ansprüche sind minimal, und daher hält sich auch die Enttäuschung in Grenzen. Sobald die Opfer jedoch keinen Trost mehr einbringen, atomisiert sich die

Koalition. Wenn alles Tun aussichtslos wird und nichts den Gegner mehr aufhalten kann, flieht jeder in eine andere Richtung. Umgekehrt sind übermächtige Gewinnkoalitionen, die im Triumphzug alle ihre Träume realisieren können, durchaus anfällig. Je rascher sich Erfolge einstellen und je schwächer die Gegenseite ist, desto schneller verbreiten sich Trägheit und Übermut. Leichte Beute fördert den inneren Zwiespalt. Wenn niemand zu fürchten ist, erscheint die Anstrengung der Zusammenarbeit überflüssig. Die Bande der Disziplin lockern sich, unbesorgt streitet man um die Gewinnanteile, ideologischer Richtungsstreit bricht auf, bis sich einige vom Verband abkoppeln, um ihre Interessen allein zu verfolgen und die Beute allein zu kassieren. Die Ohnmacht der Opposition verführt zu Einzelaktionen, die die Allianz dem Ruin entgegentreiben.

Indes, die Mehrzahl der Koalitionen ist weder vollkommen ohnmächtig noch gänzlich unangreifbar. Meist operieren sie zwischen Siegen und Niederlagen, Gewinnen und Verlusten. In der einen Phase dominiert die eine Seite, in der nächsten die andere. Die Effektivität der Koalitionsarbeit allein an kurzfristigen Erfolgen festzumachen, ist nicht nur kurzsichtig, sondern auch selbstdestruktiv. *Erfolge* haben nämlich ein Doppelgesicht: Sie bestätigen die Leistungen und verlocken zu weiteren Angriffen, doch sie trocknen auch das Reservoir der Gemeinsamkeiten aus. Das Grundgesetz jeder Kooperation gilt auch für die strategische Zusammenarbeit. Wenn der Handlungszweck erreicht, das Programm realisiert und der Rivale besiegt ist, sind die Partner arbeitslos. Nachdem die Beute aufgeteilt ist, kann man befriedigt auseinandergehen. Das Ende naht, nicht weil die Unverträglichkeiten plötzlich zugenommen hätten, sondern weil die Verträglichkeiten erschöpft sind. Fehlschläge sind für die Stabilität von Koalitionen deshalb unverzichtbar. Die Genossen benötigen neue Probleme, neue Themen, neue Gegner, um ihrer Arbeit neuen Sinn zu geben. Auch dominante Koalitionen haben mitunter ein wohlverstandenes Interesse an Widerstand, an einer starken Opposition und wechselnden Sachlagen. Sie verschaffen ihnen nämlich weitere Arbeit und geben dem Bündnis Sinn. Und falls die Umwelt neue Probleme schuldig bleibt, dann kreieren Koalitionen eben ihre eigenen, vorzugsweise unter der Devise, zu neuen Ufern aufbrechen zu wollen, auch wenn man längst im Überfluß schwimmt.

Ein ähnliches Doppelgesicht haben naturgemäß auch *Mißerfolge*. Manchmal spornen sie zu neuen Leistungen an, zur Sammlung aller Kräfte, zu erneuter kollektiver Anstrengung. Darauf zielen die Durchhalteparolen, die nach Niederlagen regelmäßig verkündet werden. Allzu viele Niederlagen jedoch lähmen Arbeit und Motivation. Unwillkürlich stellt sich die Frage ein, ob sich das Bündnis noch lohnt. Nun beginnen jene Methoden der Umdeutung und Umorganisation, die die Depression bewältigen sollen. Zuständigkeit und Verantwortung geben Anlaß zu Schuldzuweisungen, irgendwelche Übeltäter müssen schließlich dingfest gemacht werden. Die Gemeinsamkeit der Gewinnkriterien zerfällt. Was für die Aktivisten noch ein Teilerfolg ist, ist für andere nurmehr vergebliche Mühe. Jede Teilgruppe definiert ihre eigenen Effektivitätsmaßstäbe. Damit nicht gleich alle in Resignation verfallen, werden zufällige Vorteile als eigene Leistung verbucht, und wenn all dies nichts nützt, widmet man einfach die Ziele der Allianz um. Nicht die Resultate, der Arbeitsprozeß selbst legitimiert jetzt die Fortsetzung der Zusammenarbeit. Als Erfolg zählt nicht mehr, was letztlich herauskommt, sondern daß jeder möglichst viel zu tun hat. Je größer der Apparat, so heißt es, desto mächtiger die Allianz, je mehr Experten, desto sachgemäßer die Entscheidungen, je mehr Beratungstermine, desto stabiler das Bündnis, je mehr Papier, desto wirksamer die Arbeit. Wenn aber das Verfahren die Ergebnisse ersetzt, büßt die Koalition ihren instrumentellen Charakter ein. Solidarität, Gleichheit, Kollektivität sind nicht länger Machtmittel im Konflikt. Sie sind nurmehr Störfaktoren einer Allianz, die ihren Zerfall vermeidet, indem sie sich in eine Bürokratie verwandelt, die sich zur höchsten Aufgabe setzt, sich selbst zu verwalten.

4.2. Maßnahmen

Der soziale Untergang ist keineswegs unaufhaltsam. Koalitionen sind ihre eigenen Medizinmänner. Die Therapien mögen nicht immer anschlagen, manche zeitigen Nebenwirkungen, die auf Dauer schädlicher sind als die ursprüngliche Krankheit. Doch der Fortgang des Machtprozesses erzwingt immer neue Anpassungen, Öffnungen und Abtrennungen. Besonderes Interesse verdienen dabei die strukturellen Variationen und Transformationen, die

die sozialen Beziehungen verändern, um das soziale Überleben zu sichern.

Die erste Maßnahme zur Selbsterhaltung ist die *Erhöhung des Organisationsgrads*. Damit lassen sich mehrere Probleme auf einmal lösen. Organisation setzt einen verbindlichen Handlungsrahmen, definiert Themen und Relevanzen, kanalisiert Informationen und begrenzt die Anzahl der Alternativen. Soziale Ungewißheiten werden so verringert und die Berechenbarkeit erhöht. Womit Individuen, Gruppen und locker verbundene Koalitionen kaum fertig werden, die Organisation schafft es. Indem sie die Zügel strafft und das Kommunikationsnetz anspannt, steigert sie die Informationssicherheit und überwindet die kognitiven Grenzen der einzelnen Gruppen.

Die *Formalisierung* der Sozialstruktur knüpft die Bündnisaktivitäten an explizite Regeln, Entscheidungsverfahren und strategische Rollen. Sie installiert Gremien und fügt die heterogenen Zirkel in offizielle Strukturen ein. Der soziale Konnex wird durchsichtig, jeder weiß, wo er zu stehen und was die anderen zu tun haben. Persönliche Unwägbarkeiten und Animositäten treten zurück. Trotz privater Antipathie können die Amtsinhaber weiterhin zusammenarbeiten. An persönlicher Zwietracht braucht das Bündnis jetzt nicht mehr zu scheitern. Zudem trägt Formalität den zentrifugalen Tendenzen der Partnerschaft Rechnung. Austritt und Beitritt werden reglementiert. Das Bündnis wird unabhängig von den Individuen, die Partnerschaft verliert ihre Exklusivität. Die Stelle bleibt, auch wenn der Alliierte geht. Es kommt nur noch darauf an, geeigneten Ersatz zu gewinnen. Organisierte Koalitionen überleben ihre Mitglieder. Sie erlangen soziale Unsterblichkeit.

Zugleich schiebt Organisation dem Opportunismus einen Riegel vor. Zieht man den Schleier des Vertrauens beiseite, erscheint wieder die altbekannte Tatsache, daß Menschen durchaus imstande sind, arglistig ihre Interessen zu verfolgen und Versprechen abzugeben, an die sie selbst nicht glauben (vgl. Williamson 1975, S. 26). Trotzdem gibt es häufig keine andere Alternative, als mit solchen Gesellen zusammenzubleiben. Ist die Zahl möglicher Bündnispartner in der Machtfiguration gering, bleibt nur die Ausschaltung des Opportunismus. Dazu leistet Organisation gute Dienste. Die Hierarchie erhöht die Kontrolle, Normen und Sanktionen erschweren Abwanderung und Austritt, institutionalisierte Anreize fördern die Arbeitsleistung. Statt ständig über Investitionen und Gewinnausschüttungen verhandeln zu müssen, können organisierte Allianzen auf den Generalgehorsam ihrer Mitglieder bauen. Sie ersetzen den inneren Markt durch Institution. Die Verbündeten sind nicht länger Tauschpartner, sondern Angestellte, die Lohn für ihre Willfährigkeit erhalten.

Mit Solidarität hat dies freilich nichts zu tun. Die Transformation der Koalition zur Organisation ersetzt Solidarität durch *Loyalität.* Nicht Helfen und Teilen, sondern geregelte Treue und Fürsorgepflicht ist der Grundsatz der Loyalität. Solidarisch verhält sich derjenige, der dem anderen so lange beisteht, wie es irgend möglich ist; loyal hingegen ist derjenige, der ihm hilft, weil es gerade nötig ist. Gleichwohl ist auch die Loyalität ein Verhältnis auf Gegenseitigkeit. Die Unterstellten dienen der gesatzten Ordnung und werden dafür von oben beschützt. Doch anders als die Brüderlichkeit ist Loyalität ein asymmetrisches Verhältnis. Ihre Regeln beruhen nicht auf einem Konsens unter Gleichen, sondern auf der Definitionsmacht der Eliten. Sie entscheiden, was noch zu decken und wie lange der Übeltäter noch zu halten ist. So ersparen sich Koalitionen überflüssige Solidaritätszwänge und Einheitsansprüche. Solange der Mitarbeiter loyal arbeitet, darf er denken und glauben, was er will.

Organisationen sind ein stabiles Element im Hin und Her des Konflikts. Wie auch immer sich die politische Landschaft verändert, der Apparat bleibt derselbe. Unabhängig davon, wer gerade kommt oder geht, welche Ziele gerade proklamiert werden, Organisation garantiert Ordnung und Normalität. Die Regeln schaffen Regelmäßigkeiten, und die Regelmäßigkeiten schaffen Gewohnheiten, die gegen die Evolution der Umwelt weitgehend resistent sind. Sonderlich flexibel ist der Apparat nur selten. Aber dafür wirkt er wie ein Bollwerk in der Brandung der Politik. Bürokratien sind immun gegen den Wechsel an der Spitze, gegen den Wandel der Ideologien, gegen Revolutionen. Häufig überleben sie eine Koalition nach der anderen. Ihre entpolitisierte Sachlichkeit ignoriert die kurzzeitigen Rivalitäten und Politikwechsel. Während sich die Parteien streiten und das Publikum ungläubig zuschaut, arbeiten die Beamten einfach weiter.

Formalisierung schafft objektive Realität. Die Separierung der Gruppen, Zirkel oder Fraktionen kann sie allerdings nicht verhindern. Dazu bedarf es der *sozialen Koordination.* Richtig eingesetzt, integriert sie die Allianz, ohne den Verbündeten ideologischen Gleichklang oder strikten Zielkonsens abzufordern. Periphere Einheiten, die durch Arbeitsteilung oder politische Differenzierung ins Abseits gedrängt wurden, werden wieder eingegliedert, Ungleichheiten abgemildert und externe Spaltungsmanöver abgeblockt. Vor allem jedoch verbessert Koordination die Konfliktfähigkeit der Koalition. Sie nutzt alle Ressourcen und gibt allen das Gefühl, gemeinsam zu handeln. Sie befriedigt die gesellschaftliche Erwartung, Koalitionen sollten einheitliche Ziele verfolgen und sich nicht fortwährend in Streitigkeiten aufreiben. Dieser politische Mythos[20], so irrig er auch sein mag, verlangt von Allianzen fortwährend den Nachweis der Einigkeit.

Nachdem sich Koalitionen in Apparate verwandelt haben, greifen die bekannten Maßnahmen der Koordination: Hierarchie, Zentralisation, vertikale Kommunikation, Regeln, Kontrolle und Disziplin. Davon soll hier nicht weiter die Rede sein. Zu betrachten sind vielmehr jene Koordinationstechniken, die am Anfang der Bürokratisierung einsetzen und den strategischen Charakter der Koalition bewahren: Verbindungsstellen, laterale Kommunikation, Demokratie, Ziele und Pläne.

Pläne und *Ziele* geben der laufenden Arbeit neuen Sinn, repolitisieren die Aktivitäten und verleihen ihnen eine teleologische Struktur. Im günstigsten Fall überführen sie sogar Koordination in Kooperation. Koordination beschränkt sich auf die äußerliche Verknüpfung der Tätigkeiten. Was zusammengehört, bestimmt ein Dritter. Bei der Kooperation dagegen orientieren sich die Akteure selbst an gemeinsamen Aufgaben und passen ihre Arbeitsschritte selber dem Fortgang der Arbeit an. Attraktive Ziele motivieren und verstärken die Gegenseitigkeit, Koalitionspläne fixieren einen kollektiven Willen, hinter den man sich stellen kann. Diese Vorstellungen entwerfen eine soziale Gemeinsamkeit, projizieren eine zukünftige Welt, die gegenwärtige Unbilden vergessen läßt. Allerdings müssen die Ziele und Pläne hinreichend vage,

20 Es verhält sich hier ähnlich wie mit dem gesellschaftlichen Mythos der Rationalität. Organisationen müssen so tun, als seien ihre Strukturen rationale Instrumente zur Lösung komplexer Probleme. Sie gewinnen Legitimität, indem sie den Anschein der Rationalität erwecken (vgl. Meyer/Rowan 1977, S. 345). Von Allianzen wird zwar keine vollkommene Rationalität gefordert, wohl aber Einigkeit. Einheit ist die gesellschaftliche Normalform für Koalitionen.

flexibel und abstrakt sein. Je allgemeiner das Vorhaben, desto weiter der Mantel, unter den alle Genossen kriechen können. Je utopischer der Plan, desto mehr gibt es zu tun und desto fester der Glaube, etwas Wichtiges zu tun. Und je verschwommener das Ziel, desto leichter lassen sich alltägliche Detailkonflikte verschmerzen. Natürlich dürfen die Entwürfe nicht die Grenzen des Realitätsprinzips überspringen, doch der Sinn fürs Kontrafaktische ist relativ weit auslegbar. Den gemeinsamen Blick fest nach vorn gerichtet, können Koalitionen nahezu jeden Rückschlag überstehen. Mißerfolge werden zu »Fehlern« auf dem sonst richtigen Weg herabgestuft, Mitgliederschwund widrigen Umständen angelastet. Mit Utopien transformieren sich Koalitionen in *verschworene Genossenschaften.* Ideologisch gut unterfütterte Ziele erhalten Gemeinsamkeit, selbst wenn sie von der Wirklichkeit längst überholt worden sind.

Weniger verfänglich als utopischen Zielen nachzujagen ist eine andere Methode der Koordination: die *Demokratie.* Ihrer Idee nach ist Demokratie das Gegenmodell zur Despotie. Sie bricht Machtmonopole und räumt allen gleiche Beteiligungschancen ein. Autokratischer Zentralismus ist ebenso verpönt wie die nackte Amtsmacht. Zugleich jedoch ist Demokratie, zumindest in ihrer dezentralisierten Form, ein höchst geschmeidiges Mittel, um sich wechselnden Umständen anzupassen und den Sonderinteressen einzelner Rechnung zu tragen.

Der *koordinativen Demokratie* fehlt ein eindeutiges Machtzentrum. Je nach Lage entwickeln sich immer neue Instanzen, Kommissionen oder Projektgruppen, die weitgehend unabhängig voneinander handeln. Ohne einen einheitlichen Gesamtwillen anzustreben, werden die Wünsche der verbündeten Parteien befriedigt. Bei wechselnder Beteiligung ist umfassender Konsens entbehrlich, übergreifende Solidarität verzichtbar. Von Einheitszwängen ist die Koalition befreit. Solange sie sich an den weiten Verfahrensrahmen hält, kann jede Gruppe ihren Egoismus verfolgen. Gewiß, der Zeitaufwand ist erheblich. Die entmachtete Spitze klagt gemeinhin über den Verlust ihrer Richtlinienkompetenz. Die Bedürfnisse des Publikums nach charismatischer Führerschaft bleiben unbefriedigt. Angesichts des unübersichtlichen Wechselspiels der Bündnislobbies wartet es vergeblich auf ein Machtwort. Trotzdem sind die Vorteile unübersehbar. Zwischen Konsens und Dissens, zwischen Einheit und Serialität bewegt sich die Koalition

in einem Schwebezustand, den sie sich freilich um so eher leisten kann, je schwächer die Gegenseite ist.
Damit ist das Bündnis überlebensfähiger als ein zentralisierter Verband. Je freier sich nämlich die Gruppen und Abteilungen bewegen können, desto sensibler kann die Allianz auf die Entwicklungen der Umwelt antworten. Die lockere Verknüpfung erhöht ihre Flexibilität. Umweltprobleme können simultan angegangen werden, die peripheren Einheiten können sich unmittelbar an äußeren Ansprüchen orientieren. Ob sie eingelöst werden, ist eine andere Frage. Man verspricht vieles, die praktische Arbeit wird meist irgendeinem Ausschuß überantwortet. Aber wenn in diesem Bündnis ohne Kopf die Gegensätze überhandnehmen, kann es umstandslos einzelne Abteilungen abhängen und dem natürlichen Prozeß des Verfalls übergeben. Eines der vielen offenen Ohren ist schließlich leichter zu entbehren als das Nervenzentrum.
Koalitionen, die ihre Informationsmacht steigern und ihre Koordination aufbessern wollen, kommen um den Umbau ihrer Kommunikationsstruktur nicht herum. Die Flügelleute und Außenstellen sollen an den sozialen Nukleus angebunden, träge Mitläufer zur Aktivität angehalten werden. Hierzu bietet sich die Installation *begrenzter Lateralität* an. Die neuen horizontalen Verbindungen werden auf einzelne Sachbereiche und Projekte beschränkt. Damit vermeidet man die bekannten funktionalen Nachteile des Allkanalnetzes. Wenn jeder jeden erreichen kann, obliegt es jedem einzelnen, die auf ihn einstürmenden Informationen abzufiltern. Das Netz wird so verdichtet, daß keiner mehr frei agieren kann. Der Vorteil serieller Autonomie, wie ihn die koordinative Demokratie bietet, wird verspielt. Permanente Direktkontakte unterminieren jeden Ansatz einer hierarchischen Koordination, auch wo sie funktional angezeigt ist. Universale Lateralität kommt nicht nur in Organisationen, sondern auch in Koalitionen der Revolution gleich. Eine günstigere Konstellation kann sich die Gegenseite kaum wünschen. Begrenzte Lateralität dagegen verstetigt den Informationsfluß dort, wo es die Konfliktlage erfordert, und verstopft die Kanäle dort, wo sie die Selbständigkeit der Aktionseinheiten behindert.
Anstatt alle miteinander zu verknüpfen, können Koalitionen auch einzelne mit der sozialen Koordination beauftragen. *Verbindungsstellen* sind die konventionellste Lösung des Integrations-

problems. Sie lassen die Hierarchie unangetastet und übertragen die Abstimmung wenigen Spezialisten. Diese Fachleute für gute Kontakte haben nichts anderes zu tun, als den Informationsfluß zu sichern, die Ressourcen zusammenzubinden und die Interessen auszugleichen. Die anderen können ihrer Alltagsarbeit nachgehen. Besonders erfolgreich sind jene Vermittler, deren Vorstellungen genau in der Mitte zwischen den verknüpften Einheiten liegen und die ihre Autorität mit Sachzwängen begründen können. Der wirkungsvolle Vermittler führt, indem er kommuniziert, er lenkt, indem er besänftigt und vereinigt, er regiert, indem er Unverträglichkeiten abspaltet und die Kräfte nach außen umdirigiert. Der Vorwurf der Profillosigkeit bleibt dem »großen Kommunikator« zwar nicht erspart. Unablässig verstößt er gegen die gesellschaftliche Normalform, daß Politik Gestaltung und nicht nur Schlichtung sei, daß sie Ziele entwerfen und nicht nur Mittel kombinieren solle. Für das Bündnis jedoch hat diese Koordinationsform einen unschätzbaren Vorteil: Sie nutzt die vielfältigen Umweltkontakte der Verbündeten und erspart ihnen Einheitszwänge im Detail und Solidarität im Ganzen. Sie befreit jene, die mit einer Sache nicht direkt zu tun haben, von der Verantwortung, gibt jedem Freiraum für Fehler und Skandale, ohne daß man dies der Allianz insgesamt anlasten könnte. Eine Affäre hier, ein Bauernopfer dort, für die Koalition ist es viel Lärm um nichts.

Die Geschlossenheit der Allianz muß nicht nur hergestellt, sie muß auch dargestellt werden. Die Zuschauer sollen beeindruckt, die Opposition eingeschüchtert, die Partner überzeugt werden. Selbst wenn es mit der inneren Harmonie nicht weit her ist, kann man immer noch zur *politischen Dramaturgie* Zuflucht nehmen. Koalitionen inszenieren Aufführungen, die von der eigenen Strebsamkeit handeln und gleichzeitig die Untaten des Gegners zur Schau stellen. Vor Gruppen und Belegschaften, vor Presse und Staatsbürgern präsentiert das Ensemble von Regisseuren, Stars und Statisten ein umfangreiches Repertoire. Ohne Anspruch auf Vollständigkeit erheben zu wollen, lassen sich einige typische Scripts dieser symbolischen Bündnispolitik unterscheiden.

Sollen Normalität und Zielstrebigkeit vermittelt werden, spielen Koalitionen das *Stück von der Entscheidungsfreude.* Man sieht die Alliierten um runde Tische versammelt, mit geschäftiger Miene durch leere Flure eilend, Aktenberge tragende Assistenten. Der dramatische Höhepunkt ist regelmäßig die öffentliche Verkündung von Beschlüssen, Erfolgsbilanzen oder Programmen, die allesamt zeigen sollen, daß das Bündnis tatsächlich arbeitet. Sonderlich unterhaltsam ist diese Kleinkunst nicht, aber ihr Zweck liegt ja auch vornehmlich in der Demonstration, daß alles seinen geordneten Gang geht. Reizvoller sind dagegen die zahlreichen *Vorführungen der Einigkeit*. Bei gemeinsamen Auftritten übertreffen die Akteure einander in gegenseitiger Zustimmung, sie versprühen gute Laune, versichern sich ihre Wertschätzung. Sie spielen sich Stichwörter zu und stellen mit verteilten Rollen den gemeinsamen Standpunkt heraus. Dabei fällt das Spiel um so überzeugender aus, je weniger von der Einigkeit die Rede ist. Man soll sie sehen und hören, über sie zu sprechen ist unnötig. Die öffentliche Beteuerung, es gebe keinerlei Meinungsverschiedenheiten, erregt eher den Verdacht, daß das Gegenteil der Fall sei.

Das Schauspiel der Eintracht läßt wenig Spielräume für individuelle Profile. Dafür sind gemeinsame Konfliktspiele an Nebenschauplätzen und gelegentliche *Solovorstellungen* vorgesehen. Damit jeder Partner im Laufe der Zeit einmal die Chance hat, seine Selbständigkeit zu beweisen, werden in die Szenenfolge Monologe eingebaut oder marginale Streitfragen hinzugefügt. Dazu dürfen auch Hinterbänkler ihre Meinung äußern, so lange zumindest, bis sie von der Regie zurückgepfiffen werden. Es ist ein grundsätzliches Mißverständnis, solche Zwistigkeiten für Anzeichen des Niedergangs zu halten. Auch wenn einzelne Solisten bisweilen aus der Rolle fallen, eine gut kalkulierte Bündnisdramaturgie gibt jedem Mitglied ab und zu Gelegenheit, Charakter zu zeigen. Zudem gibt es die Sonderrollen des notorischen Querulanten, Profilneurotikers oder Verwicklungskünstlers, die gleichfalls zum Bühnenstück gehören. Daß dem kritischen Publikum der Sinn für solcherlei Spaß am Spiel häufig abgeht, liegt lediglich daran, daß es Politik gewöhnlich für eine ernsthafte Angelegenheit hält.

Koalitionspolitik in ein Schauspiel zu verwandeln, hat einen mehrfachen Sinn. Die Inszenierung zielt auf den Beifall des Publikums. Ihm stellt man sich dar, ihm führt man die Gegenpartei vor. Nichts ist demütigender, als den Gegner zum Statisten der eigenen Theaterkunst zu degradieren und ihn zugleich, nach dem Gesetz des Kontrastes, unmöglich zu machen. Demonstriert die eine Seite gelassen ihre Vormacht, erscheint die andere Seite in ihrem aufgeregten Kritikastertum ohnmächtig und hilflos. Präsentiert das Bündnis einträchtige Zuversicht, gerät die Opposition in den Geruch des mißmutigen Streithahns. Je attraktiver sich die Koalition vorstellt, desto unattraktiver wirkt die Gegenpartei. Der Kontrast bringt sie unwillkürlich ins Hintertreffen und hält gleichzeitig die Mitspieler im Ensemble. Aufgeführt werden die Stücke nämlich nicht zuletzt für die eigenen Verbündeten. Jeder Darsteller ist zugleich Zuschauer des anderen Darstellers. Er teilt mit ihm die Vertraulichkeit der dramaturgischen Zusammenarbeit. In der gelungenen Aufführung erkennt er zugleich den Wert der Allianz. Sie ist ein Spiegel der Zusammengehörigkeit. Die Transformation der Koalition in ein *Ensemble* (vgl. Goffman 1969, S. 73 ff.) ist eine praktische und symbolische Maßnahme der sozialen Integration. Vor fremden Blicken muß man zusammenspielen, und während der Aufführung erlebt man, wie sehr man aufeinander angewiesen ist.

Zur Vorführung des Gegners eignet sich die *Schmierenkomödie.* Ausgesuchte Scharfmacher geben Leseproben aus den Texten der Opposition zum besten, Mitläufer, die bislang nie in Erscheinung getreten sind, enthüllen Skandale und Intrigen, nicht ohne treuherzig zu versichern, selbst ganz unbeteiligt gewesen zu sein. Solche Darstellungen sollen das Ansehen des Gegners beflecken und zugleich das Ensemble ins reine Licht der Wahrhaftigkeit tauchen. Dort der Gauner, hier der aufrechte Advokat der Tugend. Damit gewinnt man einige Überläufer und überzeugt den eigenen Partner, noch immer auf der richtigen Seite zu sein. Denn wer wollte ernstlich erwägen, sich mit Sündenböcken gemein zu machen?

Eine andere Absicht verfolgt man mit dem *Drama vom Burgfrieden.* Der Vorsprung in der Figuration ist nur gering, die Sachprobleme erheblich, ein äußerer Feind rückt heran, man braucht die Opposition. Was ist zu tun? Die Koalition erhebt sich zum Sachwalter des Gemeinwohls, zum Beschützer des Vaterlands, zum Schirmherr der Organisation. Sie appelliert an abstrakte Werte, gegen die kaum jemand etwas einwenden kann, und betont allseitige Gemeinsamkeit. Angesichts der ernsten Lage kennt sie plötzlich keine Gegner mehr, nur noch Kameraden. Der Konflikt wird kaschiert, innerhalb und außerhalb der Allianz herrscht Eintracht. Natürlich gibt man die Führung nicht aus der Hand, doch keiner kann sich entziehen. Die Zustimmung zu verweigern wäre Desertion, Vaterlandsverrat.

Was hier mit geschickter Dramaturgie betrieben wird, gehört zu

den wichtigsten Strategien der Selbsterhaltung. Um die Machtlükken zu schließen und den Kontrollbereich auszudehnen, verfolgen Bündnisse häufig eine Politik des *Wachstums.* Sie öffnen ihre Grenzen für neue Partner oder gründen Hilfsorganisationen, die fluktuierende Aktivitäten aufsammeln und der Allianz zuführen. Der maßgebliche Vorteil der Wachstumspolitik scheint in der größeren Planungsfähigkeit zu liegen. Größere Einheiten verfügen über mehr Informationskapazitäten als kleine. Doch meist ist es nicht der ausgebaute Speicher, der die Lage verbessert, sondern die Ausschaltung äußerer Einflüsse. Große Koalitionen haben schlicht mehr Macht, um der Umwelt ihre Themen zu diktieren und unliebsame Tendenzen zu unterdrücken. Größe und Wachstum sind selbst eine Machtressource. Sie erhöhen die Überlebenschancen der Allianz, indem sie ein Polster gegen Mißerfolge bilden (vgl. Pfeffer/Salancik 1978, S. 139). Man kann sich Veränderungen entgegenstemmen und Gefahren gelassener begegnen. Indem Bündnisse ihre Grenzen öffnen, puffern sie sich ab. Indem sie expandieren, ergreifen sie von der Umwelt Besitz.
Für die Expansion gibt es zahlreiche Methoden. Die Skala reicht von der Neutralisierung Dritter bis zur völligen Verschmelzung. Manches ist schon gewonnen, wenn man mögliche Gegner zum Stillhalten bewegen kann. Ein *Neutralitätspakt* schafft berechenbare Konstanten, man hat den Rücken frei und vermeidet den Krieg an mehreren Fronten. Die Neutralen brauchen die Allianz nicht zu unterstützen, es genügt, daß sie nichts tun. Neutralität fordert keine Handlung, sondern eine bewußte Unterlassung. Mit Unentschiedenheit ist sie keineswegs zu verwechseln. Wer sich nicht festlegt, ist weiterhin unberechenbar. Der Neutrale dagegen hat sich dafür entschieden, keiner Partei beizutreten. Dafür läßt ihn die Allianz in Ruhe. Sie verspricht ihm, ihn nicht mit ihren Streitigkeiten zu behelligen.
Anders verhält es sich bei duldender Unterstützung. Um sich fremden Wohlwollens zu versichern, muß die Koalition über sich hinauswachsen und einige Abstriche in Kauf nehmen. *Tolerierungsabkommen* geben dem Bündnis freie Hand, ohne daß die Komplizen mitmachen müssen. Ihre Position ist außerordentlich komfortabel. Erweist sich die Koalitionspolitik, die man toleriert hat, als Erfolg, kann man sich den Lorbeer ans eigene Revers heften, schlägt sie fehl, trägt man keinerlei Verantwortung. Nicht umsonst setzen Allianzen daher vieles daran, die Bande enger zu

knüpfen und von ihrer Haftung etwas abzugeben. Zwar ersparen Toleranzabkommen die mühselige Integration systemfremder Elemente, aber Toleranz ist nur eine Notlösung, wenn engere Assoziationen nicht durchzusetzen sind. Toleranz ist immer ein unsicherer Wechsel, wenn sie nicht durch eigene Macht gedeckt ist.
Neutralität und Toleranz erreichen Koalitionen durch Verhandlungen und Verträge, durch kontraktuelles Wachstum. Tauschprozesse spielen auch bei der *Kooptation* eine wichtige Rolle. Das Bündnis beteiligt Vertreter fremder Gruppen an seinen Beratungen und Entscheidungen. Es verleiht Mandate, beruft wichtige Repräsentanten der Umwelt ins Direktorium. Dafür zahlt es Einflußchancen und Partizipationsrechte. Kooptation ist keine Einbahnstraße. Jede Gruppe versucht, sich der anderen zu bedienen. »Gut« sind die Beziehungen erst, wenn sie auf Gegenseitigkeit beruhen. So steigert die Koalition ihre Macht, indem sie Macht an ihre neuen Partner abgibt. Sie gewinnt an Einfluß, indem sie ihre Unabhängigkeit aufgibt, sie tauscht Unterstützung gegen Souveränität.
Vermeiden lassen sich die Kosten der Reziprozität nur, wenn die Allianz so stark ist, daß sie eine Fahrtrichtung absperren kann. Dominante Koalitionen kooptieren keine fremden Partner, sie schaffen sich ihre Partner selbst. Sie gründen neue Organisationen, um sich die Umwelt untertan zu machen. Die etablierten Verbände werden verdrängt oder geschluckt. Je größer die Übermacht, desto größer ist die Gefahr einer totalen Beherrschung des gesellschaftlichen Feldes. Wo sich noch Widerstand regen könnte, greift die Allianz zu und zwingt alle zum Beitritt in ihre *Hilfsorganisationen,* den Transmissionsriemen ihrer Macht. In ihrer massivsten Form duldet die Expansion keine fremden Gruppen mehr. Alle müssen sich organisieren, in gelben oder braunen Gewerkschaften, in Frauen- und Jugendverbänden, in Berufs- und Arbeitsdiensten. Alle werden der Zentrale unterworfen, liefern Gefolgschaftstreue, unentgeltliche Arbeit, Kinder und Soldaten. Es sind keineswegs nur diktatorische Regimes, die diese Expansionsstrategie verfolgen. Wachstum mit Hilfe ergebener Hilfstruppen ist eine Grundtendenz jeder Machtpolitik, vollständige Beherrschung des Handlungsfeldes eine universale Strategie, die nur durch Gegenmacht einzudämmen ist.
Begleitet wird die totalitäre Außenpolitik der Systeme durch Mechanismen der Absorption. Was sich nicht abdrängen oder austil-

gen läßt, wird aufgesaugt. *Fusionen* verschmelzen mehrere unabhängige Einheiten zu einem Kollektiv, unter der Führung der dominanten Allianz. Tauschpartner werden ebenso aufgegriffen wie branchenfremde Organisationen. Je höher die Vertragskosten, desto größer die Neigung, die fremden Dienste unter das eigene Dach zu holen. Ehemalige Kampfgefährten aus gemeinsamer Widerstandszeit werden zwangsweise vereinigt, andere Partner mit attraktiven Angeboten geködert. Parlamentarische Bündnisse besetzen die Administration mit ihren Gefolgsleuten und kreieren einen Parteienstaat. Firmen verschmelzen mit Firmen zu Konglomeraten, Parteien verketten sich zu Einheitsparteien, Partei und Staat zur Staatspartei. Die Fusion erweitert die Grenzen bis an den Rand des Handlungsfeldes. Das System beherrscht die Umwelt, indem es sie in sich selbst aufhebt.

Wachstum ist kein Allheilmittel. Der Erfolg ist an gewisse Bedingungen geknüpft. Damit sich die Allianz ausdehnen kann, muß das Machtfeld ringsum durchlässig und multipolar sein. Der Konflikt darf nicht so weit eskaliert sein, daß die Frontlinie zubetoniert ist und die Zuschauer bereits Partei sind. In bipolaren Figurationen kann eine Allianz nur noch wachsen, indem sie die Gegenkoalition spaltet oder aufreibt. Expansion und Sieg fallen hier zusammen. Offensive ist daher die beste Therapie gegen den inneren Zerfall. Doch auch sonst stößt das Wachstum häufig auf Widerstände. Gesetze verbieten Fusionen, die zu marktbeherrschenden Monopolen führen oder die Gewaltenteilung zerstören. Die Opposition versucht, der Allianz Einhalt zu gebieten, kleine Gruppen weigern sich regelmäßig, den Köder zu schlucken, um nicht auf Nimmerwiedersehen im Kochtopf der Assoziation zu verschwinden. Lieber verzichten sie auf Macht und Verantwortung, als ihre Identität zu verlieren. Manche verlangen unbezahlbare Beitrittspreise, andere kehren ihre Selbständigkeit so heraus, daß man besser auf sie verzichtet. Wachstum ist ein fortlaufender Prozeß mit neuen Gefahren und Risiken.

Mit der Öffnung der Grenzen handeln sich Bündnisse außerdem zahlreiche Folgeprobleme ein. Große Koalitionen neigen bekanntlich zu Immobilismus. Wachstum gefährdet Eintracht, Solidarität und Aktionsfähigkeit. Die Allianz muß systemfremde Elemente in ihren Binnenraum aufnehmen, die eigene Interessen und Werte mitbringen. Die Neulinge verwässern das ideologische Profil der Koalition und stellen ihr Selbstverständnis in Frage. Die

Kooptation von Berufsexperten entpolitisiert die Entscheidungskriterien. Die vielfältigen Spezialrollen sind zu koordinieren, durch neue Stäbe, neue Kontrollteams. Kooptation und Fusion steigern die Bürokratie. Die schwierigste Wachstumsfolge ist jedoch die zunehmende Komplexität und Unsicherheit im Innern der Allianz. Im Umfeld mag mittlerweile Friedhofsruhe herrschen, dafür schwelt der Zwist im Innern. Neue Machtgruppen bilden neue Fraktionen und konkurrieren um die Essentials der Koalitionspolitik. Was die Allianz an äußerem Frieden gewinnt, verliert sie an innerer Eintracht. Was sie an äußerer Komplexität reduziert, erkauft sie mit innerer Dissoziation. Der Kreis schließt sich: Die Koalition hat sich mit Wachstum zu sanieren versucht und muß nun erneut ihr Überleben sichern. Die Therapie beginnt wieder von vorn.

4.3. Das Ende

Die Krise entscheidet über das Schicksal der Koalition. Versagt die Therapie, bricht das Bündnis auseinander, löst sich auf oder verfällt in Agonie. Früher oder später verlassen die Mitglieder die Allianz, wechseln zur Gegenseite oder gehen für immer auseinander. Anders als natürliche Organismen, die entweder sterben oder überleben, können soziale Systeme am Ende mehrere Entwicklungspfade einschlagen. Vollkommene Dissoziation käme der Auflösung jeder Sozialität gleich, sie wäre die antisoziale Tatsache par excellence. Aber das soziale Leben scheint unsterblich zu sein. Es wandelt nur seine Formen, wechselt die Aggregatzustände der Vergesellschaftung. Schon die Transformationen der Koalition in formale Organisation, in strategische Genossenschaft oder in ein politisches Ensemble sind nur Übergänge zu anderen Systemtypen. Auch Koalitionen sind nichts anderes als Phasen im Prozeß der Gesellschaft.

Dennoch gibt es dramatische Fälle des Systemtods. Allianzen können überrannt, auseinandergesprengt, regelrecht pulverisiert werden. Die Tyrannis, die die Koalition eine Zeitlang geduldet hatte, entschließt sich plötzlich, dem lästigen Spiel ein Ende zu machen. Sie droht mit horrenden Strafen oder jagt die Verbündeten gleich auseinander. Zusammenkünfte werden verboten, die Koalitionsfreiheit eliminiert, die Treffpunkte abgesperrt. Die

Wortführer der Allianz werden verhaftet und exemplarisch bestraft. Die Spitzel sind überall, die Polizei, diese Armee des Bürgerkriegs, besetzt das Territorium.
Die gewaltsame *Liquidierung* der Koalition beendet alle Verhandlungen. Unangefochten beherrscht die Despotie das Feld, der Opposition sind ihre wirksamsten Trümpfe aus der Hand geschlagen: Kollektivität und Solidarität. Vereinzelt sind die Partner machtlos. Das Regime triumphiert über die serielle Passivität einer atomisierten Masse. Die meisten Mitläufer flüchten in die Isolation, einige Opportunisten dienen sich der Diktatur an und helfen beim Aufbau der Ersatzorganisationen, die die Leerstelle in der Figuration ausfüllen sollen. Sie sind jedoch keine strategischen Kampfmittel wie einst die Koalition, sondern staats- oder parteitreue Anstalten zur Dämpfung des Unmuts, in denen man sich hin und wieder zu Wort melden darf, aber nichts zu sagen hat. Demokratie verkommt zur Spielwiese, eingezäunt in einem Gehäuse, dessen Zuchtmeister die Despotie ist.
Von der alten Koalition bleibt nur wenig. Nur die Kerngruppe hält zusammen. Ist ihr Widerstandswille ungebrochen, geht sie in den Untergrund. Ab und zu, wenn das Auge der Macht wegzusehen scheint, tritt sie wieder ans Tageslicht, an symbolischen Plätzen der Widerstandsgeschichte oder an neutralen Orten, die von Dritten geschützt werden. Wie ein Lauffeuer spricht es sich herum, plötzlich tauchen aus der Menge wieder die alten Embleme der Solidarität auf. Aber es sind nur kollektive Erinnerungen, hilflose Zeichen der Ohnmacht, Strohfeuer des Protests, die von der Ordnungsmacht sofort ausgetreten werden. Zeitweilig ersparen die sporadischen Aktionen der konspirativen Gruppe die völlige Desillusionierung. Ihr Hauptproblem ist nämlich das Warten (vgl. Sartre 1967, S. 444 f.). Das Bündnis hatte seine Einheit in der praktischen Auseinandersetzung realisiert. Der Konflikt brachte es hervor und hielt es am Leben. Nach der Niederlage jedoch muß die Gruppe ihre Einheit allein sichern. Nicht äußerer Druck schweißt sie zusammen, sondern nur Mut, Ausdauer und absolute Verläßlichkeit. Doch wenn nichts auszurichten, wenn offene Gegenwehr heller Wahnsinn ist, bleibt der überlebenden Gruppe einzig die Hoffnung. Sie ist zum Warten verurteilt, bis sich die Lage ändert. So lange muß sie überleben, immer bedroht von Verrat, Resignation und Angst.
Ähnlich dramatisch ist die *Explosion* einer Koalition. Aus heite-

rem Himmel treibt es die Verbündeten auseinander, ein plötzlicher Eklat, und jeder eilt davon. Natürlich hat dieses Ereignis eine Vorgeschichte, aber die Explosion ist nicht der absehbare Endpunkt einer zielstrebig ansteigenden Konfliktlinie. Eher das Gegenteil ist der Fall. Die Zündschnur ist nur kurz. Explosionen entstehen nicht, sie ereignen sich. Unversehens bricht die Allianz auseinander, obwohl alle geglaubt hatten, ihre Gemeinsamkeit sei absolut unangreifbar gewesen. Es ist die Explosion des Vertrauens, der fraglosen Selbstverständlichkeiten, die die Alliierten auseinanderjagt. Der Anlaß kann ganz zufällig, das Streitthema höchst belanglos sein, allein die Tatsache, daß man völlig unerwartet in Streit geraten ist, zerstört die Fiktion, auf der die Allianz aufgebaut war. Der Eklat ist selbst schon die Katastrophe.

Die Bedingungen der Eruption liegen auf der Hand. Am Anfang steht die gemeinsame Blindheit gegenüber inneren Divergenzen. Der fiktive Arbeitskonsens wurde leichtgläubig mit wirklicher Übereinstimmung verwechselt, Anzeichen für auseinanderstrebende Interessen wurden einvernehmlich unterdrückt. Und nun stellt sich auf einmal heraus, daß einen der andere hintergangen hat. Die Sache kann längst verjährt und ganz harmlos gewesen sein. Doch wenn die Stunde der Abrechnung schlägt, zählt keine Nachsicht. Mißtrauen, Wut und Haß greifen um sich, nicht wegen der einzelnen Untat, sondern weil diese Untat schonungslos die eigene Leichtgläubigkeit bloßlegt. Wenn Fiktionen zerspringen, an die man sich bislang geklammert hat, sind Entschuldigungen sinnlos. Alles, was der andere nun sagt, steigert nur den Groll. Die Enttäuschung ist maßlos, die Enttäuschung über den anderen und über die eigene Gutgläubigkeit. Es ist der blinde Irrglaube an Harmonie und Konsens, der den Zwist in ein Desaster verwandelt.

Wer sich nicht streitet, kann auch keine Übung darin gewinnen. Allianzen, die sich in ungebrochenem Optimismus ergehen, sind für den inneren Ernstfall schlecht gerüstet. Nicht minder ruinös ist die Fixierung auf den äußeren Gegner. Zwar ist man zusammen, weil man gemeinsam gegen etwas ist, doch man bleibt nur zusammen, wenn man sich darin übt, auch gegeneinander sein zu können. Sonst fehlt die interne Konfliktpraxis, die Erfahrung in der Begrenzung des Streits. Konfliktregeln sind nicht installiert, jeder mischt sich ein, der Streit überwuchert die Zusammenarbeit, ideologische Divergenzen rücken in den Vordergrund. Verfahren zur Eindämmung oder Lösung des Konflikts stehen keine bereit. Versucht eine Seite, in aller Geschwindigkeit noch einen dämpfenden Vorschlag anzubieten, wird ihr dies nur als geschickter Winkelzug angelastet. Der Rahmen der Situation zerbricht, die Arena ist offen für alles. Fehlende Konfliktgewohnheiten erzeugen die Anomie, an der das Bündnis zugrunde geht. Die Komplexität explodiert, die Ungewißheiten nehmen abrupt zu. Der sicherste Ausweg ist, möglichst schnell das Weite zu suchen.

Besonders gefährdet sind Allianzen mit bipolarer Struktur. Ihnen fehlt der Dritte, der ausgleichen, vermitteln oder dazwischenfahren könnte. Die Fraktionen treffen unmittelbar aufeinander, ohne Distanz und ohne Seitenblick. Eine Schiedsinstanz ist nicht vorhanden, auch kein Machtzentrum, das die Streithähne trennen könnte. Was sonst die Eintracht und Gleichheit stützt, schlägt jetzt zum Nachteil aus. Fehlt der Allianz der überlegene Kopf, sind die Kontrahenten miteinander allein. Ihre Aggressionen können keiner Bündnisraison unterworfen und nach außen umgelenkt werden.

Explosionen hinterlassen nur Rauch und Staub, versprengte Restgruppen, die die Gegenseite nur noch einzufangen braucht. Einen ganz anderen Verlauf nimmt dagegen die soziale *Sezession*. Sie zersprengt die Allianz nicht, sondern spaltet sie. Sezession ist das Gegenteil der Fusion. Während bei Fusionen die Gruppen ihre Unabhängigkeit aufgeben, trennt die Sezession die Koalitionsbande für neue Freiheit und Selbständigkeit auf. Mit individueller Abwanderung ist dies keinesfalls zu verwechseln. Der stumme Protest des Austritts läßt die Organisation der Allianz unangetastet. Freie Stellen werden neu besetzt. Die Sezession einer Protestgruppe hingegen reißt ein Loch in das organisatorische Gefüge. Sie hinterläßt eine Rumpfkoalition, der die Glieder erst wieder nachwachsen müssen.

Die Abtrünnigen sind keine Überläufer. Sie wechseln nicht zur Konkurrenz, im Gegenteil: Häufig sind es Rebellen, denen die Koalition nicht radikal genug ist. Sie protestieren gegen die Trägheit des Apparats, gegen den Verrat der Ideale, gegen den Burgfrieden mit dem Erzfeind, gegen den Alltag des Kompromisses. Das Klima ist ihnen zu lau, die Bündnispolitik zu friedfertig, die Koalition korrumpiert. Nachdem alle inneren Reformversuche fehlgeschlagen sind, propagiert diese Fraktion im Namen der alten Werte den geschlossenen Austritt. Am Ende reicht meist die

Einzelaktion eines couragierten Wortführers, um den letzten Eklat auszulösen. Eine Flugschrift an der Kirchentür, eine flammende Rede vor der Vollversammlung, ein Aufruf an die Gleichgesinnten, und das Schisma ist vollzogen.
Der Tag der Sezession ist meist absehbar. Der Austritt ist nur der letzte Schritt, der Endpunkt einer langwierigen Entfremdung. Die Zusammenarbeit war seit langem gestört, die Gemeinsamkeit ausgehöhlt. Die endlosen Bleibeverhandlungen waren das einzige, was die Koalition noch verband. Zusammen suchten die Fraktionen nach einem Vorwand für das Ende. Die Rebellen drohten mit Austritt, die Machthaber mit Ausschluß oder Exkommunikation. Beide beschworen die Einheit der Allianz und malten die fremde Bedrohung an die Wand. Bis zur Selbstverleugnung reichten manchmal die Zugeständnisse. Diese Situation ändert die Sezession auf einen Schlag. Sie wirkt wie ein Akt der Befreiung, und zwar für beide Seiten. Nun kann sich jeder wieder seiner Identität besinnen. Die Koalition ist die Unruhestifter endlich los, und die Rebellen streifen endgültig die Fesseln der Koalition ab. Natürlich schiebt jeder dem anderen die Schuld zu, schließlich muß der Eklat gerechtfertigt werden. Doch insgeheim ist jeder froh, daß die Sache vorbei ist und jeder seiner Wege gehen kann.
Nur kurzsichtige Gegner können über Sezessionen schadenfroh lachen. Sie sehen lediglich, wie sich die Allianz selbst zerfleischt. Zwar sind keine Überläufer zu erwarten, doch die Selbstspaltung des Bündnisses erspart die mühselige Arbeit des Abwerbens. Die Sympathie gilt den Rebellen, man unterstützt sie, wo man kann und obwohl sie meist dankend ablehnen. Daß die Sezession einen neuen Gegner freisetzt, der bislang durch die Koalitionsdisziplin gebunden war, entgeht dieser Sichtweise. Was zunächst wie eine Schwächung der Opposition aussieht, kann sich nämlich mittelfristig zu einem Doppelkrieg auswachsen. Gelingt es der beschädigten Rumpfkoalition, die Lücken wieder zu schließen, und verkommt die Protestgruppe nicht zu einer bedeutungslosen Sekte, stehen auf einmal zwei Parteien vor den Toren der Macht.
Die Sezession verschiebt die Gewichte in der Figuration. Die alte Allianz führt zunächst ihre mäßigende Politik weiter, die neue Gruppe indes kämpft mit überraschender Radikalität und Entschlossenheit. Es ist gerade die fehlende Koordination zwischen beiden, die für den Gegner die Unwägbarkeiten erhöht und ihn zur Differenzierung seiner Außenpolitik zwingt. Die alten Refor-

misten lassen sich meist noch ködern oder hinhalten, die Revolutionäre jedoch werden unerbittlich verfolgt. Aber obwohl sich die Allianz selbst aufgespalten hat, bleibt die Wiedervereinigung der feindlichen Brüder eine stetige Gefahr. Allzu brutale Maßnahmen treiben sie wieder zusammen und radikalisieren die Reformer. Aussichtsreicher ist es deshalb, den Bruderzwist auf Dauer zu stellen, die gekränkte Union auf die eigene Seite zu ziehen und die Abtrünnigen zu isolieren. Ganz ohne Erfolgschance ist dies keineswegs. Denn obgleich die Brüder im selben Lager stehen, hat die Sezession tiefe Gräben gerissen. Mitunter braucht es Jahrzehnte, ja Jahrhunderte, bis sie einander wieder näher kommen und ein ökumenisches Abkommen schließen.

Nach dem Schisma beschuldigt man sich gegenseitig des Verrats an der gemeinsamen Sache. Die einen haben dem Bund den Dolch in den Rücken gestoßen, die anderen sich dem Feind angebiedert und kampflos die alten Werte und Ziele preisgegeben. Jedermann kann so zum Verräter werden, wenn andere ihn dazu machen. Davon ist der wirkliche *Koalitionsverrat* strikt zu unterscheiden. Er entspricht nicht dem Hochverrat, sondern dem Landesverrat. Der Hochverräter beleidigt die Majestät einer Macht, ohne daß Dritte eine Rolle spielen. Der Koalitionsverräter geht einen ganz anderen Weg. Er kündigt die Bündnisloyalität auf, liefert dem Widersacher die gewünschte Information, streicht dafür sein Honorar ein – und wird ins Abseits gestoßen. Er verrät keine Werte, sondern Geheimnisse. Je höher die strategische Bedeutung seiner Nachricht, desto größer seine Zerstörungsmacht und desto höher der Judaslohn. Ein kleiner Wink, eine geheime Meldung, eine Fährte zur Gefechtszentrale, und das Ende der Allianz ist besiegelt. Koalitionen, die mitten in der Schlacht stehen, zentralisieren deshalb die Informationsmacht und schließen die meisten Partner von ihren Geheimnissen aus. Die egalitäre Verteilung des Wissens, so sehr sie die Solidarität fördern mag, ist für Kampfbündnisse ruinös. Wenn jeder alles weiß, kann jeder zum Agenten werden.

Verrat ist keine Frage persönlicher Neigung. Er entsteht aus dem Stand des figurativen Konflikts. Zwar gibt es fast immer jene beweglichen Kontaktleute, die ihre Ohren überall haben und alles ausplaudern, was sie in Erfahrung gebracht haben. Aber dies sind keine Verräter, sondern Klatschbasen. Ihnen geht die kühle Kalkulation des Verräters vollkommen ab. Der wahre Verräter verrechnet das, was er hat, mit dem, was er bekommen könnte. Er vergleicht das, was ihm das Bündnis einbringt, mit dem, was ihm die Konkurrenz bietet. Während sich die anderen an Gefühlen der Verbundenheit und Sicherheit erwärmen, hat der Verräter nur seinen Vorteil im Sinn. In ihm erreicht die strategische Rationalität ihre höchste Form. Solange die Allianz hält, was sie verspricht, bleibt er dabei, sonst geht er. Er traut weder der Brüderlichkeit noch träumt er von falschen Gemeinsamkeiten. Was zählt, ist der Ertrag der Investition. Je tiefgreifender daher die Krise der Koalition, desto rationaler ist der Verrat. Wenn nämlich absehbar ist, daß das Bündnis kurz vor dem Ende steht und irgendeiner den Verrat begehen wird, ist es immer zweckmäßig, der erste zu sein.

Nicht Enttäuschung, sondern Erfolg ist die Quelle des Verrats. Wer in der Allianz die höchste Anerkennung genießt, erhält von der Gegenseite die attraktivsten Angebote. Sie auszuschlagen wäre pure Verschwendung. Auch hier gilt das Gesetz: Der Erfolg nährt den Erfolg. Nicht der Frustrierte und Machtlose ist der geborene Verräter, sondern der Erfolgreiche. Wer von der Beute nur wenig abbekommen hat, rechtfertigt seine weitere Mitgliedschaft im Bündnis ersatzweise mit Loyalität (vgl. Murninghan 1981, S. 607). Daher sind oftmals diejenigen der Koalition am meisten verpflichtet, die am wenigsten von ihr profitieren. Wer hingegen vom Gewinn den größten Anteil kassiert hat, ist von derlei Verpflichtungen frei. Er kann unbefangen den Eid brechen, an den er ohnehin nicht geglaubt hat. Koalitionen müssen also, wollen sie dem Verrat vorbeugen, dafür sorgen, daß es keinem zu gut geht.

Purer Egoismus ist freilich kurzsichtig. Nur auf den eigenen Vorteil aus zu sein, zerstört die Reziprozität der Perspektiven. Die Prämie vor Augen ist der Verräter kaum mehr imstande, die Folgen seiner Untat vorauszusehen. Kaum hat er seine Heimat verlassen und das Dokument übergeben, wirft ihm der Empfänger die Tür vor der Nase zu. Ob er die versprochene Prämie tatsächlich auszahlt, hängt ganz von seiner Gnade und Dankbarkeit ab. Nach Übermittlung der Nachricht hat der Verräter jeden Wert verloren, es sei denn, er hat weitere Informationen oder Machtmittel in der Hinterhand. Kluge Verräter bestehen daher zumindest auf einer Vorauszahlung. Denn sonst sitzen sie mit leeren Händen zwischen den Stühlen und können weder vor noch zurück.

Für das »Judasphänomen« (Murninghan 1981, S. 592) gibt es rationale und magische Gründe. Seit jeher haftet am Verräter der

Geruch der Ehrlosigkeit. Er bricht das gesellschaftliche Tabu der Gemeinschaft und Treue. Nichts ist empörender als diese Asozialität, die soziale Beziehungen aufkündigt, wenn sie zu nichts mehr nütze sind. Verrat ist ein Sakrileg an der Religion des Sozialen. Trotz aller Zweckrationalität weisen die meisten Koalitionen nicht nur Aspekte der Gesellschaft auf, sondern auch der Gemeinschaft. Je erfolgloser sie sind, desto mehr zählt der Eid der Brüderlichkeit, den der Verrat schamlos verletzt. Davon will auch der Feind nicht angesteckt werden. Insoweit ist er mit den Verratenen einig. Hinzu kommt eine rationale Kalkulation: Der Verräter ist ein Opportunist, auf den schwerlich Verlaß ist. Wer den einen verrät, verrät auch den anderen. Ihn dankbar in die eigenen Reihen aufzunehmen, provoziert sofort den Neid der eigenen Partner. Schon die Höhe des Judaslohns ist ihnen ein Dorn im Auge. Ihn weiterhin zu bevorzugen, verstieße gegen die Gleichheitsnormen der Partnerschaft. Daher landen Verräter, falls man sie nicht gleich mit einer neuen Identität in die Wüste schickt, bestenfalls auf den letzten Hinterbänken der Koalition. Dort werden sie auf Bewährung versteckt, bis Gras über die Sache gewachsen ist.
Vom Aspekt des Verrats ist auch der *Koalitionswechsel* nicht ganz frei. Der Überläufer enthüllt zwar keine Geheimnisse, dafür entzieht er dem Bündnis seine Ressourcen und stellt sie der Gegenseite zur Verfügung: Waffen oder Stimmen, Sachverstand oder Einfluß, Erfahrung oder Autorität. Im triadischen Gleichgewicht, wo der kleinste Verband das Zünglein an der Waage spielt, reicht schon der Transfer minimaler Potentiale, um den bisherigen Regierungspartner auf die Oppositionsbank zu verbannen. Die Bildung der neuen Koalition ist hier zugleich das Ende der alten. Assoziation verläuft parallel zur Dissoziation.
Immer jedoch hat es der Überläufer mit dem sozialen Problem zu tun, den Makel des Verrats abzuwischen und sich als zuverlässiger Bündnisgenosse zu präsentieren. Diese Aufgabe ist außerordentlich delikat. Immerhin schwört der Überläufer dem ab, woran er soeben noch geglaubt hat. Und er agiert nicht nur nach zwei, sondern nach vier Seiten. Erstens bricht er eine soziale Verbindung ab, zu der er kurz zuvor noch gestanden hat, zweitens hat er die Vorbehalte des neuen Partners auszuräumen, mit dem er bislang in heftigstem Streit gelegen hat. Drittens ist die eigene Gruppe auf den neuen Kurs einzuschwören und die innere Zerreißprobe zu bewältigen. Und viertens muß man die Zuschauer,

die die alte Linie favorisiert haben, von der Notwendigkeit des Lagerwechsels überzeugen.
Um sich vom alten Partner zu lösen, benutzt man die bewährten Techniken der Konfliktverschärfung. Man legt sein Veto gegen unliebsame Beschlüsse ein, betont ideologische Unterschiede, beschuldigt den anderen der mangelnden Verhandlungsbereitschaft, weist ihm die Schuld für Mißerfolge zu und erfindet neue Essentials, von denen man mit Sicherheit weiß, daß sie auf keinen Fall kompromißfähig sind. Damit läßt sich ohne Schwierigkeiten jedes Koalitionsklima ruinieren. Allerdings dürfen diese Maßnahmen keinesfalls den Verdacht der mutwilligen Zerstörung erregen. Das Ende muß wie ein Schicksalsschlag aussehen, nicht wie eine absichtlich herbeigeführte Handlungsfolge. Bemerkt der Partner vorzeitig, was der Überläufer ausheckt, schaut er sich selbst nach neuen Alliierten um und knüpft erste Kontakte mit der Gegenseite. Außerdem darf man es mit ihm auch nicht ganz verderben. Es könnte ja sein, daß man sich später noch einmal zusammentun muß. Dosierte Eskalation und richtiges Timing sind für den Überläufer ein und alles. Streitigkeiten vom Zaun zu brechen, bevor der neue Vorvertrag unter Dach und Fach ist, wäre allzu riskant. Man soll nie einen Partner verlassen, bevor man nicht einen neuen hat.
Koalitionswechsel brauchen Zeit und Vorbereitung. Eine Tür hinter sich zuzuschlagen, ist eine Sache von Sekunden, die nächste Tür zu öffnen braucht manchmal Wochen und Monate. Obwohl sie sehnsüchtig den Überläufer erwartet hat, ist die Gegenseite vorsichtig und skeptisch. Wenn das Bündnis auseinanderbricht, hat sie die Wahl: Sie kann mit dem einen zusammengehen oder mit dem anderen. Den Spurt gewinnt am Ende derjenige, der hinreichende Seriositätsbeweise liefert und den Verdacht des Opportunismus entkräften kann. Ein Indiz dafür ist bereits die Vertraulichkeit der Vorverhandlungen. Der Ehebruch muß diskret angebahnt werden. Man signalisiert unter der Hand Erreichbarkeit und schafft geheime Kanäle über Mittelsmänner. Stellvertretung ist dabei unabdingbar. Protokoalitionen sind Sache der Repräsentanten. Je kleiner der soziale Kreis, desto sicherer das Geheimnis und desto reibungsloser die Sondierung. Stellvertreter sind eher bereit, sich auf überhöhte Übertrittsprämien zu einigen und alte Unverträglichkeiten zu vergessen, als ihre Herkunftsgruppen.
Der Überläufer muß plausibel machen, daß die alte Gegnerschaft

kein Thema mehr ist und seine Handlungsfähigkeit nicht einschränkt. Der neue Partner öffnet seine Arme nicht sogleich, er vergleicht die Angebote und Forderungen und inszeniert Testfälle auf die Zuverlässigkeit. Bevor man den Vertrag besiegelt, erprobt man an ausgesuchten Entscheidungen, ob das neue Bündnis trägt. Diese Phase des Wechsels ist überaus prekär. Der Dritte muß den Zweiten, den Überläufer, ködern, damit jener nicht zurückweicht und beim Ersten bleibt. Der Zweite, der noch nicht unterschrieben hat, darf sich keiner Seite ausliefern. Und der Erste, der den Absprung wittert, darf nicht so gekränkt sein, daß er die Kontakte mit Partner und Gegenseite völlig abbricht. Sonst verspielt er jede Chance, den Überläufer festzuhalten oder sich in einer Zangenkoalition mit der Opposition zusammenzutun. Erst wenn nichts mehr zu verhindern ist, kann er als erster den Schritt an die Öffentlichkeit tun, vor aller Augen das Bündnis aufkündigen und den Überläufer als Verräter abstempeln. So bewahrt man zumindest sein Ansehen und zeigt endlich die so lange vermißte Entscheidungskraft.

Der Verdacht des Opportunismus läßt sich nur mit Profil entkräften. Dieser Nachweis der Selbständigkeit ist aufs engste mit dem Problem der Einheit verknüpft. Ein Koalitionswechsel stellt die Partei stets vor eine innere Zerreißprobe. Viele fühlen sich von dem Kurswechsel der Spitze überrumpelt, das Ressentiment gegen den neuen Verbündeten ist ungebrochen. In der alten Koalition hatten sich im Laufe der Zeit verläßliche Arbeitszusammenhänge, ideologische Wahlverwandtschaften oder sogar persönliche Freundschaften entwickelt, und nun soll man sich mit einem Gegner vereinigen, den man jahrelang heftig bekämpft hat. Es muß keineswegs reines Lagerdenken sein, das dem Wechsel entgegensteht. Häufig sind es zahlreiche Bindungen und Sicherheiten, die man ungern aufgibt. Je länger eine Koalition bestand, desto größer die Gemeinsamkeiten und desto schwächer die strikte strategische Orientierung. Wer unter dieser Bedingung das Bündnis aufkündigt, spaltet zugleich die eigene Gruppe. Allerdings sind auch die beharrenden Kräfte für private Vorteile keineswegs unempfänglich. Mit attraktiven Posten oder Ausgleichsentschädigungen sind sie ohne weiteres zu gewinnen: Macht und Geld gegen die Aufgabe der Gewohnheit. So starten neue Koalitionen zuweilen mit der Hypothek, hinreichend Plätze schaffen zu müssen, die sie vorab für ihre inneren Gegner reserviert haben.

Die innere Polarisierung ist meist nur das Spiegelbild einer Polarisierung des Publikums. Demokratische Parteien oder Verbände, die in ihrer Existenz von äußerer Zustimmung abhängig sind, müssen den Koalitionswechsel dramaturgisch akzeptabel inszenieren. Frühzeitig lanciert man, daß es mit dem alten Partner nicht mehr zum besten steht, daß er an inneren Querelen laboriert oder ideologisch so weit abgedriftet ist, daß eine gedeihliche Zusammenarbeit kaum mehr möglich ist. Es gehört zur hohen Kunst des Bündniswechsels, dem Verlassenen öffentlich die Schuld in die Schuhe zu schieben und sich selbst als Retter des Gemeinwesens zu präsentieren. Dies mag manche Wählergruppen verprellen und sie, aus Überzeugung oder Mitleid, dem Verratenen in die Arme treiben. Für die Durststrecke des Überlebenskampfs erhält man dafür jedoch die Leihstimmen des neuen Alliierten. Überdies darf keinesfalls der Eindruck entstehen, die Koalition sei an irgendeiner Lappalie gescheitert. Der Anlaß muß von höchster Wichtigkeit sein, am besten macht sich hier immer eine kollektive Notlage. Und schließlich ist noch Vertrauen für die neue Allianz einzuwerben. Die Scripts der Eintracht und der Strebsamkeit werden erneut aufgeführt, nur mit anderer Besetzung. Da das politische Gedächtnis des Publikums nur kurz ist, merkt kaum jemand, daß sich der Spielplan gar nicht geändert hat.
Überläufer, Verräter und Abtrünnige beenden das Bündnis, indem sie gehen. Explosionen jagen alle auseinander, ebenso die Repression der Despotie. All diesen Prozessen ist ein Akt der Dissoziation gemeinsam, ein Zeitpunkt, an dem der soziale Zusammenhang auseinanderbricht. Ganz unauffällig ist dagegen eine andere Endphase der Koalition, der Zustand der *sozialen Agonie*. Wenn die Attraktionskraft des Kampfes erlahmt ist, zerfällt das Bündnis in seine Elemente. Die Versprengten dämmern dahin, jeder hockt in seiner Ecke und leckt seine Wunden. Jeder ist nurmehr er selbst, der andere nurmehr der andere. Niemand hilft irgend jemandem, jeder denkt nur an sich.
Agonie ist kein Prozeß, sie ist ein finaler Zustand. Der Machtkonflikt ist entschieden, der Gegner verschwunden, die Zusammenarbeit beendet, die innere Einheit zerbrochen. Weiteres strategisches Handeln erscheint zwecklos. Es ist nichts mehr zu tun, nichts mehr zu erwarten. Geblieben ist allein die Erinnerung an die gemeinsame Praxis. Anders als die konspirative Gruppe, die der Liquidierung der Allianz entgangen ist und in einer Nische über-

wintert, kennt die Agonie keine Zukunft. Sie ist ein Zustand der Starre, der Kristallisation. Gegenwärtig ist nurmehr die Vergangenheit. Sie beherrscht Wahrnehmung, Wille und Vorstellung, ja sie tilgt sogar diese Aktivitäten des Geistes nahezu aus. Der Wille richtet sich auf Zukünftiges, auf Ereignisse, die eintreten sollen. Vorstellungen entwerfen Zustände jenseits der aktuellen Situation. Wahrnehmungen gelten der Gegenwart, in der man sich gerade befindet. All dies ist im Zustand der Agonie blockiert. Nicht einmal die Erinnerung gleicht mehr einem intentionalen Akt, einer aktiven Suche nach Vergessenem, einer Umdeutung der Geschichte im Lichte eines Entwurfs. Wenn die Zeit des Handelns vorüber ist, kehrt sich das Weltverhältnis um. Die Objektivität bemächtigt sich des Geistes. Er erinnert sich nicht, die Erinnerungen ergreifen ihn. Die Widerfahrnisse dringen widerstandslos ein, ungeordnete Fragmente, die kommen und gehen, bis es zu Ende ist.

Die Agonie ist die radikalste Form der Individualisierung. Sie markiert den Grenzpunkt jeder Sozialität, jenen Übergang, an dem das soziale Handeln endet und die Wechselseitigkeit abstirbt. Die Koalition, diese zerbrechlichste, unverbindlichste und weitmaschigste Form des Miteinander fällt zurück in das Nebeneinander, in eine Serialität, der jedoch die parallele Ausrichtung nach vorn gänzlich fehlt. Es ist ein dumpfes, brütendes Nebeneinander, ohne Aufmerksamkeit, ohne Teilnahme, ohne Interesse. Der Brennpunkt, an dem sich gemeinsame Aktivitäten entzünden könnten, ist verschwunden. Man ist weder für etwas noch ist man gegen etwas. Die Reziprozität der Perspektiven ist getilgt. Jeder sieht nur sich selbst. Ob alle zurückgekehrt sind, ob einer fehlt, es wird nicht einmal mehr bemerkt. Jeder Versuch, nochmals von vorn zu beginnen, überhaupt nur einen Kontakt herzustellen, scheitert an der Apathie der anderen. Die Depression befestigt die Isolation, und die Isolation begründet die Depression. Die Koalition ist aufgelöst, ihre Macht erloschen.

Literatur

Alemann, H. v. 1986. Fetzen, in: Merkur 40, S. 265-270.

Anderson, R. E. 1967. Status in Coalition Bargaining Games, in Sociometry 30, S. 393-403.

Arendt, H. 1970. Macht und Gewalt, München.

Axelrod, R. 1970. Conflict of Interest, Chicago.

Bacharach, S. B./Lawler, E. J. 1980. Power and Politics in Organizations, San Francisco/Washington/London.

Bachrach, P./Baratz, M. S. 1977. Macht und Armut, Frankfurt a. M.

Bahrdt, H. P. 1984. Schlüsselbegriffe der Soziologie, München.

Baker, P. M. 1981. Social Coalition, in: American Behavioral Scientist 24, S. 633-647.

Baumann, P. 1993. Macht und Motivation. Zu einer verdeckten Form sozialer Macht, Opladen.

Berger, J. u. a. 1985. Alternativen zur Lohnarbeit. Selbstverwaltete Betriebe zwischen Anspruch und Realität, Bielefeld.

Berger, P./Luckmann, T. 1969. Die gesellschaftliche Konstruktion der Wirklichkeit. Eine Theorie der Wissenssoziologie, Frankfurt a. M.

Bleiken, J. 1985. Die Verfassung der Römischen Republik, 4. Aufl., Paderborn.

Bohrer, K. H. 1988. Nach der Natur. Über Politik und Ästhetik, München.

Borries, V. v. 1980. Technik als Sozialbeziehung. Zur Theorie industrieller Produktion, München.

Bosetzky, H./Heinrich, P. 1985. Mensch und Organisation, 3. Aufl., Köln.

Boulding, K. E. 1989. Three Faces of Power, Newbury Park.

Bourdieu, P. 1977. Sur le pouvoir symbolique, in: Annales 32/3, S. 405-411.

Bourdieu, P. 1986. Delegation und politischer Fetischismus, in: Ästhetik und Kommunikation 16, Heft 61/62, S. 184-195.

Braverman, H. 1977. Die Arbeit im modernen Produktionsprozeß, Frankfurt a. M.

Canetti, E. 1985. Masse und Macht, Hamburg.

Caplow, T. 1956. A Theory of Coalitions in the Triad, in: American Journal of Sociology 21, S. 489-493.

Caplow, T. 1971. Elementary Sociology, Englewood Cliffs/N. J.

Child, J. 1972. Organizational Structure, Environment and Performance. The Role of Strategic Choice, in: Sociology 6, S. 1-22.

Child, J./Loveridge, R./Warner, M. 1973. Towards an Organizational Study of Trade Unions, in: Sociology 7, S. 71-91.

Christ, K. 1984. Krise und Untergang der Römischen Republik, 2. Aufl., Darmstadt.

Claessens, D. 1980. Gruppenverbände als Zusammenschluß kleinerer

Gruppen zu einer Großgruppe, in: Schäfers, B. (Hrsg.), Einführung in die Gruppensoziologie, Heidelberg, S. 127-144.
Cohen, M. D./March, J. G./Olsen, J. P. 1972. A Garbage Can Model of Organizational Choice, in: Administrative Science Quarterly 17, S. 1-27.
Coleman, J. S. 1973. Loss of Power, in American Sociological Review 38, S. 1-15.
Coleman, J. S. 1975. Legitimate and Illegitimate Use of Power, in: Coser, L. A. (Hrsg.), The Idea of Social Structure. Papers in Honour of R. K. Merton, New York, S. 221-236.
Coleman, J. S. 1979. Macht und Gesellschaftsstruktur, Tübingen.
Crozier, M./Friedberg, E. 1979. Macht und Organisation. Die Zwänge kollektiven Handelns, Königstein.
Cyert, R. M./March, J. G. 1963. A Behavioral Theory of the Firm, Englewood Cliffs/N. J.
Durkheim, E. 1961. Die Regeln der soziologischen Methode. Neuwied/Berlin.
Elias, N. 1970. Was ist Soziologie?, München.
Emery, F. E./Trist, E. L. 1965. The Causal Texture of Organizational Environments, in: Human Relations 18, S. 21-32.
Enzensberger, H. M. 1986. Gedichte 1950-1985, Frankfurt a. M.
Eschenburg, T. 1965. Über Autorität, Frankfurt a. M.
Etzioni, A. 1967. Soziologie der Organisationen, München.
Etzioni, A. 1968. The Active Society, New York.
Foucault, M. 1976. Überwachen und Strafen. Die Geburt des Gefängnisses, Frankfurt a. M.
French, J. R./Raven, B. B. 1959. The Bases of Social Power, in: Cartwright, D. (Hrsg.): Studies in Social Power, Ann Arbor, S. 105-167.
Fröhlich, D. 1983. Machtprobleme in teilautonomen Arbeitsgruppen, in: Neidhardt, F. (Hrsg.), Gruppensoziologie, Sonderheft 25 der Kölner Zeitschrift für Soziologie und Sozialpsychologie, S. 532-551.
Fromm, E. 1980. Studien über Autorität und Familie, in: Fromm, E., Gesamtausgabe Bd. 1, Stuttgart, S. 139-187.
Gadamer, H. G. 1972. Wahrheit und Methode. Grundzüge einer philosophischen Hermeneutik, Tübingen.
Galbraith, J. K. 1987. Anatomie der Macht, München.
Gamson, W. A. 1961. A Theory of Coalition Formation, in: American Sociological Review 26, S. 373-382.
Gamson, W. A. 1968. Coalition Formation, in: Sills, D. (Hrsg.), International Encyclopedia of the Social Sciences, Bd. 2, S. 529-534.
Geiger, T. 1964. Vorstudien zu einer Soziologie des Rechts, Neuwied/Berlin.
Girschner, W. u. a. 1984. Entwicklung eines Informations- und Entscheidungsmodells zur Förderung der Steuerungspotentiale von Industriearbeitern, 3 Bde., Tübingen.

Goffman, E. 1969. Wir alle spielen Theater. Die Selbstdarstellung im Alltag, München.
Goffman, E. 1977. Rahmenanalyse. Ein Versuch über die Organisation der Alltagserfahrungen, Frankfurt a. M.
Gouldner, A. W. 1984. Reziprozität und Autonomie, Frankfurt a. M.
Gouldner, A. W./Newcomb, E. R. 1968. Eine Untersuchung über administrative Rollen, in: Mayntz, R. (Hrsg.), Bürokratische Organisation, Köln/Berlin, S. 239-248.
Griffiths, A. Ph. 1968. Auf welche Weise kann eine Person eine andere repräsentieren?, in: Rausch, H. (Hrsg.), Zur Theorie und Geschichte der Repräsentation und Repräsentativverfassung, Darmstadt, S. 443-469.
Groenings, S. 1970. Notes Toward Theories of Coalition Behavior in Multiparty Systems: Formation and Maintenance, in: Groenings, S. u. a. (Hrsg.) 1970, S. 445-465.
Groenings, S. u. a. (Hrsg.) 1970. The Study of Coalition Behavior. Theoretical Perspectives and Cases from Four Continents, New York.
Grossmann, N. B. 1984. Party Distances and Coalition Governments. A New Model, in: Holler, M. J. (Hrsg.) 1984, S. 127-136.
Gulowsen, J. 1985. Hearocracy: The Deterioration of Democracy in a Norwegian Trade Union, in: Organization Studies 6, S. 349-365.
Habermas, J. 1973. Legitimationsprobleme im Spätkapitalismus, Frankfurt a. M.
Hage, J. 1980. Theories of Organizations. Form, Process, and Transformation, New York/Chichester/Brisbane/Toronto.
Hartmann, H. 1964. Funktionale Autorität, Stuttgart.
Hartmann, T. 1987. Gleichmacherei oder Kompetenz? Die Alternativbetriebe brauchen neue Impulse, in: Freibeuter, Heft 32, S. 89-99.
Hickson, D. J. u. a. 1971. A Strategic Contingencies' Theory of Intraorganizational Power, in: Administrative Science Quarterly 16, S. 216-229.
Hirschman, A. O. 1970. Exit, Voice, and Loyalty, Cambridge/Mass.
Hoffmann, R. W. 1979. Die Verwissenschaftlichung der Produktion und das Wissen der Arbeiter, in: Böhme, G./Engelhardt, M. v. (Hrsg.), Entfremdete Wissenschaft, Frankfurt a. M., S. 229-256.
Holler, M. J. (Hrsg.) 1984. Coalitions and Collective Action, Würzburg/Wien.
Horkheimer, M. 1968. Autorität und Familie, in: Horkheimer, M., Kritische Theorie Bd. 1, Frankfurt a. M., S. 276-360.
Horx, M. 1985. Das Ende der Alternativen, München.
Hradil, S. 1980. Die Erforschung der Macht, Stuttgart.
Jouvenel, B. de 1967. Reine Theorie der Politik, Neuwied/Berlin.
Jürgens, U. 1984. Die Entwicklung von Macht, Herrschaft und Kontrolle im Betrieb als politischer Prozeß – Eine Problemskizze zur Arbeitspolitik, in: Jürgens, U./Naschold, F. (Hrsg.), Arbeitspolitik. Materialien

zum Zusammenhang von politischer Macht, Kontrolle und betrieblicher Organisation der Arbeit, Leviathan, Sonderheft 5, S. 58-91.
Kieser, A./Kubicek, H. 1983. Organisation, 2. Aufl., Berlin.
Kirsch, G./Mackscheidt, K. 1985. Staatsmann, Demagoge, Amtsinhaber. Eine psychologische Ergänzung der ökonomischen Theorie der Politik, Göttingen.
Komorita, S. S. 1974. A Weighted Probability Model of Coalition Formation, in: Psychological Review 81, S. 242-256.
Komorita, S. S./Chertkoff, J. M. 1973. A Bargaining Theory of Coalition Formation, in: Psychological Review 80, S. 149-162.
Komorita, S. S./Brinberg, D. 1977. Effects of Equity Norms in Coalition Formation, in: Sociometry 40, S. 351-361.
Kotthoff, H. 1981. Betriebsräte und betriebliche Herrschaft. Eine Typologie von Partizipationsmustern im Industriebetrieb, Frankfurt a. M./ New York.
Landwehrmann, F. 1965. Organisationsstrukturen industrieller Großbetriebe, Köln/Opladen.
Laver, M. 1985. The Relationship between Coalition Policy and Party Policy, in: Europäische Zeitschrift für Politische Ökonomie 1/2, S. 243-269.
Leiserson, M. A. 1966. Coalitions in Politics, Ph. D. diss., Yale University, New Haven.
Leiserson, M. A. 1968. Factions and Coalitions in One-Party Japan: An Interpretation Based on the Theory of Games, in: American Political Science Review 57, S. 770-787.
Lipp, W. 1985. Stigma und Charisma. Über soziales Grenzverhalten, Berlin.
Liska, G. 1962. Nations in Alliance, Baltimore.
Löffler, R./Sofsky, W. 1986. Macht, Arbeit und Humanität. Zur Pathologie organisierter Arbeitssituationen, Göttingen/Augsburg.
Luhmann, N. 1975. Macht, Stuttgart.
Luhmann, N. 1976. Funktionen und Folgen formaler Organisation, 3. Aufl., Berlin.
Lukes, S. 1974. Power. A Radical View, London.
Marx, K. 1953. Grundrisse der Kritik der politischen Ökonomie, Berlin.
McCall, G./Simmons, J. L. 1974. Identität und Interaktion. Untersuchungen über zwischenmenschliche Beziehungen im Alltagsleben, Düsseldorf.
Meier, Ch. 1982. Caesar, Berlin.
Meyer, J. W./Rowan, B. 1977. Institutionalized Organizations: Formal Structures as Myth and Ceremony, in: American Journal of Sociology 83, S. 340-363.
Michels, R. 1911. Zur Soziologie des Parteiwesens in der modernen De-

mokratie. Untersuchungen über die oligarchischen Tendenzen des Gruppenlebens, Leipzig.
Michels, R. 1987. Masse, Führer, Intellektuelle. Politisch-soziologische Aufsätze 1906-1933, Frankfurt a. M./New York.
Moscovici, S. 1984. Das Zeitalter der Massen, München.
Müller-Jentsch, W. 1982. Gewerkschaften als intermediäre Organisationen, in: Schmidt, G. u. a. (Hrsg.), Materialien zur Industriesoziologie, Sonderheft 24 der Kölner Zeitschrift für Soziologie und Sozialpsychologie, S. 407-432.
Murninghan, J. K. 1981. Defectors, Vulnerability, and Relative Power: Some Causes and Effects of Leaving a Stable Coalition, in: Human Relations 7/34, S. 589-609.
Nietzsche, F. 1969. Menschliches, Allzumenschliches. Ein Buch für freie Geister, in: Nietzsche, F., Werke Bd. 1 (Hrsg. Schlechta, K.), München.
Nietzsche, F. 1969a. Der Antichrist, in: Nietzsche, F., Werke Bd. 2 (Hrsg. Schlechta, K.), München.
Oevermann, U. u. a. 1979. Die Methodologie einer »objektiven Hermeneutik« und ihre allgemeine forschungslogische Bedeutung für die Sozialwissenschaften, in: Soeffner, H. G. (Hrsg.), Interpretative Verfahren in den Text- und Sozialwissenschaften, Stuttgart, S. 352-434.
Paris, R. 1989. Der kurze Atem der Provokation, in: Kölner Zeitschrift für Soziologie und Sozialpsychologie 41, S. 33-52.
Paris, R./Sofsky, W. 1987. Drohungen. Über eine Methode der Interaktionsmacht, in: Kölner Zeitschrift für Soziologie und Sozialpsychologie 39, S. 15-39.
Parsons, T. (Hrsg.) 1947. Max Weber. The Theory of Social and Economic Organization, Glencoe/Ill.
Peabody, R. L. 1964. Organizational Authority, New York.
Pfeffer, J./Salancik, G. R. 1974. Organizational Decision Making as a Political Process. The Case of a University Budget, in: Administrative Science Quarterly 19, S. 135-151.
Pfeffer, J./Salancik, G. R. 1978. The External Control of Organizations, New York.
Popitz, H. 1968. Prozesse der Machtbildung, Tübingen.
Popitz, H. 1981. Zum Verständnis von Autorität, in: Matthes, J. (Hrsg.), Lebenswelt und soziale Probleme. Verhandlungen des 21. Deutschen Soziologentags in Bremen 1980, Frankfurt a. M., S. 78-87.
Popitz, H. 1986. Phänomene der Macht, Tübingen.
Presthus, R. 1962. Authority in Organizations, in: Mailick, E./van Ness, E. (Hrsg.), Concepts and Issues in Organizational Behavior, Englewood Cliffs/N. J., S. 186-195.
Psathas, G./Striker, S. 1965. Bargaining Behavior and Orientations in Coalition Formation, in: Sociometry 28, S. 124-144.
Rammstedt, O. 1978. Soziale Bewegung, Frankfurt a. M.

Riker, W. H. 1962. The Theory of Political Coalitions. New Haven/Conn.
Röhrich, W. 1981. Die repräsentative Demokratie. Ideen und Interessen, Opladen.
Sartre, J. P. 1967. Kritik der dialektischen Vernunft, Reinbek.
Scheler, M. 1957. Schriften aus dem Nachlaß Bd. 1, Bern.
Schelling, Th. C. 1958. The Strategy of Conflict. Prospectus for a Reorientation of Game Theory, in: Journal of Conflict Resolution 2, S. 203-264.
Schluchter, W. 1972. Aspekte bürokratischer Herrschaft, München.
Schlüter, H. 1974. Grundkurs der Rhetorik, München.
Schneider, H. D. 1977. Koalitionstendenzen in der Tetrade, in: Zeitschrift für Soziologie 6, S. 77-90.
Schneider, H. D. 1978. Sozialpsychologie der Machtbeziehungen, Stuttgart.
Schofield, N. 1984. Political Fragmentation and the Stability of Coalition Governments in Western Europe, in: Holler, M. J. (Hrsg.) 1984, S. 297-319.
Scott, M. B./Lyman, S. M. 1976. Praktische Erklärungen, in: Auwärter, M. u. a. (Hrsg.), Seminar: Kommunikation, Interaktion, Identität, Frankfurt a. M., S. 73-114.
Scott, W. R. 1986. Grundlagen der Organisationstheorie, Frankfurt a. M./New York.
Sennett, R. 1983. Verfall und Ende des öffentlichen Lebens. Die Tyrannei der Intimität, Frankfurt a. M.
Sennett, R. 1985. Autorität, Frankfurt a. M.
Siebel, W. 1962. Rang und Autorität, in: Soziale Welt 13, S. 239-259.
Simmel, G. 1968. Soziologie, 5. Aufl., Berlin.
Sofsky, W. 1983. Die Ordnung sozialer Situationen. Theoretische Studien über die Methoden und Strukturen sozialer Erfahrung und Interaktion, Opladen.
Stern, J. P. 1981. Hitler. Der Führer und das Volk, München.
Sternberger, D. 1980. Kritik der dogmatischen Theorie der Repräsentation, in: Sternberger, D., Herrschaft und Vereinbarung, Schriften Bd. 3, Frankfurt a. M., S. 173-226.
Streeck, W. 1981. Gewerkschaftliche Organisationsprobleme in der sozialstaatlichen Demokratie, Königstein.
Swaan, A. d. 1973. Coalition Theories and Cabinet Formations, Amsterdam.
Taylor, M./Laver, M. 1973. Government Coalitions in Western Europe, in: European Journal of Political Research 1, S. 205-248.
Tocqueville, A. de 1969. Der alte Staat und die Revolution, Reinbek.
Trilling, L. 1980. Das Ende der Aufrichtigkeit, München.
Tyrell, H. 1983. Zwischen Interaktion und Organisation: Gruppe als Systemtyp, in: Neidhardt, F. (Hrsg.), Gruppensoziologie, Sonderheft 25 der Kölner Zeitschrift für Soziologie und Sozialpsychologie, S. 75-87.

Vanberg, V. 1979. Colemans Konzeption des korporativen Akteurs – Grundlegung einer Theorie sozialer Verbände, in: Coleman, J. 1979, S. 93-123.
Vierkandt, A. 1928. Gesellschaftslehre, Stuttgart.
Wagner, U. 1978. Autorität und Motivation im Industriebetrieb unter den Bedingungen des institutionellen Wandels, Berlin.
Weber, M. 1972. Wirtschaft und Gesellschaft, 5. Aufl., Tübingen.
Weick, K. E. 1985. Der Prozeß des Organisierens, Frankfurt a. M.
Weinrich, H. 1974. Linguistik der Lüge, 5. Aufl., Heidelberg.
Weiß, J. 1984. Stellvertretung. Überlegungen zu einer vernachlässigten soziologischen Kategorie, in: Kölner Zeitschrift für Soziologie und Sozialpsychologie 36, S. 43-55.
Weltz, F. 1964. Vorgesetzte zwischen Management und Arbeitern, Stuttgart.
Williamson, O. E. 1975. Markets and Hierarchies: Analysis and Antitrust Implications, New York.
Willis, P. 1979. Spaß am Widerstand, Frankfurt a. M.
Willis, R. H. 1962. Coalitions in the Tetrad, in: Sociometry 25, S. 358-376.
Winden, F. v. 1984. Towards a Dynamic Theory of Cabinet Formation, in: Holler, M. J. (Hrsg.) 1984, S. 145-159.
Ziegler, H. 1970. Strukturen und Prozesse der Autorität in der Unternehmung, Stuttgart.
Zotz, T. 1991. Präsenz und Repräsentation. Beobachtungen zur königlichen Herrschaftspraxis im hohen und späten Mittelalter, in: Lüdtke, A. (Hrsg.), Herrschaft als soziale Praxis, Göttingen, S. 168-194.
Zündorf, L. 1982. Machtprozesse in Industrieunternehmen, in: Schmidt, G. u. a. (Hrsg.), Materialien zur Industriesoziologie, Sonderheft 24 der Kölner Zeitschrift für Soziologie und Sozialpsychologie, S. 166-184.
Zündorf, L./Grunt, M. 1980. Hierarchie in Wirtschaftsunternehmen, Frankfurt a. M./New York.

Register